呼伦贝尔市
耕地质量监测评价

（2017年度）

王丽君　王　璐　主编

中国农业科学技术出版社

图书在版编目(CIP)数据

呼伦贝尔市耕地质量监测评价.2017年度/王丽君，王璐主编.—北京：中国农业科学技术出版社，2020.6

ISBN 978-7-5116-4790-0

Ⅰ.①呼… Ⅱ.①王…②王… Ⅲ.①耕地资源-资源评价-呼伦贝尔市-2017 Ⅳ.①F323.211

中国版本图书馆CIP数据核字(2020)第098779号

责任编辑 李冠桥
责任校对 贾海霞

出 版 者 中国农业科学技术出版社
北京市中关村南大街12号 邮编：100081
电 话 (010) 82109705 (编辑室) (010) 82109702 (发行部)
(010) 82109709 (读者服务部)
传 真 (010) 82109705
网 址 http://www.castp.cn
经 销 者 各地新华书店
印 刷 者 北京富泰印刷有限责任公司
开 本 787 mm×1 092 mm 1/16
印 张 15.75
字 数 370千字
版 次 2020年6月第1版 2020年6月第1次印刷
定 价 78.00元

《呼伦贝尔市耕地质量监测评价（2017年度）》

编　委　会

主　　编： 王丽君　王　璐

副 主 编： 窦杰凤　平翠枝　吴耀义　王成志

编写人员（以姓氏笔画为序）：

丁继伟　马立晖　王　宇　王　炜　王　清
王　璐　王成志　王红霞　王丽君　王国华
王新城　平翠枝　付智林　包立达　包妍妍
包金泉　刘　健　杨　舟　李晓东　李晓明
吴凤荣　吴耀义　谷永丽　宋昌海　宏　迪
张　可　张连云　张清华　张晶晶　封慧戎
赵　贺　姜英君　耿　朔　曹玉兰　鄂丽丽
蒋万波　窦杰凤　额尔德木图

前　　言

土地是人类赖以生存和发展的最根本的物质基础，是一切物质生产最基本的源泉。耕地是土地的精华，是人们获取粮食及其他农产品不可替代的生产资料。耕地数量的多少和质量的高低直接关系到其所在区域的经济建设、社会发展和人民生活水平的高低。为摸清耕地质量家底，分析研究耕地质量演变规律，农业农村部从2017 年开始在全国范围内，组织开展耕地质量监测和等级评价工作。

呼伦贝尔市于 2017 年建立了覆盖呼伦贝尔市主要耕地土壤类型的 2 700 个耕地质量定位监测点，化验分析了有机质、全氮、有效磷、速效钾等大、中、微量元素和重金属元素共计 20 项，并详细调查了耕地环境状况。建立了呼伦贝尔市耕地资源管理信息系统，依据《耕地质量等级》国家标准（GB/T 33469—2016），对呼伦贝尔市耕地质量等级进行评价。本书共分五章：第一章呼伦贝尔市概况。介绍呼伦贝尔市自然概况、耕地利用现状、耕地土壤类型及耕地面积变化趋势。第二章耕地质量等级评价方法。介绍了评价的依据和流程，包括布点、调查采样、区域划分、指标赋值方法等。第三章耕地土壤属性。阐述了呼伦贝尔市耕地土壤养分状况和清洁程度。第四章质量等级分布与特征。阐述了呼伦贝尔市耕地质量等级状况及各等级基本特征。第五章各旗（市、区）耕地质量等级。分别阐述了各行政区耕地质量等级情况。

在本书编写过程中，得到了内蒙古自治区土壤肥料和节水农业工作站、呼伦贝尔市农牧局的大力支持，以及各旗（市、区）土肥技术人员的全力配合，在此表示衷心感谢！由于数据量大，时间仓促，如有不妥之处，恳请读者批评指正。

编　者

2020 年 3 月

目　　录

第一章　呼伦贝尔市概况

第一节　自然概况

一、地理位置与行政区划

呼伦贝尔市位于内蒙古自治区（以下简称内蒙古）东北部，地处东经 115°31′~126°04′，北纬 47°05′~53°20′。东西 630km，南北 700km，面积 25.3 万 km^2，占内蒙古自治区总面积的 21.4%。南部与兴安盟相连，东部以嫩江为界与黑龙江省为邻，北和西北部以额尔古纳河为界与俄罗斯接壤，西和西南部同蒙古国交界。边境线总长 1 733.3km，其中，中俄边界 1 051.1km，中蒙边界 682.2km。

呼伦贝尔市现辖海拉尔区、扎赉诺尔区 2 个区，满洲里市（行政区划含扎赉诺尔区）、扎兰屯市、牙克石市、根河市、额尔古纳市 5 个市，阿荣旗、莫力达瓦达斡尔族自治旗、鄂伦春自治旗、鄂温克族自治旗、新巴尔虎左旗、新巴尔虎右旗、陈巴尔虎旗 7 个旗，共 14 个旗（市、区）。呼伦贝尔市共设乡镇级机构 135 个。境内有高度组织化和集约化的两个大型垦区——海拉尔农牧场管理局和大兴安岭农场管理局。呼伦贝尔市人民政府驻海拉尔区。

二、自然条件

（一）自然气候

呼伦贝尔市大部分地区属中温带大陆性季风气候，部分地区属寒温带大陆性季风气候，大兴安岭山脊和两麓气候差异明显。其特点是：冬季寒冷漫长，夏季温凉短促，春季干燥风大，秋季气温骤降、霜冻早。

呼伦贝尔市是我国纬度最高、位置最北的地区之一。随着纬度的增加，地面从太阳辐射得到的热量减少，气温降低。大兴安岭山脉纵贯其中，山峦起伏、地形复杂、气候多样。海拔高度的变化改变了等温线的纬向分布，使等温线与山脉走向平行。大兴安岭山脉对气温的影响冬季主要表现在对入侵冷空气的屏障作用及越山后的焚风效应。在相同纬度上，1 月平均气温相差 5℃之多；夏季大兴安岭山脉对气温的影响则主要表现在下垫面和海拔高度两个方面，在同纬度、同经度上，海拔高度不同，温度相差甚远。呼伦贝尔市各地年平均气温为-5~3℃，年平均气温的地理分布是：岭西为自西南向东北、岭东为自东南向西北逐渐降低。呼伦贝尔市气温年较差 41~46℃，气温日较差 12~18℃。大兴安岭北部是全国气温年较差最大的地区。

岭东地区以扎兰屯市为代表，岭西地区以海拉尔区为代表，绘制呼伦贝尔市近 40

年平均气温变化曲线，如图 1-1 所示。

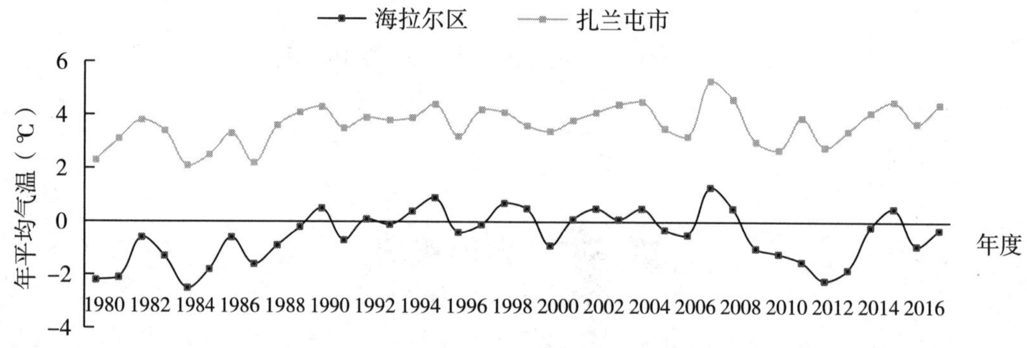

图 1-1　呼伦贝尔市近 40 年平均气温曲线

呼伦贝尔市无霜期（日最低气温≥2℃）较短，岭西为 75～120d，岭东为 100～125d，大兴安岭山地为 35～85d。≥10℃的有效积温自东向西、自南向北逐渐减少，1980—2017 年，岭东地区扎兰屯市为 1 920～3 037℃，岭西海拉尔区为 1 651～2 647℃（图 1-2）。

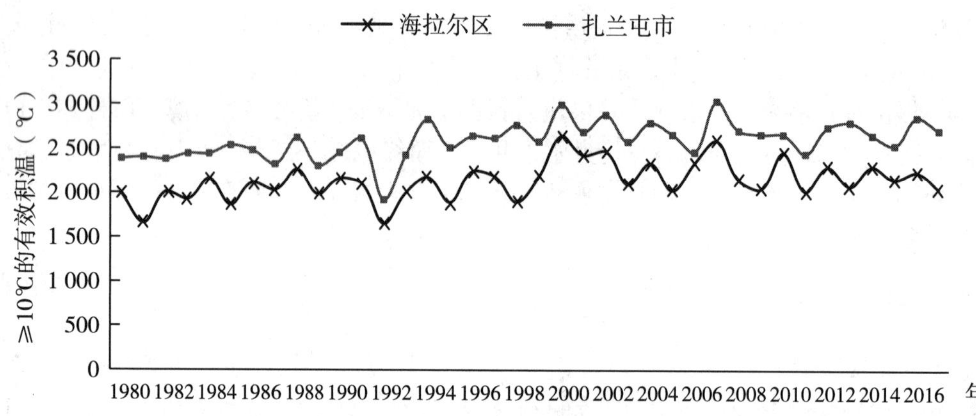

图 1-2　呼伦贝尔市近 40 年的有效积温曲线

呼伦贝尔市年平均降水量为 250～550mm。由于大兴安岭地形的影响，降水量由东向西递减。一年中降水集中在夏季，秋雨多于春雨。蒸发量的分布是岭西自东北向西南，岭东自西北向东南递增。大兴安岭山地年蒸发量是降水量的 2 倍，岭西年蒸发量是降水量的 4～8 倍，其他地区年蒸发量是降水量的 3 倍左右（图 1-3）。

呼伦贝尔市日照充足。大兴安岭山地年日照时数为 2 100～2 700h，岭西为 2 750～3 150h，岭东为 2 600～2 800h。

大兴安岭两侧大风日数较多，一般全年为 25～45d。岭西高平原等地的大风日数均在 45d 以上。

（二）农业气候季节特点

呼伦贝尔市农业气候季节为 4 月、5 月为春季，6 月、7 月、8 月为夏季，9 月、10

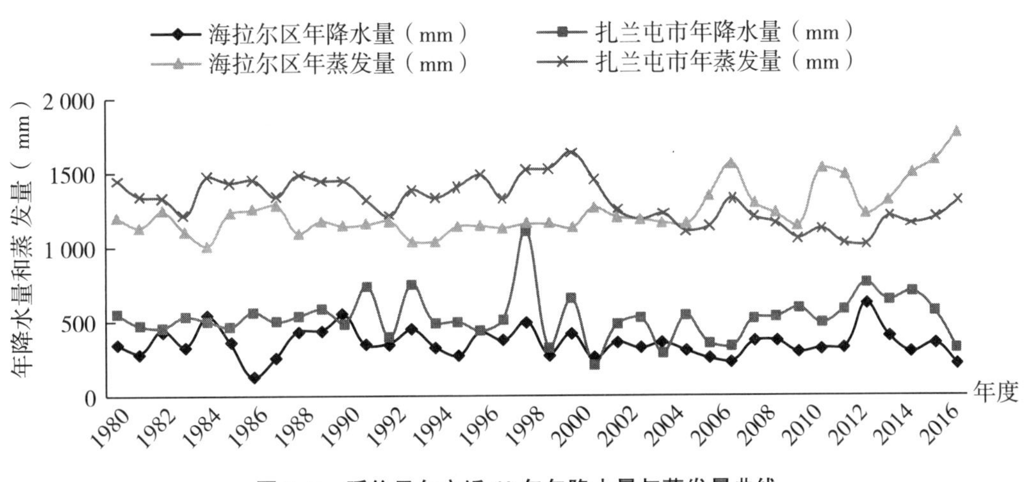

图 1-3　呼伦贝尔市近 40 年年降水量与蒸发量曲线

月为秋季，11 月、12 月和翌年 1 月、2 月、3 月为冬季。农业气候季节特点为：

（1）春季天气多变，降水少、变率大。春季呼伦贝尔市处于河套—黑龙江口的东北—西南向气流辐合带北部。干旱少雨，大风日数多，天气多变，常有寒潮暴发南下。此时正值牲畜接羔期，风雪型寒潮对牧业生产影响最大。春季随着太阳直射点北移，太阳高度角逐渐增大，地面得到的热量增多，两个月中日平均气温升高近 20℃。

呼伦贝尔市春季降水量占年降水量的 7%～11%，自东北向西南递减。降水相对变率大，一般为 33%～66%，蒸发量是降水量的 7～9 倍，相对湿度是一年中最小的时期，一般为 30%～45%，春旱严重，影响作物播种出苗、牧草返青和植树造林。大兴安岭山地一般没有春旱，春涝 5～7 年一遇。另外，每年 4 月末、5 月初冰雪消融，一冬的积雪在很短的时间内融化下泄，常常出现凌汛；春季由于地被物干燥，是森林火灾发生的高峰期。

（2）夏季降水集中，水热同季。随着东南季风的到来，6 月中旬至 7 月初呼伦贝尔市先后进入雨季，雨季持续时间约两个月。夏季降水量占年降水量的 70% 以上。大兴安岭山地雨量为 260～400mm，岭东雨量为 330～380mm，岭西雨量为 190～260mm。降水特点：一是相对变率小，一般为 13%～27%；二是暴雨日数少，但降水强度大。

最热月（7 月）平均气温：大兴安岭山地大部分为 16～18℃，岭东为 21～22℃，岭西为 19～21℃。极端最高气温一般在 35～41℃。雨量、热量集中，高温日数少，日较差大，积温的有效性高；但热量不足，且年际变幅大，常有低温出现，给农作物和牧草生长发育带来一定的不利影响。

（3）秋季降温快，霜冻来得早。由于东南季风的迅速退却，蒙古高压重新控制本区，秋高气爽，光照充足，降水明显减少。秋季呼伦贝尔市降水量占全年降水量的 12%～17%。

随着蒙古高压的加强，冷空气不断南下，加上地面辐射冷却快，气温剧烈下降，霜冻随之来临。大兴安岭山地秋霜一般出现在 8 月中、下旬，岭东出现在 9 月中旬，岭西出现在 9 月上、中旬。

（4）冬季漫长严寒，白雪皑皑。呼伦贝尔市冬季在强大的蒙古高压控制下，冷空气活动频繁，地面积雪时间长，严寒干冷。

隆冬 1 月的平均气温岭东 -22～-17℃，岭西 -27～-21℃，大兴安岭山地 -29～-23℃。大兴安岭的北部是我国乃至世界同纬度最冷的地方。由于纬度、海拔高度及大兴安岭对西北冷空气的阻挡滞留作用，形成图里河镇、根河市、满归镇等地为一舌形低温区；大兴安岭的焚风效应使岭东扎兰屯市、博克图镇等地形成一暖脊区。呼伦贝尔市大部分地区极端最低气温在 -40℃以下。

呼伦贝尔市冬季降雪量为 7～29mm，以大兴安岭山地降雪最多，大部分地区占年降水量的 6%以上，大兴安岭山地积雪期为 130～160d，岭西高原为 110～150d，岭东为 80～110d。

（三）水文地质

（1）地表水。以大兴安岭为分水岭，形成嫩江和额尔古纳河两大水系，有大小河流 3 000 多条，其中流域面积大于 500km^2 的 98 条，大于 1 000km^2 的63 条。湖泊 500 多个，其中湖水面积大于 0.1km^2 以上的湖泊 349 个。呼伦贝尔市湖泊面积在 1～5km^2 的 67 个，5～10km^2 的 5 个，大于 10km^2 的 8 个，大于 100 km^2 的 2 个。

根据全国第二次水资源规划水资源评价结果，呼伦贝尔市地表水资源量 298.2 亿 m^3，占内蒙古自治区地表水资源量的 73.34%，其中嫩江流域 183.0 亿 m^3，额尔古纳河流域 115.2 亿 m^3。地表水资源的主要特点是年内、年际变化和地域分布差异较大。6—9 月径流量占全年的 60%～70%，而最大年份与最小年份径流量相差 10～15 倍。水资源量的地域分布也极不均匀，如嫩江流域面积 9.9 万 km^2，占呼伦贝尔市总面积的 39%，而水资源占呼伦贝尔市 61%。牧区土地面积 8.5 万 km^2，面积占呼伦贝尔市的 33.4%，而地表水资源量只有 15.3 亿 m^3，占呼伦贝尔市的 5.14%。

（2）地下水。呼伦贝尔市地下水总补给量 75.4 亿 m^3，地下水与地表水之间重复量 57.4 亿 m^3，地下水资源量（扣除重复量）18 亿 m^3，地下水可开采量 12.4 亿 m^3。

北部岛状永冻土地区一般上层融冻层厚度为 0.5～3m，其下永冻层厚度为 1.5～5m，厚者可达 10～20m。永冻层上水分随气温改变而呈季节性冻结和融解，地下水由大气降水或未冻结区水源供给，矿化度很低，在大兴安岭北部杜博威森林下所采地下水矿化度为 0.06g/L，水的化学类型以 HCO_3-Ca 型水为主。

大兴安岭西侧海拉尔河以北的草原地区，也有部分岛状永冻土分布，融冻层 2～3m，冻土层厚 1～6m。地下水埋藏深度为 15～50m，矿化度 0.4～1.0g/L，水质良好，以 HCO_3-Ca 型水为主或为 SO_4-Ca 型水。

大兴安岭东麓地下水埋藏深度随地势高低不同。丘陵地区、丘间洼地中部小于 10m，向边缘增至 30m。在波伏平原地区，地下水埋深波谷小于 10m，波峰小于 30m。及至嫩江支流的河谷平原，地下水埋深小于 5m，一般在 2～4m。矿化度小于 1g/L，多数为小于 0.5g/L 的淡水。水质以 HCO_3-Ca 型或 HCO_3-Na 型水为主，局部出现 HCO_3-SO_4-Na 型或 SO_4-HCO_3-Na-Ca 型水。

呼伦贝尔高平原东部地区（辉河以东）地下水埋藏较深，一般在 60m 以上，最深达 130m，矿化度小于 1g/L，以 HCO_3-Ca 型或 HCO_3-Na 型水为主。辉河以西地区地下水埋深逐渐小于 60m，至乌尔逊河周围地下水埋深在 5~15m，矿化度大于 2g/L，个别地区甚至高达 20g/L。地下水化学类型除 HCO_3-Ca 型或 HCO_3-Na 型、HCO_3-SO_4-Ca-Na 型外，还有 Cl-Na 型水。在河谷低地及湖滨低地地下水埋藏较浅小于 5m，一般在 1~4m，矿化度较高，一般为 2~3g/L，水质以 Cl-HCO_3-Na 型或 SO_4-HCO_3-Na 型水为主。

（四）地形地貌

呼伦贝尔市属亚洲中部蒙古高原的组成部分。大兴安岭以东北—西南走向纵贯呼伦贝尔市中部，形成三大地形单元和经济类型区域。

1. 大兴安岭山地

大兴安岭山地为林区，海拔在 700~1 700m，属新华夏系北北东向构造体系，纵贯呼伦贝尔市中部，构成呼伦贝尔市地块的主体。大兴安岭一带在古生物时期为地槽区，到古生代末发生强烈褶皱，同时有大规模的岩浆岩侵入形成海西期花岗岩。中生代初期地槽已转化为陆台，地壳有较长的稳定时期。至侏罗纪时期，这个陆台受燕山运动的影响一度趋于活化上升，同时伴有花岗岩侵入，火山喷发也较频繁。新生代早第三纪大兴安岭处于相对稳定阶段，经长期风化剥蚀作用，夷平了燕山运动及其以前所形成的地形起伏，从而形成了大兴安岭一带兴安夷平面和布西夷平面。晚第三纪至第四纪新构造运动又趋活跃，大兴安岭继续抬升，将两级夷平面抬升到不同高度，松嫩平原则继续凹陷，两者之间有断裂活动，并有火山伴有玄武岩流的溢出，大致形成了今日的地貌。

大兴安岭主脉全长约 1 400km，呼伦贝尔市境内仅为其北段，长约 700km。横宽 200~300km，北端有伊勒呼里山，走向近东西向，最大宽度可达 450km。大兴安岭山地地势北低南高，海拔高度在 800~1 700m，以中山面积为最广，山岭两侧有低山及丘陵分布，山体平缓浑圆。岩性组成以花岗岩、玄武岩为主体，并有小面积砂岩、页岩、片岩等出露。大兴安岭两侧东西坡明显不对称。东坡陡峻，自大兴安岭至松嫩平原成 2~3 层的阶梯状降落，河流溯源侵蚀强烈，分水岭向西后退。西坡则平缓，逐渐向呼伦贝尔高平原过渡，河流切割较弱。大兴安岭山地气候严寒，多年冻土分布广泛，冰缘地貌十分发育，细流宽谷现象到处可见。大兴安岭是呼伦贝尔高平原与松嫩平原的天然分界线，也是额尔古纳河与嫩江的分水岭，许多河流发源于大兴安岭山脉，东侧多流入嫩江，西侧则流入额尔古纳河。

2. 呼伦贝尔高平原

呼伦贝尔高平原位于大兴安岭以西，是蒙古高原的东北边缘。呼伦贝尔高平原是受挠曲运动下降的地块，地面沉积了巨厚的第四纪上更新统海拉尔组的细砂层。海拔高度一般在 650~770m，高原面微波起伏，一望无垠，地势东高西低，以呼伦湖附近为最低（海拔高度为 540m）。呼伦贝尔高平原上较大的河流有海拉尔河、乌尔逊河、伊敏河、克鲁伦河等，河流两岸形成宽展的冲积平原，由于河流的侵蚀及堆积作用，发育了河漫滩和二级阶地。呼伦贝尔高平原上湖泊众多，最大的为呼伦湖，其他还有很多湖泡，主要为盐湖与硝湖。呼伦湖与乌尔逊河以东低地，地面水流不畅，多沼泽湿地。位于海拉尔河南北两岸、呼伦湖东岸、乌尔逊河与伊敏河、辉河西岸的波状平原上，有三条大的沙带与零星沙丘堆积，统称为呼伦贝尔沙地，多为固定、半固定的梁窝状即蜂窝状沙丘，高度在 5~15m。丘间普遍有广阔的低平地，风蚀地貌很发育。

高平原的两侧（呼伦湖以西）为台岗状低山丘陵，海拔在 650~1 000m，相对高差 50~100m，坡度较陡，多由花岗岩、石英粗面岩、安山岩、玄武岩等组成。由于长期风化剥蚀，山形浑圆或如平台，并有谷地、平原并列其间。

大兴安岭以西为呼伦贝尔大草原，是草原畜牧业经济区。草原与林地的过渡地带多是黑钙土，适于发展种植业，形成以国有农牧企业为主要成分的农牧结合经济带。

3. 嫩江西岸山前平原

为大兴安岭东麓向松嫩平原过渡的山前地区，形成种植业为主的农业经济区。呈窄长条状南北延伸，东西宽为 40~50km，海拔高度多在 200~400m，主要为嫩江及其支流如甘河、诺敏河、阿伦河、雅鲁河等所形成的冲积平原，同时也包括洪积和冰积起源的平原。平原呈缓坡状起伏，其中也存在着石质丘陵和分割的丘陵状阶地以及其间的低平甸子地。

三、成土母质

成土母质是形成土壤的物质基础，对土壤的发育、形成、性状及肥力有显著影响。呼伦贝尔市成土母质因地质和地貌条件而有所不同，大兴安岭山地为各种基岩残-坡积物，高平原及山麓地带为各种洪积、冲积、湖积、风积物。

（一）残-坡积物

残-坡积物为各种基岩风化物残留原地或受重力影响堆积而成，广泛分布于大兴安岭山地，是山地森林土壤的主要成土母质。按其成因和组成可分为两大类，即块状结晶岩的风化物和疏松沉积岩的风化物。大兴安岭的中山低山石质丘陵上，结晶岩类以花岗岩、安山岩、玄武岩、石英粗面岩、花岗片麻岩等为主。沉积岩类有砂岩、页岩、砾岩等。

块状结晶岩石风化形成的残-坡积母质，含有较多的岩石碎屑，细粒的次生矿物成分较少，山体上半坡更为突出，一般土体薄而含砾石，风化壳不及 0.5m，最深也很少超过 1m。花岗岩、片麻岩等结晶岩风化物中，盐基饱和度较低约 40%，呈酸性，pH 值为 5~6，矿物组成以石英（SiO_2）为主，可达 60%~70%，多形成砾质、砂质土。玄武岩的残积物中，盐基饱和度较高可达 80%，呈微酸性至中性，pH 值为 6.5 左右，SiO_2 含量较少，质地稍黏。

泥页岩、砂砾岩等残-坡积物，结持较疏松，抗风化能力弱，易被削蚀，堆积深厚。砂岩风化物含砂粒较多，页岩风化物则较黏紧。

呼伦贝尔市残-坡积物上发育的土壤主要有棕色针叶林土、暗棕壤，灰色森林土等，某些较厚的坡积物上也可发育黑土、黑钙土、栗钙土等。

（二）黄土状沉积物

大兴安岭西麓丘陵地带，部分地方覆盖着深厚的黄土状沉积物，颜色棕黄，颗粒分选均匀，不显层理，富含 $CaCO_3$，机械组成以粉砂为主，粒径 0.001~0.05mm 的颗粒占 60%~70%，物理性黏粒（<0.01mm 颗粒）占 40%~50%。矿物含量组成中以 SiO_2 为

主，平均含量达 60%~70%，Al_2O_3 的含量比较高，碱金属含量也很显著，由于有 $CaCO_3$ 的存在，呈碱性反应，pH 值为 8 左右。

关于黄土状母质的成因，一般认为属晚更新世（Q_2Q_3）的沉积物，可由风成、水成及冰水沉积所致。岭西地区第四纪冰川消退时可能将风积黄土由冰水搬运重新沉积所致。黄土母质上发育的土壤土层深厚，养分较丰富，质地较细，主要发育肥沃的黑钙土。

大兴安岭东麓山前平原，也有洪积、冲积或冰水沉积形成的黄土状沉积物，但质地较黏无石灰反应，常发育为土质黏重、土层深厚的黑土。

（三）冲积-湖积物

呼伦贝尔高平原在地质构造上，属新华夏系第三沉降带的呼伦贝尔—巴音和硕盆地，沉积了巨厚的中新生代地层，第四纪松散沉积物一般厚在 20~40m，其中，上更新统海拉尔组的细砂层（Q_3）普遍覆盖于广大高平原上。其成因属冲积、湖积类型，说明本区在上更新世以来是河流湖泊广泛发育的地区。河湖相沉积物的机械组成变化较大，河流冲积砂较粗、湖积物较细，也有粗砂细砂交替沉积。这种砂质沉积物含有 $CaCO_3$ 的淀积，反应呈碱性，盐基饱和，物理性砂粒（>0.01mm 的颗粒）占 75%~85%。这种母质上发育着质地较粗，易受风蚀的暗栗钙土和栗钙土。

除上更新统的砂质冲积物外，在呼伦贝尔市额尔古纳河水系及嫩江水系河流两岸，也广泛分布着现代河流冲积物。特点为剖面沉积层次明显，质地构型复杂，以壤质土为主，其中砾石磨圆度好，多发育为暗色草甸土或沼泽土。

（四）砂质风积物

呼伦贝尔高平原自北向南有三条明显的风积沙带存在。北部沙带位于海拉尔河南侧，东起霍吉诺尔湖，西至嵯岗附近，东西长约 101km，南北宽约 20km。中部沙带位于新巴尔虎左旗的阿木古郎镇，并向东和东南延伸，经辉河至伊敏河，沙带长约 140km，宽为 15~70km，最宽为 90km。南部沙带东从伊敏河红花尔基附近，向西南展开，一直可延续到中蒙边境。其他在河湖沿岸也有风积或冲积沙零星分布。砂质风积物的特点为砂粒分选性良好，颜色灰黄、黄棕色，物理性砂粒（>0.01mm 颗粒）达 90% 左右，磨圆度好，浑圆状有麻点。矿物组成以石英为主，约占 80%。风积物水浸液反应中性，无 $CaCO_3$ 淀积。风积沙有的处于流动状态，大部分有草本植物及樟子松生长，成固定或半固定状态，其上发育着肥力较差的风沙土。

母质是构成土壤矿物质部分的基本材料，母质的矿物和化学组成直接影响土壤的理化性质。母质颗粒的粗细决定了土壤质地，发育在花岗岩、砂砾岩残—坡积物母质上的大兴安岭山地土壤质地偏砂，而发育在玄武岩、泥页岩母质上土壤质地偏黏；分布在黄土状母质上的黑土质地较黏，而砂质冲积物母质上发育的暗栗钙土则质地较粗，导致土壤的孔隙度、通透性、保水保肥性及有机质积累程度等差异。母质还影响土壤的酸碱反应和养分含量，呼伦贝尔高平原上成土母质富含 $CaCO_3$，所以形成的土壤多偏碱性，而大兴安岭山地成土母质大多不含 $CaCO_3$，因此土壤趋于酸性。

花岗岩富含钾长石和云母等含钾矿物而含硼则较少，因此呼伦贝尔市花岗岩母质上形成的土壤含钾丰富而缺硼，而黄土状母质发育的土壤则往往缺钼。

第二节　耕地概况

一、耕地利用现状

呼伦贝尔市地貌类型、资源类别、环境特征具有相对的完整性和区域性。兴安岭林区以农林业为主，内蒙古北部牧农区以农牧业为主。截至 2016 年末，呼伦贝尔市耕地面积为 1 788 243. 08hm^2，耕地面积占呼伦贝尔市土地面积比例为 7. 07%。其中，旱地面积为 1 772 198. 60hm^2，占耕地总面积的 99. 10%；水田面积为 9 835. 41hm^2，占耕地总面积的 0. 55%；水浇地面积为 6 209. 07hm^2，占耕地总面积的 0. 35%。

呼伦贝尔市各旗（市、区）均有耕地分布（表 1-1）。耕地面积前三位的是莫力达瓦达斡尔族自治旗、阿荣旗和鄂伦春自治旗，分别占呼伦贝尔市耕地面积的 27. 82%、17. 54%和 15. 42%。土地垦殖率是指区域内的耕地面积占该辖区土地总面积的百分比，可以反映区域内土地资源的利用程度以及利用结构。土地垦殖率较高的旗（市、区）是莫力达瓦达斡尔族自治旗、阿荣旗和海拉尔区，垦殖率分别为 48. 04%、28. 33%和 22. 00%；最小的是新巴尔虎右旗，仅为 0. 01%。

表 1-1　呼伦贝尔市 2016 年耕地分布情况

行政区	土地总面积（hm^2）	耕地总面积（hm^2）	占呼伦贝尔市耕地总面积的比例（%）	土地垦殖率（%）
阿荣旗	1 107 300	313 711. 94	17. 54	28. 33
额尔古纳市	2 895 800	184 971. 28	10. 34	6. 39
鄂伦春自治旗	5 468 800	275 689. 84	15. 42	5. 04
莫力达瓦达斡尔族自治旗	1 035 600	497 522. 12	27. 82	48. 04
牙克石市	2 780 300	122 558. 93	6. 85	4. 41
扎兰屯市	1 678 500	238 519. 96	13. 34	14. 21
根河市	2 001 000	2 200. 48	0. 12	0. 11
陈巴尔虎旗	1 745 800	83 273. 60	4. 66	4. 77
鄂温克自治旗	1 865 700	12 093. 05	0. 68	0. 65
海拉尔区	130 800	28 776. 02	1. 61	22. 00
满洲里市	73 500	1 371. 86	0. 08	1. 87
新巴尔虎右旗	2 483 900	320. 70	0. 02	0. 01
新巴尔虎左旗	2 010 700	26 793. 12	1. 50	1. 33
扎赉诺尔区	27 000	440. 19	0. 02	1. 63
汇总	25 304 700	1 788 243. 08	100. 00	7. 07

注：各旗（市、区）土地总面积数据来源于《2018 呼伦贝尔市统计年鉴》，耕地面积来源于 2016 年国土部门。

呼伦贝尔市耕地分为旱地、水田和水浇地三种类型，二级地类面积构成如表 1-2

所示。除新巴尔虎右旗、满洲里市和扎赉诺尔区水浇地的面积比例较大外，其他旗（市、区）均以旱地为主，占所在地耕地比例95%~100%。水田仅在莫力达瓦达斡尔族自治旗、阿荣旗、扎兰屯市和鄂伦春自治旗有零星分布。

表 1-2　各旗（市、区）耕地二级地类面积构成表

行政区	耕地						耕地总面积（hm^2）
	旱地		水田		水浇地		
	面积（hm^2）	占所在地耕地比例（%）	面积（hm^2）	占所在地耕地比例（%）	面积（hm^2）	占所在地耕地比例（%）	
阿荣旗	310 593.00	99.01	2 999.83	0.96	119.11	0.04	313 711.94
额尔古纳市	183 529.32	99.22	—	—	1 441.96	0.78	184 971.28
鄂伦春自治旗	275 489.62	99.93	200.22	0.07	—	—	275 689.84
莫力达瓦达斡尔族自治旗	491 952.21	98.88	4 698.12	0.94	871.79	0.18	497 522.12
牙克石市	122 157.09	99.67	—	—	401.84	0.33	122 558.93
扎兰屯市	236 492.07	99.15	1 937.25	0.81	90.65	0.04	238 519.96
根河市	2 200.48	100.00	—	—	—	—	2 200.48
陈巴尔虎旗	83 247.83	99.97	—	—	25.76	0.03	83 273.59
鄂温克自治旗	12 074.78	99.85	—	—	18.27	0.15	12 093.05
海拉尔区	28 693.93	99.71	—	—	82.08	0.29	28 776.01
满洲里市	115.26	8.40	—	—	1 256.60	91.60	1 371.86
新巴尔虎右旗	—	—	—	—	320.70	100.00	320.70
新巴尔虎左旗	25 471.81	95.07	—	—	1 321.31	4.93	26 793.12
扎赉诺尔区	181.19	41.16	—	—	259.00	58.84	440.19

二、耕地土壤类型

呼伦贝尔市耕地土壤共有11个土类、28个亚类、54个土属、138个土种。各土壤类型面积及比例见表1-3。兴安岭林区耕地土壤类型以暗棕壤、黑土、草甸土为主；内蒙古北部牧农区耕地土壤类型以黑钙土和栗钙土为主。

表 1-3　呼伦贝尔市耕地主要土壤类型面积及比例

土壤类型	面积（hm^2）	比例（%）	土壤类型	面积（hm^2）	比例（%）
总计	1 788 243.08	100.00	灰色森林土	53 235.01	2.98
暗棕壤	632 314.06	35.36	栗钙土	28 791.40	1.61
黑土	405 920.00	22.70	粗骨土	16 888.94	0.94
黑钙土	289 405.47	16.18	棕色针叶林土	2 706.34	0.15
草甸土	252 892.02	14.14	风沙土	1 657.80	0.09

（续表）

土壤类型	面积（hm^2）	比例（%）	土壤类型	面积（hm^2）	比例（%）
沼泽土	104 366.93	5.84	石质土	65.13	0.004

三、耕地面积变化趋势

近 70 年来，呼伦贝尔市耕地面积数量变化总体趋势大致可分为三个阶段，如图 1-4 所示：第一阶段为 1946 年到 1990 年，这一时期耕地面积呈“波动式”增加且变化比较剧烈，从 1949 年的 125 587hm^2 增加到 1990 年的 647 640hm^2。第二阶段为 1995 年到 2008 年，这一时期耕地面积与第一阶段相比，扩大了近一倍，由 1990 年的 647 640hm^2 增加到 2008 年的 1 195 360hm^2。这一时期耕地面积总体呈现“波动式”减少的趋势。第三阶段为 2009 年至 2016 年，这一时期耕地面积增幅 50%且维持在 1 785 000hm^2 左右，变化不显著。

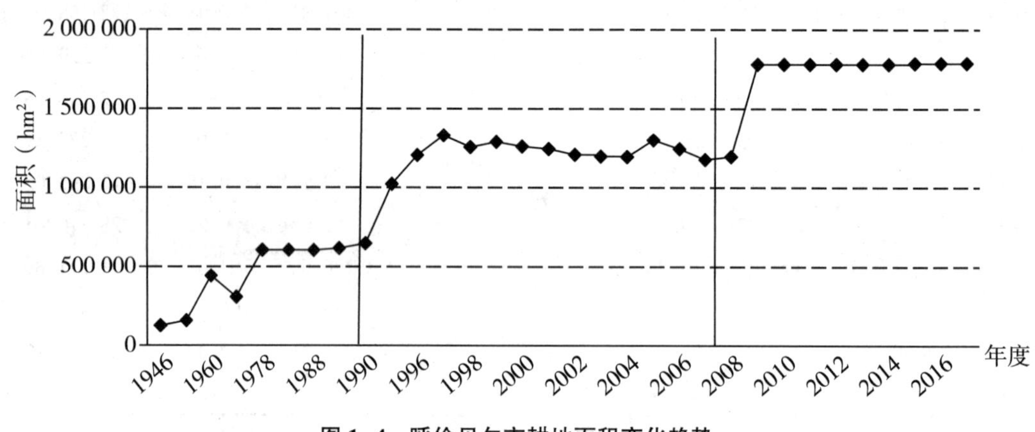

图 1-4　呼伦贝尔市耕地面积变化趋势

第二章　耕地质量等级评价方法

第一节　评价依据

耕地质量反映耕地本身的生产能力，因此耕地质量的评价应依据与此相关的各类自然和社会经济要素，具体包括3个方面。

自然环境要素：指耕地所处的自然环境条件，主要包括耕地所处的气候条件、地形地貌条件、水文地质条件、成土母质条件以及土地利用状况等。耕地所处的自然环境条件对耕地质量具有重要的影响。

土壤理化性状要素：主要包括剖面构型、耕层质地、耕层厚度、有效土层厚度、容重、土壤 pH 值等。不同的耕地的土壤理化性状，其耕地质量也存在较大的差异。

农田基础设施与管理水平：包括耕地的灌排条件、水土保持工程建设、培肥管理条件、施肥水平等。良好的农田基础设施与较高的管理水平对耕地质量提升具有重要的作用。

本次耕地质量等级评价依据《耕地质量等级》（GB/T 33469—2016）进行。

第二节　评价流程

收集呼伦贝尔市及各旗（市、区）的图件资料文本及数据资料，进行数字标准化整理，从而获得基础图件信息；以土地利用现状图（2016年）、土壤图和行政区划图为基础，进行规划样点，确定评价单元；通过指标的野外调查、分析测试，建立评价数据库；按照区域划分确定耕地质量指标；通过层次分析法确定各指标权重，通过特尔斐法确定各指标隶属度；计算土壤内梅罗综合污染指数，对耕地清洁程度进行判定；计算耕地质量综合指数，根据累积频率曲线法划分耕地质量等级，形成评价区域耕地质量等级分布图，制作评价结果专题图，完成评价报告的撰写。评价流程图如2-1所示。

一、布点及调查采样

以土壤图、土地利用现状图为工作底图，合理布设点位。

样点分布：每666.67hm^2不少于1个样点，要覆盖所有耕地，兼顾行政区划、土壤类型、土地利用、耕地质量、管理水平等因素，并与耕地质量监测点相衔接，确保点位代表性。采样点位固定，每年都在固定点位上选择典型地块采集混合土壤样品。呼伦贝尔市共采集土壤样品2 700个。

采样时间：2017年秋季作物收获后采样。

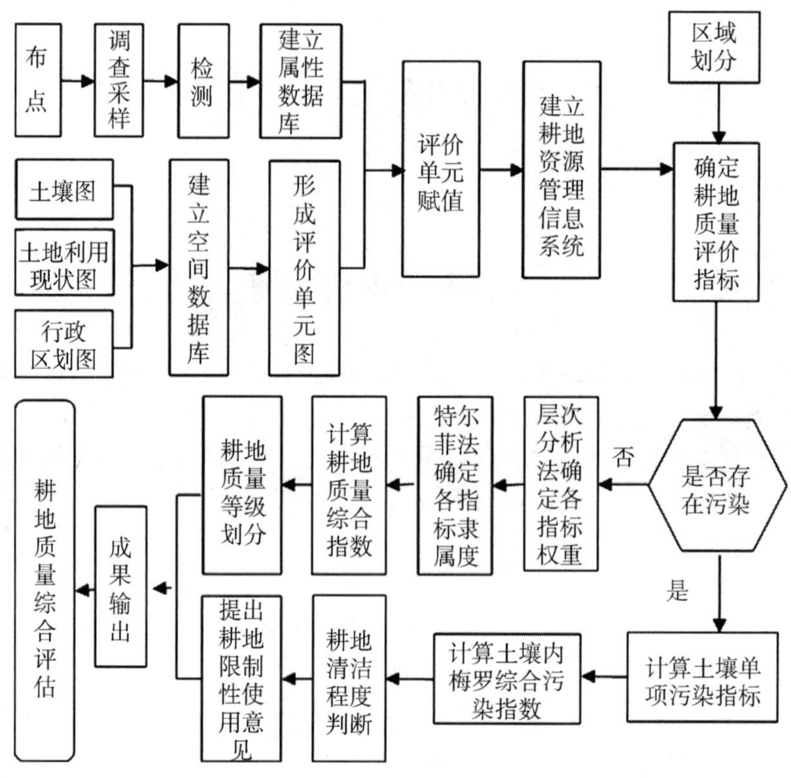

图 2-1　耕地质量等级评价流程

采样方法：按照《测土配方施肥技术规程》中的“土壤样品采集方法”采集土壤样品，并填写“耕地保护与质量提升采样地块调查表”。

二、检测

分析项目：有机质、全氮、有效磷、速效钾、缓效钾、有效铜、有效锌、有效铁、有效锰、有效硼、有效钼、有效硫、有效硅、pH 值、总铬、镉、铅、总砷、总汞以及土壤容重。测定方法见表 2-1。

表 2-1　土壤养分测定方法

化验项目	化验方法
pH 值	电位法
有机质	重铬酸钾—硫酸溶液—油浴法
全氮	半微量凯氏定氮法
有效磷	碳酸氢钠浸提—钼锑抗比色法
速效钾	乙酸铵浸提—火焰光度法
缓效钾	硝酸提取—火焰光度法
有效铜	DTPA 浸提—原子吸收法

（续表）

化验项目	化验方法
有效铁	DTPA 浸提—原子吸收法
有效锰	DTPA 浸提—原子吸收法
有效锌	DTPA 浸提—原子吸收法
有效硼	甲亚胺—H 比色法
有效钼	草酸—草酸铵浸提—极谱法
有效硫	磷酸盐浸堤—硫酸钡比浊法
有效硅	柠檬酸提取—钼蓝比色法
总汞	原子荧光法第 1 部分：土壤中总汞的测定 GB/T 22105. 1—2008
总砷	原子荧光法第 1 部分：土壤中总砷的测定 GB/T 22105. 1—2008
铅	石墨炉原子吸收分光光度法 GB/T 17141—1997
镉	石墨炉原子吸收分光光度法 GB/T 17141—1997
总铬	火焰原子吸收分光光度法 HJ 491—2009

三、评价单元确定

评价单元是评价的最基本单位，评价单元划分的合理与否直接关系到工作量的大小和评价结果的准确性。本次质量等级评价采用土壤图、土地利用现状图和行政区划图叠加形成的图斑作为评价的基本单元，每个评价单元的行政区域、土壤类型、利用方式等相对比较一致。呼伦贝尔市共划分出 29 万个评价单元。

四、区域划分

考虑到呼伦贝尔市农业自然资源特点和区域的差异性，遵从自然条件与社会经济条件相似性，农业生产关键限制因子程度的一致性；农业生产的内部结构（主要是种植模式、生产水平），存在的问题与发展趋势相似性，农作物生产潜力开发措施与途径相对一致性，各类型基本连片的原则，依据《耕地质量等级》（GB/T 33469—2016）中耕地质量等级划分区域范围，呼伦贝尔市 14 个旗（市、区）分属两个二级农业区，见表 2-2。

表 2-2　耕地质量等级划分区域范围

一级农业区	二级农业区	行政区名称
东北区	兴安岭林区	根河市、额尔古纳市、牙克石市、鄂伦春自治旗、莫力达瓦达斡尔族自治旗、阿荣旗、扎兰屯市
内蒙古及长城沿线区	内蒙古北部牧农区	陈巴尔虎旗、鄂温克族自治旗、新巴尔虎左旗、新巴尔虎右旗、海拉尔区、满洲里市、扎赉诺尔区

五、评价单元赋值

根据不同类型评价指标的特点，对其赋值方法也有所差异。土壤养分数据插值后提取，其他数据以点带面属性提取。

六、评价指标体系

（一）兴安岭林区

1. 指标权重（表 2-3）

表 2-3　兴安岭林区指标权重

指标名称	指标权重	指标名称	指标权重
地形部位	0.180 0	有效磷	0.045 2
灌溉能力	0.115 3	质地构型	0.043 9
耕层质地	0.086 3	速效钾	0.043 5
有效土层厚	0.067 3	pH 值	0.043 1
有机质	0.066 5	土壤容重	0.041 4
排水能力	0.064 8	农田林网化	0.040 5
耕层厚度	0.045 3	生物多样性	0.039 4
障碍因素	0.045 3	清洁程度	0.032 0

2. 指标隶属函数

（1）概念型指标隶属度（表 2-4）。

表 2-4　兴安岭林区概念型指标隶属度

地形部位	山间盆地	宽谷盆地	平原低阶	平原中阶	平原高阶	丘陵上部	丘陵中部	丘陵下部	山地坡上	山地坡中	山地坡下
隶属度	0.74	0.96	0.75	1.00	0.89	0.59	0.77	0.78	0.43	0.54	0.64
质地构型	薄层型	松散型	紧实型	夹层型	上紧下松型		上松下紧型		海绵型		
隶属度	0.52	0.38	0.59	0.63	0.53		1.00		0.94		
耕层质地	砂土	砂壤	轻壤	中壤	重壤	黏土					
隶属度	0.48	0.71	0.88	1.00	0.84	0.60					
障碍因素	盐碱	瘠薄	酸化	渍潜	障碍层次		无				
隶属度	0.40	0.56	0.55	0.65	0.71		1.00				

（续表）

灌溉能力	充分满足	满足	基本满足	不满足
隶属度	1.00	0.85	0.61	0.40
排水能力	充分满足	满足	基本满足	不满足
隶属度	1.00	0.83	0.59	0.30
生物多样性	丰富	一般	不丰富	
隶属度	1.00	0.69	0.41	
农田林网化	高	中	低	
隶属度	1.00	0.79	0.53	
清洁程度	清洁	尚清洁		
隶属度	1.00	0.72		

（2）数值型指标隶属函数（表 2-5）。

表 2-5　兴安岭林区数值型指标隶属函数

指标名称	函数类型	函数公式	a 值	c 值	u 的下限值	u 的上限值
速效钾	戒上型	$y=1/[1+a\times(u-c)^2]$	0.000 014	300.084 871	0	300.00
有效磷	戒上型	$y=1/[1+a\times(u-c)^2]$	0.000 396	60.009 908	0	60.00
有机质	戒上型	$y=1/[1+a\times(u-c)^2]$	0.000 446	60.000 048	0	60.00
pH 值	峰型	$y=1/[1+a\times(u-c)^2]$	0.209 72	6.776 05	0.2	13.30
土壤容重	峰型	$y=1/[1+a\times(u-c)^2]$	8.696 016	1.242 811	0.22	2.26
耕层厚度	戒上型	$y=1/[1+a\times(u-c)^2]$	0.002 322	30.006 247	0.0	30.00
有效土层厚	戒上型	$y=1/[1+a\times(u-c)^2]$	0.000 213	100.002 147	0.0	100.00

注：y 为隶属度；a 为系数；u 为实测值；c 为标准指标。当函数类型为戒上型，u 小于等于下限值时，y 为 0；u 大于等于上限值时，y 为 1；当函数类型为峰型，u 小于等于下限值或 u 大于等于上限值时，y 为 0。

3. 等级划分指数（表 2-6）

表 2-6　兴安岭林区等级划分指数

耕地质量等级	综合指数范围	耕地质量等级	综合指数范围
一等	≥0.817 5	六等	0.672 3~0.701 4
二等	0.788 5~0.817 5	七等	0.643 3~0.672 3
三等	0.759 4~0.788 5	八等	<0.643 3
四等	0.730 4~0.759 4	九等	—
五等	0.701 4~0.730 4	十等	—

（二）内蒙古北部牧农区

1. 指标权重（表 2-7）

表 2-7　内蒙古北部牧农区指标权重

指标名称	指标权重	指标名称	指标权重
有效土层厚	0.108 7	pH 值	0.055 4
灌溉能力	0.103 5	土壤容重	0.054 5
有机质	0.089 4	速效钾	0.050 2
障碍因素	0.079 2	排水能力	0.049 5
耕层质地	0.074 8	生物多样性	0.043 1
质地构型	0.073 3	坡度	0.041 7
地形部位	0.060 2	农田林网化	0.030 1
有效磷	0.058 4	清洁程度	0.028 1

2. 指标隶属函数

（1）概念型指标隶属度（表 2-8）。

表 2-8　内蒙古北部牧农区概念型指标隶属度

地形部位	山间盆地	宽谷盆地	平原低阶	平原中阶	平原高阶	丘陵上部	丘陵中部	丘陵下部	山地坡上	山地坡中	山地坡下
隶属度	0.74	0.96	0.75	1.00	0.89	0.59	0.77	0.78	0.43	0.54	0.64
质地构型	薄层型	松散型	紧实型	夹层型	上紧下松型		上松下紧型		海绵型		
隶属度	0.32	0.44	0.68	0.62	0.53		1.00		0.91		
耕层质地	砂土	砂壤	轻壤	中壤	重壤	黏土					
隶属度	0.38	0.75	0.86	1.00	0.77	0.49					
障碍因素	瘠薄	障碍层次		沙化	盐渍化	无					
隶属度	0.51	0.67		0.56	0.62	1.00					
坡度	≤2	2~6	6~10	10~15		>15					
隶属度	1.00	0.84	0.67	0.52		0.29					
灌溉能力	充分满足		满足	基本满足		不满足					
隶属度	1.00		0.85	0.65		0.38					
排水能力	充分满足		满足	基本满足		不满足					
隶属度	1.00		0.83	0.62		0.43					

（续表）

生物多样性	丰富	一般	不丰富
隶属度	1.00	0.68	0.38
农田林网化	高	中	低
隶属度	1.00	0.74	0.39
有效土层厚	<30	30~60	≥60
隶属度	0.44	0.80	1.00
清洁程度	清洁	尚清洁	
隶属度	1.00	0.60	

（2）数值型指标隶属函数（表2-9）。

表2-9　内蒙古北部牧农区数值型指标隶属函数

指标名称	函数类型	函数公式	a值	c值	u的下限值	u的上限值
pH值	峰型	$y=1/[1+a\times(u-c)^2]$	0.474 732	7.122 609	2.80	11.50
土壤容重	峰型	$y=1/[1+a\times(u-c)^2]$	10.388 61	1.283 822	0.35	2.21
有机质	戒上型	$y=1/[1+a\times(u-c)^2]$	0.003 437	29.467 952	0.00	29.50
有效磷	戒上型	$y=1/[1+a\times(u-c)^2]$	0.003 443	29.160 987	0.00	29.20
速效钾	戒上型	$y=1/[1+a\times(u-c)^2]$	0.000 032	273.613 884	0.00	274.00

注：y为隶属度；a为系数；u为实测值；c为标准指标。当函数类型为戒上型，u小于等于下限值时，y为0；u大于等于上限值时，y为1；当函数类型为峰型，u小于等于下限值或u大于等于上限值时，y为0。

3. 等级划分指数（表2-10）

表2-10　内蒙古北部牧农区等级划分指数

耕地质量等级	综合指数范围	耕地质量等级	综合指数范围
一等	≥0.856 6	六等	0.714 0~0.742 1
二等	0.832 3~0.856 6	七等	0.688 9~0.714 0
三等	0.803 4~0.832 3	八等	0.663 8~0.688 9
四等	0.772 6~0.803 4	九等	0.628 5~0.663 8
五等	0.742 1~0.772 6	十等	<0.628 5

第三章　耕地土壤属性

耕层是作物根系分布和矿质营养供应的重要土层，其理化性状是构成耕地质量等级的核心要素，了解耕层土壤属性是正确评价耕地质量等级的基本途径。

土壤元素背景值的表达方式以各统计单元土壤养分的加权平均数表示。各监测指标分级标准参照《全国九大农区及省级耕地质量监测指标分级标准（试行）》（201903）。呼伦贝尔市及两个二级农业区耕地质量监测指标分级标准见表 3-1 至表 3-3。

表 3-1　呼伦贝尔市耕地质量监测指标分级标准

指标	分级标准				
	1 级（高）	2 级（较高）	3 级（中）	4 级（较低）	5 级（低）
有机质（g/kg）	>30.0	25.0~30.0	15.0~25.0	10.0~15.0	≤10.0
全氮（g/kg）	>2.00	1.50~2.00	1.00~1.50	0.50~1.00	≤0.50
有效磷（mg/kg）	>40.0	30.0~40.0	20.0~30.0	10.0~20.0	≤10.0
速效钾（mg/kg）	>250	150~250	100~150	50~100	≤50
缓效钾（mg/kg）	>1 200	1 000~1 200	800~1 000	600~800	≤600
有效铁（mg/kg）	>20.0	10.0~20.0	5.0~10.0	2.5~5.0	≤2.5
有效锰（mg/kg）	>20.0	10.0~20.0	5.0~10.0	1.0~5.0	≤1.0
有效铜（mg/kg）	>2.00	1.00~2.00	0.50~1.00	0.20~0.50	≤0.20
有效锌（mg/kg）	>2.00	1.50~2.00	1.00~1.50	0.50~1.00	≤0.50
有效硼（mg/kg）	>2.00	1.00~2.00	0.50~1.00	0.20~0.50	≤0.20
有效钼（mg/kg）	>0.20	0.15~0.20	0.10~0.15	0.05~0.10	≤0.05
有效硫（mg/kg）	>40.0	30.0~40.0	20.0~30.0	10.0~20.0	≤10.0
有效硅（mg/kg）	>250	150~250	100~150	50~100	≤50
pH 值	6.5~7.0	7.0~7.5，6.0~6.5	7.5~8.0，5.5~6.0	8.0~8.5，5.0~5.5	>8.5，≤5.0
耕层厚度（cm）	>30.0	25.0~30.0	20.0~25.0	10.0~20.0	≤10.0
土壤容重（g/cm³）	1.10~1.25	1.25~1.35	1.35~1.45，1.00~1.10	1.45~1.60，0.90~1.00	>1.60，≤0.90

表 3-2　兴安岭林区耕地质量监测指标分级标准

指标	分级标准				
	1 级（高）	2 级（较高）	3 级（中）	4 级（较低）	5 级（低）
有机质（g/kg）	>40. 0	30. 0~40. 0	20. 0~30. 0	10. 0~20. 0	≤10. 0
全氮（g/kg）	>2. 50	1. 50~2. 50	1. 00~1. 50	0. 50~1. 00	≤0. 50
有效磷（mg/kg）	>40. 0	30. 0~40. 0	20. 0~30. 0	10. 0~20. 0	≤10. 0
速效钾（mg/kg）	>200	150~200	100~150	50~100	≤50
缓效钾（mg/kg）	>1 000	800~1 000	500~800	200~500	≤200
有效铁（mg/kg）	>20. 0	10. 0~20. 0	4. 5~10. 0	2. 5~4. 5	≤2. 5
有效锰（mg/kg）	>20. 0	10. 0~20. 0	5. 0~10. 0	1. 0~5. 0	≤1. 0
有效铜（mg/kg）	>2. 00	1. 00~2. 00	0. 50~1. 00	0. 20~0. 50	≤0. 20
有效锌（mg/kg）	>2. 00	1. 50~2. 00	1. 00~1. 50	0. 50~1. 00	≤0. 50
有效硼（mg/kg）	>1. 00	0. 80~1. 00	0. 50~0. 80	0. 20~0. 50	≤0. 20
有效钼（mg/kg）	>0. 20	0. 15~0. 20	0. 10~0. 15	0. 05~0. 10	≤0. 05
有效硫（mg/kg）	>40. 0	30. 0~40. 0	20. 0~30. 0	10. 0~20. 0	≤10. 0
有效硅（mg/kg）	>250	200~250	100~200	50~100	≤50
pH 值	6. 0~7. 5	5. 5~6. 0	7. 5~8. 0，5. 0~5. 5	8. 0~8. 5，4. 5~5. 0	>8. 5，≤4. 5
耕层厚度（cm）	>30. 0	25. 0~30. 0	20. 0~25. 0	15. 0~20. 0	≤15. 0
土壤容重（g/cm³）	1. 10~1. 30	1. 30~1. 40	1. 40~1. 50，1. 00~1. 10	1. 50~1. 60，0. 90~1. 00	>1. 60，≤0. 90

表 3-3　内蒙古北部牧农区耕地质量监测指标分级标准

指标	分级标准				
	1 级（高）	2 级（较高）	3 级（中）	4 级（较低）	5 级（低）
有机质（g/kg）	>30. 0	25. 0~30. 0	15. 0~25. 0	10. 0~15. 0	≤10. 0
全氮（g/kg）	>2. 00	1. 50~2. 00	1. 00~1. 50	0. 50~1. 00	≤0. 50
有效磷（mg/kg）	>30. 0	20. 0~30. 0	10. 0~20. 0	5. 00~10. 0	≤5. 0
速效钾（mg/kg）	>200	150~200	100~150	60~100	≤60
缓效钾（mg/kg）	>1 200	1 000~1 200	800~1 000	600~800	≤600
有效铁（mg/kg）	>20. 0	10. 0~20. 0	5. 0~10. 0	2. 5~5. 0	≤2. 5
有效锰（mg/kg）	>25. 0	10. 0~25. 0	5. 0~10. 0	1. 0~5. 0	≤1. 0
有效铜（mg/kg）	>2. 00	1. 00~2. 00	0. 50~1. 00	0. 10~0. 50	≤0. 10
有效锌（mg/kg）	>3. 00	1. 50~3. 00	0. 70~1. 50	0. 30~0. 70	≤0. 30
有效硼（mg/kg）	>2. 00	1. 50~2. 00	0. 70~1. 50	0. 20~0. 70	≤0. 20
有效钼（mg/kg）	>0. 20	0. 15~0. 20	0. 10~0. 15	0. 05~0. 10	≤0. 05
有效硫（mg/kg）	>40. 0	30. 0~40. 0	20. 0~30. 0	15. 0~20. 0	≤15. 0

（续表）

指标	分级标准				
	1 级（高）	2 级（较高）	3 级（中）	4 级（较低）	5 级（低）
有效硅（mg/kg）	>250	150~250	100~150	50~100	≤50
pH 值	6.5~7.5	6.0~6.5	7.5~8.0，5.5~6.0	8.0~8.5	>8.55，≤5.5
耕层厚度（cm）	>30.0	25.0~30.0	20.0~25.0	10.0~20.0	≤10.0
土壤容重（g/cm^3）	1.10~1.25	1.25~1.35	1.35~1.45，1.00~1.10	1.45~1.55	>1.55，≤1.0

第一节　有机质及大量元素

一、有机质

土壤有机质是衡量土壤肥力供应能力，判断土壤结构适宜程度的首要指标。有机质可为植物生长提供大量 N、P、K 等营养元素；又可以改善耕地土壤的结构性能；还可以改善土壤的生物学和物理学、化学性状。

（一）含量水平

2017 年呼伦贝尔市土壤有机质平均含量为 56.8g/kg，属 1 级（高）水平，变幅 3.5~118.5g/kg。兴安岭林区土壤有机质平均含量为 54.7g/kg，属 1 级（高）水平，变幅 13.0~118.5g/kg；内蒙古北部牧农区土壤有机质平均含量为 49.3g/kg，属 1 级（高）水平，变幅 3.5~71.6g/kg。兴安岭林区土壤有机质平均含量明显高于内蒙古北部牧农区（表 3-4）。

表 3-4　呼伦贝尔市及二级区土壤有机质及大量元素养分含量统计表

指标＼行政区	呼伦贝尔市		兴安岭林区		内蒙古北部牧农区	
	平均值	变幅	平均值	变幅	平均值	变幅
有机质（g/kg）	56.8	3.5~118.5	54.7	13~118.5	49.3	3.5~71.6
全氮（g/kg）	2.64	0.79~6.32	2.63	0.79~6.32	2.66	0.96~4.12
有效磷（mg/kg）	30.8	4.7~132.2	31.6	4.7~132.2	23.1	5.1~52.1
速效钾（mg/kg）	244	55~712	249	84~712	195	55~340
缓效钾（mg/kg）	942	300~2 754	947	300~2 754	889	427~1 291

从表 3-5 可以看出，各旗（市、区）耕地土壤有机质平均含量差异较大，根河市有机质含量最高，平均值达 82.3g/kg；扎赉诺尔区最低，仅为 4.4g/kg。除新巴尔虎右旗土壤有机质平均含量为 3 级（中）水平、满洲里市为 4 级（较低）水平、扎赉诺尔区为 5 级（低）水平外，其他旗（市、区）有机质平均含量均为 1 级（高）水平。

表 3-5 各旗（市、区）土壤有机质及大量元素养分含量统计表

行政区	项目	有机质（g/kg）	全氮（g/kg）	有效磷（mg/kg）	速效钾（mg/kg）	缓效钾（mg/kg）
阿荣旗	平均值	48.6	2.30	43.3	254	708
	变幅	27.4~92.6	1.27~4.84	4.7~127.7	96~453	300~1 628
额尔古纳市	平均值	65.5	3.02	36.7	239	1 094
	变幅	48.4~102.1	2.15~4.29	8.6~131.2	84~426	683~1 461
鄂伦春自治旗	平均值	66.3	2.77	28.3	212	1 572
	变幅	22.2~115.9	1.24~4.95	6.6~71	111~456	454~2 754
莫力达瓦达斡尔族自治旗	平均值	60.6	2.75	26.9	250	875
	变幅	23.9~93.6	0.79~5.79	8.8~67.3	92~540	344~1 891
牙克石市	平均值	57.6	2.80	15.4	190	729
	变幅	32.1~87.4	1.86~5.68	6.6~43.8	118~395	405~1 111
扎兰屯市	平均值	46.3	2.24	34.0	318	690
	变幅	13.0~104.1	1.09~4.32	4.9~132.2	97~712	366~1 137
根河市	平均值	82.3	4.27	30.0	225	766
	变幅	65.9~118.5	3.18~6.32	14.5~38.7	156~280	510~1 070
陈巴尔虎旗	平均值	49.7	2.80	21.1	179	924
	变幅	4.0~69.8	1.40~4.12	5.1~52.1	55~338	546~1 291
鄂温克族自治旗	平均值	56.0	2.67	25.4	238	762
	变幅	13.5~69.9	1.50~3.70	9.9~47.3	80~335	556~926
海拉尔区	平均值	43.0	2.03	26.7	174	793
	变幅	3.5~69.6	1.04~2.97	11.4~52.1	59~340	492~1 106
满洲里市	平均值	11.1	1.40	16.9	140	564
	变幅	3.9~54.4	0.96~2.30	5.2~51	96~203	427~778
新巴尔虎右旗	平均值	23.4	1.82	39.0	290	921
	变幅	9.7~24.5	1.35~2.28	16.6~40.3	131~291	629~1 017
新巴尔虎左旗	平均值	54.8	3.01	24.6	250	961
	变幅	3.9~71.6	1.90~3.79	5.4~52	60~335	596~1 262
扎赉诺尔区	平均值	4.4	1.71	6.4	137	604
	变幅	3.9~12	1.11~2.30	5.2~8.3	96~139	507~751

从表 3-6 可知，不同土壤类型有机质平均含量均达到 1 级（高）水平，其中以棕色针叶林土有机质含量最高，平均值为 71.2g/kg；栗钙土含量最低，为 40.7g/kg。

表 3-6 不同土壤类型有机质及大量元素养分含量统计表

土壤类型	项目	有机质（g/kg）	全氮（g/kg）	有效磷（mg/kg）	速效钾（mg/kg）	缓效钾（mg/kg）
暗棕壤	平均值	57.4	2.60	33.4	258	975
	变幅	13.2~115.4	1.05~5.79	4.7~129.4	96~667	313~2 690
草甸土	平均值	51.9	2.44	31.4	255	813
	变幅	3.9~118.5	0.79~6.16	4.7~132.2	60~637	304~2 607

（续表）

土壤类型	项目	有机质（g/kg）	全氮（g/kg）	有效磷（mg/kg）	速效钾（mg/kg）	缓效钾（mg/kg）
粗骨土	平均值	53.6	2.97	24.4	182	973
	变幅	3.9~83.3	1.76~4.39	5.1~120.1	55~406	583~1 700
风沙土	平均值	60.9	2.72	24.7	254	908
	变幅	40.4~71.6	1.37~3.14	15.5~30.2	135~316	613~1 072
黑钙土	平均值	60.0	2.92	30.2	222	1002
	变幅	3.5~101.2	1.75~4.29	5.1~131.2	55~423	495~1 461
黑土	平均值	56.7	2.57	30.0	250	943
	变幅	13.0~99.6	1.03~5.04	5.0~127.7	100~712	372~2 552
灰色森林土	平均值	56.1	2.80	16.2	195	770
	变幅	12.7~82.4	2.04~4.76	7.0~82.2	102~395	524~1 229
栗钙土	平均值	40.7	1.99	26.3	173	788
	变幅	3.9~67.8	1.04~3.05	5.4~52.1	59~340	469~1 017
石质土	平均值	62.4	2.50	19.6	174	1 665
	变幅	50.8~75.3	2.01~3.07	8.3~45.6	141~273	1 556~1 719
沼泽土	平均值	62.1	2.78	29.1	225	1 013
	变幅	24.2~117.7	1.23~6.32	5.5~125.2	92~568	300~2 754
棕色针叶林土	平均值	71.2	3.38	30.5	240	983
	变幅	45.5~97.5	2.12~4.57	9.4~54.9	136~380	539~1 324

（二）分级论述

从图 3－1 可以看出，呼伦贝尔市有机质含量总体水平高。呼伦贝尔市 1 788 243.08hm² 耕地上有 1 636 400.81hm² 耕地土壤有机质含量为 1 级（高）水平，占 91.51%；2 级（较高）水平的面积 112 570.50hm²，占 6.3%；3 级（中）水平的面积 26 185.57hm²，占 1.46%；4 级（较低）水平的面积 10 224.28hm²，占 0.57%；5 级

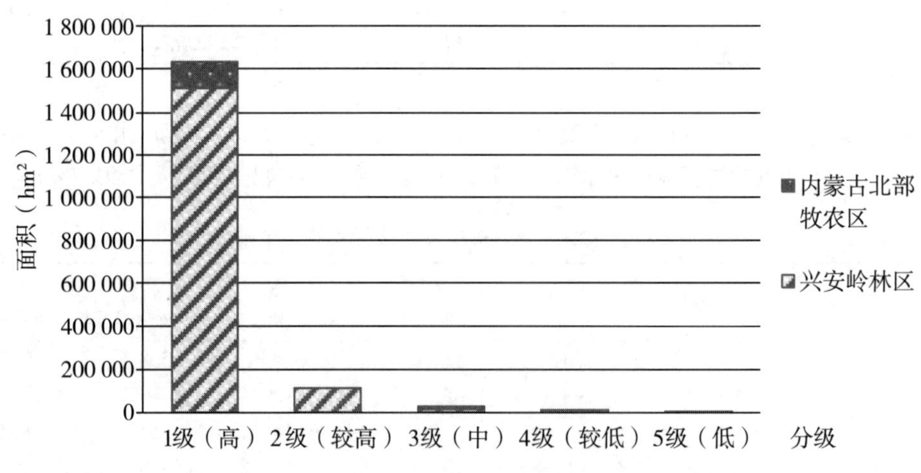

图 3-1　有机质分级面积

（低）水平的面积 2 861.92 hm^2，仅占 0.16%。

二、全氮

氮素是农业生产中最重要的养分限制因子，土壤全氮是土壤供氮能力的重要指标，在生产实际中有着重要的意义。

（一）含量水平

2017 年呼伦贝尔市土壤全氮平均含量为 2.64g/kg，属 1 级（高）水平，变幅 0.79~6.32g/kg。兴安岭林区全氮平均含量为 2.63g/kg，属 1 级（高）水平，变幅 0.79~6.32g/kg；内蒙古北部牧农区全氮平均含量为 2.66g/kg，属 1 级（高）水平，变幅 0.96~4.12g/kg。内蒙古北部牧农区全氮平均含量略高于兴安岭林区（表 3-4）。

从表 3-5 可以看出，各旗（市、区）耕地全氮平均含量差异较大，根河市全氮含量最高，平均值达 4.27g/kg；满洲里市最低，为 1.40g/kg。除满洲里市土壤全氮平均含量为 3 级（中）水平，阿荣旗、扎兰屯市、新巴尔虎右旗和扎赉诺尔区为 2 级（较高）水平外，其他旗（市、区）全氮平均含量均为 1 级（高）水平。

从表 3-6 可知，不同土壤类型中，以棕色针叶林土全氮含量最高，平均值为 3.38g/kg；栗钙土含量最低，为 1.99g/kg。除栗钙土全氮平均含量为 2 级（较高）水平外，其他土壤类型全氮平均含量都为 1 级（高）水平。

（二）分级论述

从图 3-2 可以看出，呼伦贝尔市全氮含量总体水平高。呼伦贝尔市 1 788 243.08hm^2 耕地上有 1 090 091.47hm^2 耕地土壤全氮含量为 1 级（高）水平，占 60.96%；2 级（较高）水平的面积 674 633.10hm^2，占 37.73%；3 级（中）水平的面积 22 908.71hm^2，占 1.28%；4 级（较低）水平的面积 609.80hm^2，占 0.03%；5 级（低）水平上无分布。

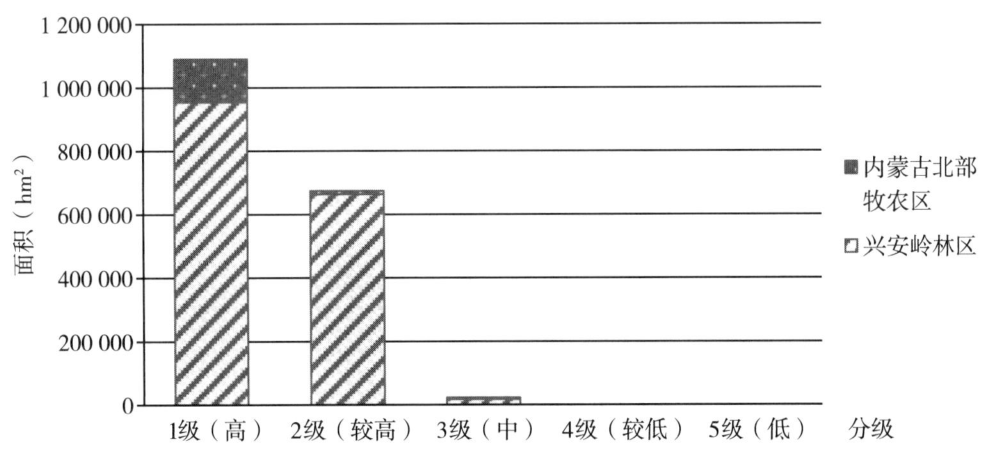

图 3-2　全氮分级面积

三、有效磷

土壤的磷素是农作物在生长发育过程中所必需的大量元素之一。土壤磷素主要是与铁、钙、黏土矿物及土壤有机质等相结合的形态存在，土壤溶液中有极少量磷酸根离子和一些易溶或易分解的磷化合物及一些易解吸的吸附态磷称之为有效磷。有效磷是土壤磷素供应水平的重要标志之一，在生产实际中有着重要的意义。

（一）含量水平

2017 年呼伦贝尔市土壤有效磷平均含量为 30. 8mg/kg，属 2 级（较高）水平，变化幅度大，在 4. 7～132. 2mg/kg。兴安岭林区有效磷平均含量为 31. 6mg/kg，属 2 级（较高）水平，变幅 4. 7～132. 2mg/kg；内蒙古北部牧农区有效磷平均含量为 23. 1mg/kg，属 2 级（较高）水平，变幅 5. 1～52. 1mg/kg。兴安岭林区有效磷平均含量高于内蒙古北部牧农区（表 3-4）。

从表 3-5 可以看出，各旗（市、区）耕地有效磷平均含量差异较大，阿荣旗有效磷含量最高，平均值达 43. 3mg/kg；扎赉诺尔区最低，仅为 6. 4mg/kg。14 个旗（市、区）中，阿荣旗和新巴尔虎右旗有效磷平均含量为 1 级（高）水平，额尔古纳市、扎兰屯市、陈巴尔虎旗、鄂温克族自治旗、海拉尔区和新巴尔虎左旗为 2 级（较高）水平，鄂伦春自治旗、莫力达瓦达斡尔族自治旗、根河市、满洲里市为 3 级（中）水平，牙克石市和扎赉诺尔区为 4 级（较低）水平。

从表 3－6 可知，不同土壤类型中，以暗棕壤有效磷含量最高，平均值为 33. 4mg/kg；灰色森林土含量最低，为 16. 2mg/kg。暗棕壤、草甸土、黑钙土、黑土、棕色针叶林土有效磷平均含量为 2 级（较高）水平，粗骨土、风沙土、栗钙土、沼泽土为 3 级（中）水平，灰色森林土、石质土为 4 级（较低）水平。

（二）分级论述

从图 3-3 可以看出，呼伦贝尔市有效磷含量在 4 级（较低）水平上分布面积最大，为 484 032. 60hm²，占 27. 07%；其次是 1 级（高水平），面积 466 775. 48hm²，占 26. 10%；

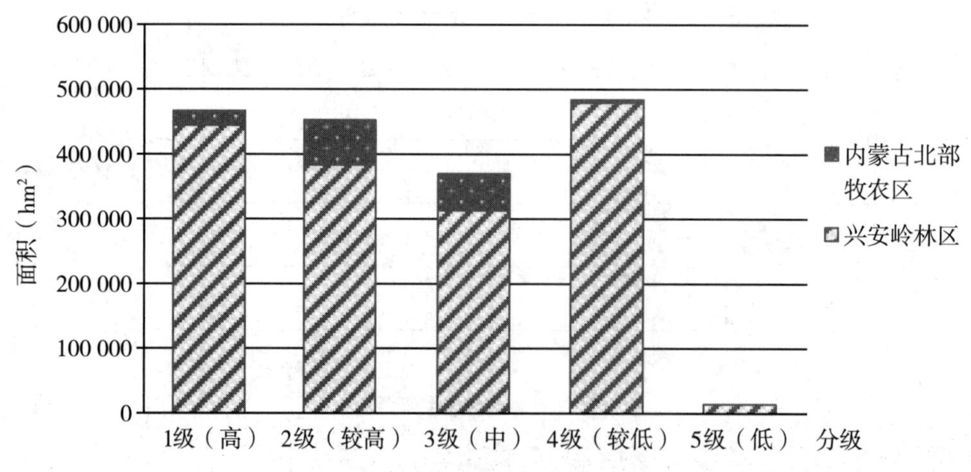

图 3-3　有效磷分级面积

2 级（较高）水平的面积 452 814.79 hm^2，占 25.32%；3 级（中）水平的面积 370 159.11hm^2，占 20.70%；5 级（低）水平面积最小，为 14 461.10hm^2，占 0.81%。

四、速效钾

土壤速效钾是指水溶性钾和黏土矿物晶体外表面吸附的交换性钾，是植物可以直接吸收利用的，对植物生长及其品质起着重要作用。其含量水平的高低反映了土壤的供钾能力，是土壤质量的主要指标之一。

（一）含量水平

2017 年呼伦贝尔市土壤速效钾平均含量为 244mg/kg，属 2 级（较高）水平，变化幅度大，在 55~712mg/kg。兴安岭林区速效钾平均含量为 249mg/kg，属 1 级（高）水平，变幅 84~712mg/kg；内蒙古北部牧农区速效钾平均含量为 195mg/kg，属 2 级（较高）水平，变幅 55~340mg/kg。兴安岭林区速效钾平均含量明显高于内蒙古北部牧农区（表 3-4）。

从表 3-5 可以看出，各旗（市、区）耕地速效钾平均含量差异较大，扎兰屯市速效钾含量最高，平均值为 318mg/kg；扎赉诺尔区最低，为 137mg/kg。14 个旗（市、区）中，满洲里市和扎赉诺尔区速效钾平均含量为 3 级（中）水平，牙克石市、陈巴尔虎旗、海拉尔区为 2 级（较高）水平，其他旗（市）均为 1 级（高）水平。

从表 3-6 可知，不同土壤类型中，暗棕壤、草甸土和风沙土的速效钾含量高，其他土类速效钾含量较高。

（二）分级论述

从图 3－4 可以看出，呼伦贝尔市速效钾含量总体水平高。呼伦贝尔市 1 788 243.08hm^2 耕地上有 1 331 163.18hm^2 耕地土壤速效钾含量为 1 级（高）水平，占 74.44%；2 级（较高）水平的面积 391 737.55hm^2，占 21.91%；3 级（中）水平的面积 57 204.30hm^2，占 3.20%；4 级（较低）水平的面积 7 774.82hm^2，占 0.43%；

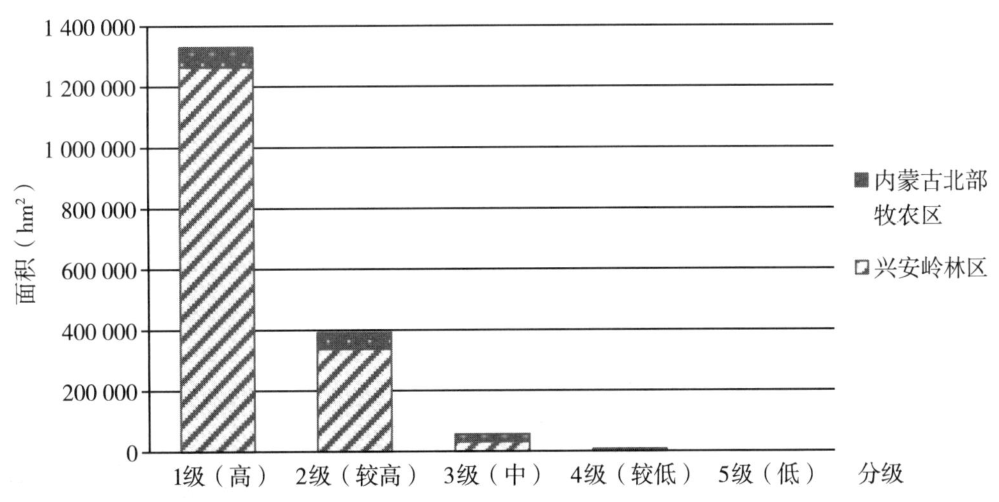

图 3-4　速效钾分级面积

5 级（低）水平的面积 363.23 hm^2，占 0.02%。

五、缓效钾

土壤缓效钾主要指存在于层状硅酸盐矿物层间的一些钾离子，属于非交换性钾，是土壤有效钾的一部分。土壤缓效钾是速效钾的储备，当土壤中的速效钾因作物吸收而减少时，缓效钾就会释放出来以补充速效钾的缺失。

（一）含量水平

2017 年呼伦贝尔市土壤缓效钾平均含量为 942mg/kg，属 3 级（中）水平，变化幅度大，在 300~2 754mg/kg。兴安岭林区缓效钾平均含量为 947mg/kg，属 2 级（较高）水平，变幅 300~2 754mg/kg；内蒙古北部牧农区缓效钾平均含量为 889mg/kg，属 3 级（中）水平，变幅 427~1 291mg/kg。兴安岭林区缓效钾平均含量略高于内蒙古北部牧农区（表 3-4）。

从表 3-5 可以看出，各旗（市、区）耕地缓效钾平均含量差异较大，鄂伦春自治旗缓效钾含量最高，平均值为 1 572 mg/kg；满洲里市最低，为 564mg/kg。14 个旗（市、区）中，鄂伦春自治旗和额尔古纳市缓效钾平均含量达 1 级（高）水平，莫力达瓦达斡尔族自治旗为 2 级（较高）水平，阿荣旗、牙克石市、扎兰屯市、根河市、陈巴尔虎旗、新巴尔虎左旗和新巴尔虎右旗为 3 级（中）水平，鄂温克族自治旗、海拉尔区和扎赉诺尔区为 4 级（较低）水平，满洲里市为 5 级（低）水平。

从表 3-6 可知，不同土壤类型中，石质土缓效钾含量最高，为 1 665mg/kg，达 1 级（高）水平；黑钙土、沼泽土为 2 级（较高）水平；暗棕壤、草甸土、粗骨土、风沙土、黑土、棕色针叶林土为 3 级（中）水平；灰色森林土和栗钙土为 4 级（较低）水平。

（二）分级论述

由图 3-5 可知，呼伦贝尔市缓效钾以 3 级（中）水平面积分布最广，达 788 515.03hm^2，占 44.09%；1 级（高）水平的面积 538 100.28hm^2，占 30.09%；2 级

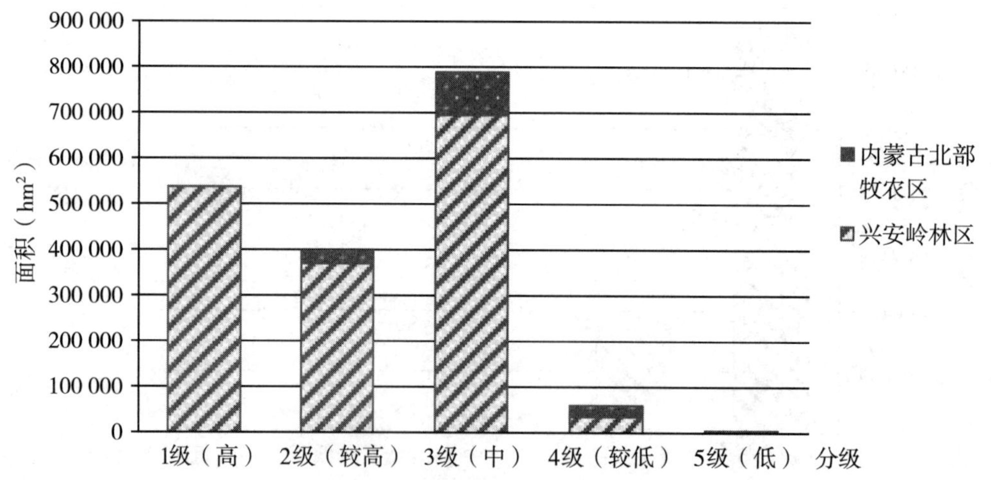

图 3-5　缓效钾分级面积

（较高）水平的面积 397 412.28 hm²，占 22.22%；4 级（较低）水平的面积 59 532.11hm²，占 3.33%；5 级（低）水平的面积 4 683.52hm²，占 0.26%。

第二节　中量元素

农作物生长发育过程中，除碳、氢、氧、氮、磷、钾占作物干物质主要成分外，中量元素占作物干重的 0.1%~0.5%。中量元素钙、镁、硫、硅参与作物多个生理代谢和多种化合物的合成，其供应状况直接影响作物的生长发育、产量及品质。长期耕作导致土壤中量元素失衡，因此中量元素在农业生产中的作用也越来越受到人们的关注。

一、有效硫

无机土壤硫以硫酸盐形态存在，大量硫束缚在土壤有机质中。实际上，有机质是大多数土壤中硫的主要来源，因此，有机质含量和分解速率影响着有效硫的数量。

（一）含量水平

2017 年呼伦贝尔市土壤有效硫平均含量为 28.8mg/kg，属 3 级（中）水平，变幅 7.8~108.4mg/kg。兴安岭林区有效硫平均含量为 29.1mg/kg，属 3 级（中）水平，变幅 7.8~108.4mg/kg；内蒙古北部牧农区有效硫平均含量为 25.4mg/kg，属 3 级（中）水平，变幅 10.1~66.6mg/kg。兴安岭林区有效硫平均含量高于内蒙古北部牧农区（表 3-7）。

表 3-7　呼伦贝尔市及二级区土壤中量元素养分含量统计表

指标＼行政区	呼伦贝尔市		兴安岭林区		内蒙古北部牧农区	
	平均值	变幅	平均值	变幅	平均值	变幅
有效硫（mg/kg）	28.8	7.8~108.4	29.1	7.8~108.4	25.4	10.1~66.6
有效硅（mg/kg）	284	54~812	266	54~812	474	89~737

从表 3-8 可以看出，各旗（市、区）中以扎兰屯市有效硫含量最高，平均值为 38.9mg/kg；新巴尔虎右旗最低，为 15.2mg/kg。额尔古纳市、莫力达瓦达斡尔族自治旗、扎兰屯市和海拉尔区有效硫为 2 级（较高）水平，阿荣旗、新巴尔虎右旗为 4 级（较低）水平，其他旗（市）均为 3 级（中）水平。

表 3-8　各旗（市、区）土壤中量元素养分含量统计表

行政区	项目	有效硫（mg/kg）	有效硅（mg/kg）	行政区	项目	有效硫（mg/kg）	有效硅（mg/kg）
阿荣旗	平均值	20.0	498	陈巴尔虎旗	平均值	24.0	554
	变幅	7.8~41.0	107~812		变幅	10.5~38.9	157~737
额尔古纳市	平均值	33.0	251	鄂温克族自治旗	平均值	22.2	444
	变幅	17.9~70.8	75~682		变幅	13.3~49.8	143~5 443

（续表）

行政区	项目	有效硫（mg/kg）	有效硅（mg/kg）	行政区	项目	有效硫（mg/kg）	有效硅（mg/kg）
鄂伦春自治旗	平均值	23.3	230	海拉尔区	平均值	35.1	247
	变幅	7.9~36.8	85~509		变幅	21.1~66.6	893~555
莫力达瓦达斡尔族自治旗	平均值	34.0	143	满洲里市	平均值	24.1	442
	变幅	12.4~75.5	60~482		变幅	18.4~35.5	370~544
牙克石市	平均值	20.4	466	新巴尔虎右旗	平均值	15.2	464
	变幅	10.5~36.0	104~775		变幅	10.1~21.9	394~543
扎兰屯市	平均值	38.9	166	新巴尔虎左旗	平均值	21.2	480
	变幅	14.3~108.4	544~5 854		变幅	13.4~44.6	269~643
根河市	平均值	24.4	386	扎赉诺尔区	平均值	26.5	458
	变幅	17.1~34.4	2 374~614		变幅	19.4~34.4	416~528

从表 3-9 可知，不同土壤类型中，栗钙土和棕色针叶林土的有效硫含量较高，为 2 级，其他土类有效硫含量为 3 级（中）水平。

表 3-9　不同土壤类型中量元素养分含量统计表

土壤类型	项目	有效硫（mg/kg）	有效硅（mg/kg）	土壤类型	项目	有效硫（mg/kg）	有效硅（mg/kg）
暗棕壤	平均值	29.7	246	灰色森林土	平均值	21.6	467
	变幅	7.9~108.4	56~807		变幅	12.2~35.3	169~716
草甸土	平均值	29.2	280	栗钙土	平均值	34.5	290
	变幅	7.8~98	54~807		变幅	10.1~66.6	89~665
粗骨土	平均值	24.8	505	石质土	平均值	23.0	195
	变幅	12.7~48.9	100~715		变幅	19.2~28.8	183~219
风沙土	平均值	23.3	464	沼泽土	平均值	22.3	312
	变幅	15.6~40.6	145~576		变幅	8.0~70.8	69~774
黑钙土	平均值	28.9	361	棕色针叶林土	平均值	30.3	297
	变幅	10.5~70.8	75~775		变幅	13.4~44.6	97~614
黑土	平均值	29.4	248				
	变幅	10.1~98.5	67~812				

（二）分级论述

由图 3-6 可知，有效硫以 3 级（中）水平面积分布最广，达 782 252.40hm^2，占 43.74%；2 级（较高）水平次之，面积 382 553.97hm^2，占 21.39%；4 级（较低）水平的面积 350 992.06 hm^2，占 19.63%；1 级（高）水平的面积 267 435.99 hm^2，占 14.96%；5 级（低）水平的面积 5 008.66hm^2，占 0.28%。

二、有效硅

硅虽然不是植物必需营养元素，但却是作物生长发育的有益元素。土壤中含有大量

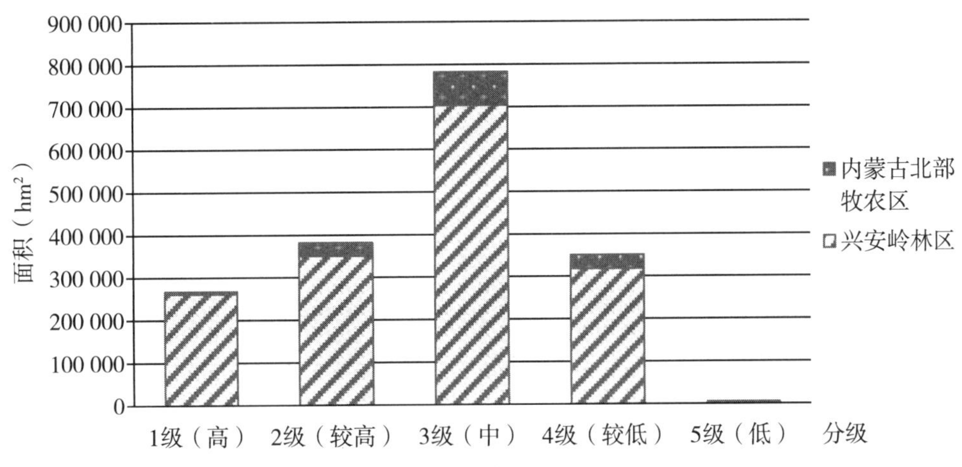

图 3-6　有效硫分级面积

的硅，它在地壳中是继氧元素之后含量第二多的元素，土壤全硅含量约为 31%，但主要以不溶性 SiO_2 以及极难溶性各种硅酸盐矿物形态存在，可被植物直接利用的有效硅仅占全硅的 0.02%~0.04%。

（一）含量水平

2017 年呼伦贝尔市土壤有效硅平均含量为 284mg/kg，属 1 级（高）水平，变幅 54~812mg/kg。兴安岭林区有效硅平均含量为 266mg/kg，属 1 级（高）水平，变幅 54~812mg/kg；内蒙古北部牧农区有效硅平均含量为 474mg/kg，属 1 级（高）水平，变幅 89~737mg/kg。内蒙古北部牧农区有效硅平均含量显著高于兴安岭林区（表 3-7）。

从表 3-8 可以看出，各旗（市、区）中莫力达瓦达斡尔族自治旗和扎兰屯市有效硅含量属 3 级（中）水平；鄂伦春自治旗和海拉尔区为 2 级（较高）水平；其他旗（市、区）有效硅含量均达到 1 级（高）水平。

从表 3-9 可知，不同土壤类型中，暗棕壤、黑土和石质土有效硅含量较高，为 2 级；其他土类有效硅含量为 1 级（高）水平。

（二）分级论述

由图 3-7 可知，有效硅以 1 级（高）水平的面积分布最广，达 750 659.23hm²，占 41.98%；3 级（中）水平次之，面积 709 961.78hm²，占 39.70%；2 级（较高）水平的面积 226 366.96hm²，占 12.66%；4 级（较低）水平的面积 101 255.11hm²，占 5.66%；5 级（低）水平上无分布。

第三节　微量元素

一、有效铁

铁是植物生长必需的微量营养元素之一，铁在细胞呼吸、光合作用和金属蛋白的催

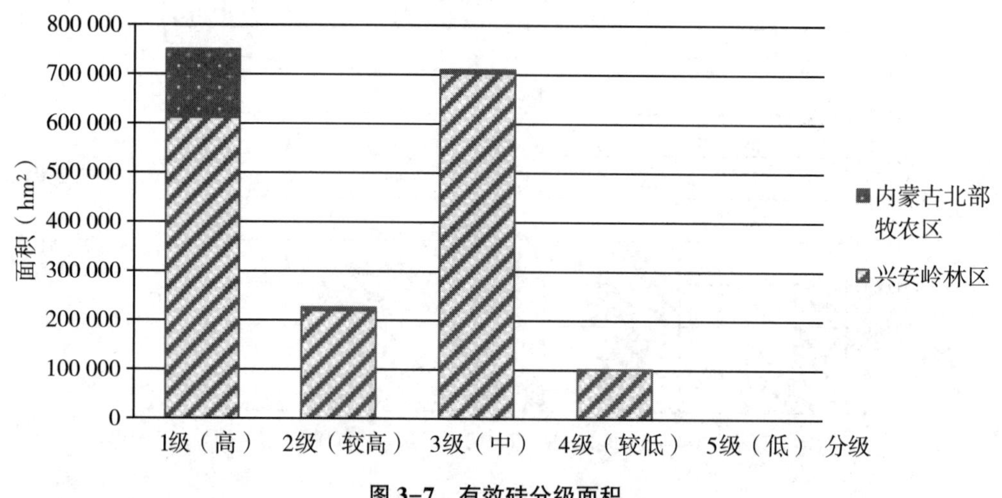

图 3-7　有效硅分级面积

化过程中发挥重要的作用。土壤有效铁是土壤对植物供铁的重要指标，土壤有效铁不足会导致植物缺铁黄叶症。

（一）含量水平

2017 年呼伦贝尔市土壤有效铁平均含量为 105. 8mg/kg，属 1 级（高）水平，变幅大，在 2. 1~342. 9mg/kg。兴安岭林区有效铁平均含量为 110. 5mg/kg，属 1 级（高）水平，变幅 29~342. 9mg/kg；内蒙古北部牧农区有效铁平均含量为 55. 8mg/kg，属 1 级（高）水平，变幅 2. 1~179. 7mg/kg。兴安岭林区有效铁平均含量显著高于内蒙古北部牧农区（表 3-10）。

表 3-10　呼伦贝尔市及二级区土壤微量元素养分含量统计表

指标 \ 行政区	呼伦贝尔市		兴安岭林区		内蒙古北部牧农区	
	平均值	变幅	平均值	变幅	平均值	变幅
有效铁（mg/kg）	105. 8	2. 1~342. 9	110. 5	29. 0~342. 9	55. 8	2. 1~179. 7
有效锰（mg/kg）	38. 9	2. 0~157. 0	40. 5	4. 1~157. 0	21. 9	2. 0~56. 3
有效铜（mg/kg）	1. 57	0. 31~3. 97	1. 58	0. 31~3. 97	1. 48	0. 58~3. 76
有效锌（mg/kg）	1. 46	0. 18~7. 06	1. 44	0. 18~7. 06	1. 60	0. 63~6. 5
有效硼（mg/kg）	0. 79	0. 09~2. 98	0. 75	0. 09~2. 98	1. 22	0. 40~2. 06
有效钼（mg/kg）	0. 14	0. 03~0. 44	0. 14	0. 03~0. 44	0. 12	0. 04~0. 34

从表 3-11 可以看出，各旗（市、区）土壤有效铁含量差异极大，其中以鄂伦春自治旗有效铁含量最高，平均值为 154. 5mg/kg；海拉尔区最低，平均值为 9. 4mg/kg。除海拉尔区有效铁为 3 级（中）水平、新巴尔虎右旗为 2 级（较高）水平外，其他旗（市、区）有效铁均为 1 级（高）水平。

表 3-11　各旗（市、区）土壤微量元素养分含量统计表

行政区	项目	有效铁（mg/kg）	有效锰（mg/kg）	有效铜（mg/kg）	有效锌（mg/kg）	有效硼（mg/kg）	有效钼（mg/kg）
阿荣旗	平均值	106. 9	42. 3	2. 06	1. 84	0. 53	0. 13
	变幅	34. 0～186. 3	15. 0～92. 2	0. 67～3. 97	0. 30～4. 41	0. 09～1. 33	0. 04～0. 27
额尔古纳市	平均值	145. 3	51. 3	2. 09	1. 23	0. 94	0. 13
	变幅	30. 1～326. 8	19. 3～126. 6	1. 13～3. 17	0. 57～3. 94	0. 31～1. 80	0. 03～0. 34
鄂伦春自治旗	平均值	154. 5	45. 9	1. 29	1. 54	1. 03	0. 14
	变幅	58. 6～342. 9	4. 1～145. 2	0. 31～3. 89	0. 56～7. 06	0. 20～2. 98	0. 06～0. 35
莫力达瓦达斡尔族自治旗	平均值	65. 0	18. 6	1. 18	1. 12	0. 60	0. 21
	变幅	29. 0～259. 5	5. 7～72. 4	0. 45～2. 7	0. 18～4. 16	0. 09～2. 20	0. 06～0. 44
牙克石市	平均值	117. 5	26. 6	1. 53	1. 23	1. 29	0. 09
	变幅	65. 8～238. 9	12. 2～81. 5	0. 87～2. 83	0. 64～3. 11	0. 16～2. 91	0. 03～0. 17
扎兰屯市	平均值	128. 6	76. 4	1. 73	1. 76	0. 58	0. 07
	变幅	51. 3～246. 8	17. 3～157	0. 70～3. 79	0. 87～5. 67	0. 28～2. 85	0. 04～0. 21
根河市	平均值	125. 2	41. 0	2. 46	2. 76	1. 14	0. 11
	变幅	100. 7～179. 2	27. 3～59. 2	1. 90～3. 68	1. 19～4. 26	0. 75～1. 67	0. 08～0. 14
陈巴尔虎旗	平均值	64. 7	25. 4	1. 41	1. 06	1. 27	0. 10
	变幅	3. 1～179. 7	3. 0～56. 3	0. 91～2. 73	0. 63～3. 39	0. 40～1. 95	0. 04～0. 28
鄂温克族自治旗	平均值	73. 4	24. 5	1. 03	1. 28	1. 22	0. 09
	变幅	6. 1～142. 4	6. 0～34. 5	0. 58～2. 22	0. 85～4. 33	0. 64～1. 73	0. 04～0. 23
海拉尔区	平均值	9. 4	6. 2	1. 88	3. 32	0. 80	0. 20
	变幅	2. 1～55. 1	2. 0～31. 5	0. 88～3. 76	1. 25～6. 5	0. 45～1. 38	0. 10～0. 34
满洲里市	平均值	21. 9	10. 9	2. 15	2. 05	0. 80	0. 11
	变幅	18. 5～25. 8	8. 0～17. 1	1. 70～2. 90	1. 19～3. 98	0. 48～1. 45	0. 10～0. 12
新巴尔虎右旗	平均值	10. 4	11. 6	1. 52	2. 57	1. 15	0. 09
	变幅	8. 9～17. 9	10. 4～14. 0	1. 36～1. 62	1. 32～3. 74	0. 91～1. 47	0. 06～0. 13
新巴尔虎左旗	平均值	73. 1	27. 4	1. 41	1. 52	1. 54	0. 10
	变幅	24. 6～112. 2	15. 7～35. 4	0. 87～2. 07	0. 93～3. 75	0. 98～2. 06	0. 06～0. 15
扎赉诺尔区	平均值	21. 3	12. 2	2. 28	2. 44	0. 90	0. 11
	变幅	19. 5～22. 5	8. 5～16. 5	1. 77～2. 83	1. 31～3. 8	0. 59～1. 29	0. 10～0. 11

从表 3-12 可知，不同土壤类型以栗钙土有效铁含量最低，平均值为 10. 6mg/kg，属 2 级（较高）水平；其他土类有效铁含量为 1 级（高）水平，以石质土有效铁含量最高，达 147. 9mg/kg。

表 3-12　不同土壤类型微量元素养分含量统计表

土壤类型	项目	有效铁（mg/kg）	有效锰（mg/kg）	有效铜（mg/kg）	有效锌（mg/kg）	有效硼（mg/kg）	有效钼（mg/kg）
暗棕壤	平均值	105. 3	41. 4	1. 48	1. 48	0. 65	0. 15
	变幅	30. 7～342. 9	4. 1～157. 0	0. 31～3. 89	0. 23～7. 05	0. 09～2. 83	0. 04～0. 43
草甸土	平均值	114. 5	44. 6	1. 59	1. 65	0. 74	0. 12
	变幅	3. 9～333. 4	2. 5～146. 4	0. 47～3. 88	0. 19～7. 06	0. 11～2. 98	0. 03～0. 44

（续表）

土壤类型	项目	有效铁（mg/kg）	有效锰（mg/kg）	有效铜（mg/kg）	有效锌（mg/kg）	有效硼（mg/kg）	有效钼（mg/kg）
粗骨土	平均值	83. 3	32. 4	1. 55	1. 06	1. 27	0. 10
	变幅	20. 4～276. 8	13. 7～95. 3	1. 04～3. 19	0. 69～3. 31	0. 30～1. 91	0. 04～0. 21
风沙土	平均值	63. 9	29. 3	1. 25	1. 34	1. 50	0. 09
	变幅	4. 9～77. 9	3. 8～31. 8	1. 08～2. 07	0. 94～3. 22	0. 65～1. 69	0. 07～0. 23
黑钙土	平均值	115. 3	40. 5	1. 80	1. 21	1. 09	0. 11
	变幅	3. 9～326. 8	6. 7～126. 6	0. 58～3. 17	0. 57～4. 22	0. 31～1. 95	0. 03～0. 32
黑土	平均值	94. 5	35. 5	1. 52	1. 39	0. 70	0. 17
	变幅	29. 0～291. 4	5. 8～156. 7	0. 46～3. 86	0. 18～4. 47	0. 09～2. 67	0. 04～0. 41
灰色森林土	平均值	119. 4	28. 1	1. 46	1. 17	1. 35	0. 09
	变幅	63. 4～280. 8	15. 7～85	0. 78～2. 88	0. 64～2. 47	0. 70～2. 91	0. 05～0. 20
栗钙土	平均值	10. 6	6. 3	1. 96	3. 09	0. 83	0. 19
	变幅	2. 1～49. 9	2～24. 4	0. 88～3. 76	0. 72～6. 5	0. 45～2. 061	0. 06～0. 34
石质土	平均值	147. 9	47. 1	1. 16	1. 47	1. 37	0. 12
	变幅	131. 1～157. 9	30. 7～59. 9	1. 11～1. 26	1. 12～1. 77	0. 97～1. 67	0. 10～0. 13
沼泽土	平均值	128. 6	34. 6	1. 55	1. 57	0. 84	0. 14
	变幅	4. 4～342. 2	4. 1～140. 7	0. 31～3. 97	0. 3～6. 47	0. 16～2. 71	0. 04～0. 41
棕色针叶林土	平均值	140. 0	39. 1	2. 23	1. 85	0. 97	0. 12
	变幅	102. 9～200	20. 3～68. 4	0. 80～2. 86	0. 92～3. 94	0. 58～1. 50	0. 07～0. 17

（二）分级论述

从图 3－8 可以看出，呼伦贝尔市有效铁含量总体水平高。呼伦贝尔市 1 788 243. 08hm^2 耕地上有 1 757 119. 14hm^2 耕地土壤有效铁含量为 1 级（高）水平，占 98. 26%；2 级（较高）水平的面积 13 288. 20hm^2，占 0. 74%；3 级（中）水平的面积 6 465. 33hm^2，占 0. 36%；4 级（较低）水平的面积 10 827. 11hm^2，占 0. 61%；5 级（低）水平的面积 543. 30hm^2，占 0. 03%。

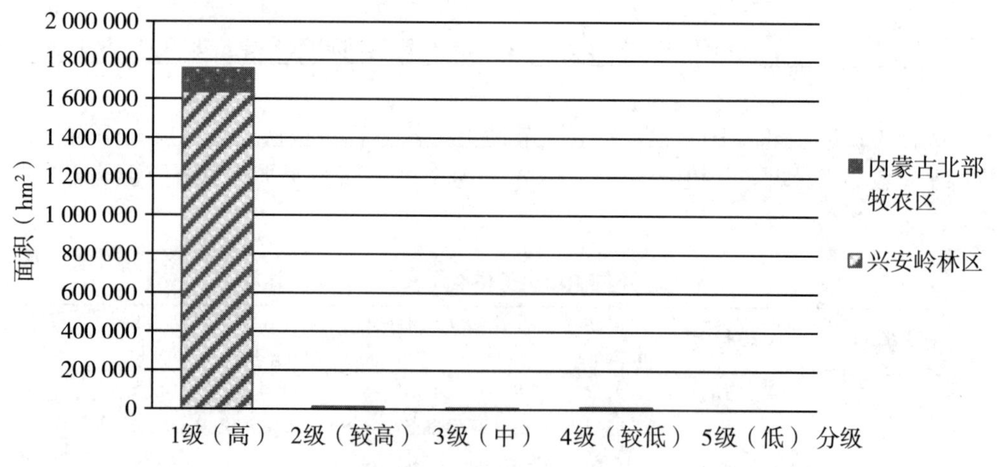

图 3-8　有效铁分级面积

二、有效锰

锰是植物必需的微量营养元素之一，在土壤中的存在形态包括残留态、有机态、氧化铁结合态、氧化锰态、交换态和水溶态，而对植物有效的主要是后三者，统称为有效态锰，它能很好地反映土壤的供锰强度。

（一）含量水平

2017 年呼伦贝尔市土壤有效锰平均含量为 38.9mg/kg，属 1 级（高）水平，变幅 2.0~157.0mg/kg。兴安岭林区有效锰平均含量为 40.5mg/kg，属 1 级（高）水平，变幅 4.1~157.0mg/kg；内蒙古北部牧农区有效锰平均含量为 21.9mg/kg，属 1 级（高）水平，变幅 2.0~56.3mg/kg。兴安岭林区有效锰平均含量显著高于内蒙古北部牧农区（表 3-10）。

从表 3-11 可以看出，各旗（市、区）中以扎兰屯市有效锰含量最高，平均值为 76.4mg/kg；海拉尔区最低，平均值仅为 6.2mg/kg。海拉尔区有效锰为 3 级（中）水平，莫力达瓦达斡尔族自治旗、鄂温克族自治旗、满洲里市、新巴尔虎右旗和扎赉诺尔区为 2 级（较高）水平，其他旗市为 1 级（高）水平。

从表 3-12 可知，不同土壤类型中，除栗钙土有效锰含量属 3 级（中）水平外，其他土类有效锰含量均为 1 级（高）水平。

（二）分级论述

从图 3-9 可以看出，呼伦贝尔市有效锰含量总体水平高。呼伦贝尔市 1 788 243.08hm² 耕地上有 1 356 970.15hm² 耕地土壤有效锰含量为 1 级（高）水平，占 75.88%；2 级（较高）水平的面积 385 347.15hm²，占 21.55%；3 级（中）水平的面积 30 626.66hm²，占 1.71%；4 级（较低）水平的面积 15 299.11hm²，占 0.86%；5 级（低）水平上无分布。

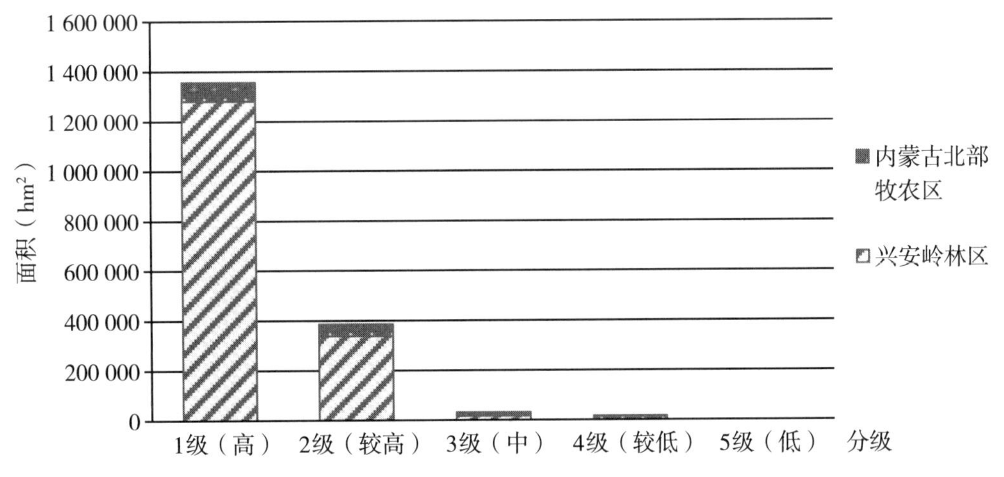

图 3-9　有效锰分级面积

三、有效铜

铜是植物生长所必需的微量营养元素。铜在植物体中协助叶绿体吸收 CO_2 促进利用铵态氮。植物体对土壤中铜的吸收与土壤中有效铜的含量有密切关系。

（一）含量水平

2017 年呼伦贝尔市土壤有效铜平均含量为 1.57mg/kg，属 2 级（较高）水平，变幅 0.31～3.97mg/kg。兴安岭林区有效铜平均含量为 1.58mg/kg，属 2 级（较高）水平，变幅 0.31～3.97mg/kg；内蒙古北部牧农区有效铜平均含量为 1.48mg/kg，属 2 级（较高）水平，变幅 0.58～3.76mg/kg。兴安岭林区有效铜平均含量高于内蒙古北部牧农区（表 3-10）。

从表 3-11 可以看出，各旗（市、区）中以根河市有效铜含量最高，平均值为 2.46mg/kg；鄂温克族自治旗最低，为 1.03mg/kg。阿荣旗、额尔古纳市、根河市、满洲里市和扎赉诺尔区有效铜含量达到 1 级（高）水平，其他旗（市、区）为 2 级（较高）水平。

从表 3－12 可知，不同土壤类型中，以棕色针叶林土有效铜含量最高，为 2.23mg/kg，达 1 级（高）水平。其他土类有效铜含量均为 2 级（较高）水平。

（二）分级论述

从图 3-10 可以看出，呼伦贝尔市有效铜含量总体水平较高。以 2 级（较高）水平的面积分布最广，为 1 197 401.44hm^2，占 66.96%；1 级（高）水平的面积 378 242.24hm^2，占 21.15%；3 级（中）水平的面积 211 255.83hm^2，占 11.81%；4 级（较低）水平的面积 1 343.57hm^2，占 0.08%；5 级（低）水平上无分布。

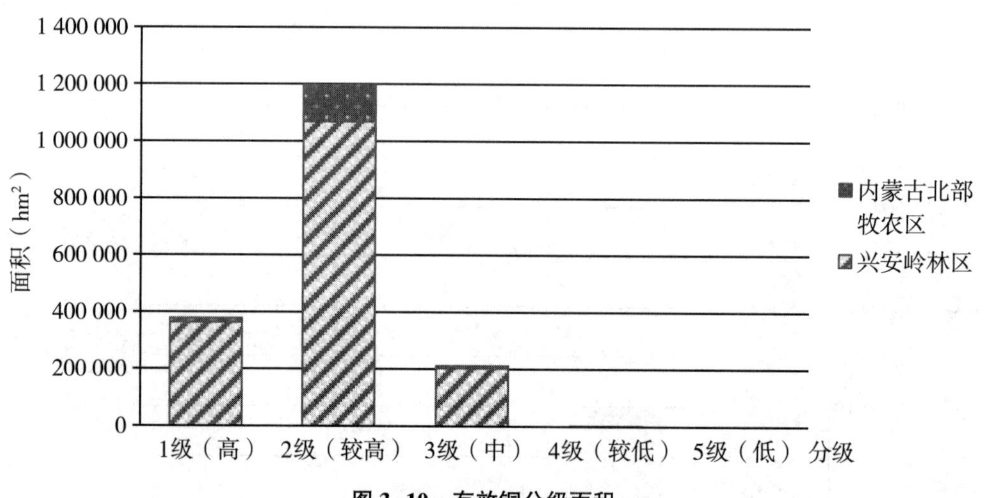

图 3-10　有效铜分级面积

四、有效锌

作物对锌素的需求量很少，但锌素对作物的正常生长发育过程是必不可少的。作物中的有效锌主要来源于对土壤中有效锌的吸收，土壤中有效锌含量缺乏或供给不足的时候，则会成为一种限制因素，阻碍作物产量和质量的进一步提高；土壤中有效锌含量过多的时候，反而会使作物中毒。

（一）含量水平

2017 年呼伦贝尔市土壤有效锌平均含量为 1.46mg/kg，属 3 级（中）水平，变幅 0.18~7.06mg/kg。兴安岭林区有效锌平均含量为 1.44mg/kg，属 3 级（中）水平，变幅 0.18~7.06mg/kg；内蒙古北部牧农区有效锌平均含量为 1.60mg/kg，属 2 级（较高）水平，变幅 0.63~6.50mg/kg。内蒙古北部牧农区有效锌平均含量略高于兴安岭林区（表 3-10）。

从表 3-11 可以看出，各旗（市、区）中，海拉尔区和根河市有效锌含量高，达到 1 级（高）水平；额尔古纳市、莫力达瓦达斡尔族自治旗、牙克石市、陈巴尔虎旗、鄂温克族自治旗有效锌含量为 3 级（中）水平；其他旗（市、区）为 2 级（较高）水平。

从表 3-12 可知，不同土壤类型中，栗钙土有效锌含量最高，为 3.09mg/kg，达 1 级（高）水平；草甸土、沼泽土和棕色针叶林土为 2 级（较高）水平；其他土壤类型有效锌含量为 3 级（中）水平。

（二）分级论述

从图 3-11 可以看出，呼伦贝尔市有效锌含量以 3 级（中）水平居多，面积 861 257.75hm^2，占 48.16%；其次是 2 级（较高）水平，面积 438 025.38hm^2，占 24.49%；4 级（较低）水平的面积 269 739.48hm^2，占 15.08%；1 级（高）水平的面积 208 824.02hm^2，占 11.68%；5 级（低）水平的面积 10 396.45hm^2，占 0.58%。

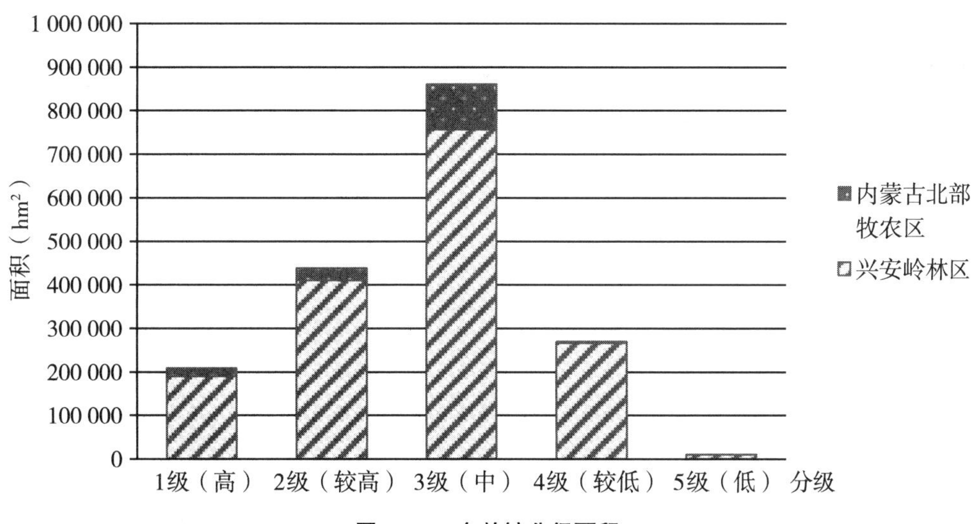

图 3-11　有效锌分级面积

五、有效硼

硼是植物必需的微量元素之一，植物体内需要有一定的硼才能维持正常的生理代谢活动。充足的硼素供应能使植物生长繁茂，根系良好；反之，则会抑制植株的生长、降低产量。在自然状态下，植物所需的硼主要来自土壤，土壤中的硼可分为全量硼和有效硼，全量硼指土壤中各形态硼的总和，包括植物可利用和不能利用的两部分。而土壤有效硼则是指植物可从土壤中吸收利用的硼。因此，在自然状态下土壤缺硼与否完全取决于土壤中的有效硼含量。

（一）含量水平

2017 年呼伦贝尔市土壤有效硼平均含量为 0.79mg/kg，属 3 级（中）水平，变幅 0.09～2.98mg/kg。兴安岭林区有效硼平均含量为 0.75mg/kg，属 3 级（中）水平，变幅 0.09～2.98mg/kg；内蒙古北部牧农区有效硼平均含量为 1.22mg/kg，属 3 级（中）水平，变幅 0.40～2.06mg/kg。内蒙古北部牧农区有效硼平均含量显著高于兴安岭林区（表 3-10）。

新巴尔左旗有效硼含量最高，为 1.54mg/kg；阿荣旗最低，为 0.53mg/kg。由于各旗（市、区）所属二级农业区的不同，其有效硼分级标准差异较大。内蒙古北部牧农区的 7 个旗（市、区）有效硼均属 3 级（中）水平；兴安岭林区中鄂伦春自治旗、牙克石市和根河市有效硼为 1 级（高）水平，额尔古纳市为 2 级（较高）水平，阿荣旗、莫力达瓦达斡尔族自治旗、扎兰屯市为 3 级（中）水平（表 3-11）。

从表 3-12 可知，不同土壤类型中，粗骨土、风沙土、黑钙土、灰色森林土和石质土的有效硼含量为 2 级（较高）水平；暗棕壤、草甸土、黑土、栗钙土、沼泽土和棕色针叶林土为 3 级（中）水平。

（二）分级论述

从图 3-12 可以看出，呼伦贝尔市有效硼含量以 3 级（中）水平居多，面积 1 092.07hm^2，占 40.71%；其次是 4 级（较低）水平，面积 640.38hm^2，占 23.879%；1 级（高）水平的面积 494.90hm^2，占 18.45%；2 级（较高）水平的面积 447.52hm^2，占 16.68%；5 级（低）水平的面积 7.50hm^2，占 0.28%。

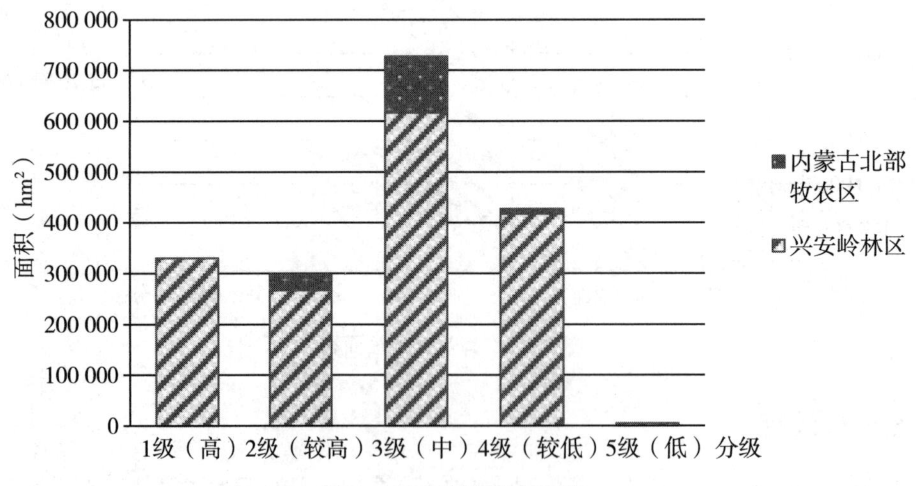

图 3-12　有效硼分级面积

六、有效钼

钼是植物生长发育必需的微量元素之一，是植物体内固氮酶和硝酸还原酶的重要组分。钼对植物各种固氮作用很重要，特别是豆科作物共生根瘤菌固定大气中氮气所必需，参与硝态氮还原为铵的过程，还参与碳水化合物的代谢过程。土壤中的钼以多种形态存在，其中水溶性钼和交换性钼比较活泼，容易被植物吸收。难溶性钼和有机结合态钼在天然条件下，与土壤结合力度强，不会在短期内释放出来。

（一）含量水平

2017 年呼伦贝尔市土壤有效钼平均含量为 0.14mg/kg，属 3 级（中）水平，变幅 0.03~0.44mg/kg。兴安岭林区有效钼平均含量为 0.14mg/kg，属 3 级（中）水平，变幅 0.03~0.44mg/kg；内蒙古北部牧农区有效钼平均含量为 0.12mg/kg，属 3 级（中）水平，变幅 0.04~0.34mg/kg。内蒙古北部牧农区有效钼平均含量显著高于兴安岭林区（表 3-10）。

从表 3-11 可以看出，各旗（市、区）中以莫力达瓦达斡尔族自治旗有效钼含量最高，平均值为 0.21mg/kg；扎兰屯市最低，平均值 0.07mg/kg。莫力达瓦达斡尔族自治旗有效钼为 1 级（高）水平，海拉尔区为 2 级（较高）水平，阿荣旗、额尔古纳市、鄂伦春自治旗、根河市、满洲里市和扎赉诺尔区为 3 级（中）水平，其他旗市为 4 级（低）水平。

从表 3-12 可知，不同土壤类型中，栗钙土和黑土有效钼含量较高，为 2 级（较高）水平；粗骨土、风沙土和灰色森林土较低，为 4 级（较低）水平；其他土类有效钼含量为 3 级（中）水平。

（二）分级论述

从图 3-13 可以看出，呼伦贝尔市有效钼含量以 3 级（中）水平居多，面积 720 660.51hm^2，占 40.30%；其次是 4 级（较低）水平，面积 501 589.19hm^2，占

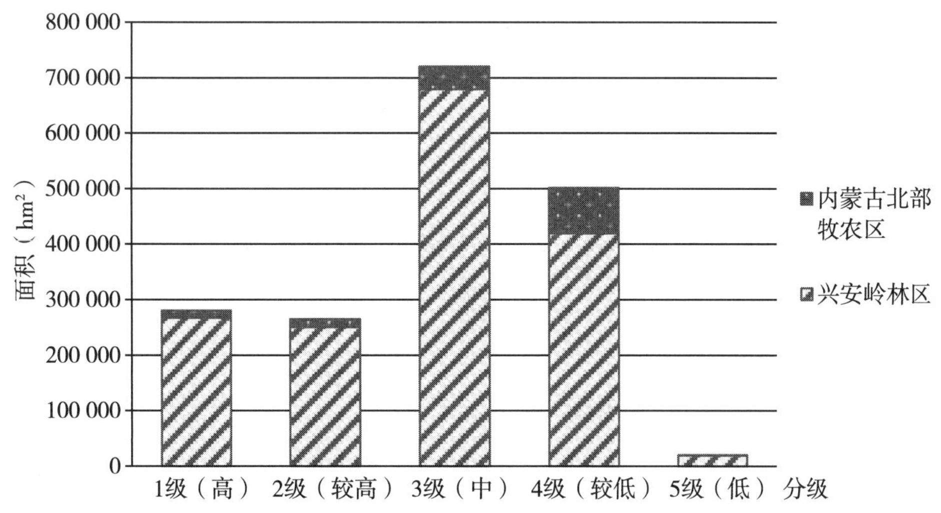

图 3-13　有效钼分级面积

28.05%；1 级（高）水平的面积 280 606.27hm²，占 15.69%；2 级（较高）水平的面积 265 107.67hm²，占 14.83%；5 级（低）水平的面积 20 279.44hm²，占 1.13%。

第四节　其他属性

一、土壤 pH 值

土壤酸碱性作为土壤的一个重要特性，通过引起土壤性质的改变对土壤肥力产生影响进而影响植物的生长。土壤之所以呈酸碱性是由于土壤中的水分溶解多种物质，这些物质中若放出的 H^+ 多于 OH^- 则土壤呈酸性，反之土壤呈碱性，二者相等则为中性。通常用 pH 值表示土壤的酸碱度，指土壤溶液中 H^+ 浓度的负对数（$pH=-\lg[H^+]$）。土壤酸碱性的分级参见表 3-1 至表 3-3。呼伦贝尔市境内的土壤类型较多，所处的环境条件多种多样，所以局部地区土壤酸碱度也有很大差异。

（一）含量水平

2017 年呼伦贝尔市土壤 pH 值平均值为 6.0，属 3 级（中）水平，变幅 4.7~9.4。兴安岭林区土壤 pH 值平均值为 6.0，属 2 级（较高）水平，变幅 4.7~9.1；内蒙古北部牧农区土壤 pH 值平均值为 6.7，属 1 级（高）水平，变幅 5.3~9.4（表 3-13）。

表 3-13　呼伦贝尔市及二级区土壤 pH 值和容重统计表

指标 \ 行政区	呼伦贝尔市		兴安岭林区		内蒙古北部牧农区	
	平均值	变幅	平均值	变幅	平均值	变幅
pH 值	6.0	4.7~9.4	6.0	4.7~9.1	6.7	5.3~9.4
土壤容重 (g/cm^3)	1.24	1.04~1.67	1.23	1.04~1.67	1.25	1.12~1.52

各旗（市、区）中阿荣旗、陈巴尔虎旗和海拉尔区土壤 pH 值为 1 级（高）水平；满洲里市为 4 级（较低）水平；新巴尔虎右旗和扎赉诺尔区为 5 级（低）水平；其他旗市为 2 级（较高）水平（表 3-14）。

表 3-14　各旗（市、区）土壤 pH 值和容重统计表

行政区	项目	pH 值	土壤容重 (g/cm^3)	行政区	项目	pH 值	土壤容重 (g/cm^3)
阿荣旗	平均值	6.1	1.27	陈巴尔虎旗	平均值	6.8	1.23
	变幅	5.1~9.1	1.13~1.67		变幅	5.6~8.3	1.12~1.50
额尔古纳市	平均值	5.9	1.19	鄂温克族自治旗	平均值	6.3	1.26
	变幅	5.5~7.3	1.08~1.36		变幅	5.3~6.8	1.19~1.46
鄂伦春自治旗	平均值	5.9	1.25	海拉尔区	平均值	6.7	1.28
	变幅	4.7~7.8	1.04~1.55		变幅	5.3~8.2	1.13~1.47

（续表）

行政区	项目	pH 值	土壤容重（g/cm³）	行政区	项目	pH 值	土壤容重（g/cm³）
莫力达瓦达斡尔族自治旗	平均值	6.0	1.23	满洲里市	平均值	8.4	1.29
	变幅	5.1~8.8	1.09~1.55		变幅	7.1~9.4	1.19~1.44
牙克石市	平均值	6.0	1.18	新巴尔虎右旗	平均值	8.7	1.37
	变幅	5.2~7.0	1.09~1.36		变幅	7.2~8.8	1.23~1.37
扎兰屯市	平均值	6.0	1.25	新巴尔虎左旗	平均值	6.5	1.26
	变幅	5.2~8.5	1.13~1.41		变幅	5.8~8.2	1.15~1.52
根河市	平均值	5.6	1.22	扎赉诺尔区	平均值	9.3	1.21
	变幅	5.5~5.9	1.12~1.36		变幅	8.2~9.4	1.20~1.29

不同土壤类型中栗钙土的 pH 值为 1 级（高）水平；粗骨土、风沙土、黑钙土、灰色森林土和石质土的 pH 值为 2 级（较高）水平；暗棕壤、草甸土、黑土、沼泽土和棕色针叶林土为 3 级（中）水平（表 3-15）。

表 3-15 不同土壤类型土壤 pH 值和容重统计表

土壤类型	项目	pH 值	土壤容重（g/cm³）	土壤类型	项目	pH 值	土壤容重（g/cm³）
暗棕壤	平均值	6.0	1.25	灰色森林土	平均值	6.1	1.15
	变幅	4.9~9.0	1.04~1.55		变幅	5.2~7.3	1.08~1.46
草甸土	平均值	6.0	1.26	栗钙土	平均值	6.9	1.28
	变幅	4.9~9.4	1.11~1.67		变幅	5.3~9.4	1.13~1.46
粗骨土	平均值	6.4	1.24	石质土	平均值	6.2	1.26
	变幅	5.2~9.4	1.12~1.50		变幅	5.8~6.7	1.26~1.26
风沙土	平均值	6.5	1.25	沼泽土	平均值	6.0	1.21
	变幅	6.3~7.3	1.19~1.28		变幅	4.9~8.8	1.09~1.43
黑钙土	平均值	6.2	1.20	棕色针叶林土	平均值	5.8	1.24
	变幅	5.2~8.3	1.12~1.52		变幅	5.2~6.7	1.13~1.36
黑土	平均值	5.9	1.24				
	变幅	4.7~9.1	1.13~1.41				

（二）分级论述

从图 3-14 可以看出，呼伦贝尔市土壤 pH 值以 2 级（较高）水平面积最大，为 930 210.49hm²，占 52.02%；其次是 1 级（高）水平，面积 682 857.73hm²，占 38.19%；3 级（中）水平的面积 165 194.96hm²，占 9.24%；4 级（较低）水平的面积 7 534.21hm²，占 0.42%；5 级（低）水平的面积 2 445.69hm²，占 0.14%。

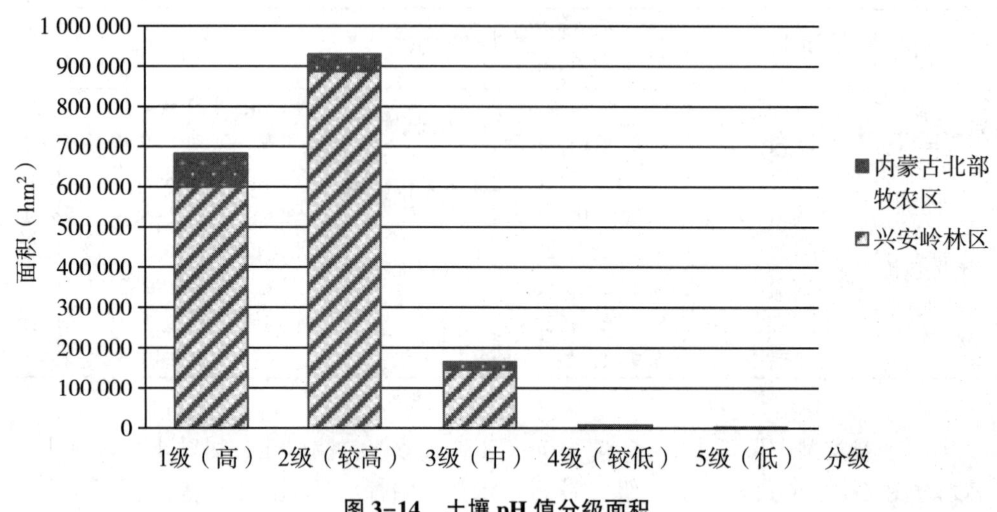

图 3-14　土壤 pH 值分级面积

二、土壤容重

土壤容重是土壤的基本物理性质之一，反映土壤的松紧度与孔隙度，是土壤肥力发挥和作物生长的重要因子。土壤容重的大小与空间分布受土壤质地与结构、土地利用方式、地形、气候等因素的影响。

（一）含量水平

2017 年呼伦贝尔市土壤容重平均值为 1. 24g/cm^3，属 1 级（高）水平，变幅 1. 04~1. 67g/cm^3。兴安岭林区和内蒙古北部牧农区土壤容重平均值差异不大，分别为 1. 23g/cm^{3}和 1. 25g/cm^3，均属 1 级（高）水平。

各旗（市、区）中新巴尔虎右旗土壤容重平均值 1. 37g/cm^3，为 3 级（中）水平；鄂温克族自治旗、海拉尔区、满洲里市、新巴尔虎左旗为 2 级（较高）水平；其他旗（市、区）为 1 级（高）水平（表 3-14）。

不同土壤类型之间的表层土壤容重有所差异，除草甸土、栗钙土和石质土容重为 2 级（较高）水平外，其他土壤类型容重均为 1 级（高）水平（表 3-15）。

（二）分级论述

从图 3-15 可以看出，呼伦贝尔市耕地土壤容重以 1 级（高）水平面积最大，为 1 518 024. 30hm^2，占 84. 89%；其次是 2 级（较高）水平，面积 225 607. 10hm^2，占 12. 62%；3 级（中）水平的面积 38 778. 51hm^2，占 2. 17%；4 级（较低）水平的面积 5 072. 79hm^2，占 0. 28%；5 级（低）水平的面积 760. 38hm^2，占 0. 04%。

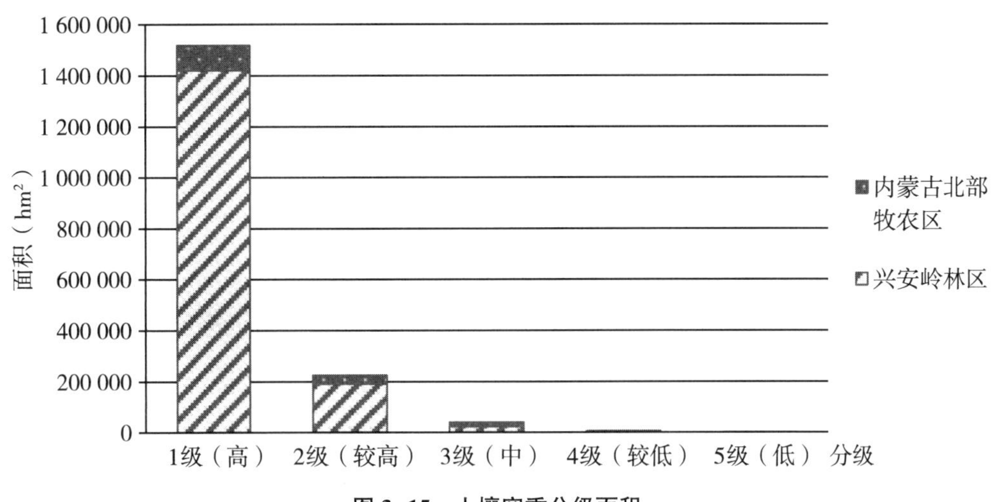

图 3-15　土壤容重分级面积

第五节　清洁程度

一、评价方法

采用土壤单项污染指数与土壤内梅罗综合污染指数表征方法来衡量耕地土壤重金属的污染程度。

（一）单因子指数法

通过单因子评价，可以确定主要的重金属污染物及其危害程度。一般以污染指数来表示，以重金属含量实测值和评价标准相比除去量纲来计算污染指数：

$$P_i = \frac{C_i}{S_i}$$

式中：P_i为 i 重金属元素的污染指数；C_i为重金属含量实测值；S_i为土壤污染风险筛选值（表 3-16）。

表 3-16　农用地土壤污染风险值

指标	农用地类型	pH≤5. 5	5. 5<pH≤6. 5	6. 5<pH≤7. 5	pH>7. 5
土壤铬	水田	250	250	300	350
	其他	150	150	200	250
土壤镉	水田	0. 3	0. 4	0. 6	0. 8
	其他	0. 3	0. 3	0. 3	0. 6
土壤铅	水田	80	100	140	240
	其他	70	90	120	170
土壤砷	水田	30	30	25	20
	其他	40	40	30	25

（续表）

指标	农用地类型	pH≤5.5	5.5<pH≤6.5	6.5<pH≤7.5	pH>7.5
土壤汞	水田	0.5	0.5	0.6	1
	其他	1.3	1.8	2.4	3.4

（二）综合指数法

单因子指数只能反映各个重金属元素的污染程度，不能全面地反映土壤的污染状况，而综合污染指数兼顾了单因子污染指数平均值和最高值，可以突出污染较重的重金属污染物的作物。综合污染指数计算方法如下：

$$P_{综}=\sqrt{\frac{(\overline{P})^2+P_{imax}^2}{2}}$$

式中，$P_{综}$为综合污染指数；P_{imax}为重金属污染物单项污染指数中的最大值；$\overline{P}=\frac{1}{n}\sum_{i=1}^{n}P_i$ 为单因子指数平均值。

二、分级标准

单因子指数和综合污染指数分级标准见表 3-17 和表 3-18。

表 3-17　土壤单项污染程度分级标准

P_i	$P_i\leq 1$	$1<P_i\leq 2$	$2<P_i\leq 3$	$P_i>3$
污染水平	非污染	轻污染	中污染	重污染

表 3-18　土壤内梅罗综合污染指数评价标准

土壤综合污染指数	污染程度	污染水平
$P_{综}\leq 0.7$	安全	清洁
$0.7<P_{综}\leq 1.0$	警戒线	尚清洁
$1.0<P_{综}\leq 2.0$	轻污染	污染物超过起初污染值，作物开始污染
$2.0<P_{综}\leq 3.0$	中污染	土壤和作物污染明显
$P_{综}>3.0$	重污染	土壤和作物污染严重

三、耕地土壤清洁状况

从表 3-19 和表 3-20 可以看出，两个二级区之间以及不同农用地类型之间各重金属加权平均数差异不大。各重金属单项污染指数平均值均小于 1，属于非污染。

表 3-19 呼伦贝尔市及二级区土壤重金属污染情况

指标 \ 行政区	呼伦贝尔市		兴安岭林区		内蒙古北部牧农区	
	平均值	单项污染指数	平均值	单项污染指数	平均值	单项污染指数
铬（mg/kg）	57	0.372 8	57	0.372 6	57	0.375 0
镉（mg/kg）	0.1	0.392 4	0.1	0.401 2	0.1	0.299 0
铅（mg/kg）	17	0.188 4	16	0.187 7	18	0.195 3
砷（mg/kg）	8	0.210 8	8	0.207 3	10	0.248 7
汞（mg/kg）	0.1	0.032 2	0.1	0.032 8	0.1	0.026 3

表 3-20 不同农用地类型土壤重金属污染情况

指标 \ 地类名称	旱地		水浇地		水田	
	平均值	单项污染指数	平均值	单项污染指数	平均值	单项污染指数
铬（mg/kg）	57	0.373 6	58	0.385 5	57	0.226 5
镉（mg/kg）	0.1	0.393 2	0.1	0.393 5	0.1	0.249 8
铅（mg/kg）	17	0.188 5	18	0.199 6	16	0.161 1
砷（mg/kg）	8	0.210 4	9	0.223 6	8	0.287 3
汞（mg/kg）	0.1	0.031 8	0.1	0.028 1	0.1	0.115 6

呼伦贝尔市耕地土壤内梅罗综合污染指数平均值为 0.377 3，范围 0.139 9~0.832 1。呼伦贝尔市 99.25%的耕地属清洁水平，0.75%的耕地为尚清洁。其中，内蒙古北部牧农区的 7 个旗（市、区）耕地全部为清洁水平；兴安岭林区的扎兰屯市、鄂伦春自治旗和阿荣旗共有 13 440.18hm^2 耕地为尚清洁水平（表 3-21）。

表 3-21 各旗（市、区）土壤清洁情况

行政区	项目	面积（hm^2）	占本区域比例（%）	行政区	项目	面积（hm^2）	占本区域比例（%）
阿荣旗	清洁	313 679.56	99.99	陈巴尔虎旗	清洁	83 273.59	100.00
	尚清洁	32.38	0.01		尚清洁	—	—
额尔古纳市	清洁	184 971.28	100.00	鄂温克族自治旗	清洁	12 093.05	100.00
	尚清洁	—	—		尚清洁	—	—
鄂伦春自治旗	清洁	273 366.23	99.16	海拉尔区	清洁	28 776.01	100.00
	尚清洁	2 323.61	0.84		尚清洁	—	—
莫力达瓦达斡尔族自治旗	清洁	497 522.12	100.00	满洲里市	清洁	1 371.86	100.00
	尚清洁	—	—		尚清洁	—	—
牙克石市	清洁	122 558.93	100.00	新巴尔虎右旗	清洁	320.70	100.00
	尚清洁	—	—		尚清洁	—	—
扎兰屯市	清洁	227 435.77	95.35	新巴尔虎左旗	清洁	26 793.12	100.00
	尚清洁	11 084.19	4.65		尚清洁	—	—

（续表）

行政区	项目	面积（hm^2）	占本区域比例（%）	行政区	项目	面积（hm^2）	占本区域比例（%）
根河市	清洁	2 200.48	100.00	扎赉诺尔区	清洁	440.19	100.00
	尚清洁	—	—		尚清洁	—	—
兴安岭林区	清洁	1 621 734.36	99.18	内蒙古北部牧农区	清洁	153 068.53	100.00
	尚清洁	13 440.18	0.82		尚清洁	—	—

第四章　质量等级分布与特征

本章从呼伦贝尔市所辖行政区以及农业区划等方面对耕地质量等级分布情况进行统计分析，并从耕地质量特征、属性特征方面对各等级进行描述。

第一节　呼伦贝尔市耕地质量等级分布

呼伦贝尔市耕地总面积为 1 788 243.08hm^2，按质量等级由高到低依次划分为一等至十等，2017 年呼伦贝尔市平均耕地质量等级为 3.14。评价为一至三等的耕地面积为 1 283 960.23hm^2，占耕地总面积的 71.80%。这部分耕地基础地力较高，基本不存在障碍因素，应按照用养结合方式开展农业生产，确保耕地质量稳中有升。评价为四至六等的耕地面积为 482 303.12hm^2，占耕地总面积的 26.97%。这部分耕地所处环境气候条件基本适宜，障碍因素不明显，是今后粮食增产的重点区域和重要突破口。评价为七至十等的耕地面积为 21 979.72hm^2，占耕地总面积的 1.23%。这部分耕地基础地力相对较差，生产障碍因素突出，短时间内较难得到根本改善，应持续开展农田基础设施和耕地内在质量建设。

表 4-1　各耕地质量等级面积与比例

质量等级	呼伦贝尔市		兴安岭林区		内蒙古北部牧农区	
	面积（hm^2）	占呼伦贝尔市耕地比例（%）	面积（hm^2）	占该区耕地比例（%）	面积（hm^2）	占该区耕地比例（%）
一等	67 041.86	3.75	64 830.37	3.96	2 211.50	1.44
二等	482 928.12	27.01	475 007.02	29.05	7 921.10	5.17
三等	733 990.25	41.05	710 200.63	43.43	23 789.62	15.54
四等	252 121.05	14.10	214 437.87	13.11	37 683.18	24.62
五等	170 428.98	9.53	110 401.63	6.75	60 027.35	39.22
六等	59 753.10	3.34	51 552.42	3.15	8 200.69	5.36
七等	14 806.11	0.83	8 680.36	0.53	6 125.75	4.00
八等	3 814.99	0.21	64.27	0.004	3 750.72	2.45
九等	2 786.67	0.16	—	—	2 786.67	1.82
十等	571.95	0.03	—	—	571.95	0.37
总计	1 788 243.08	100.00	1 635 174.55	100.00	153 068.53	100.00
平均质量等级	3.14		3.01		4.53	

从表 4-1 可知，兴安岭林区耕地面积为 1 635 174.55hm²，共划分为 8 个等级，2017 年平均耕地质量等级为 3.01。其中一等地为 64 830.37hm²，占该区域耕地总面积的 3.96%；二等地为 475 007.02 hm²，占 29.05%；三等地为 710 200.63 hm²，占 43.43%；四等地为 214 437.87hm²，占 13.11%；五等地为 110 401.63hm²，占 6.75%；六等地为 51 552.42 hm²，占 3.15%；七等地为 8 680.36 hm²，占 0.53%；八等地为 64.27hm²，占 0.004%。

内蒙古北部牧农区耕地面积为 153 068.53hm²，共划分为 10 个等级，2017 年平均耕地质量等级为 4.53。其中一等地为 2 211.50hm²，占该区域耕地总面积的 1.44%；二等地为 7 921.10 hm²，占 5.17%；三等地为 23 789.62 hm²，占 15.54%；四等地为 37 683.18 hm²，占 24.62%；五等地为 60 027.35 hm²，占 39.22%；六等地为 8 200.69hm²，占 5.36%；七等地为 6 125.75 hm²，占 4.00%；八等地为 3 750.72hm²，占 2.45%；九等地为 2 786.67hm²，占 1.82%；十等地为 571.95hm²，占 0.37%。

第二节　耕地质量各等级特征

一、一等地特征

（一）分布特征

1. 区域分布

一等地面积为 67 041.86hm²，占耕地面积的 3.75%。主要分布在兴安岭林区牙克石市、额尔古纳市和阿荣旗，占一等地面积的 87.90%；除根河市和扎赉诺尔区外，其他旗（市、区）也有少量分布（表 4-2）。

表 4-2　一等地面积与比例

行政区	面积（hm²）	比例（%）	行政区	面积（hm²）	比例（%）
兴安岭林区	64 830.37	96.70	内蒙古北部牧农区	2 211.50	3.30
阿荣旗	10 746.78	16.03	陈巴尔虎旗	1 597.38	2.38
额尔古纳市	22 875.00	34.12	鄂温克族自治旗	107.41	0.16
鄂伦春自治旗	812.32	1.21	海拉尔区	168.40	0.25
莫力达瓦达斡尔族自治旗	4 233.66	6.31	满洲里市	103.85	0.15
牙克石市	25 310.07	37.75	新巴尔虎右旗	69.65	0.10
扎兰屯市	852.54	1.27	新巴尔虎左旗	164.79	0.25
根河市	—	—	扎赉诺尔区	—	—

2. 主要土壤类型

一等地土壤类型主要为黑钙土、草甸土、黑土、暗棕壤、栗钙土，有少量沼泽土和灰色森林土，无棕色针叶林土、风沙土、石质土和粗骨土。分析质量等级和土壤类型的关系不难发现，一等地上分布的土类中，黑钙土、草甸土和栗钙土在同一土类中所占的比例相对较多，分别占 12.52%、7.71%和 5.73%；其余土类相对较少（表 4-3）。

表 4-3 一等地主要土壤类型耕地面积与比例

土类	暗棕壤	草甸土	黑钙土	黑土	灰色森林土	栗钙土	沼泽土
面积（hm^2）	2 050.02	19 502.59	36 233.78	7 025.32	6.44	1 649.21	574.51
占同土类比例（%）	0.32	7.71	12.52	1.73	0.01	5.73	0.55

（二）一等地属性分析

一等地主要分布在丘陵下部和平原高阶，占 77.90%；其余 22.10%分布在丘陵中部、平原低阶和平原高阶。成土母质以黄土状物、冲洪积物和残坡积物为主，其中黄土状物面积最大，占一等地面积的 48.50%，冲洪积物占 35.09%，残坡积物占 16.20%，河湖沉积物仅占 0.21%。99.47%的一等地无明显障碍因素。灌溉能力充分满足的占 11.30%，满足和基本满足的占 5.74%，不满足的占 92.96%。排水能力强，仅有 0.91%的面积排水能力不足。一等地生物多样性在一般及丰富的面积占 87.99%。清洁程度高，99.997%的一等地属清洁水平，0.67hm^2 耕地为尚清洁，占 0.001%。

1. 耕层质地

耕层质地是指土壤中不同大小直径的矿物颗粒的组合状况。耕层质地与土壤通气、保肥、保水状况及耕作的难易有密切关系；土壤质地状况是拟定土壤利用、管理和改良措施的重要依据。肥沃的土壤不仅要求耕层的质地良好，还要求有良好的质地剖面。虽然土壤质地主要决定于成土母质类型，有相对的稳定性，但耕作层的质地仍可通过耕作、施肥等活动进行调节。

呼伦贝尔市耕地质量等级评价将耕层质地分为黏土、轻壤、砂壤、砂土、中壤、重壤 6 种类型。一等地中，质地为中壤的耕地占 92.44%，轻壤占 2.86%，重壤占 2.59%，黏土占 2.00%，砂壤占 0.10%（表 4-4）。由此可知，一等地耕层质地主要为中壤，既有较强的保水保肥作用，又具有良好的通透性。

表 4-4 一等地耕层质地分布

耕层质地	黏土	轻壤	砂壤	中壤	重壤	总计
面积（hm^2）	1 338.65	1 917.60	69.65	61 976.28	1 739.69	67 041.86
比例（%）	2.00	2.86	0.10	92.44	2.59	100.00

2. 耕层厚度

耕地质量监测指标分级标准中将耕层厚度分为 5 级，即≤15.0cm、15.0~20.0cm、20.0~25.0cm、25.0~30.0cm、>30.0cm。

一等地中没有耕层厚度≤15.0cm 的耕地；厚度为 15.0~20.0cm 的占一等地的

9. 38%；厚度为 20. 0～25. 0cm 的占 0. 16%；厚度为 25. 0～30. 0cm 的占 88. 33%；耕层厚度>30. 0cm 的占 2. 13%。因此，呼伦贝尔市一等地耕层厚度主要介于 25. 0～30. 0cm（表 4-5）。

呼伦贝尔市一等地平均耕层厚度为 29. 2cm，兴安岭林区耕地平均耕层厚度为 29. 1cm，内蒙古北部牧农区耕地平均耕层厚度为 30. 0cm。

表 4-5　一等地耕层厚度分布情况

耕层分级（cm）	>30. 0	25. 0～30. 0	20. 0～25. 0	15. 0～20. 0	≤15. 0	总计
面积（hm^2）	1 428. 40	59 218. 13	109. 71	6 285. 62	—	67 041. 86
比例（%）	2. 13	88. 33	0. 16	9. 38	—	100

3. 有效土层厚度

有效土层厚度是指植物所能生长的实际土层厚度。一等地中有效土层厚度≤30. 0cm 的耕地占一等地总面积的 1. 59%，有效土层厚度为 30. 0～60. 0cm 的占 14. 60%，有效土层厚度在 60. 0～90. 0cm 的占 53. 20%，有效土层厚度>90. 0cm 的占 30. 61%（表 4-6）。可知 83. 81%的一等地有效土层厚度>60. 0cm，土层深厚。

呼伦贝尔市一等地平均有效土层厚度为 86. 0cm，其中，兴安岭林区的平均有效土层厚度为 86. 4cm，内蒙古北部牧农区的平均有效土层厚度为 73. 0cm。

表 4-6　一等地不同有效土层厚度耕地面积及比例

有效土层厚度分级（cm）	>90. 0	60. 0～90. 0	30. 0～60. 0	≤30. 0	总计
面积（hm^2）	20 520. 55	35 666. 38	9 789. 30	1 065. 64	67 041. 86
比例（%）	30. 61	53. 20	14. 60	1. 59	100

4. 土壤养分

一等地耕层土壤有机质及大、中、微量元素平均值及变幅范围见表 4-7。呼伦贝尔市一等地土壤养分含量丰富，有机质、全氮平均含量均属 1 级（高）水平；有效磷和速效钾平均含量为 2 级（较高）水平；缓效钾平均含量为 3 级（中）水平；pH 值为 2 级（较高）水平；有效铁、有效锰等中、微量元素均在 3 级（中）水平至 1 级（高）水平。从总体来看，除有效铜、有效锌、有效钼、有效硫以外，兴安岭林区土壤养分含量高于内蒙古北部牧农区。

表 4-7　一等地耕层土壤有机质及大、中、微量元素养分含量

养分	项目	呼伦贝尔市	兴安岭林区	内蒙古北部牧农区
有机质（g/kg）	平均值	56. 0	56. 6	40. 2
	范围	19. 6～86. 1	25. 2～86. 1	19. 6～60. 7
全氮（g/kg）	平均值	2. 68	2. 70	2. 02
	范围	0. 85～4. 30	0. 85～4. 30	0. 99～3. 14

（续表）

养分	项目	呼伦贝尔市	兴安岭林区	内蒙古北部牧农区
有效磷（mg/kg）	平均值	33.0	33.1	29.1
	范围	7.3~130.4	7.3~130.4	25.5~51.0
速效钾（mg/kg）	平均值	224	2 244	203
	范围	96~464	96~464	175~292
缓效钾（mg/kg）	平均值	865	866	825
	范围	344~1 958	344~1 958	447~1 105
pH 值	平均值	6.1	6.0	7.3
	范围	5.1~8.5	5.1~8.2	6.3~8.5
有效铁（mg/kg）	平均值	109.7	112.8	19.7
	范围	5.5~326.8	34.4~326.8	5.5~66.5
有效锰（mg/kg）	平均值	37.9	38.9	9.4
	范围	3.1~112.7	6.3~112.7	3.1~26.5
有效铜（mg/kg）	平均值	1.78	1.77	1.91
	范围	0.59~3.14	0.59~3.14	1.22~2.15
有效锌（mg/kg）	平均值	1.33	1.31	2.01
	范围	0.41~4.25	0.41~4.25	0.82~3.22
有效硼（mg/kg）	平均值	0.96	0.96	0.95
	范围	0.10~2.38	0.10~2.38	0.50~1.68
有效钼（mg/kg）	平均值	0.12	0.12	0.19
	范围	0.03~0.43	0.03~0.43	0.07~0.24
有效硫（mg/kg）	平均值	25.9	25.9	27.8
	范围	11.7~79.6	11.7~79.6	14.2~35.4
有效硅（mg/kg）	平均值	375	375	364
	范围	64~775	64~775	186~643

二、二等地特征

（一）分布特征

1. 区域分布

二等地面积为482 928.12hm²，占耕地面积的27.01%。主要分布在兴安岭林区莫力达瓦达斡尔族自治旗、阿荣旗和额尔古纳市，占二等地面积的77.24%；其次是扎兰屯市、牙克石市和鄂伦春自治旗，分别占7.77%、7.62%和5.72%；除根河市、满洲里市和扎赉诺尔区外，其他旗（市、区）也有少量分布（表4-8）。

表4-8　二等地面积与比例

行政区	面积（hm²）	比例（%）	行政区	面积（hm²）	比例（%）
兴安岭林区	475 007.02	98.36	内蒙古北部牧农区	7 921.10	1.64

（续表）

行政区	面积（hm^2）	比例（%）	行政区	面积（hm^2）	比例（%）
阿荣旗	117 069. 25	24. 24	陈巴尔虎旗	2 674. 65	0. 55
额尔古纳市	40 301. 95	8. 35	鄂温克族自治旗	312. 68	0. 06
鄂伦春自治旗	27 645. 22	5. 72	海拉尔区	18 46. 40	0. 38
莫力达瓦达斡尔族自治旗	215 660. 78	44. 66	满洲里市	—	—
牙克石市	36 811. 84	7. 62	新巴尔虎右旗	125. 22	0. 03
扎兰屯市	37 517. 98	7. 77	新巴尔虎左旗	2 962. 15	0. 61
根河市	—	—	扎赉诺尔区	—	—

2. 主要土壤类型

二等地土壤类型主要为暗棕壤和黑土，其次是草甸土、黑钙土和沼泽土，有少量栗钙土、灰色森林土和棕色针叶林土，无风沙土、石质土和粗骨土。分析质量等级和土壤类型的关系不难发现，二等地上分布的土类中，暗棕壤和黑土在同一土类中所占的比例相对较多，分别占 32. 73%和 32. 77%；其次是草甸土和沼泽土，它们在同一土类中的比例分别是 25. 42%和 25. 57%；其余土类相对较少（表 4–9）。

表 4–9　二等地主要土壤类型耕地面积与比例

土类	暗棕壤	草甸土	黑钙土	黑土	灰色森林土	栗钙土	沼泽土	棕色针叶林土
面积（hm^2）	206 982. 76	64 288. 77	49 153. 52	133 036. 98	1 227. 61	1 457. 34	26 689. 21	91. 93
占同土类比例（%）	32. 73	25. 42	16. 98	32. 77	2. 31	5. 06	25. 57	3. 40

（二）二等地属性分析

二等地主要分布在丘陵中部、丘陵下部和平原低阶，占 84. 80%；其余 15. 2%分布在平原高阶、平原中阶、山地坡下和丘陵上部。成土母质以残坡积物为主，占 60. 98%；冲洪积物占 28. 37%，黄土状物占 10. 49%，河湖沉积物仅占 0. 16%。97. 65%的二等地无明显障碍因素。灌溉能力充分满足的占 0. 41%，满足和基本满足的占 0. 32%，不满足的占 99. 27%。排水能力强，仅有 0. 85%的面积排水能力不足。二等地生物多样性在一般及丰富的面积占 73. 66%。清洁程度高，99. 84%的二等地属清洁水平，0. 16%为尚清洁。

1. 耕层质地

二等地中，质地为中壤的耕地占 73. 63%，轻壤占 16. 64%，重壤占 8. 83%，黏土占 0. 69%，砂壤占 0. 21%（表 4–10）。由此可知，二等地耕层质地主要为中壤，既有较强的保水保肥作用，又具有较好的通透性。

表 4-10　二等地耕层质地分布

耕层质地	黏土	轻壤	砂壤	中壤	重壤	总计
面积（hm^2）	3 314.10	80 380.62	1 034.53	355 571.22	42 627.65	482 928.12
比例（%）	0.69	16.64	0.21	73.63	8.83	100.00

2. 耕层厚度

二等地中没有耕层厚度≤15.0cm 的耕地；厚度为 15.0~20.0cm 的占二等地的 56.71%；厚度为 20.0~25.0cm 的占 1.68%；厚度为 25.0~30.0cm 的占 38.68%；耕层厚度>30.0cm 的占 2.93%。由此可知二等地耕层厚度主要介于 15.0~20.0cm（表 4-11）。

呼伦贝尔市二等地平均耕层厚度为 24.4cm，兴安岭林区耕地平均耕层厚度为 24.3cm，内蒙古北部牧农区耕地平均耕层厚度为 30.0cm。

表 4-11　二等地耕层厚度分布情况

耕层分级（cm）	>30.0	25.0~30.0	20.0~25.0	15.0~20.0	≤15.0	总计
面积（hm^2）	14 149.58	186 784.91	8 122.87	273 870.76	—	482 928.12
比例（%）	2.93	38.68	1.68	56.71	—	100.00

3. 有效土层厚度

二等地中有效土层厚度≤30.0cm 的耕地占 4.73%，有效土层厚度为 30.0~60.0cm 的占 26.30%，有效土层厚度在 60.0~90.0cm 的占 65.25%，有效土层厚度>90.0cm 的占 3.72%（表 4-12）。可知 68.97%的二等地有效土层厚度>60.0cm，土层深厚。

呼伦贝尔市二等地平均有效土层厚度为 67.3cm，其中，兴安岭林区的平均有效土层厚度为 67.1cm，内蒙古北部牧农区的平均有效土层厚度为 79.1cm。

表 4-12　二等地不同有效土层厚度耕地面积及比例

有效土层厚度分级（cm）	>90.0	60.0~90.0	30.0~60.0	≤30.0	总计
面积（hm^2）	17 968.66	315 105.38	127 000.19	22 853.89	482 928.12
比例（%）	3.72	65.25	26.30	4.73	100

4. 土壤养分

二等地耕层土壤有机质及大、中、微量元素平均值及变幅范围见表 4-13。呼伦贝尔市二等地土壤养分含量丰富，有机质、全氮平均含量均属 1 级（高）水平；有效磷和速效钾平均含量为 2 级（较高）水平；缓效钾平均含量为 3 级（中）水平；pH 值为 2 级（较高）水平；有效铁、有效锰等中、微量元素均在 3 级（中）水平至 1 级（高）

水平。总体来看，除缓效钾、有效锌、有效硼、有效硅以外，兴安岭林区土壤养分含量高于内蒙古北部牧农区。

表 4-13　二等地耕层土壤有机质及大、中、微量元素养分含量

养分	项目	呼伦贝尔市	兴安岭林区	内蒙古北部牧农区
有机质（g/kg）	平均值	57.9	58.0	52.3
	范围	23.1~93.6	25.2~93.6	23.1~69.4
全氮（g/kg）	平均值	2.68	2.68	2.60
	范围	0.96~5.04	0.96~5.04	1.33~3.33
有效磷（mg/kg）	平均值	34.9	35.0	26.7
	范围	5.5~130.1	5.5~130.1	15.8~43.1
速效钾（mg/kg）	平均值	244	244	231
	范围	59~592	97~592	59~326
缓效钾（mg/kg）	平均值	871	870	924
	范围	304~2 568	304~2 568	618~1 262
pH 值	平均值	6.0	6.0	6.8
	范围	5.0~8.8	5.0~8.8	5.9~8.8
有效铁（mg/kg）	平均值	94.0	94.7	47.1
	范围	2.9~325.2	29.3~325.2	2.9~109.4
有效锰（mg/kg）	平均值	33.9	34.1	18.4
	范围	2.5~156.5	6~156.5	2.5~31.8
有效铜（mg/kg）	平均值	1.58	1.58	1.54
	范围	0.45~3.88	0.45~3.88	0.92~3.42
有效锌（mg/kg）	平均值	1.40	1.40	1.94
	范围	0.19~5.53	0.19~5.39	0.7~5.53
有效硼（mg/kg）	平均值	0.71	0.70	1.26
	范围	0.12~2.79	0.12~2.79	0.49~1.91
有效钼（mg/kg）	平均值	0.16	0.16	0.13
	范围	0.04~0.43	0.04~0.43	0.05~0.3
有效硫（mg/kg）	平均值	28.7	28.7	25.6
	范围	8.5~104.4	8.5~104.4	10.1~57.6
有效硅（mg/kg）	平均值	286	284	444
	范围	54~807	54~807	147~648

三、三等地特征

（一）分布特征

1. 区域分布

三等地面积为 733 990.25hm^2，在各等级中所占比例最大，为 41.05%。主要分布在兴安岭林区莫力达瓦达斡尔族自治旗，占三等地面积的 32.03%；其次是阿荣旗、扎兰屯市和额尔古纳市，分别占 19.23%、16.85%和 15.5%；除新巴尔虎右旗和扎赉诺尔区外，其他旗（市、区）也有少量分布（表 4-14）。

表 4-14 三等地面积与比例

行政区	面积（hm^2）	比例（%）	行政区	面积（hm^2）	比例（%）
兴安岭林区	710 200. 63	96. 76	内蒙古北部牧农区	23 789. 62	3. 24
阿荣旗	141 173. 84	19. 23	陈巴尔虎旗	10 631. 52	1. 45
额尔古纳市	113 773. 23	15. 50	鄂温克族自治旗	1 911. 67	0. 26
鄂伦春自治旗	84 614. 13	11. 53	海拉尔区	10 196. 43	1. 39
莫力达瓦达斡尔族自治旗	235 099. 02	32. 03	满洲里市	201. 68	0. 03
牙克石市	11 452. 31	1. 56	新巴尔虎右旗	—	—
扎兰屯市	123 707. 87	16. 85	新巴尔虎左旗	848. 32	0. 12
根河市	380. 23	0. 05	扎赉诺尔区	—	—

2. 主要土壤类型

三等地土壤类型主要为暗棕壤和黑土，其次是草甸土和黑钙土，再次为沼泽土和栗钙土，有少量灰色森林土、棕色针叶林土和粗骨土，无风沙土、石质土。从分析质量等级和土壤类型的关系不难发现，三等地上分布的土类中，暗棕壤、草甸土、黑钙土、黑土和棕色针叶林土在同一土类中所占的比例相对较多，在 41. 29%～45. 51%；栗钙土和沼泽土在同一土类中的比例分别是 29. 37%和 23. 24%；粗骨土和灰色森林土所占比例相对较少（表 4-15）。

表 4-15 三等地主要土壤类型耕地面积与比例

土类	面积（hm^2）	占同土类比例（%）	土类	面积（hm^2）	占同土类比例（%）
暗棕壤	287 764. 60	45. 51	灰色森林土	2 422. 43	4. 55
草甸土	109 873. 50	43. 45	栗钙土	8 454. 61	29. 37
粗骨土	324. 55	1. 92	沼泽土	24 259. 33	23. 24
黑钙土	121 499. 21	41. 98	棕色针叶林土	1 117. 35	41. 29
黑土	178 274. 66	43. 92			

（二）三等地属性分析

三等地主要分布在丘陵中部、平原低阶和丘陵下部，占 82. 61%；8. 48%分布在山地坡下；7. 37%分布在平原高阶；其余 1. 53%分布在平原中阶、丘陵上部和山地坡中。成土母质以残坡积物为主，占 65. 76%；冲洪积物占 22. 69%，黄土状物占 11. 21%，河湖沉积物占 0. 34%。92. 19%的三等地无明显障碍因素，7. 20%存在障碍层次，0. 62%的三等地瘠薄或盐渍化。灌溉能力较弱，充分满足的占 0. 03%，满足和基本满足的占 0. 07%，不满足的占 99. 89%。排水能力较强，满足或充分满足的面积占 19. 51%，基本满足的占 78.39%，有 2.11%的面积排水能力不足。三等地生物多样性在一般及丰富的面积占 71.98%。清洁程度较高，99.14%的三等地属清洁水平，0.86%为尚清洁。

1. 耕层质地

三等地的质地类型以中壤为主，占 51.06%，轻壤占 30.74%，重壤占 15.59%，黏土占 2.07%，砂壤占 0.50%，砂土占 0.05%（表 4-16）。

表 4-16　三等地耕层质地分布

耕层质地	黏土	轻壤	砂壤	砂土	中壤	重壤	总计
面积（hm^2）	15 213.35	225 625.57	3 641.56	332.45	374 758.58	114 418.75	733 990.25
比例（%）	2.07	30.74	0.50	0.05	51.06	15.59	100.00

2. 耕层厚度

三等地中没有耕层厚度≤15.0cm 的耕地；厚度为 15.0～20.0cm 的占三等地的 59.91%；厚度为 20.0～25.0cm 的占 1.76%；厚度为 25.0～30.0cm 的占 35.38%；耕层厚度>30.0cm 的占 2.95%（表 4-17）。

呼伦贝尔市三等地平均耕层厚度为 24.1cm，兴安岭林区耕地平均耕层厚度为 23.9cm，内蒙古北部牧农区耕地平均耕层厚度为 30.0cm。

表 4-17　三等地耕层厚度分布情况

耕层分级（cm）	>30.0	25.0～30.0	20.0～25.0	15.0～20.0	≤15.0	总计
面积（hm^2）	21 679.54	259 694.15	12 888.57	439 727.99	—	733 990.25
比例（%）	2.95	35.38	1.76	59.91	—	100.00

3. 有效土层厚度

三等地中有效土层厚度≤30.0cm 的耕地占 12.65%，有效土层厚度为 30.0～60.0cm 的占 45.41%，有效土层厚度在 60.0～90.0cm 的占 40.10%，有效土层厚度>90.0cm 的占 1.84%（表 4-18）。

呼伦贝尔市三等地平均有效土层厚度为 57.5cm，其中，兴安岭林区的平均有效土层厚度为 56.6cm，内蒙古北部牧农区的平均有效土层厚度为 83.7cm。

表 4-18　三等地不同有效土层厚度耕地面积及比例

有效土层厚度分级（cm）	>90.0	60.0～90.0	30.0～60.0	≤30.0	总计
面积（hm^2）	13 518.47	294 317.49	333 273.57	92 880.73	733 990.25
比例（%）	1.84	40.10	45.41	12.65	100.00

4. 土壤养分

三等地耕层土壤有机质及大、中、微量元素平均值及变幅范围见表 4-19。呼伦贝尔市三等地土壤养分含量丰富，有机质、全氮、速效钾平均含量均属 1 级（高）水平；有效磷平均含量为 2 级（较高）水平；缓效钾平均含量为 3 级（中）水平；pH 值为 2 级（较高）水平；有效铁、有效锰等中、微量元素均在 3 级（中）水平至 1 级（高）水平。从总体来看，除有效锌、有效硼、有效硅以外，兴安岭林区土壤养分含量高于内蒙古北部牧农区。

表 4-19 三等地耕层土壤有机质及大、中、微量元素养分含量

养分	项目	呼伦贝尔市	兴安岭林区	内蒙古北部牧农区
有机质（g/kg）	平均值	57.1	57.3	51.8
	范围	17.3~118.4	17.7~118.4	17.3~69.8
全氮（g/kg）	平均值	2.60	2.61	2.37
	范围	0.87~6.16	0.87~6.16	0.97~3.80
有效磷（mg/kg）	平均值	31.7	31.9	26.1
	范围	4.7~132.2	4.7~132.2	15.8~52.1
速效钾（mg/kg）	平均值	265.76	267.62	210.15
	范围	94~712	94~712	116~340
缓效钾（mg/kg）	平均值	922	925	851
	范围	304~2 754	304~2 754	427~1 123
pH 值	平均值	6.0	6.0	6.9
	范围	4.9~9.1	4.9~9.1	5.9~8.3
有效铁（mg/kg）	平均值	107.7	110.2	34.5
	范围	2.1~342.9	29.5~342.9	2.1~154.7
有效锰（mg/kg）	平均值	41.4	42.3	15.2
	范围	2.3~157.0	4.1~157.0	2.3~51.5
有效铜（mg/kg）	平均值	1.62	1.62	1.53
	范围	0.31~3.89	0.31~3.89	0.58~3.76
有效锌（mg/kg）	平均值	1.46	1.45	1.87
	范围	0.18~6.54	0.18~6.54	0.63~6.26
有效硼（mg/kg）	平均值	0.71	0.69	1.05
	范围	0.09~2.98	0.09~2.98	0.43~1.85
有效钼（mg/kg）	平均值	0.14	0.14	0.14
	范围	0.03~0.43	0.03~0.43	0.05~0.34
有效硫（mg/kg）	平均值	31.0	31.0	30.0
	范围	7.8~101.0	7.8~101.0	13.2~66.6
有效硅（mg/kg）	平均值	254	248	415
	范围	56~812	56~812	97~704

四、四等地特征

（一）分布特征

1. 区域分布

四等地面积为 252 121.05hm^2，占耕地面积的 14.10%。主要分布在兴安岭林区鄂伦春自治旗和扎兰屯市，分别占四等地面积的 28.21%和 19.73%；其次是牙克石市和莫力达瓦达斡尔族自治旗，分别占 14.38%和 12.24%；除扎赉诺尔区外，其他旗（市、区）也有少量分布（表 4-20）。

表 4-20　四等地面积与比例

行政区	面积（hm^2）	比例（%）	行政区	面积（hm^2）	比例（%）
兴安岭林区	214 437.87	85.05	内蒙古北部牧农区	37 683.18	14.95
阿荣旗	21 237.70	8.42	陈巴尔虎旗	13 440.42	5.33
额尔古纳市	4 552.19	1.81	鄂温克族自治旗	6 407.71	2.54
鄂伦春自治旗	71 126.71	28.21	海拉尔区	7 039.19	2.79
莫力达瓦达斡尔族自治旗	30 850.73	12.24	满洲里市	28.27	0.01
牙克石市	36 261.42	14.38	新巴尔虎右旗	124.02	0.05
扎兰屯市	49 737.27	19.73	新巴尔虎左旗	106 43.58	4.22
根河市	671.84	0.27	扎赉诺尔区	—	—

2. 主要土壤类型

四等地土壤类型主要为暗棕壤和黑土，其次是草甸土和灰色森林土，无石质土。从分析质量等级和土壤类型的关系可知，四等地上分布的土类中，灰色森林土在同一土类中所占的比例最多，为 67.96%；棕色针叶林土和栗钙土在同一土类中的比例分别是 28.50%和 25.22%；其余土类相对较少（表 4-21）。

表 4-21　四等地主要土壤类型耕地面积与比例

土类	面积（hm^2）	占同土类比例（%）	土类	面积（hm^2）	占同土类比例（%）
暗棕壤	67 533.21	10.68	黑土	46 532.34	11.46
草甸土	44 222.49	17.49	灰色森林土	36 177.91	67.96
粗骨土	2 385.92	14.13	栗钙土	7 260.07	25.22
风沙土	68.72	4.15	沼泽土	20 535.19	19.68
黑钙土	26 633.87	9.20	棕色针叶林土	771.33	28.50

（二）四等地属性分析

四等地主要分布在丘陵下部、丘陵中部以及平原低阶和山地坡中，占 85.04%；13.39%分布在丘陵上部和平原高阶；其余 1.57%分布在山地坡下、山地坡上和平原中阶。成土母质以残坡积物为主，占 56.78%；冲洪积物占 25.57%，黄土状物占 13.68%，河湖沉积物占 3.94%，风积物占 0.03%。85.20%的四等地无明显障碍因素，10.26%存在障碍层次，4.54%的四等地存在瘠薄、渍潜或盐渍化。灌溉能力较弱，充分满足的占 0.01%，满足和基本满足的占 0.17%，不满足的占 99.82%。排水能力较强，满足或充分满足的面积占 28.11%，基本满足的占 65.05%，有 6.84%的面积排水能力不足。四等地生物多样性在一般及丰富的面积占 65.57%。清洁程度较高，98.41%的四等地属清洁水平，1.59%为尚清洁。

1. 耕层质地

四等地的质地类型以中壤为主，占 48.65%；轻壤占 28.65%，重壤占 19.08%，黏土占 2.12%，砂壤占 1.43%，砂土占 0.06%（表 4-22）。

表 4-22　四等地耕层质地分布

耕层质地	黏土	轻壤	砂壤	砂土	中壤	重壤	总计
面积（hm^2）	5 346.47	72 242.18	3 609.18	151.38	122 655.31	48 116.51	252 121.05
比例（%）	2.12	28.65	1.43	0.06	48.65	19.08	100.00

2. 耕层厚度

四等地中耕层厚度为 15.0～20.0cm 的占四等地的 59.45%；厚度为 20.0～25.0cm 的占 1.45%；厚度为 25.0～30.0cm 的占 38.01%；耕层厚度>30.0cm 的占 1.09%（表 4-23）。

呼伦贝尔市四等地平均耕层厚度为 24.0cm，兴安岭林区耕地平均耕层厚度为 23.0cm，内蒙古北部牧农区耕地平均耕层厚度为 30.0cm。

表 4-23　四等地耕层厚度分布情况

耕层分级（cm）	>30.0	25.0～30.0	20.0～25.0	15.0～20.0	≤15.0	总计
面积（hm^2）	2 752.37	95 832.09	3 649.06	149 887.54	—	252 121.05
比例（%）	1.09	38.01	1.45	59.45	—	100.00

3. 有效土层厚度

四等地中有效土层厚度≤30.0cm 的耕地占 26.51%，有效土层厚度为 30.0～60.0cm 的占 56.15%，有效土层厚度在 60.0～90.0cm 的占 12.20%，有效土层厚度>90.0cm 的占 5.13%（表 4-24）。

呼伦贝尔市四等地平均有效土层厚度为 47.4cm，其中，兴安岭林区的平均有效土层厚度为 43.2cm，内蒙古北部牧农区的平均有效土层厚度为 71.5cm。

表 4-24　四等地不同有效土层厚度耕地面积及比例

有效土层厚度分级（cm）	>90.0	60.0～90.0	30.0～60.0	≤30.0	总计
面积（hm^2）	12 935.96	30 766.82	141 569.11	66 849.15	252 121.05
比例（%）	5.13	12.20	56.15	26.51	100.00

4. 土壤养分

四等地耕层土壤有机质及大、中、微量元素平均值及变幅范围见表 4-25。呼伦贝尔市四等地土壤养分含量较丰富，有机质、全氮平均含量均属 1 级（高）水平；有效磷、缓效钾平均含量为 3 级（中）水平；速效钾平均含量为 2 级（较高）水平；pH 值为 2 级（较高）水平；有效铁、有效锰等中、微量元素均在 3 级（中）水平至 1 级（高）水平。从总体来看，除有效锌、有效硼、有效硅以外，兴安岭林区土壤养分含量高于内蒙古北部牧农区。

表 4-25　四等地耕层土壤有机质及大、中、微量元素养分含量

养分	项目	呼伦贝尔市	兴安岭林区	内蒙古北部牧农区
有机质（g/kg）	平均值	55.9	56.2	54.4
	范围	9.9~118.5	13.2~118.5	9.9~70.8
全氮（g/kg）	平均值	2.61	2.59	2.69
	范围	0.79~5.50	0.79~5.50	1.06~4.10
有效磷（mg/kg）	平均值	25.2	25.3	24.9
	范围	4.9~129.4	4.9~129.4	7.1~51.8
速效钾（mg/kg）	平均值	222	226	200
	范围	60~568	100~568	60~335
缓效钾（mg/kg）	平均值	998	1 019	879
	范围	343~2 738	343~2 738	463~1 218
pH 值	平均值	6.0	5.9	6.6
	范围	4.9~9.0	4.9~9.0	5.6~8.7
有效铁（mg/kg）	平均值	115.5	125.5	58.6
	范围	2.2~342.8	29~342.8	2.2~177.8
有效锰（mg/kg）	平均值	41.2	44.6	21.7
	范围	2.4~155.2	4.1~155.2	2.4~56.3
有效铜（mg/kg）	平均值	1.43	1.43	1.44
	范围	0.31~3.94	0.31~3.94	0.65~3.10
有效锌（mg/kg）	平均值	1.53	1.49	1.73
	范围	0.19~6.78	0.19~6.78	0.63~6.50
有效硼（mg/kg）	平均值	0.93	0.87	1.24
	范围	0.09~2.91	0.09~2.91	0.44~1.99
有效钼（mg/kg）	平均值	0.12	0.12	0.12
	范围	0.04~0.44	0.04~0.44	0.04~0.30
有效硫（mg/kg）	平均值	27.7	28.3	24.8
	范围	8.0~93.8	8.0~93.8	10.9~58.6
有效硅（mg/kg）	平均值	290	260	459
	范围	59~805	59~805	101~700

五、五等地特征

（一）分布特征

1. 区域分布

五等地面积为170 428.98hm^2，占耕地面积的9.53%。主要分布在兴安岭林区鄂伦春自治旗和内蒙古北部牧农区的陈巴尔虎旗，分别占五等地面积的26.84%和24.92%；其次是扎兰屯市和阿荣旗，分别占13.18%和12.44%；除满洲里市、扎赉诺尔区和新巴尔虎右旗外，其他旗（市、区）也有少量分布（表4-26）。

表4-26 五等地面积与比例

行政区	面积（hm^2）	比例（%）	行政区	面积（hm^2）	比例（%）
兴安岭林区	110 401.63	64.78	内蒙古北部牧农区	60 027.35	35.22
阿荣旗	21 204.10	12.44	陈巴尔虎旗	42 468.30	24.92
额尔古纳市	2 960.33	1.74	鄂温克族自治旗	2 931.63	1.72
鄂伦春自治旗	45 750.32	26.84	海拉尔区	6 312.17	3.70
莫力达瓦达斡尔族自治旗	9 836.95	5.77	满洲里市	—	—
牙克石市	7 399.80	4.34	新巴尔虎右旗	—	—
扎兰屯市	22 458.81	13.18	新巴尔虎左旗	8 315.25	4.88
根河市	791.32	0.46	扎赉诺尔区	—	—

2. 主要土壤类型

五等地土壤类型主要是黑钙土、暗棕壤和沼泽土，其次是黑土、草甸土和粗骨土，无石质土。从分析质量等级和土壤类型的关系可知，五等地上分布的土类中，粗骨土在同一土类中所占的比例最多，为65.15%；其次是沼泽土和栗钙土，在同一土类中的比例分别为27.28%和23.88%；其余土类相对较少（表4-27）。

表4-27 五等地主要土壤类型耕地面积与比例

土类	面积（hm^2）	占同土类比例（%）	土类	面积（hm^2）	占同土类比例（%）
暗棕壤	42 601.40	6.74	黑土	18 591.55	4.58
草甸土	11 529.12	4.56	灰色森林土	7 915.97	14.87
粗骨土	11 003.51	65.15	栗钙土	6 876.62	23.88
风沙土	132.17	7.97	沼泽土	28 474.83	27.28
黑钙土	42 946.67	14.84	棕色针叶林土	357.13	13.20

（二）五等地属性分析

五等地主要分布在丘陵上部，占 46.91%；35.65%分布在平原低阶和山地坡中；15.01%分布在丘陵下部、丘陵中部和平原高阶；其余 2.43%分布在山地坡下和山地坡上。成土母质以残坡积物为主，占 60.40%；河湖沉积物占 15.80%，黄土状物占 14.69%，冲洪积物占 9.03%，风积物占 0.08%。70.86%的五等地无明显障碍因素，12.27%存在障碍层次，16.87%的五等地存在瘠薄、渍潜或盐渍化。灌溉能力弱，满足的仅占 0.26%，不满足的占 99.74%。排水能力较强，满足或充分满足的面积占 16.64%，基本满足的占 68.34%，有 15.03%的面积排水能力不足。五等地生物多样性在一般及丰富的面积占 72.45%。清洁程度较高，99.05%的五等地属清洁水平，0.95%为尚清洁。

1. 耕层质地

五等地的质地类型以中壤和轻壤为主，分别占 37.26% 和 35.43%；重壤占 19.21%，黏土占 6.78%，砂壤占 0.96%，砂土占 0.37%（表 4-28）。

表 4-28　五等地耕层质地分布

耕层质地	黏土	轻壤	砂壤	砂土	中壤	重壤	总计
面积（hm^2）	11 551.70	60 380.84	1 628.89	629.05	63 499.59	32 738.91	170 428.98
比例（%）	6.78	35.43	0.96	0.37	37.26	19.21	100.00

2. 耕层厚度

五等地中耕层厚度为 15.0~20.0cm 的占五等地的 45.74%；厚度为 20.0~25.0cm 的占 1.06%；厚度为 25.0~30.0cm 的占 52.18%；耕层厚度>30.0cm 的占 1.02%（表 4-29）。

呼伦贝尔市五等地平均耕层厚度为 25.4cm，兴安岭林区耕地平均耕层厚度为 22.9cm，内蒙古北部牧农区耕地平均耕层厚度为 30.0cm。

表 4-29　五等地耕层厚度分布情况

耕层分级（cm）	>30.0	25.0~30.0	20.0~25.0	15.0~20.0	≤15.0	总计
面积（hm^2）	1 730.37	88 930.17	1 809.03	77 959.41	—	170 428.98
比例（%）	1.02	52.18	1.06	45.74	—	100.00

3. 有效土层厚度

五等地中有效土层厚度≤30.0cm 的耕地占 43.60%，有效土层厚度为 30.0~60.0cm 的占 47.14%，有效土层厚度在 60.0~90.0cm 的占 6.12%，有效土层厚度>90.0cm 的占 3.14%（表 4-30）。

呼伦贝尔市五等地平均有效土层厚度为 38.2cm，其中，兴安岭林区的平均有效土层厚度为 30.9cm，内蒙古北部牧农区的平均有效土层厚度为 51.7cm。

表 4-30　五等地不同有效土层厚度耕地面积及比例

有效土层厚度分级（cm）	>90.0	60.0~90.0	30.0~60.0	≤30.0	总计
面积（hm^2）	5 348.02	10 438.37	80 338.05	74 304.53	170 428.98
比例（%）	3.14	6.12	47.14	43.60	100.00

4. 土壤养分

五等地耕层土壤有机质及大、中、微量元素平均值及变幅范围见表 4-31。呼伦贝尔市五等地土壤养分含量较丰富，有机质、全氮平均含量均属 1 级（高）水平；有效磷平均含量为 3 级（中）水平；速效钾、缓效钾平均含量为 2 级（较高）水平；pH 值为 2 级（较高）水平；有效铁、有效锰等中、微量元素均在 3 级（中）水平至 1 级（高）水平。总体来看，除全氮、有效硼、有效硅以外，兴安岭林区土壤养分含量高于内蒙古北部牧农区。

表 4-31　五等地耕层土壤有机质及大、中、微量元素养分含量

养分	项目	呼伦贝尔市	兴安岭林区	内蒙古北部牧农区
有机质（g/kg）	平均值	57.4	58.7	55.2
	范围	3.5~117.7	13~117.7	3.5~71.6
全氮（g/kg）	平均值	2.69	2.62	2.81
	范围	1.05~6.32	1.05~6.32	1.18~4.12
有效磷（mg/kg）	平均值	28.4	31.5	22.7
	范围	5.3~125.2	5.3~125.2	5.6~52.1
速效钾（mg/kg）	平均值	222	233	203
	范围	55~553	92~553	55~338
缓效钾（mg/kg）	平均值	1 037	1 104	913
	范围	301~2 490	301~2 490	544~1 291
pH 值	平均值	6.2	5.9	6.7
	范围	4.9~9.1	4.9~9.1	5.3~8.3
有效铁（mg/kg）	平均值	107.8	132.1	63.2
	范围	2.3~330.4	30.2~330.4	2.3~177.3
有效锰（mg/kg）	平均值	38.6	46.0	24.8
	范围	2.3~149.8	6.0~149.8	2.3~55.9
有效铜（mg/kg）	平均值	1.50	1.54	1.44
	范围	0.47~3.97	0.47~3.97	0.78~2.88
有效锌（mg/kg）	平均值	1.53	1.61	1.38
	范围	0.30~7.06	0.30~7.06	0.63~6.33
有效硼（mg/kg）	平均值	0.96	0.80	1.25
	范围	0.15~2.83	0.15~2.83	0.39~2.06
有效钼（mg/kg）	平均值	0.12	0.13	0.11
	范围	0.04~0.40	0.04~0.40	0.04~0.29
有效硫（mg/kg）	平均值	25.8	26.7	24.3
	范围	9.4~108.4	9.4~108.4	10.8~54.9

（续表）

养分	项目	呼伦贝尔市	兴安岭林区	内蒙古北部牧农区
有效硅（mg/kg）	平均值	350	261	514
	范围	62~769	62~769	111~737

六、六等地特征

（一）分布特征

1. 区域分布

六等地面积为 59 753. 10hm²，占耕地面积的 3. 34%。主要分布在兴安岭林区的鄂伦春自治旗，占六等地面积的 63. 15%；其次是牙克石市和陈巴尔虎旗，分别占 8. 62% 和 8. 28%；除扎赉诺尔区外，其他旗（市、区）也有少量分布（表 4-32）。

表 4-32　六等地面积与比例

行政区	面积（hm²）	比例（%）	行政区	面积（hm²）	比例（%）
兴安岭林区	51 552. 42	86. 28	内蒙古北部牧农区	8 200. 69	13. 72
阿荣旗	2 279. 17	3. 81	陈巴尔虎旗	4 946. 73	8. 28
额尔古纳市	508. 58	0. 85	鄂温克族自治旗	227. 08	0. 38
鄂伦春自治旗	37 731. 30	63. 15	海拉尔区	1 632. 61	2. 73
莫力达瓦达斡尔族自治旗	1 840. 98	3. 08	满洲里市	81. 96	0. 14
牙克石市	5 149. 81	8. 62	新巴尔虎右旗	1. 81	0. 003
扎兰屯市	3 755. 10	6. 28	新巴尔虎左旗	1 310. 51	2. 19
根河市	287. 47	0. 48	扎赉诺尔区	—	—

2. 主要土壤类型

六等地土壤类型主要是暗棕壤和黑土，其次是灰色森林土和黑钙土，无石质土。从分析质量等级和土壤类型的关系可知，六等地上分布的土类中，棕色针叶林土、风沙土、粗骨土和灰色森林土在同一土类中所占的比例较多，分别为 11. 74%、11. 35%、10. 77%和 9. 92%；其余土类相对较少（表 4-33）。

表 4-33　六等地主要土壤类型耕地面积与比例

土类	面积（hm²）	占同土类比例（%）	土类	面积（hm²）	占同土类比例（%）
暗棕壤	22 820. 04	3. 61	黑土	17 200. 25	4. 24
草甸土	2 070. 56	0. 82	灰色森林土	5 280. 36	9. 92

（续表）

土类	面积（hm^2）	占同土类比例（%）	土类	面积（hm^2）	占同土类比例（%）
粗骨土	1 818.99	10.77	栗钙土	1 053.09	3.66
风沙土	188.19	11.35	沼泽土	3 812.85	3.65
黑钙土	5 191.09	1.79	棕色针叶林土	317.69	11.74

（二）六等地属性分析

六等地主要分布在丘陵上部，占 65.76%；21.60%分布在平原低阶和山地坡上；10.77%分布在丘陵下部、丘陵中部和山地坡中；其余 1.88%分布在平原高阶和平原中阶。成土母质以残坡积物为主，占 56.79%；黄土状物占 32.19%，冲洪积物占 6.16%，河湖沉积物占 4.54%，风积物占 0.31%。58.65%的六等地无明显障碍因素，34.91%的六等地瘠薄，4.17%存在障碍层次，2.27%存在渍潜。灌溉能力弱，满足的仅占 0.02%，不满足的占 99.98%。排水能力较强，满足或充分满足的面积占 26.92%，基本满足的占 68.54%，有 4.54%的面积排水能力不足。六等地生物多样性在一般及丰富的面积占 53.06%，不丰富的占 46.94%。清洁程度较高，98.93%的六等地属清洁水平，1.07%为尚清洁。

1. 耕层质地

六等地的质地类型以轻壤为主，占 34.65%，重壤占 29.73%，中壤占 23.08%，黏土占 9.50%，砂土占 2.17%，砂壤占 0.87%（表 4-34）。

表 4-34　六等地耕层质地分布

耕层质地	黏土	轻壤	砂壤	砂土	中壤	重壤	总计
面积（hm^2）	5 674.90	20 707.23	518.35	1 298.10	13 789.88	17 764.65	59 753.10
比例（%）	9.50	34.65	0.87	2.17	23.08	29.73	100.00

2. 耕层厚度

六等地中耕层厚度为 15.0～20.0cm 的占六等地的 72.98%；厚度为 20.0～25.0cm 的占 0.35%；厚度为 25.0～30.0cm 的占 26.33%；耕层厚度>30.0cm 的仅占 0.34%（表 4-35）。

表 4-35　六等地耕层厚度分布情况

耕层分级（cm）	>30.0	25.0～30.0	20.0～25.0	15.0～20.0	≤15.0	总计
面积（hm^2）	204.71	15 734.40	206.60	43 607.39	—	59 753.10
比例（%）	0.34	26.33	0.35	72.98	—	100.00

呼伦贝尔市六等地平均耕层厚度为 22.7cm，兴安岭林区耕地平均耕层厚度为

21. 5cm，内蒙古北部牧农区耕地平均耕层厚度为 30. 0cm。

3. 有效土层厚度

六等地中有效土层厚度≤30. 0cm 的耕地占 78. 04%，有效土层厚度为 30. 0~60. 0cm 的占 16. 40%，有效土层厚度在 60. 0~90. 0cm 的占 3. 34%，有效土层厚度>90. 0cm 的占 2. 22%（表 4-36）。

呼伦贝尔市六等地平均有效土层厚度为 29. 1cm，其中，兴安岭林区的平均有效土层厚度为 24. 4cm，内蒙古北部牧农区的平均有效土层厚度为 58. 4cm。

表 4-36　六等地不同有效土层厚度耕地面积及比例

有效土层厚度分级（cm）	>90. 0	60. 0~90. 0	30. 0~60. 0	≤30. 0	总计
面积（hm^2）	1 327. 35	1 994. 26	9 797. 28	46 634. 22	59 753. 10
比例（%）	2. 22	3. 34	16. 40	78. 04	100. 00

4. 土壤养分

六等地耕层土壤有机质及大、中、微量元素平均值及变幅范围见表 4-37。呼伦贝尔市六等地土壤养分含量较丰富，有机质、全氮、缓效钾平均含量均属 1 级（高）水平；有效磷平均含量为 3 级（中）水平；速效钾平均含量为 2 级（较高）水平；pH 值为 3 级（中）水平；有效铁、有效锰等中、微量元素均在 3 级（中）水平至 1 级（高）水平。

兴安岭林区土壤有机质和缓效钾含量明显高于内蒙古北部牧农区；而有效铜、有效锌、有效硼、有效硫和有效硅含量则低于内蒙古北部牧农区。

表 4-37　六等地耕层土壤有机质及大、中、微量元素养分含量

养分	项目	呼伦贝尔市	兴安岭林区	内蒙古北部牧农区
有机质（g/kg）	平均值	56. 3	61. 1	26. 3
	范围	3. 9~113. 7	15. 2~113. 7	3. 9~70. 8
全氮（g/kg）	平均值	2. 65	2. 65	2. 68
	范围	1. 01~5. 10	1. 16~5. 10	1. 01~3. 85
有效磷（mg/kg）	平均值	21. 8	22. 3	18. 6
	范围	5. 4~93. 1	6. 6~93. 1	5. 4~52. 0
速效钾（mg/kg）	平均值	193	202	137
	范围	60~447	84~447	60~335
缓效钾（mg/kg）	平均值	1 294	1 358	893
	范围	300~2 375	300~2 375	438~1 135
pH 值	平均值	5. 9	5. 8	6. 7
	范围	4. 9~8. 6	4. 9~8. 6	5. 3~8. 2
有效铁（mg/kg）	平均值	130. 4	141. 8	59. 0
	范围	2. 5~342. 4	43. 5~342. 4	2. 5~150. 2
有效锰（mg/kg）	平均值	42. 1	45. 1	23. 0
	范围	2. 0~127. 6	4. 3~127. 6	2. 0~44. 8

（续表）

养分	项目	呼伦贝尔市	兴安岭林区	内蒙古北部牧农区
有效铜（mg/kg）	平均值	1.41	1.40	1.47
	范围	0.31~3.47	0.31~3.47	0.83~2.12
有效锌（mg/kg）	平均值	1.50	1.48	1.61
	范围	0.3~7.05	0.3~7.05	0.77~5.07
有效硼（mg/kg）	平均值	1.01	0.97	1.27
	范围	0.17~2.61	0.17~2.61	0.50~1.92
有效钼（mg/kg）	平均值	0.13	0.13	0.12
	范围	0.05~0.34	0.05~0.34	0.06~0.33
有效硫（mg/kg）	平均值	25.1	25.1	25.3
	范围	8.1~82.7	8.1~82.7	10.9~48.9
有效硅（mg/kg）	平均值	281	249	479
	范围	62~733	62~727	89~733

七、七等地特征

（一）分布特征

1. 区域分布

七等地面积为14 806.11hm^2，占耕地面积的0.83%。其中53.66%的面积分布在鄂伦春自治旗；26.58%分布在陈巴尔虎旗；9.75%分布在海拉尔区；新巴尔虎左旗、扎兰屯市、牙克石市、鄂温克族自治旗、根河市和阿荣旗有少量分布；额尔古纳市、莫力达瓦达斡尔族自治旗、满洲里市、扎赉诺尔区和新巴尔虎右旗无七等地分布（表4-38）。

表4-38　七等地面积与比例

行政区	面积（hm^2）	比例（%）	行政区	面积（hm^2）	比例（%）
兴安岭林区	8 680.36	58.63	内蒙古北部牧农区	6 125.75	41.37
阿荣旗	1.12	0.01	陈巴尔虎旗	3 936.20	26.58
额尔古纳市	—	—	鄂温克族自治旗	78.19	0.53
鄂伦春自治旗	7 945.56	53.66	海拉尔区	1 443.27	9.75
莫力达瓦达斡尔族自治旗	—	—	满洲里市	—	—
牙克石市	173.68	1.17	新巴尔虎右旗	—	—
扎兰屯市	490.38	3.31	新巴尔虎左旗	668.10	4.51
根河市	69.62	0.47	扎赉诺尔区	—	—

2. 主要土壤类型

七等地土壤类型主要是黑土、黑钙土和暗棕壤，其次是栗钙土和粗骨土，其他土壤类型面积较小。从分析质量等级和土壤类型的关系可知，七等地上分布的土类中，风沙土在同一土类中所占的比例最多，为 14. 98%；其余土类相对较少（表 4-39）。

表 4-39　七等地主要土壤类型耕地面积与比例

土类	面积（hm^2）	占同土类比例（%）	土类	面积（hm^2）	占同土类比例（%）
暗棕壤	2 562. 03	0. 41	灰色森林土	195. 14	0. 37
草甸土	601. 31	0. 24	栗钙土	1 396. 26	4. 85
粗骨土	686. 91	4. 07	石质土	1. 42	2. 18
风沙土	248. 27	14. 98	沼泽土	21. 00	0. 02
黑钙土	3 783. 96	1. 31	棕色针叶林土	50. 91	1. 88
黑土	5 258. 90	1. 30			

（二）七等地属性分析

七等地主要分布在丘陵上部，占 82. 03%；10. 40%分布在丘陵下部和丘陵中部；5. 75%分布在平原低阶；其余 1. 82%分布在山地坡中和山地坡上。成土母质以残坡积物和黄土状物为主，分别占 47. 81% 和 40. 02%；河湖沉积物占 6. 41%，冲洪积物占 4. 09%，风积物占 1. 68%。76. 53%的七等地无明显障碍因素，17. 20%的七等地瘠薄，6. 28%存在障碍层次。灌溉能力较弱，满足的仅占 1. 12%，不满足的占 98. 88%。排水能力较强，满足或基本满足的面积占 96. 23%，有 3. 77%的面积排水能力不足。七等地生物多样性不丰富的面积占 53. 24%，一般及丰富的面积占 46. 76%。清洁程度高，99. 41%的七等地属清洁水平，0. 59%为尚清洁。

1. 耕层质地

七等地的质地类型以重壤和轻壤为主，分别占 37. 48% 和 30. 22%；中壤占 21. 46%，砂壤占 6. 93%，砂土占 3. 68%，黏土占 0. 23%（表 4-40）。

表 4-40　七等地耕层质地分布

耕层质地	黏土	轻壤	砂壤	砂土	中壤	重壤	总计
面积（hm^2）	33. 78	4 474. 15	1 026. 47	544. 66	3 178. 10	5 548. 94	14 806. 11
比例（%）	0. 23	30. 22	6. 93	3. 68	21. 46	37. 48	100. 00

2. 耕层厚度

七等地中耕层厚度为 15. 0~20. 0cm 的占七等地的 56. 98%；厚度为 20. 0~25. 0cm 的占 0. 01%；厚度为 25. 0~30. 0cm 的占 43. 02%（表 4-41）。

呼伦贝尔市七等地平均耕层厚度为 24. 3cm，兴安岭林区耕地平均耕层厚度为 20. 3cm，内蒙古北部牧农区耕地平均耕层厚度为 30. 0cm。

表 4-41　七等地耕层厚度分布情况

耕层分级（cm）	>30.0	25.0~30.0	20.0~25.0	15.0~20.0	≤15.0	总计
面积（hm^2）	—	6 369.05	1.12	8 435.94	—	14 806.11
比例（%）	—	43.02	0.01	56.98	—	100.00

3. 有效土层厚度

七等地中有效土层厚度≤30.0cm 的耕地占 56.88%，有效土层厚度为 30.0~60.0cm 的占 29.84%，有效土层厚度在 60.0~90.0cm 的占 4.28%，有效土层厚度>90.0cm 的占 9.00%（表 4-42）。

呼伦贝尔市七等地平均有效土层厚度为 37.3cm，其中，兴安岭林区的平均有效土层厚度为 23.2cm，内蒙古北部牧农区的平均有效土层厚度为 57.1cm。

表 4-42　七等地不同有效土层厚度耕地面积及比例

有效土层厚度分级（cm）	>90.0	60.0~90.0	30.0~60.0	≤30.0	总计
面积（hm^2）	1 332.87	633.32	4 418.88	8 421.04	14 806.11
比例（%）	9.00	4.28	29.84	56.88	100.00

4. 土壤养分

七等地耕层土壤有机质及大、中、微量元素平均值及变幅范围见表 4-43。七等地土壤养分不平衡，呼伦贝尔市有效磷平均含量为 4 级（较低）水平；有机质、全氮平均含量均属 1 级（高）水平；速效钾、缓效钾平均含量为 2 级（较高）水平；pH 值为 3 级（中）水平；有效铁、有效锰等中、微量元素均在 3 级（中）水平至 1 级（高）水平。

兴安岭林区土壤有机质和缓效钾含量明显高于内蒙古北部牧农区；而 pH 值、有效铜、有效锌、有效硼、有效硫和有效硅含量则低于内蒙古北部牧农区。

表 4-43　七等地耕层土壤有机质及大、中、微量元素养分含量

养分	项目	呼伦贝尔市	兴安岭林区	内蒙古北部牧农区
有机质（g/kg）	平均值	42.9	61.1	17.1
	范围	9.0~89.5	27.5~89.5	9.0~61.4
全氮（g/kg）	平均值	2.59	2.64	2.52
	范围	1.23~4.39	1.49~4.39	1.23~3.76
有效磷（mg/kg）	平均值	16.1	17.1	14.8
	范围	6.6~59.5	6.6~59.5	7.8~30.0
速效钾（mg/kg）	平均值	156	173	132
	范围	71~331	112~331	71~283
缓效钾（mg/kg）	平均值	1 183	1 412	859
	范围	372~2 370	372~2 370	605~1 072

（续表）

养分	项目	呼伦贝尔市	兴安岭林区	内蒙古北部牧农区
pH 值	平均值	5.9	5.4	6.6
	范围	4.7~8.2	4.7~6.6	5.7~8.2
有效铁（mg/kg）	平均值	113.1	152.6	57.1
	范围	2.7~229.2	81.6~229.2	2.7~160.5
有效锰（mg/kg）	平均值	43.8	58.8	22.6
	范围	3.7~113.7	23.8~113.7	3.7~42.7
有效铜（mg/kg）	平均值	1.51	1.48	1.56
	范围	0.66~2.83	0.66~2.83	0.82~2.42
有效锌（mg/kg）	平均值	1.54	1.50	1.60
	范围	0.75~5.97	0.82~4.63	0.75~5.97
有效硼（mg/kg）	平均值	1.04	0.91	1.22
	范围	0.30~2.14	0.30~2.14	0.53~1.87
有效钼（mg/kg）	平均值	0.14	0.15	0.12
	范围	0.05~0.32	0.05~0.25	0.06~0.32
有效硫（mg/kg）	平均值	24.9	24.0	26.2
	范围	12.3~58.0	13.7~58.0	12.3~42.0
有效硅（mg/kg）	平均值	318	221	456
	范围	82~715	82~532	108~715

八、八等地特征

（一）分布特征

1. 区域分布

八等地面积为 3 814.99hm^2，占耕地面积的 0.21%。其中兴安岭林区的鄂伦春自治旗占 1.68%，其余 98.32%分布在内蒙古北部牧农区，以陈巴尔虎旗面积最大，其次是新巴尔虎左旗，鄂温克族自治旗、满洲里市和扎赉诺尔区有少量分布（表 4-44）。

表 4-44　八等地面积与比例

行政区	面积（hm^2）	比例（%）	行政区	面积（hm^2）	比例（%）
兴安岭林区	64.27	1.68	内蒙古北部牧农区	3 750.72	98.32
阿荣旗	—	—	陈巴尔虎旗	3013.95	79.00
额尔古纳市	—	—	鄂温克族自治旗	116.68	3.06
鄂伦春自治旗	64.27	1.68	海拉尔区	—	—
莫力达瓦达斡尔族自治旗	—	—	满洲里市	26.06	0.68
牙克石市	—	—	新巴尔虎右旗	—	—
扎兰屯市	—	—	新巴尔虎左旗	590.74	15.48
根河市	—	—	扎赉诺尔区	3.29	0.09

2. 主要土壤类型

八等地土壤类型主要是黑钙土，其次是粗骨土，有少量石质土、草甸土、灰色森林土及栗钙土。从分析质量等级和土壤类型的关系可知，八等地上分布的土类中，石质土在同一土类中所占的比例最多，为 97.82%；其余土类相对较少（表 4-45）。

表 4-45　八等地主要土壤类型耕地面积与比例

土类	草甸土	粗骨土	黑钙土	灰色森林土	栗钙土	石质土
面积（hm^2）	46.63	552.07	3 143.18	9.15	0.25	63.71
占同土类比例（%）	0.02	3.27	1.09	0.02	0.000 9	97.82

（二）八等地属性分析

八等地主要分布在丘陵上部，占 95.11%；2.37%分布在丘陵下部和丘陵中部；0.78%分布在平原低阶；其余 1.74%分布在山地坡下和山地坡上。成土母质以残坡积物为主，占 98.77%；冲洪积物占 1.21%，河湖沉积物占 0.01%。82.06%的八等地无明显障碍因素，15.38%存在障碍层次，2.56%存在瘠薄或盐渍化。灌溉能力弱，无灌溉条件。排水能力较强，基本满足的面积占 99.33%，满足的占 0.67%。八等地生物多样性一般的占 99.39%，不丰富的占 0.61%。清洁程度高，全部属清洁水平。

1. 耕层质地

八等地的质地类型以轻壤和中壤为主，分别占 57.05%和 40.38%；砂土占 2.56%（表 4-46）。

表 4-46　八等地耕层质地分布

耕层质地	黏土	轻壤	砂壤	砂土	中壤	重壤	总计
面积（hm^2）	—	2 176.62	—	97.73	1 540.64	—	3 814.99
比例（%）	—	57.05	—	2.56	40.38	—	100.00

2. 耕层厚度

八等地中耕层厚度为 15.0~20.0cm 的占 1.68%；其余 98.32%的耕地耕层厚度在 25.0~30.0cm（表 4-47）。

呼伦贝尔市八等地平均耕层厚度为 29.8cm，兴安岭林区耕地平均耕层厚度为 20.0cm，内蒙古北部牧农区耕地平均耕层厚度为 30.0cm。

表 4-47　八等地耕层厚度分布情况

耕层分级（cm）	>30.0	25.0~30.0	20.0~25.0	15.0~20.0	≤15.0	总计
面积（hm^2）	—	3 750.72	—	64.27	—	3 814.99
比例（%）	—	98.32	—	1.68	—	100.00

3. 有效土层厚度

八等地中有效土层厚度≤30.0cm 的耕地占 1.68%，有效土层厚度为 30.0~60.0cm 的占 82.07%，有效土层厚度在 60.0~90.0cm 的占 4.51%，有效土层厚度>90.0cm 的占 11.74%（表 4-48）。

呼伦贝尔市八等地平均有效土层厚度为 50.2cm，其中，兴安岭林区的平均有效土层厚度为 10.0cm，内蒙古北部牧农区的平均有效土层厚度为 50.9cm。

表 4-48　八等地不同有效土层厚度耕地面积及比例

有效土层厚度分级（cm）	>90.0	60.0~90.0	30.0~60.0	≤30.0	总计
面积（hm^2）	447.71	172.13	3 130.89	64.27	3 814.99
比例（%）	11.74	4.51	82.07	1.68	100.00

4. 土壤养分

八等地耕层土壤有机质及大、中、微量元素平均值及变幅范围见表 4-49。八等地土壤养分不平衡，呼伦贝尔市有机质、有效磷平均含量为 4 级（较低）水平；全氮平均含量为 1 级（高）水平；速效钾、缓效钾平均含量为 3 级（中）水平；pH 值为 1 级（高）水平；除有效钼为 4 级（较低）水平，其他中、微量元素均在 3 级（中）水平至 1 级（高）水平。

兴安岭林区土壤有机质和缓效钾含量明显高于内蒙古北部牧农区；而有效硼、有效硫和有效硅含量则低于内蒙古北部牧农区。

表 4-49　八等地耕层土壤有机质及大、中、微量元素养分含量

养分	项目	呼伦贝尔市	兴安岭林区	内蒙古北部牧农区
有机质（g/kg）	平均值	13.1	62.0	12.3
	范围	4.0~75.3	46.0~75.3	4.0~66.2
全氮（g/kg）	平均值	2.98	2.49	2.99
	范围	1.85~4.03	1.99~3.07	1.85~4.03
有效磷（mg/kg）	平均值	13.0	19.1	12.9
	范围	5.3~45.6	8.3~45.6	5.3~20.5
速效钾（mg/kg）	平均值	109	172	108
	范围	73~273	123~273	73~273
缓效钾（mg/kg）	平均值	948	1 662	936
	范围	633~1 715	1 364~1 715	633~1 240
pH 值	平均值	6.7	6.2	6.7
	范围	5.3~8.2	5.7~6.7	5.3~8.2
有效铁（mg/kg）	平均值	84.7	147.6	83.6
	范围	18.7~179.7	115~157.9	18.7~179.7
有效锰（mg/kg）	平均值	31.1	47.0	30.8
	范围	13.6~59.9	30.7~59.9	13.6~48.6

（续表）

养分	项目	呼伦贝尔市	兴安岭林区	内蒙古北部牧农区
有效铜（mg/kg）	平均值	1.37	1.16	1.37
	范围	0.84~2.85	1.11~1.26	0.84~2.85
有效锌（mg/kg）	平均值	1.10	1.46	1.09
	范围	0.73~3.88	1.12~1.77	0.73~3.88
有效硼（mg/kg）	平均值	1.46	1.38	1.46
	范围	0.53~1.93	0.53~1.66	0.72~1.93
有效钼（mg/kg）	平均值	0.10	0.12	0.10
	范围	0.06~0.15	0.1~0.13	0.06~0.15
有效硫（mg/kg）	平均值	24.1	22.8	24.1
	范围	14.8~35	19.2~28.8	14.8~35
有效硅（mg/kg）	平均值	503	195	508
	范围	172~726	172~219	238~726

九、九等地特征

（一）分布特征

1. 区域分布

九等地面积为 2 786.67hm^2，占耕地面积的 0.16%。全部分布在内蒙古北部牧农区，以新巴尔虎左旗、满洲里市和陈巴尔虎旗面积最大，海拉尔区和扎赉诺尔区有少量分布（表 4-50）。

表 4-50　九等地面积与比例

行政区	面积（hm^2）	比例（%）	行政区	面积（hm^2）	比例（%）
兴安岭林区	—	—	内蒙古北部牧农区	2 786.67	100.00
阿荣旗	—	—	陈巴尔虎旗	564.45	20.26
额尔古纳市	—	—	鄂温克族自治旗	—	—
鄂伦春自治旗	—	—	海拉尔区	137.56	4.94
莫力达瓦达斡尔族自治旗	—	—	满洲里市	823.52	29.55
牙克石市	—	—	新巴尔虎右旗	—	—
扎兰屯市	—	—	新巴尔虎左旗	1 104.73	39.64
根河市	—	—	扎赉诺尔区	156.42	5.61

2. 主要土壤类型

九等地土壤类型主要是风沙土、黑钙土和草甸土，有少量栗钙土和粗骨土。从分析质量等级和土壤类型的关系可知，九等地上分布的土类中，风沙土在同一土类中所占的比例最多，为 50.40%；其余土类相对较少（表 4-51）。

表 4-51　九等地耕地主要土壤类型耕地面积与比例

土类	草甸土	粗骨土	风沙土	黑钙土	栗钙土
面积（hm^2）	674.36	112.76	835.49	820.18	343.88
占同土类比例（%）	0.27	0.67	50.40	0.28	1.19

（二）九等地属性分析

九等地主要分布在丘陵上部和丘陵中部，分别占 33.61%和 31.23%；28.13%分布在平原低阶；7.04%分布在平原高阶。成土母质以残坡积物为主，占 43.20%；风积物占 29.98%，冲洪积物占 25.58%，黄土状物占 1.24%。29.98%的九等地瘠薄，28.13%盐渍化，17.94%有障碍层次，仅有 23.95%的九等地无明显障碍因素。灌溉能力较弱，不满足的占 88.66%，满足的占 11.34%。排水能力较强，基本满足的面积占 98.76%，不满足的占 1.24%。九等地生物多样性一般的占 88.66%，丰富的占 11.34%。清洁程度高，全部属清洁水平。

1. 耕层质地

九等地的质地类型以砂土为主，占 58.11%，砂土保水保肥能力较差，养分含量少，土温变化较快，但通气透水性较好，并易于耕种。在利用管理上，要注意选择耐旱品种，保证水源，及时灌溉，注意保墒，施肥时，应薄施勤施。中壤占 25.49%，轻壤占 12.71%，砂壤占 3.69%（表 4-52）。

表 4-52　九等地耕层质地分布

耕层质地	黏土	轻壤	砂壤	砂土	中壤	重壤	总计
面积（hm^2）	—	354.24	102.90	1 619.29	710.25	—	2 786.67
比例（%）	—	12.71	3.69	58.11	25.49	—	100.00

2. 耕层厚度和有效土层厚度

九等地平均耕层厚度为 30.0cm，平均有效土层厚度为 38.1cm。

九等地中有效土层厚度≤30.0cm 的耕地占 43.42%，有效土层厚度为 30.0~60.0cm 的占 45.79%，有效土层厚度在 60.0~90.0cm 的占 9.66%，有效土层厚度>90.0cm 的占 1.13%（表 4-53）。

表 4-53　九等地不同有效土层厚度耕地面积及比例

有效土层厚度分级（cm）	>90.0	60.0~90.0	30.0~60.0	≤30.0	总计
面积（hm^2）	31.60	269.24	1 276.01	1 209.83	2 786.67
比例（%）	1.13	9.66	45.79	43.42	100.00

3. 土壤养分

九等地耕层土壤有机质及大、中、微量元素平均值及变幅范围见表4-54。九等地土壤养分含量不均衡，有机质平均含量为2级（较高）水平、全氮平均含量为1级（高）水平，有效磷平均含量为4级（较低）水平，速效钾和缓效钾平均含量为3级（中）水平，pH值为1级（高）水平。中、微量元素中除有效钼为4级（较低）水平外，其他元素平均含量在3级（中）水平至1级（高）水平。

表4-54　九等地耕层土壤有机质及大、中、微量元素养分含量

养分	项目	含量	养分	项目	含量
有机质（g/kg）	平均值	24	有效锰（mg/kg）	平均值	22.8
	范围	3.9~60.0		范围	8.0~45.2
全氮（g/kg）	平均值	2.34	有效铜（mg/kg）	平均值	1.67
	范围	0.97~3.73		范围	1.08~2.90
有效磷（mg/kg）	平均值	14.0	有效锌（mg/kg）	平均值	1.72
	范围	5.1~30.2		范围	0.94~3.98
速效钾（mg/kg）	平均值	148	有效硼（mg/kg）	平均值	1.29
	范围	88~313		范围	0.55~1.71
缓效钾（mg/kg）	平均值	807	有效钼（mg/kg）	平均值	0.10
	范围	451~1071		范围	0.07~0.17
pH值	平均值	7.3	有效硫（mg/kg）	平均值	22.3
	范围	5.9~9.4		范围	10.5~40.4
有效铁（mg/kg）	平均值	51.6	有效硅（mg/kg）	平均值	469
	范围	18.5~174.6		范围	270~576

十、十等地特征

（一）分布特征

1. 区域分布

十等地为571.95hm^2，面积最小，占耕地面积的0.03%。分布在内蒙古北部牧农区的扎赉诺尔区、新巴尔虎左旗和满洲里市（表4-55）。

表4-55　十等地面积与比例

行政区	面积（hm^2）	比例（%）	行政区	面积（hm^2）	比例（%）
兴安岭林区	—	—	内蒙古北部牧农区	571.95	100.00
阿荣旗	—	—	陈巴尔虎旗	—	—
额尔古纳市	—	—	鄂温克族自治旗	—	—
鄂伦春自治旗	—	—	海拉尔区	—	—
莫力达瓦达斡尔族自治旗	—	—	满洲里市	106.51	18.62
牙克石市	—	—	新巴尔虎右旗	—	—

（续表）

行政区	面积（hm^2）	比例（%）	行政区	面积（hm^2）	比例（%）
扎兰屯市	—	—	新巴尔虎左旗	184.95	32.34
根河市	—	—	扎赉诺尔区	280.49	49.04

2. 主要土壤类型

十等地土壤类型主要是栗钙土、风沙土和草甸土，有少量粗骨土。从分析质量等级和土壤类型的关系可知，风沙土在同一土类中所占的比例最多，为 11.16%；其余土类相对较少（表 4-56）。

表 4-56　十等地主要土壤类型耕地面积与比例

土类	草甸土	粗骨土	风沙土	栗钙土
面积（hm^2）	82.70	4.24	184.95	300.07
占同土类比例（%）	0.03	0.03	11.16	1.04

（二）十等地属性分析

十等地 67.66%分布在平原低阶，32.34%分布在丘陵中部。成土母质为冲洪积物、残坡积物和风积物，分别占 34.52%、33.14%、32.34%。耕层质地为砂土，保水保肥能力较差，养分含量少。平均耕层厚度为 30.0cm，平均有效土层厚度为 35.0cm，不同有效土层厚度分级见表 4-57。主要障碍因素为盐渍化和瘠薄。灌溉能力弱，排水能力基本满足。生物多样性一般，清洁程度高，全部属清洁水平。

表 4-57　十等地不同有效土层厚度耕地面积及比例

有效土层厚度分级（cm）	>90.0	60.0~90.0	30.0~60.0	≤30.0	总计
面积（hm^2）	—	—	272.23	299.72	571.95
比例（%）	—	—	47.60	52.40	100.00

十等地耕层土壤有机质及大、中、微量元素平均值及变幅范围见表 4-58。十等地土壤养分含量不均衡，有效磷和缓效钾含量低，有机质平均含量为 2 级（较高）水平、全氮平均含量为 1 级（高）水平，速效钾平均含量为 2 级（较高）水平，pH 值平均含量为 4 级（较低）水平。中、微量元素平均含量在 3 级（中）水平至 1 级（高）水平。

表 4-58　十等地耕层土壤有机质及大、中、微量元素养分含量

养分	项目	含量	养分	项目	含量
有机质（g/kg）	平均值	24.1	有效锰（mg/kg）	平均值	16.8
	范围	3.9~66.2		范围	8.2~26.3

（续表）

养分	项目	含量	养分	项目	含量
全氮（g/kg）	平均值	2.12	有效铜（mg/kg）	平均值	2.01
	范围	0.96~3.03		范围	1.43~2.83
有效磷（mg/kg）	平均值	9.4	有效锌（mg/kg）	平均值	2.04
	范围	6.3~15.7		范围	1.12~3.80
速效钾（mg/kg）	平均值	182	有效硼（mg/kg）	平均值	1.13
	范围	133~273		范围	0.52~1.62
缓效钾（mg/kg）	平均值	732	有效钼（mg/kg）	平均值	0.11
	范围	495~999		范围	0.10~0.11
pH 值	平均值	8.5	有效硫（mg/kg）	平均值	24.6
	范围	6.7~9.4		范围	18.8~34.4
有效铁（mg/kg）	平均值	33.9	有效硅（mg/kg）	平均值	464
	范围	19.4~60.9		范围	397~529

第五章　各旗（市、区）耕地质量等级

第一节　耕地质量区域性综合评价

呼伦贝尔市14个旗（市、区）中，新巴尔虎右旗耕地质量等级最高，扎赉诺尔区耕地质量等级最低，各旗（市、区）耕地质量平均等级由高到低依次排序为：新巴尔虎右旗>额尔古纳市>莫力达瓦达斡尔族自治旗>阿荣旗>牙克石市>扎兰屯市>海拉尔区>鄂伦春自治旗>鄂温克族自治旗>根河市>新巴尔虎左旗>陈巴尔虎旗>满洲里市>扎赉诺尔区（表5-1）。

表5-1　各旗（市、区）耕地质量等级排序

排序	行政区	平均质量等级	排序	行政区	平均质量等级
1	新巴尔虎右旗	2.58	8	鄂伦春自治旗	4.01
2	额尔古纳市	2.60	9	鄂温克族自治旗	4.10
3	莫力达瓦达斡尔族自治旗	2.66	10	根河市	4.54
4	阿荣旗	2.78	11	新巴尔虎左旗	4.55
5	牙克石市	2.83	12	陈巴尔虎旗	4.70
6	扎兰屯市	3.29	13	满洲里市	7.29
7	海拉尔区	4.01	14	扎赉诺尔区	9.63

第二节　各旗（市、区）耕地质量现状概述

一、阿荣旗

（一）耕地质量等级分布

阿荣旗耕地面积为313 711.94hm^2，占呼伦贝尔市耕地总面积的17.54%，按质量等级由高到低依次划分为一等至七等，平均质量等级为2.78（图5-1）。各乡（镇）耕地质量等级面积分布见表5-2。

表 5-2 阿荣旗各乡（镇）耕地质量等级面积

乡（镇）	项目	一等地	二等地	三等地	四等地	五等地	六等地	七等地	合计
阿荣旗林业局	面积（hm^2）	41.90	1 263.45	2 100.33	659.10	3 158.01	118.37	—	7 341.16
	占比（%）	0.57	17.21	28.61	8.98	43.02	1.61	—	100.00
查巴奇鄂温克族乡	面积（hm^2）	22.46	3 975.51	6 647.20	2 637.85	3 711.84	1 077.82	1.12	18 073.80
	占比（%）	0.12	22.00	36.78	14.59	20.54	5.96	0.01	100.00
得力其尔鄂温克民族乡	面积（hm^2）	242.88	3 324.57	12 581.20	2 525.50	983.99	206.30	—	19 864.43
	占比（%）	1.22	16.74	63.34	12.71	4.95	1.04	—	100.00
复兴镇	面积（hm^2）	891.30	16 583.35	3 191.93	895.64	905.30	52.37	—	22 519.89
	占比（%）	3.96	73.64	14.17	3.98	4.02	0.23	—	100.00
霍尔奇镇	面积（hm^2）	4 003.22	23 075.15	11 851.42	2 031.07	3 032.31	16.12	—	44 009.29
	占比（%）	9.10	52.43	26.93	4.62	6.89	0.04	—	100.00
六合镇	面积（hm^2）	196.40	12 510.63	14 552.21	880.53	95.80	53.99	—	28 289.55
	占比（%）	0.69	44.22	51.44	3.11	0.34	0.19	—	100.00
那吉屯农场	面积（hm^2）	2 743.96	15 938.20	2 167.71	393.39	444.83	210.29	—	21 898.37
	占比（%）	12.53	72.78	9.90	1.80	2.03	0.96	—	100.00
那吉镇	面积（hm^2）	—	17.37	107.56	561.69	—	—	—	686.62
	占比（%）	—	2.53	15.67	81.80	0.00	0.00	—	100.00
三岔河镇	面积（hm^2）	4.14	5 001.87	17 678.87	1 908.61	5 404.41	43.66	—	30 041.56
	占比（%）	0.01	16.65	58.85	6.35	17.99	0.15	—	100.00
向阳峪镇	面积（hm^2）	481.16	4 195.26	20 221.17	2 658.59	239.79	15.50	—	27 811.47
	占比（%）	1.73	15.08	72.71	9.56	0.86	0.06	—	100.00
新发朝鲜族乡	面积（hm^2）	964.21	2 773.59	2 946.30	1 551.32	46.99	0.00	—	8 282.42
	占比（%）	11.64	33.49	35.57	18.73	0.57	0.00	—	100.00
兴安镇	面积（hm^2）	508.80	14 221.30	5 358.44	3 077.24	1 335.58	24.35	—	24 525.72
	占比（%）	2.07	57.99	21.85	12.55	5.45	0.10	—	100.00
亚东镇	面积（hm^2）	353.21	11 012.64	34 334.37	1 008.34	656.20	409.21	—	47 773.97
	占比（%）	0.74	23.05	71.87	2.11	1.37	0.86	—	100.00
音河达斡尔鄂温克族乡	面积（hm^2）	293.13	3 176.35	7 435.13	448.84	1 189.05	51.18	—	12 593.68
	占比（%）	2.33	25.22	59.04	3.56	9.44	0.41	—	100.00
合计	面积（hm^2）	10 746.78	117 069.25	141 173.84	21 237.70	21 204.10	2 279.17	1.12	313 711.94
	占比（%）	3.43	37.32	45.00	6.77	6.76	0.73	0.0004	100.00

一等地面积为 10 746.78hm^2，占阿荣旗耕地总面积的 3.43%，主要分布在霍尔奇镇、那吉屯农场、新发朝鲜族乡和复兴镇，占到一等地面积的 80%；那吉镇没有一等

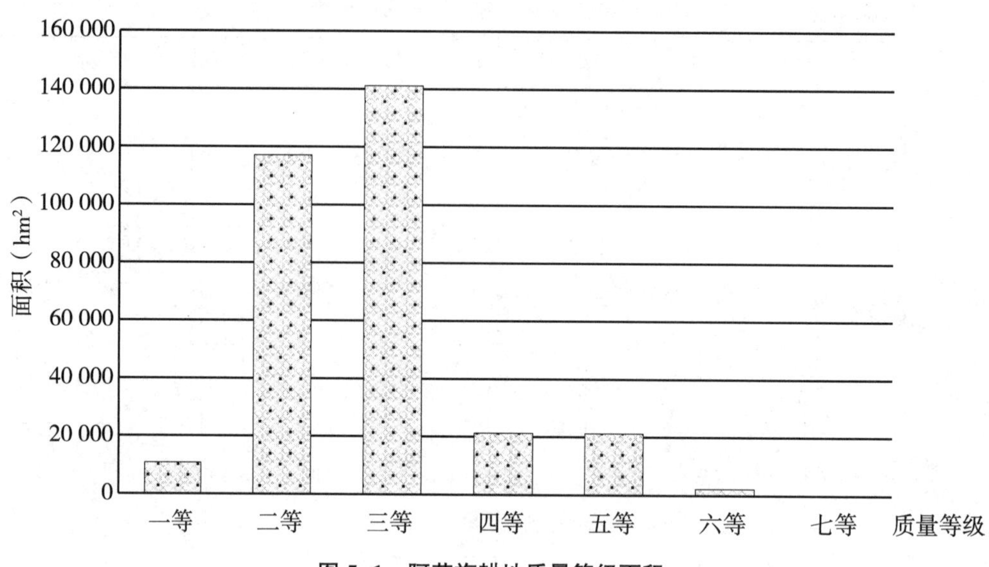

图 5-1　阿荣旗耕地质量等级面积

地，其他乡（镇）有零星分布。土壤类型包括黑土、草甸土、暗棕壤、沼泽土，其中黑土和草甸土面积较大，占一等地面积的 80%以上；暗棕壤面积较小，沼泽土有零星分布。一等地主要位于丘陵中部和平原高阶，平原低阶、平原中阶和丘陵下部有零星分布，丘陵上部没有分布。成土母质主要为残坡积物和冲洪积物，分别占一等地面积的 59.65%和 38.48%。耕层质地以中壤质为主，占一等地面积的 78.69%，黏土、轻壤和重壤较少。一等地不存在障碍因素，基础地力较高。灌溉能力充分满足的面积占一等地面积的 25.72%，灌溉能力不满足的面积占 74.25%。一等地绝大部分能够满足排水，零星地块排水条件不好，农田林网化程度低，大部分生物多样性不丰富。

二等地面积为 117 069.25hm^2，占阿荣旗耕地总面积的 37.32%，主要分布在霍尔奇镇、复兴镇、那吉屯农场和兴安镇，占二等地面积近 60%，剩余零星分布于其他乡（镇）。土壤类型主要包括黑土、暗棕壤和草甸土，占二等地面积的 99.99%。二等地大部分位于丘陵中部，占比达到 80%，平原高阶有少量分布，平原低阶、平原中阶和丘陵下部有零星分布。成土母质为残坡积物的耕地面积占到二等地的 80%，冲洪积物面积较小，河湖沉积物和黄土状物面积极小。中壤质质地面积占二等地面积的 75.47%，轻壤质质地面积较小，黏土和重壤零星分布。二等地基本不存在障碍因素，基础地力较高。二等地基本无灌溉能力，绝大多数地块可以满足排水，农田林网化程度低，生物多样性不丰富。

三等地面积为 141 173.84hm^2，占阿荣旗耕地总面积的 45.00%，60%主要分布在亚东镇、向阳峪镇、三岔河镇和六合镇，其他乡（镇）有零星分布。土壤类型包括暗棕壤、草甸土、黑土和沼泽土，其中暗棕壤面积近 55%，草甸土和黑土面积相当，各占 22%左右，沼泽土面积只有 1.8hm^2。三等地位于丘陵中部的耕地占 70%，平原高阶占 23%，其余零星分布于平原低阶、平原中阶和丘陵下部。成土母质主要为残坡积物和冲洪积物，占三等地面积的 90%以上。耕层质地以中壤质面积最大，轻壤质面积次之，分别占三等地面积的66.52%和22.96%。三等地基本不存在障碍因素，基础地力较高。三等地灌溉能力不满足，农田林网化程度低，生物多样性不丰富。排水能力基本满足的面积占到三等地面积的80%。

四等地面积为21 237.70hm²，占阿荣旗耕地总面积的6.77%，50%分布在兴安镇、向阳峪镇、查巴奇鄂温克民族乡和得利其尔鄂温克民族乡。草甸土、黑土和暗棕壤面积占四等地面积近90%。四等地位于平原高阶、丘陵下部、丘陵中部的面积超过85%。成土母质为冲洪积物、残坡积物和黄土状物的面积接近90%。耕层质地为中壤质的面积占四等地面积的68.01%，轻壤质、重壤质和黏土质均有分布。四等地25%的面积存在瘠薄问题，基础地力中等。四等地基本不具备灌溉能力，超40%的地块排水能力不满足，农田林网化程度低，生物多样性不丰富。

五等地面积为21 204.10hm²，占阿荣旗耕地总面积的6.76%，主要分布在三岔河镇、查巴奇鄂温克民族乡、阿荣旗林业局和霍尔奇镇，占五等地面积的70%以上。土壤类型主要是沼泽土，占五等地面积的95%，位于平原低阶部位，成土母质主要为河湖沉积物。耕层质地以重壤质为主，占五等地面积的80.34%。基础地力中等，障碍因素较少，灌溉能力不满足，排水能力不满足，农田林网化程度低，生物多样性不丰富。

六等地面积为2 279.17hm²，占阿荣旗耕地总面积的0.73%，查巴奇鄂温克民族乡和亚东镇面积超过60%，那吉屯农场和得利其尔鄂温克民族乡面积接近20%，其他乡（镇）零星分布。土壤类型为沼泽土和粗骨土，分别位于平原低阶和丘陵上部，成土母质为河湖沉积物和残坡积物，分别占六等地面积的88.04%和11.96%。耕层质地以黏土质为主，占六等地面积的76.14%。六等地基础地力中等，无灌溉能力，排水条件不好，农田林网化程度低，生物多样性不丰富。

七等地面积只有1.12hm²，位于查巴奇鄂温克民族乡。土壤类型为粗骨土，处于丘陵上部，成土母质为残坡积物，耕层质地为轻壤质，土壤瘠薄，基础地力较低，灌溉能力不满足，排水能力基本满足，农田林网化程度低，生物多样性不丰富。

数据详见表5-3至表5-11。

（二）土壤养分现状

1. 有机质及大量元素

阿荣旗耕地土壤有机质平均值为48.6g/kg，属1级（高）水平，变幅为27.4~92.6g/kg。含量为1级（高）水平的面积为273 795.85hm²，占阿荣旗耕地总面积的87.28%；含量为2级（较高）水平的面积为39 622.78hm²，占阿荣旗耕地总面积的12.63%；含量为3级（中）水平的面积为293.30hm²，占阿荣旗耕地总面积的0.09%；在4级（较低）水平和5级（低）水平上无分布。

阿荣旗土壤全氮平均值为2.30g/kg，属2级（较高）水平，变幅为1.27~4.84g/kg。含量为1级（高）水平的面积为77 654.60hm²，占阿荣旗耕地总面积的24.75%；含量为2级（较高）水平的面积为234 024.32hm²，占阿荣旗耕地总面积的74.60%；含量为3级（中）水平的面积为2 033.02hm²，占0.65%；在4级（较低）水平和5级（低）水平上无分布。

表 5-3　阿荣旗不同地形部位耕地质量等级面积

地形部位	项目	一等地	二等地	三等地	四等地	五等地	六等地	七等地	合计
平原低阶	面积（hm^2）	72.67	11.04	1.80	2 267.55	20 253.95	2 006.68	—	24 613.69
	占比（%）	0.30	0.04	0.01	9.21	82.29	8.15	—	100.00
平原中阶	面积（hm^2）	102.32	2 488.44	2 468.13	554.39	—	—	—	5 613.28
	占比（%）	1.82	44.33	43.97	9.88	—	—	—	100.00
平原高阶	面积（hm^2）	4 135.36	20 910.01	32 648.51	7 797.20	431.69	—	—	65 922.76
	占比（%）	6.27	31.72	49.53	11.83	0.65	—	—	100.00
丘陵上部	面积（hm^2）	—	—	—	—	118.52	272.49	1.12	392.12
	占比（%）	—	—	—	—	30.22	69.49	0.28	100.00
丘陵中部	面积（hm^2）	6 410.31	93 641.79	99 001.97	5 274.61	19.70	—	—	204 348.38
	占比（%）	3.14	45.82	48.45	2.58	0.01	—	—	100.00
丘陵下部	面积（hm^2）	26.11	17.96	7 053.44	5 343.95	380.23	—	—	12 821.70
	占比（%）	0.20	0.14	55.01	41.68	2.97	—	—	100.00
合计	面积（hm^2）	10 746.78	117 069.25	141 173.84	21 237.70	21 204.10	2 279.17	1.12	313 711.94
	占比（%）	3.43	37.32	45.00	6.77	6.76	0.73	0.0004	100.00

表 5-4　阿荣旗不同成土母质耕地质量等级面积

成土母质	项目	一等地	二等地	三等地	四等地	五等地	六等地	七等地	合计
残坡积物	面积（hm^2）	6 410.31	93 659.76	99 727.19	5 500.85	138.22	272.49	1.12	205 709.92
	占比（%）	3.12	45.53	48.48	2.67	0.07	0.13	0.001	100.00
冲洪积物	面积（hm^2）	4 135.36	21 241.35	34 881.86	8 351.16	431.69	—	—	69 041.42
	占比（%）	5.99	30.77	50.52	12.10	0.63	—	—	100.00
河湖沉积物	面积（hm^2）	72.67	11.04	1.80	2 267.55	20 253.95	2 006.68	—	24 613.69
	占比（%）	0.30	0.04	0.01	9.21	82.29	8.15	—	100.00
黄土状物	面积（hm^2）	128.44	2 157.10	6 563.00	5 118.15	380.23	—	—	14 346.91
	占比（%）	0.90	15.04	45.75	35.67	2.65	—	—	100.00
合计	面积（hm^2）	10 746.78	117 069.25	141 173.84	21 237.70	21 204.10	2 279.17	1.12	313 711.94
	占比（%）	3.43	37.32	45.00	6.77	6.76	0.73	0.0004	100.00

表 5-5　阿荣旗不同土壤类型耕地质量等级面积

土壤类型	项目	一等地	二等地	三等地	四等地	五等地	六等地	七等地	合计
暗棕壤	面积（hm^2）	1 697.40	47 803.85	77 216.02	4 843.27	19.70	—	—	131 580.25
	占比（%）	1.29	36.33	58.68	3.68	0.01	—	—	100.00
草甸土	面积（hm^2）	3 469.65	19 424.61	32 118.95	7 726.98	431.69	—	—	63 171.87
	占比（%）	5.49	30.75	50.84	12.23	0.68	—	—	100.00
黑土	面积（hm^2）	5 507.06	49 829.75	31 837.07	6 399.89	380.23	—	—	93 954.02
	占比（%）	5.86	53.04	33.89	6.81	0.40	—	—	100.00
沼泽土	面积（hm^2）	72.67	11.04	1.80	2 267.55	20 253.95	2 006.68	—	24 613.69
	占比（%）	0.30	0.04	0.01	9.21	82.29	8.15	—	100.00

（续表）

土壤类型	项目	一等地	二等地	三等地	四等地	五等地	六等地	七等地	合计
粗骨土	面积（hm^2）	—	—	—	—	118.52	272.49	1.12	392.12
	占比（%）	—	—	—	—	30.22	69.49	0.28	100.00
合计	面积（hm^2）	10 746.78	117 069.25	141 173.84	21 237.70	21 204.10	2 279.17	1.12	313 711.94
	占比（%）	3.43	37.32	45.00	6.77	6.76	0.73	0.0004	100.00

表 5-6　阿荣旗不同质地类型耕地质量等级面积

耕层质地	项目	一等地	二等地	三等地	四等地	五等地	六等地	七等地	合计
黏土	面积（hm^2）	1 100.88	3 287.65	13 672.28	1 906.17	3 240.72	1 735.25	—	24 942.95
	占比（%）	4.41	13.18	54.81	7.64	12.99	6.96	—	100.00
轻壤	面积（hm^2）	422.96	22 508.82	32 413.68	2 541.30	138.22	272.49	1.12	58 298.59
	占比（%）	0.73	38.61	55.60	4.36	0.24	0.47	0.002	100.00
中壤	面积（hm^2）	8 456.28	88 352.25	93 905.39	14 443.04	790.11	0.00	—	205 947.07
	占比（%）	4.11	42.90	45.60	7.01	0.38	0.00	—	100.00
重壤	面积（hm^2）	766.66	2 920.53	1 182.49	2 347.19	17 035.05	271.43	—	24 523.34
	占比（%）	3.13	11.91	4.82	9.57	69.46	1.11	—	100.00
合计	面积（hm^2）	10 746.78	117 069.25	141 173.84	21 237.70	21 204.10	2 279.17	1.12	313 711.94
	占比（%）	3.43	37.32	45.00	6.77	6.76	0.73	0.0004	100.00

表 5-7　阿荣旗不同障碍因素耕地质量等级面积

障碍因素	项目	一等地	二等地	三等地	四等地	五等地	六等地	七等地	合计
瘠薄	面积（hm^2）	343.44	224.88	3 294.18	5 316.76	528.39	272.49	1.12	9 981.26
	占比（%）	3.44	2.25	33.00	53.27	5.29	2.73	0.01	100.00
无	面积（hm^2）	10 403.33	116 844.37	137 879.66	15 920.94	20 675.70	2 006.68	—	303 730.68
	占比（%）	3.43	38.47	45.40	5.24	6.81	0.66	—	100.00
合计	面积（hm^2）	10 746.78	117 069.25	141 173.84	21 237.70	21 204.10	2 279.17	1.12	313 711.94
	占比（%）	3.43	37.32	45.00	6.77	6.76	0.73	0.0004	100.00

表 5-8　阿荣旗不同灌溉能力质量等级面积

灌溉能力	项目	一等地	二等地	三等地	四等地	五等地	六等地	七等地	合计
充分满足	面积（hm^2）	2 763.90	235.93	—	—	—	—	—	2 999.83
	占比（%）	92.14	7.86	—	—	—	—	—	100.00
基本满足	面积（hm^2）	3.43	83.25	4.12	28.31	—	—	—	119.11
	占比（%）	2.88	69.89	3.46	23.77	—	—	—	100.00
不满足	面积（hm^2）	7 979.44	116 750.07	141 169.72	21 209.38	21 204.10	2 279.17	1.12	310 593.00
	占比（%）	2.57	37.59	45.45	6.83	6.83	0.73	0.0004	100.00
合计	面积（hm^2）	10 746.78	117 069.25	141 173.84	21 237.70	21 204.10	2 279.17	1.12	313 711.94
	占比（%）	3.43	37.32	45.00	6.77	6.76	0.73	0.0004	100.00

表 5-9　阿荣旗不同排水能力质量等级面积

排水能力	项目	一等地	二等地	三等地	四等地	五等地	六等地	七等地	合计
充分满足	面积（hm^2）	8 299.58	52 836.32	7 744.39	962.06	69.45	3.22	—	69 915.01
	占比（%）	11.87	75.57	11.08	1.38	0.10	0.005	—	100.00
满足	面积（hm^2）	839.32	29 949.65	10 358.41	1 224.23	67.17	224.73	—	42 663.52
	占比（%）	1.97	70.20	24.28	2.87	0.16	0.53	—	100.00
基本满足	面积（hm^2）	1 264.03	31 776.87	112 979.91	9 572.42	407.81	44.53	1.12	156 046.69
	占比（%）	0.81	20.36	72.40	6.13	0.26	0.03	0.001	100.00
不满足	面积（hm^2）	343.85	2 506.41	10 091.13	9 478.98	20 659.67	2 006.68	—	45 086.72
	占比（%）	0.76	5.56	22.38	21.02	45.82	4.45	—	100.00
合计	面积（hm^2）	10 746.78	117 069.25	141 173.84	21 237.70	21 204.10	2 279.17	1.12	313 711.94
	占比（%）	3.43	37.32	45.00	6.77	6.76	0.73	0.0004	100.00

表 5-10　阿荣旗不同农田林网化程度质量等级面积

农田林网化程度	项目	一等地	二等地	三等地	四等地	五等地	六等地	七等地	合计
低	面积（hm^2）	10 746.78	117 069.25	141 173.84	21 237.70	21 204.10	2 279.17	1.12	313 711.94
	占比（%）	3.43	37.32	45.00	6.77	6.76	0.73	0.0004	100

表 5-11　阿荣旗不同生物多样性质量等级面积

生物多样性	项目	一等地	二等地	三等地	四等地	五等地	六等地	七等地	合计
不丰富	面积（hm^2）	7 979.44	116 750.07	141 169.72	21 209.38	21 204.10	2 279.17	1.12	310 593.00
	占比（%）	2.57	37.59	45.45	6.83	6.83	0.73	0.0004	100.00
丰富	面积（hm^2）	317.79	—	—	—	—	—	—	317.79
	占比（%）	100.00	—	—	—	—	—	—	100.00
一般	面积（hm^2）	2 449.54	319.18	4.12	28.31	—	—	—	2 801.15
	占比（%）	87.45	11.39	0.15	1.01	—	—	—	100.00
合计	面积（hm^2）	10 746.78	117 069.25	141 173.84	21 237.70	21 204.10	2 279.17	1.12	313 711.94
	占比（%）	3.43	37.32	45.00	6.77	6.76	0.73	0.0004	100.00

阿荣旗土壤有效磷平均值为 43.3mg/kg，属 1 级（高）水平，变幅为 4.7~127.7 mg/kg。含量为 1 级（高）水平的面积为 166 635.17hm^2，占阿荣旗耕地总面积的 53.12%；含量为 2 级（较高）水平的面积为 75 072.67hm^2，占阿荣旗耕地总面积的 23.93%；含量为 3 级（中）水平的面积为 55 288.58hm^2，占 17.62%；含量为 4 级（较低）水平的面积为 15 620.91hm^2，占 4.98%；含量为 5 级（低）水平的面积为 1 094.61hm^2，占 0.35%。

阿荣旗土壤速效钾平均值为 254mg/kg，属 1 级（高）水平，变幅为 96~453mg/kg。含量为 1 级（高）水平的面积为 272 086.27hm^2，占阿荣旗耕地总面积的 86.73%；含量为 2 级（较高）水平的面积为 38 684.10hm^2，占阿荣旗耕地总面积的 12.33%；含量为 3 级（中）水平的面积为 2 934.41hm^2，占 0.94%；含量为 4 级（较低）水平的面积为7.16hm^2，占0.002%；在5级（低）水平上无分布。

阿荣旗土壤缓效钾平均值为708mg/kg，属3级（中）水平，变幅为300~1 628mg/kg。含量为1级（高）水平的面积为11 619.18hm^2，占阿荣旗耕地总面积的3.70%；含量为2级（较高）水平的面积为48 926.81hm^2，占阿荣旗耕地总面积的15.60%；含量为3级（中）水平的面积为239 901.05hm^2，占76.47%；含量为4级（较低）水平的面积为13 264.90hm^2，占4.23%；5级（低）水平上无分布。

2. 中量元素

阿荣旗土壤有效硫平均值为20.0mg/kg，属4级（较低）水平，变幅为7.8~41.0mg/kg。含量为1级（高）水平的面积为0.94hm^2，占阿荣旗耕地总面积的0.0003%；含量为2级（较高）水平的面积为3 424.96hm^2，占阿荣旗耕地总面积的1.09%；含量为3级（中）水平的面积为132 080.30hm^2，占42.10%；含量为4级（较低）水平的面积为177 957.20hm^2，占56.73%；含量为5级（低）水平的面积为248.54hm^2，占0.08%。

阿荣旗土壤有效硅平均值为497mg/kg，属1级（高）水平，变幅为107~812mg/kg。含量为1级（高）水平的面积为297 250.25hm^2，占阿荣旗耕地总面积的94.75%；含量为2级（较高）水平的面积为6 022.01hm^2，占阿荣旗耕地总面积的1.92%；含量为3级（中）水平的面积为10 439.67hm^2，占阿荣旗耕地总面积的3.33%；在4级（较低）水平和5级（低）水平上无分布。

3. 微量元素

阿荣旗土壤有效铁平均值为106.9mg/kg，属1级（高）水平，变幅为34.0~186.3mg/kg，全部为1级（高）水平。

阿荣旗土壤有效锰平均值为42.3mg/kg，属1级（高）水平，变幅为15.0~92.2mg/kg。含量为1级（高）水平的面积为311 499.53hm^2，占阿荣旗耕地总面积的99.29%；含量为2级（较高）水平的面积为2 212.41hm^2，占阿荣旗耕地总面积的0.71%；其他等级上无分布。

阿荣旗土壤有效铜平均值为2.06mg/kg，属1级（高）水平，变幅为0.67~3.97mg/kg。含量为1级（高）水平的面积为165 656.33hm^2，占阿荣旗耕地总面积的52.81%；含量为2级（较高）水平的面积为144 787.91hm^2，占阿荣旗耕地总面积的46.15%；含量为3级（中）水平的面积为3 267.71hm^2，占1.04%；在4级（较低）水平和5级（低）水平上无分布。

阿荣旗土壤有效锌平均值为1.84mg/kg，属2级（较高）水平，变幅为0.30~4.41mg/kg。含量为1级（高）水平的面积为78 806.98hm^2，占阿荣旗耕地总面积的25.12%；含量为2级（较高）水平的面积为143 048.51hm^2，占阿荣旗耕地总面积的45.60%；含量为3级（中）水平的面积为84 833.59hm^2，占27.04%；含量为4级（较低）水平的面积为6 791.08hm^2，占2.16%；含量为5级（低）水平的面积为231.46hm^2，占0.07%。

阿荣旗土壤有效硼平均值为0.53mg/kg，属3级（中）水平，变幅为0.09~1.33mg/kg。含量为1级（高）水平的面积为272.82hm^2，占阿荣旗耕地总面积的

0.09%；含量为 2 级（较高）水平的面积为 19 220.19hm²，占阿荣旗耕地总面积的 6.13%；含量为 3 级（中）水平的面积为 149 372.72hm²，占 47.61%；含量为 4 级（较低）水平的面积为 144 699.79hm²，占 46.13%；含量为 5 级（低）水平的面积为 146.42hm²，占 0.05%。

阿荣旗土壤有效钼平均值为 0.13mg/kg，属 3 级（中）水平，变幅为 0.04~0.27mg/kg。含量为 1 级（高）水平的面积为 6 480.81hm²，占阿荣旗耕地总面积的 2.07%；含量为 2 级（较高）水平的面积为 55 122.56hm²，占阿荣旗耕地总面积的 17.57%；含量为 3 级（中）水平的面积为 212 337.95hm²，占 67.69%；含量为 4 级（较低）水平的面积为 39 720.23hm²，占 12.66%；含量为 5 级（低）水平的面积为 50.38hm²，占 0.02%。

4. 其他属性

阿荣旗土壤 pH 值平均值为 6.1，属 1 级（高）水平，变幅为 5.1~9.1。1 级（高）水平的面积为 116 618.93hm²，占阿荣旗耕地总面积的 37.17%；2 级（较高）水平的面积为 184 957.48hm²，占阿荣旗耕地总面积的 58.96%；3 级（中）水平的面积为 9 906.31hm²，占 3.15%；4 级（较低）水平的面积为 2 196.83hm²，占 0.70%；5 级（低）水平的面积为 32.39hm²，占 0.01%。

阿荣旗土壤土壤容重平均值为 1.27g/cm³，属 1 级（高）水平，变幅为 1.13~1.67。1 级（高）水平的面积为 251 819.16hm²，占阿荣旗耕地总面积的 80.27%；2 级（较高）水平的面积为 56 320.58hm²，占阿荣旗耕地总面积的 17.95%；3 级（中）水平的面积为 4 811.82hm²，占 1.53%；5 级（低）水平的面积为 760.38hm²，占 0.24%；在 4 级（较低）水平上无分布。

阿荣旗 99.99%的耕地土壤清洁程度为清洁，尚清洁面积仅占 0.01%。

二、额尔古纳市

（一）耕地质量等级分布

额尔古纳市耕地面积为 184 971.28hm²，占呼伦贝尔市耕地总面积的 10.34%，按质量等级由高到低依次划分为一等至六等，平均质量等级为 2.60，各质量等级面积分布见图 5-2。各乡（镇）耕地质量等级面积分布见表 5-12。

一等地面积为 22 875.00hm²，占额尔古纳市耕地总面积的 12.37%，分布在三河回族乡和上库力街道办事处的一等地面积占 80%，分布在黑山头镇和拉布大林街道办事处的一等地面积接近 20%，恩和俄罗斯民族乡和莫尔道嘎镇有零星分布，蒙兀室韦苏木没有一等地。土壤类型包括黑钙土和草甸土，分别位于丘陵中部和平原高阶，成土母质为黄土状物和冲洪积物，分别占一等地面积的 97.52%和 2.48%。耕层质地以中壤质为主，基础地力较高，不存在障碍因素，无灌溉条件，排水能力基本满足，农田林网化程度中等，生物多样性一般。

二等地面积为 40 301.95hm²，占额尔古纳市耕地总面积的 21.79%，50%以上分布在三河回族乡和上库力街道办事处，恩和俄罗斯民族乡、拉布大林街道办事处、黑山头镇和蒙兀室韦苏木有少量分布，莫尔道嘎镇有零星分布。土壤类型以黑钙土为主，占二

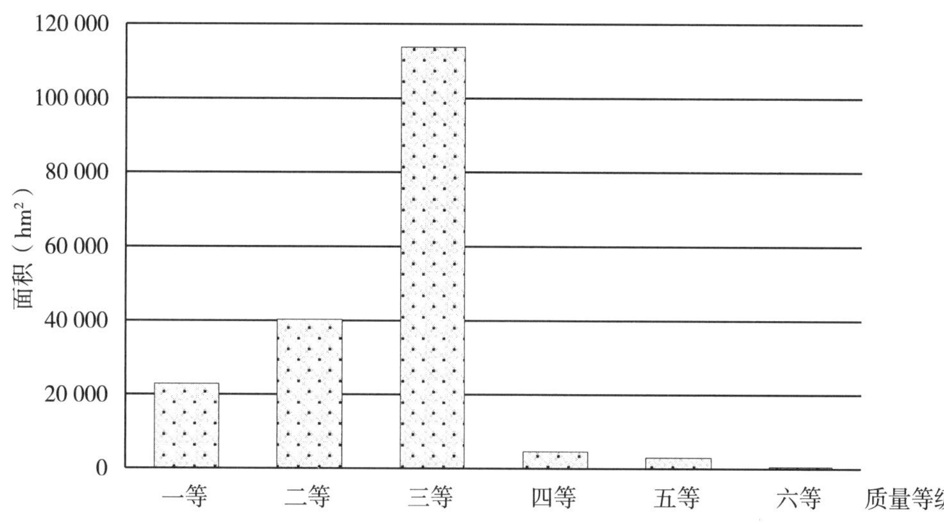

图 5-2 额尔古纳市耕地质量等级面积

等地面积的 90%以上。位于丘陵下部的耕地面积 70%以上，平原低阶有少量分布，丘陵中部和山地坡下有零星分布。成土母质为黄土状物的耕地面积占二等地面积的 80%以上，冲洪积物和残坡积物有零星分布。耕层质地以中壤质为主，占二等地面积 85%以上，其余为重壤质。基础地力较高，超 70%的二等地不存在障碍因素。二等地基本无灌溉条件，排水能力基本满足，农田林网化程度中等，生物多样性一般。

三等地面积为 113 773.23hm^2，占额尔古纳市耕地总面积的 61.51%，主要分布在上库力街道办事处、三河回族乡和拉布大林街道办事处，占三等地面积的 90%以上，其他乡（镇）有零星分布。土壤类型以黑钙土为主，草甸土、灰色森林土、棕色针叶林土和沼泽土面积较小，有零星分布。大部分位于山地坡下和平原低阶，占三等地面积的 90%以上。成土母质以残坡积物和黄土状物为主，分别占三等地面积的 56.95%和 38.43%。耕层质地为中壤质的面积最大，其次为重壤质，分别占三等地面积的 60.15%和 37.90%。三等基础地力较高，40%以上的面积存在障碍层次问题，无灌溉条件，排水能力基本满足，农田林网化程度中等，生物多样性一般。

表 5-12 额尔古纳市各乡（镇）耕地质量等级面积

乡（镇）	项目	一等地	二等地	三等地	四等地	五等地	六等地	合计
恩和俄罗斯族民族乡	面积（hm^2）	308.78	5 941.89	7 014.56	313.44	89.10	131.81	13 799.59
	占比（%）	2.24	43.06	50.83	2.27	0.65	0.96	100.00
黑山头镇	面积（hm^2）	2 163.11	3 063.52	985.85	1 793.79	586.26	—	8 592.54
	占比（%）	25.17	35.65	11.47	20.88	6.82	—	100.00
拉布大林街道办事处	面积（hm^2）	1 853.96	4 479.37	33 537.87	359.75	89.54	—	40 320.49
	占比（%）	4.60	11.11	83.18	0.89	0.22	—	100.00
蒙兀室韦苏木	面积（hm^2）	—	3 266.95	2 943.92	—	88.30	—	6 299.16
	占比（%）	—	51.86	46.74	—	1.40	—	100.00

（续表）

乡（镇）	项目	一等地	二等地	三等地	四等地	五等地	六等地	合计
莫尔道嘎镇	面积（hm^2）	83.73	251.77	180.76	—	—	—	516.26
	占比（%）	16.22	48.77	35.01	—	—	—	100.00
三河回族乡	面积（hm^2）	13 643.55	13 913.17	33 154.32	637.52	1 884.98	366.03	63 599.58
	占比（%）	21.45	21.88	52.13	1.00	2.96	0.58	100.00
上库力街道办事处	面积（hm^2）	4 821.87	9 385.27	35 955.95	1 447.68	222.14	10.75	51 843.66
	占比（%）	9.30	18.10	69.35	2.79	0.43	0.02	100.00
合计	面积（hm^2）	22 875.00	40 301.95	113 773.23	4 552.19	2 960.33	508.58	184 971.28
	占比（%）	12.37	21.79	61.51	2.46	1.60	0.27	100.00

四等地面积为 4 552.19hm^2，占额尔古纳市耕地总面积的 2.46%，主要分布在黑山头镇和上库力街道办事处，占四等地面积 70%以上，三河回族乡、拉布大林街道办事处和恩和俄罗斯民族乡有少量分布，蒙兀室韦苏木和莫尔道嘎镇没有四等地。土壤类型以黑钙土和草甸土为主，占四等地面积的 85%以上，其余为棕色针叶林土。位于丘陵上部和丘陵下部的耕地占四等地面积近 70%，山地坡下和山地坡中有少量耕地，平原低阶有零星分布。70%以上的四等地成土母质为残坡积物，冲洪积物面积次之，占四等地面积的 27.39%，黄土状物有零星分布。耕层质地以中壤质为主，占四等地面积的 70%左右，基础地力中等，存在障碍层次问题，无灌溉条件，排水能力基本满足，农田林网化程度中等，生物多样性一般。

五等地面积为 2 960.33hm^2，占额尔古纳市耕地总面积的 1.60%，主要分布在三河回族乡，占五等地面积的 63%，黑山头镇和上库力街道办事处有少量分布，拉布大林街道办事处、恩和俄罗斯民族乡和蒙兀室韦苏木有零星分布，莫尔道嘎镇没有五等地。土壤类型以粗骨土为主，绝大部分位于丘陵上部，成土母质为残坡积物，耕层质地为中壤质和轻壤质，基础地力较低，多数存在瘠薄问题，无灌溉条件，排水能力基本满足，农田林网化程度中等，生物多样性一般。

六等地面积为 508.58hm^2，占额尔古纳市耕地总面积的 0.27%，主要分布在三河回族乡，恩和俄罗斯民族乡面积次之，上库力街道办事处有零星分布。土壤类型为粗骨土，位于丘陵上部，成土母质为残坡积物，耕层质地为轻壤质，基础地力较低，存在瘠薄问题，无灌溉条件，排水能力基本满足，农田林网化程度中等，生物多样性一般。

数据详见表 5-13 至表 5-21。

（二）土壤养分现状

1. 有机质及大量元素

额尔古纳市耕地土壤有机质平均值为 65.5g/kg，属 1 级（高）水平，变幅为 48.4~102.1g/kg。含量为 1 级（高）水平的面积为 184 971.28hm^2，占额尔古纳市耕地总面积的 100%。

土壤全氮平均值为 3.02g/kg，属 1 级（高）水平，变幅为 2.15~4.29g/kg。含量为 1 级（高）水平的面积为 177 508.45hm^2，占额尔古纳市耕地总面积的 95.97%；含量为 2 级（较高）水平的面积为 7 462.82hm²，占 4.03%；其他水平上无分布。

土壤有效磷平均值为 36.7mg/kg，属 2 级（较高）水平，变幅为 8.6～131.2mg/kg。含量为 1 级（高）水平的面积为 52 532.16hm²，占额尔古纳市耕地总面积的 28.40%；含量为 2 级（较高）水平的面积为 80 134.63hm²，占额尔古纳市耕地总面积的 43.32%；含量为 3 级（中）水平的面积为 49 790.91hm²，占 26.92%；含量为 4 级（较低）水平的面积为 2 468.36hm²，占 1.33%；含量为 5 级（低）水平的面积为 45.21hm²，占 0.02%。

土壤速效钾平均值为 239mg/kg，属 1 级（高）水平，变幅为 84～426mg/kg。含量为 1 级（高）水平的面积为 171 933.00hm²，占额尔古纳市耕地总面积的 92.95%；含量为 2 级（较高）水平的面积为 12 391.98hm²，占额尔古纳市耕地总面积的 6.70%；含量为 3 级（中）水平的面积为 468.12hm²，占 0.25%；含量为 4 级（较低）水平的面积为 178.18hm²，占 0.10%；在 5 级（低）水平上无分布。

表 5-13　额尔古纳市不同地形部位质量等级面积

地形部位	项目	一等地	二等地	三等地	四等地	五等地	六等地	合计
平原低阶	面积（hm²）	566.73	8 088.21	43 518.33	112.19	—	—	52 285.46
	占比（%）	1.08	15.47	83.23	0.21	—	—	100.00
丘陵上部	面积（hm²）	—	—	—	1 793.79	2 809.02	508.58	5 111.39
	占比（%）	—	—	—	35.09	54.96	9.95	100.00
丘陵中部	面积（hm²）	—	182.84	1 001.00	—	—	—	1 183.84
	占比（%）	—	15.44	84.56	—	—	—	100.00
丘陵下部	面积（hm²）	22 308.27	30 829.06	8 255.36	1 280.76	—	—	62 673.45
	占比（%）	35.59	49.19	13.17	2.04	—	—	100.00
山地坡上	面积（hm²）	—	—	—	—	45.44	—	45.44
	占比（%）	—	—	—	—	100.00	—	100.00
山地坡中	面积（hm²）	—	—	151.63	623.81	105.87	—	881.31
	占比（%）	—	—	17.20	70.78	12.01	—	100.00
山地坡下	面积（hm²）	—	1 201.84	60 846.92	741.63	—	—	627 90.39
	占比（%）	—	1.91	96.90	1.18	—	—	100.00
合计	面积（hm²）	22 875.00	40 301.95	113 773.23	4 552.19	2 960.33	508.58	184 971.28
	占比（%）	12.37	21.79	61.51	2.46	1.60	0.27	100.00

表 5-14　额尔古纳市不同成土母质质量等级面积

成土母质	项目	一等地	二等地	三等地	四等地	五等地	六等地	合计
冲洪积物	面积（hm²）	566.73	1 904.82	5 254.87	1 246.63	—	—	8 973.04
	占比（%）	6.32	21.23	58.56	13.89	—	—	100.00
黄土状物	面积（hm²）	22 308.27	35 173.78	43 725.04	112.19	—	—	101 319.29
	占比（%）	22.02	34.72	43.16	0.11	—	—	100.00
残坡积物	面积（hm²）	—	3 223.35	64 793.31	3 193.37	2 960.33	508.58	74 678.95
	占比（%）	—	4.32	86.76	4.28	3.96	0.68	100.00
合计	面积（hm²）	22 875.00	40 301.95	113 773.23	4 552.19	2 960.33	508.58	184 971.28
	占比（%）	12.37	21.79	61.51	2.46	1.60	0.27	100.00

表 5-15　额尔古纳市不同土壤类型质量等级面积

土壤类型	项目	一等地	二等地	三等地	四等地	五等地	六等地	合计
草甸土	面积（hm^2）	566.73	1 482.36	4 565.72	1 246.63	—	—	7 861.44
	占比（%）	7.21	18.86	58.08	15.86	—	—	100.00
黑钙土	面积（hm^2）	22 308.27	37 469.19	106 722.37	2 681.75	508.13	—	169 689.70
	占比（%）	13.15	22.08	62.89	1.58	0.30	—	100.00
灰色森林土	面积（hm^2）	—	873.31	904.14	—	—	—	1 777.45
	占比（%）	—	49.13	50.87	—	—	—	100.00
沼泽土	面积（hm^2）	—	422.45	689.15	—	—	—	1 111.60
	占比（%）	—	38.00	62.00	—	—	—	100.00
棕色针叶林土	面积（hm^2）	—	54.63	891.85	623.81	151.31	—	1 721.60
	占比（%）	—	3.17	51.80	36.23	8.79	—	100.00
粗骨土	面积（hm^2）	—	—	—	—	2 300.89	508.58	2 809.48
	占比（%）	—	—	—	—	81.90	18.10	100.00
合计	面积（hm^2）	22 875.00	40 301.95	113 773.23	4 552.19	2 960.33	508.58	184 971.28
	占比（%）	12.37	21.79	61.51	2.46	1.60	0.27	100.00

表 5-16　额尔古纳市不同耕层质地质量等级面积

耕层质地	项目	一等地	二等地	三等地	四等地	五等地	六等地	合计
中壤	面积（hm^2）	22 875.00	34 765.79	68 435.72	3 159.23	659.44	—	129 895.18
	占比（%）	17.61	26.76	52.69	2.43	0.51	—	100.00
轻壤	面积（hm^2）	—	216.23	2 221.72	34.14	2 300.89	508.58	5 281.56
	占比（%）	—	4.09	42.07	0.65	43.56	9.63	100.00
重壤	面积（hm^2）	—	5 319.93	43 115.79	1 358.82	—	—	49 794.53
	占比（%）	—	10.68	86.59	2.73	—	—	100.00
合计	面积（hm^2）	22 875.00	40 301.95	113 773.23	4 552.19	2 960.33	508.58	184 971.28
	占比（%）	12.37	21.79	61.51	2.46	1.60	0.27	100.00

表 5-17　额尔古纳市不同障碍因素质量等级面积

障碍因素	项目	一等地	二等地	三等地	四等地	五等地	六等地	合计
无	面积（hm^2）	22 875.00	29 661.81	64 894.76	1 399.58	151.31	—	118 982.46
	占比（%）	19.23	24.93	54.54	1.18	0.13	—	100.00
障碍层次	面积（hm^2）	—	10 640.13	48 878.47	3 152.61	508.13	—	63 179.34
	占比（%）	—	16.84	77.36	4.99	0.80	—	100.00
瘠薄	面积（hm^2）	—	—	—	—	2 300.89	508.58	2 809.48
	占比（%）	—	—	—	—	81.90	18.10	100.00
合计	面积（hm^2）	22 875.00	40 301.95	113 773.23	4 552.19	2 960.33	508.58	184 971.28
	占比（%）	12.37	21.79	61.51	2.46	1.60	0.27	100.00

表 5-18　额尔古纳市不同灌溉能力质量等级面积

灌溉能力	项目	一等地	二等地	三等地	四等地	五等地	六等地	合计
基本满足	面积（hm^2）	1 237.53	199.20	5.23	—	—	—	1 441.96
	占比（%）	85.82	13.81	0.36	—	—	—	100.00
不满足	面积（hm^2）	21 637.47	40 102.75	113 768.00	4 552.19	2 960.33	508.58	183 529.32
	占比（%）	11.79	21.85	61.99	2.48	1.61	0.28	100.00
合计	面积（hm^2）	22 875.00	40 301.95	113 773.23	4 552.19	2 960.33	508.58	184 971.28
	占比（%）	12.37	21.79	61.51	2.46	1.60	0.27	100.00

表 5-19　额尔古纳市不同排水能力质量等级面积

排水能力	项目	一等地	二等地	三等地	四等地	五等地	六等地	合计
基本满足	面积（hm^2）	22 875.00	40 301.95	113 773.23	4 552.19	2 960.33	508.58	184 971.28
	占比（%）	12.37	21.79	61.51	2.46	1.60	0.27	100.00
合计	面积（hm^2）	22 875.00	40 301.95	113 773.23	4 552.19	2 960.33	508.58	184 971.28
	占比（%）	12.37	21.79	61.51	2.46	1.60	0.27	100.00

表 5-20　额尔古纳市不同农田林网化程度质量等级面积

农田林网化程度	项目	一等地	二等地	三等地	四等地	五等地	六等地	合计
中	面积（hm^2）	22 875.00	40 301.95	113 320.07	4 388.50	2 854.45	508.58	184 248.56
	占比（%）	12.42	21.87	61.50	2.38	1.55	0.28	100.00
低	面积（hm^2）	—	—	453.16	163.69	105.87	—	722.72
	占比（%）	—	—	62.70	22.65	14.65	—	100.00
合计	面积（hm^2）	22 875.00	40 301.95	113 773.23	4 552.19	2 960.33	508.58	184 971.28
	占比（%）	12.37	21.79	61.51	2.46	1.60	0.27	100.00

表 5-21　额尔古纳市不同生物多样性质量等级面积

生物多样性	项目	一等地	二等地	三等地	四等地	五等地	六等地	合计
不丰富	面积（hm^2）	—	822.16	530.55	110.96	141.59	118.57	1 723.83
	占比（%）	—	47.69	30.78	6.44	8.21	6.88	100.00
丰富	面积（hm^2）	79.80	659.01	314.58	—	—	—	1 053.39
	占比（%）	7.58	62.56	29.86	—	—	—	100.00
一般	面积（hm^2）	22 795.19	38 820.78	112 928.10	4 441.23	2 818.74	390.01	182 194.06
	占比（%）	12.51	21.31	61.98	2.44	1.55	0.21	100.00
合计	面积（hm^2）	22 875.00	40 301.95	113 773.23	4 552.19	2 960.33	508.58	184 971.28
	占比（%）	12.37	21.79	61.51	2.46	1.60	0.27	100.00

土壤缓效钾平均值为 1 094mg/kg，属 1 级（高）水平，变幅为 683~1 461mg/kg。含量为 1 级（高）水平的面积为 162 912.97hm^2，占额尔古纳市耕地总面积的 88.07%；含量为 2 级（较高）水平的面积为 21 858.42 hm^2，占额尔古纳市耕地总面积的 11.82%；含量为 3 级（中）水平的面积为 199.88hm^2，占 0.11%；在 4 级（较低）水

平和 5 级（低）水平上无分布。

2. 中量元素

有效硫平均值为 33.0mg/kg，属 2 级（较高）水平，变幅为 17.9～70.8mg/kg。含量为 1 级（高）水平的面积为 19 303.14hm^2，占额尔古纳市耕地总面积的 10.44%；含量为 2 级（较高）水平的面积为 111 907.76hm^2，占额尔古纳市耕地总面积的 60.50%；含量为 3 级（中）水平的面积为 53 141.69hm^2，占 28.73%；含量为 4 级（较低）水平的面积为 618.69hm^2，占 0.33%；在 5 级（低）水平上无分布。

有效硅平均值为 251mg/kg，属 1 级（高）水平，变幅为 75～682mg/kg。含量为 1 级（高）水平的面积为 93 912.00hm^2，占额尔古纳市耕地总面积的 50.77%；含量为 2 级（较高）水平的面积为 69 363.53hm^2，占额尔古纳市耕地总面积的 37.50%；含量为 3 级（中）水平的面积为 21 092.08hm^2，占 11.40%；含量为 4 级（较低）水平的面积为 603.66hm^2，占 0.33%；在 5 级（低）水平上无分布。

3. 微量元素

有效铁平均值为 145.3mg/kg，属 1 级（高）水平，变幅为 30.1～326.8mg/kg。耕地土壤有效铁含量高，全部为 1 级（高）水平。

有效锰平均值为 51.3mg/kg，属 1 级（高）水平，变幅为 19.3～126.6mg/kg。含量为 1 级（高）水平的面积为 184 706.96hm^2，占额尔古纳市耕地总面积的 99.86%；含量为 2 级（较高）水平的面积为 264.32hm^2，占额尔古纳市耕地总面积的 0.14%；在其他水平上无分布。

有效铜平均值为 2.09mg/kg，属 1 级（高）水平，变幅为 1.13～3.17mg/kg。含量为 1 级（高）水平的面积为 127 040.88hm^2，占额尔古纳市耕地总面积的 68.68%；含量为 2 级（较高）水平的面积为 57 930.39hm^2，占额尔古纳市耕地总面积的 31.32%；在其他水平上无分布。

有效锌平均值为 1.23mg/kg，属 3 级（中）水平，变幅为 0.57～3.94mg/kg。含量为 1 级（高）水平的面积为 2 663.26hm^2，占额尔古纳市耕地总面积的 1.44%；含量为 2 级（较高）水平的面积为 18 186.41hm^2，占额尔古纳市耕地总面积的 9.83%；含量为 3 级（中）水平的面积为 131 618.54hm^2，占 71.16%；含量为 4 级（较低）水平的面积为 32 503.07hm^2，占 17.57%；在 5 级（低）水平上无分布。

有效硼平均值为 0.94mg/kg，属 2 级（较高）水平，变幅为 0.31～1.80mg/kg。含量为 1 级（高）水平的面积为 55 374.85hm^2，占额尔古纳市耕地总面积的 29.94%；含量为 2 级（较高）水平的面积为 92 653.46hm^2，占额尔古纳市耕地总面积的 50.09%；含量为 3 级（中）水平的面积为 34 844.84hm^2，占 18.84%；含量为 4 级（较低）水平的面积为 2 098.12hm^2，占 1.13%；在 5 级（低）水平上无分布。

有效钼平均值为 0.13mg/kg，属 3 级（中）水平，变幅为 0.03～0.34mg/kg。含量为 1 级（高）水平的面积为 3 065.91hm^2，占额尔古纳市耕地总面积的 1.66%；含量为 2 级（较高）水平的面积为 11 751.57hm^2，占额尔古纳市耕地总面积的 6.35%；含量为 3 级（中）水平的面积为 150 027.24hm^2，占 81.11%；含量为 4 级（较低）水平的面积为 19 976.04 hm^2，占 10.80%；含量为 5 级（低）水平的面积为 150.51hm^2，占 0.08%。

4. 其他属性

pH 值平均值为 5.9，属 2 级（较高）水平，变幅为 5.5~7.3。1 级（高）水平的面积为 42 297.16hm²，占额尔古纳市耕地总面积的 22.87%；2 级（较高）水平的面积为 140 483.49hm²，占额尔古纳市耕地总面积的 75.95%；3 级（中）水平的面积为 2 190.63hm²，占 1.18%；在 4 级（较低）水平和 5 级（低）水平上无分布。

土壤容重平均值为 1.19g/cm³，属 1 级（高）水平，变幅为 1.12~1.50。1 级（高）水平的面积为 184 182.83hm²，占额尔古纳市耕地总面积的 99.57%；2 级（较高）水平的面积为 59.14hm²，占 0.03%；3 级（中）水平的面积为 729.31hm²，占 0.39%；在 4 级（较低）水平和 5 级（低）水平上无分布。

额尔古纳市 97.43%的耕地土壤为清洁水平，尚清洁的面积仅占 2.57%。

三、鄂伦春自治旗

（一）耕地质量等级分布

鄂伦春自治旗耕地面积为 275 689.84hm²，占呼伦贝尔市耕地总面积的 15.42%，按质量等级由高到低依次划分为一等至八等，平均质量等级为 4.01（图 5-3）。各乡（镇）质量等级面积见表 5-22。

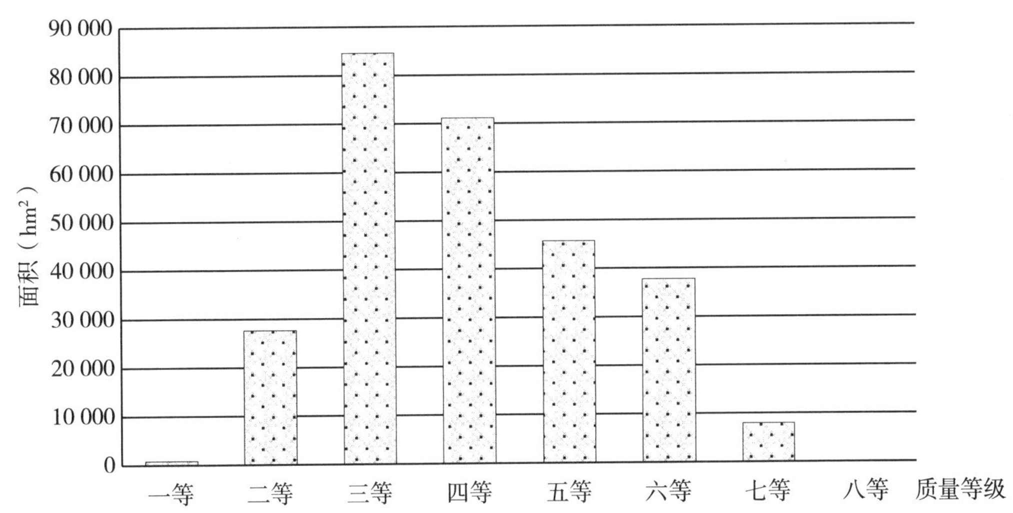

图 5-3　鄂伦春自治旗耕地质量等级面积

表 5-22　鄂伦春自治旗各乡（镇）耕地质量等级面积

乡（镇）	项目	一等地	二等地	三等地	四等地	五等地	六等地	七等地	八等地	合计
阿里河镇	面积（hm²）	—	22.93	448.48	1 732.24	688.31	25.60	24.18	—	2 941.75
	占比（%）	—	0.78	15.25	58.88	23.40	0.87	0.82	—	100.00
大杨树镇	面积（hm²）	34.54	9 282.10	22 394.16	10 382.17	5 523.93	3 696.05	548.16	—	51 861.12
	占比（%）	0.07	17.90	43.18	20.02	10.65	7.13	1.06	—	100.00

（续表）

乡（镇）	项目	一等地	二等地	三等地	四等地	五等地	六等地	七等地	八等地	合计
甘河镇	面积（hm^2）	—	—	236.54	502.40	408.38	—	17.63	—	1 164.94
	占比（%）	—	—	20.30	43.13	35.06	—	1.51	—	100.00
古里乡	面积（hm^2）	84.85	3 507.17	16 399.49	16 796.68	7 259.76	6 679.48	4 340.91	—	55 068.34
	占比（%）	0.15	6.37	29.78	30.50	13.18	12.13	7.88	—	100.00
吉文镇	面积（hm^2）	—	—	21.66	640.09	59.62	—	8.93	—	730.30
	占比（%）	—	—	2.97	87.65	8.16	—	1.22	—	100.00
克一河镇	面积（hm^2）	—	—	821.30	526.50	257.80	36.32	—	—	1 641.92
	占比（%）	—	—	50.02	32.07	15.70	2.21	—	—	100.00
诺敏镇	面积（hm^2）	545.50	8 035.07	11 326.48	5 994.93	4 983.66	5 478.77	153.96	2.53	36 520.91
	占比（%）	1.49	22.00	31.01	16.42	13.65	15.00	0.42	0.01	100.00
托扎敏乡	面积（hm^2）	1.29	540.83	2 983.53	2 375.12	1 333.90	103.22	1.42	23.42	7 362.72
	占比（%）	0.02	7.35	40.52	32.26	18.12	1.40	0.02	0.32	100.00
乌鲁布铁镇	面积（hm^2）	—	836.17	9 588.51	18 090.12	9 137.93	9 853.77	2 569.77	—	50 076.27
	占比（%）	—	1.67	19.15	36.13	18.25	19.68	5.13	—	100.00
宜里镇	面积（hm^2）	146.14	5 420.95	20 393.99	14 086.46	16 097.03	11 858.09	280.60	38.32	68 321.58
	占比（%）	0.21	7.93	29.85	20.62	23.56	17.36	0.41	0.06	100.00
合计	面积（hm^2）	812.32	27 645.22	84 614.13	71 126.71	45 750.32	37 731.30	7 945.56	64.27	275 689.84
	占比（%）	0.29	10.03	30.69	25.80	16.59	13.69	2.88	0.02	100.00

一等地面积为 812.32hm^2，占鄂伦春自治旗耕地总面积的 0.29%。主要分布在诺敏镇，占一等地面积的 67%，宜里镇和古里乡有少量分布，大杨树镇和托扎敏乡有零星分布，其他乡（镇）没有一等地分布。土壤类型为草甸土、沼泽土和暗棕壤，其中草甸土面积最大，沼泽土面积次之，暗棕壤有零星分布。主要位于平原低阶，丘陵中部和丘陵下部有零星分布。成土母质以冲洪积物为主，占一等地面积的 92%，残坡积物有零星分布。耕层质地以中壤质面积最大，重壤质面积次之，两者面积占一等地面积的 90%以上。一等地无障碍因素，基础地力高，满足灌溉条件的一等地面积接近 25%，排水条件良好，农田林网化程度中等到高等面积占 80%以上，生物多样性丰富的面积占 50%以上。

二等地面积为 27 645.22hm^2，占鄂伦春自治旗耕地总面积的 10.03%。主要分布在大杨树镇和诺敏镇，占二等地面积的 60%以上，宜里镇和古里乡有少量分布，乌鲁布铁镇、托扎敏乡和阿里河镇有零星分布，甘河镇、吉文镇和克一河镇没有二等地分布。土壤类型以暗棕壤和沼泽土面积最大，占二等地面积的近 80%，草甸土和黑土面积较小。90%以上的二等地位于平原低阶和丘陵中部，丘陵下部和平原中阶有零星分布。成土母质以残坡积物和冲洪积物为主，黄土状物零星分布。耕层质地以轻壤质和重壤质为主，占二等地面积的 80%左右，中壤质面积较小，砂壤质零星分布。二等地无障碍因素，基础地力较高，无灌溉条件，排水条件良好，农田林网化程度从中等到高等面积占 50%以上，生物多样性从一般至丰富的面积占 70%以上。

三等地面积为 84 614.13hm^2，占鄂伦春自治旗耕地总面积的 30.69%。主要分布在大杨树镇、宜里镇和古里乡，占三等地面积近70%，诺敏镇和乌鲁布铁真有少量分布，其余乡（镇）有零星分布。土壤类型以暗棕壤和沼泽土为主，占三等地面积的70%以上，草甸土和黑土少量分布，棕色针叶林土面积极小，只有5.52hm^2。位于丘陵中部的三等地面积占到50%，平原低阶和丘陵下部三等地面积占40%以上，平原中阶、丘陵上部和山地坡中有零星分布。成土母质以残坡积物和冲洪积物为主，占三等地面积的90%以上。耕层质地以轻壤质和重壤质为主，中壤质面积次之，三者面积占三等地面积的80%以上。三等地基本无障碍因素，基础地力较高，无灌溉条件，排水条件良好，农田林网化程度不高，生物多样性一般。

四等地面积为71 126.71hm^2，占鄂伦春自治旗耕地总面积的25.80%。主要分布在乌鲁布铁镇、古里乡和宜里镇，占四等地面积近60%，大杨树镇和诺敏镇有少量分布，其余乡（镇）有零星分布。土壤类型以暗棕壤和黑土为主，占四等地面积的70%左右，其余为草甸土和沼泽土。位于丘陵中部、平原低阶和丘陵下部耕地面积占四等地面积的90%以上，丘陵上部和平原中阶有零星分布。成土母质以残坡积物为主，占四等地面积的一半左右，冲洪积物和黄土状物面积占四等地面积的一半左右。耕层质地以轻壤质为主，中壤质和重壤质面积次之，黏土和砂壤质有零星分布。四等地基本无障碍因素，基础地力中等，无灌溉条件，排水条件良好，农田林网化程度较低，生物多样性不丰富。

五等地面积为45 750.32hm^2，占鄂伦春自治旗耕地总面积的16.59%。宜里镇面积最大，占五等地面积的35%，乌鲁布铁镇、古里乡、大杨树镇和诺敏镇分布面积占五等地面积的60%以上，其余乡（镇）有零星分布。土壤类型以暗棕壤和黑土为主，占五等地面积的90%左右，草甸土和沼泽土有零星分布。主要位于丘陵上部，丘陵下部和平原低阶少量分布，丘陵中部有零星分布。成土母质以残坡积物为主，占五等地面积的50%，黄土状物面积次之，冲洪积物零星分布。耕层质地以轻壤质和中壤质为主，重壤质和黏土面积次之。近50%的五等地存在瘠薄问题，基础地力中等，无灌溉条件，排水条件良好，农田林网化程度较低，生物多样性不丰富的面积接近50%。

六等地面积为37 731.30hm^2，占鄂伦春自治旗耕地总面积的13.69%。主要分布在宜里镇和乌鲁布铁镇，占六等地面积的60%左右，古里乡、诺敏镇和大杨树镇有少量分布，阿里河镇、克一河镇和托扎敏乡有零星分布。土壤类型以暗棕壤和黑土为主，沼泽土和粗骨土有零星分布。主要位于丘陵上部，平原低阶和丘陵下部有零星分布。成土母质以残坡积物和黄土状物为主，冲洪积物只有零星分布。耕层质地以轻壤质和重壤质为主，两者面积占六等地面积的80%左右。50%以上的六等地存在瘠薄问题，基础地较低，无灌溉条件，排水条件良好，农田林网化程度低，生物多样性不丰富。

七等地面积为7 945.56hm^2，占鄂伦春自治旗耕地总面积的2.88%。古里乡面积最大，占七等地面积的50%以上，乌鲁布铁镇面积次之，占七等地面积的30%以上。土壤类型中黑土面积最大，占七等地面积的60%以上，暗棕壤面积次之，占七等地面积的30%以上，草甸土、沼泽土、粗骨土和石质土有零星分布。主要位于丘陵上部。成土母质以黄土状物为主，占七等地面积的60%以上，残坡积物占七等地面积的30%以上，冲洪积物和河湖沉积物有零星分布。耕层质地以重壤质面积最大，达到60%以上，轻壤质和中壤质面积较小，黏土质和砂土质零星分布。七等地 30%以上存在瘠薄问题，基础地力较低，无灌溉条件，排水条件基本满足，农田林网化程度低，生物多样性不丰富。

八等地面积为 64. 27hm²，占鄂伦春自治旗耕地总面积的 0. 02%。主要分布在宜里镇和托扎敏乡，诺敏镇有零星分布。土壤类型为石质土，主要位于山地坡上，成土母质以残坡积物为主，耕层质地为砂土质，土壤瘠薄，基础地力低，无灌溉条件，排水条件一般，农田林网化程度中等，生物多样性一般。

数据详见表 5-23 至表 5-31。

（二）土壤养分现状

1. 有机质及大量元素

鄂伦春自治旗耕地土壤有机质平均值为 66. 3g/kg，属 1 级（高）水平，变幅为 22. 2~115. 9g/kg。含量为 1 级（高）水平的面积为 272 490. 45hm²，占鄂伦春自治旗耕地总面积的 98. 84%；含量为 2 级（较高）水平的面积为 2 830. 20hm²，占鄂伦春自治旗耕地总面积的 1. 03%；含量为 3 级（中）水平的面积为 369. 20hm²，占 0. 13%；在 4 级（较低）水平和 5 级（低水平）上无分布。

鄂伦春自治旗土壤全氮平均值为 2. 77g/kg，属 1 级（高）水平，变幅为 1. 24~4. 95g/kg。含量为 1 级（高）水平的面积为 204 236. 19hm²，占鄂伦春自治旗耕地总面积的 74. 08%；含量为 2 级（较高）水平的面积为 71 074. 58hm²，占 25. 78%；含量为 3 级（中）水平的面积为 379. 07hm²，占 0. 14%；在 4 级（较低）水平和 5 级（低水平）上无分布。

5-23　鄂伦春自治旗不同地形部位质量等级面积

地形部位	项目	一等地	二等地	三等地	四等地	五等地	六等地	七等地	八等地	合计
平原低阶	面积（hm²）	747. 99	12 807. 21	27 522. 65	21 359. 65	4 811. 23	98. 64	86. 83	0. 56	67 434. 77
	占比（%）	1. 11	18. 99	40. 81	31. 67	7. 13	0. 15	0. 13	0. 001	100. 00
平原中阶	面积（hm²）	—	15. 62	1 164. 41	456. 31	—	—	—	—	1 636. 34
	占比（%）	—	0. 95	71. 16	27. 89	—	—	—	—	100. 00
丘陵上部	面积（hm²）	—	—	18. 90	4 052. 59	28 905. 74	35 145. 36	7 844. 53	—	75 967. 11
	占比（%）	—	—	0. 02	5. 33	38. 05	46. 26	10. 33	—	100. 00
丘陵中部	面积（hm²）	58. 92	12 442. 20	44 489. 30	26 797. 91	1 241. 65	0. 00	0. 00	—	85 029. 99
	占比（%）	0. 07	14. 63	52. 32	31. 52	1. 46	0. 00	0. 00	—	100. 00
丘陵下部	面积（hm²）	5. 41	2 380. 19	11 413. 34	18 457. 24	10 791. 70	2 487. 31	12. 78	—	45 547. 97
	占比（%）	0. 01	5. 23	25. 06	40. 52	23. 69	5. 46	0. 03	—	100. 00
山地坡上	面积（hm²）	—	—	—	—	—	—	1. 42	63. 71	65. 13
	占比（%）	—	—	—	—	—	—	2. 18	97. 82	100. 00
山地坡中	面积（hm²）	—	—	5. 52	3. 01	—	—	—	—	8. 53
	占比（%）	—	—	64. 73	35. 27	—	—	—	—	100. 00
合计	面积（hm²）	812. 32	27 645. 22	84 614. 13	71 126. 71	45 750. 32	37 731. 30	7 945. 56	64. 27	275 689. 84
	占比（%）	0. 29	10. 03	30. 69	25. 80	16. 59	13. 69	2. 88	0. 02	100. 00

表 5-24 鄂伦春自治旗不同成土母质质量等级面积

成土母质	项目	一等地	二等地	三等地	四等地	五等地	六等地	七等地	八等地	合计
残坡积物	面积（hm²）	64.33	13 444.05	48 326.91	32 425.28	23 103.68	20 432.41	2 599.83	63.71	140 460.22
	占比（%）	0.05	9.57	34.41	23.09	16.45	14.55	1.85	0.05	100.00
冲洪积物	面积（hm²）	747.99	13 133.82	29 461.01	22 524.28	4 811.63	98.64	21.00	—	70 798.38
	占比（%）	1.06	18.55	41.61	31.81	6.80	0.14	0.03	—	100.00
黄土状物	面积（hm²）	—	1 067.35	6 826.21	16 177.15	17 835.01	17 200.25	5 258.90	—	64 364.86
	占比（%）	—	1.66	10.61	25.13	27.71	26.72	8.17	—	100.00
河湖沉积物	面积（hm²）	—	—	—	—	—	—	65.83	0.56	66.39
	占比（%）	—	—	—	—	—	—	99.16	0.84	100.00
合计	面积（hm²）	812.32	27 645.22	84 614.13	71 126.71	45 750.32	37 731.30	7 945.56	64.27	275 689.84
	占比（%）	0.29	10.03	30.69	25.80	16.59	13.69	2.88	0.02	100.00

表 5-25 鄂伦春自治旗不同土壤类型质量等级面积

土壤类型	项目	一等地	二等地	三等地	四等地	五等地	六等地	七等地	八等地	合计
暗棕壤	面积（hm²）	64.33	13 444.05	48 321.39	32 422.27	23 103.68	20 425.65	2 558.24	—	140 339.62
	占比（%）	0.05	9.58	34.43	23.10	16.46	14.55	1.82	—	100.00
草甸土	面积（hm²）	468.36	4 527.56	11 162.22	11 661.09	3 893.88	—	65.83	0.56	31 779.50
	占比（%）	1.47	14.25	35.12	36.69	12.25	—	0.21	0.002	100.00
沼泽土	面积（hm²）	279.63	8 295.27	17 524.85	10 154.87	917.35	98.64	21.00	—	37 291.61
	占比（%）	0.75	22.24	46.99	27.23	2.46	0.26	0.06	—	100.00
黑土	面积（hm²）	—	1 378.34	7 600.15	16 885.48	17 835.41	17 200.25	5 258.90	—	66 158.52
	占比（%）	—	2.08	11.49	25.52	26.96	26.00	7.95	—	100.00
棕色针叶林土	面积（hm²）	—	—	5.52	3.01	—	—	—	—	8.53
	占比（%）	—	—	64.73	35.27	—	—	—	—	100.00
粗骨土	面积（hm²）	—	—	—	—	—	6.76	40.17	—	46.94
	占比（%）	—	—	—	—	—	14.41	85.59	—	100.00
石质土	面积（hm²）	—	—	—	—	—	—	1.42	63.71	65.13
	占比（%）	—	—	—	—	—	—	2.18	97.82	100.00
合计	面积（hm²）	812.32	27 645.22	84 614.13	71 126.71	45 750.32	37 731.30	7 945.56	64.27	275 689.84
	占比（%）	0.29	10.03	30.69	25.80	16.59	13.69	2.88	0.02	100.00

表 5-26 鄂伦春自治旗不同耕层质地质量等级面积

耕层质地	项目	一等地	二等地	三等地	四等地	五等地	六等地	七等地	八等地	合计
轻壤	面积（hm²）	61.06	13 575.54	50 376.05	38 809.73	18 651.22	15 701.63	1 539.53	—	138 714.74
	占比（%）	0.04	9.79	36.32	27.98	13.45	11.32	1.11	—	100.00
中壤	面积（hm²）	471.64	4 847.46	11 447.95	14 750.48	11 656.52	4 730.79	1 058.89	—	48 963.73
	占比（%）	0.96	9.90	23.38	30.13	23.81	9.66	2.16	—	100.00
重壤	面积（hm²）	279.63	8 474.17	19 327.54	13 984.46	8 736.35	14 712.94	5 246.11	—	70 761.21
	占比（%）	0.40	11.98	27.31	19.76	12.35	20.79	7.41	—	100.00

（续表）

耕层质地	项目	一等地	二等地	三等地	四等地	五等地	六等地	七等地	八等地	合计
砂壤	面积（hm²）	—	748.05	2 860.45	642.69	31.70	—	—	—	4 282.89
	占比（%）	—	17.47	66.79	15.01	0.74	—	—	—	100.00
黏土	面积（hm²）	—	—	602.13	2 939.36	6 674.53	2 585.95	33.78	—	12 835.75
	占比（%）	—	—	4.69	22.90	52.00	20.15	0.26	—	100.00
砂土	面积（hm²）	—	—	—	—	—	—	67.25	64.27	131.52
	占比（%）	—	—	—	—	—	—	51.13	48.87	100.00
合计	面积（hm²）	812.32	27 645.22	84 614.13	71 126.71	45 750.32	37 731.30	7 945.56	64.27	275 689.84
	占比（%）	0.29	10.03	30.69	25.80	16.59	13.69	2.88	0.02	100.00

表 5-27　鄂伦春自治旗不同障碍因素质量等级面积

障碍因素	项目	一等	二等	三等	四等	五等	六等	七等	八等	合计
无	面积（hm²）	812.32	27 645.22	83 633.76	66 180.80	23 027.48	17 136.87	5 258.90	—	223 695.36
	占比（%）	0.36	12.36	37.39	29.59	10.29	7.66	2.35	—	100.00
瘠薄	面积（hm²）	—	—	771.04	3 347.76	21 041.94	19 774.84	2 526.43	64.27	47 526.27
	占比（%）	—	—	1.62	7.04	44.27	41.61	5.32	0.14	100.00
障碍层次	面积（hm²）	—	—	209.32	1 598.15	1 680.90	819.59	160.24	—	4 468.21
	占比（%）	—	—	4.68	35.77	37.62	18.34	3.59	—	100.00
合计	面积（hm²）	812.32	27 645.22	84 614.13	71 126.71	45 750.32	37 731.30	7 945.56	64.27	275 689.84
	占比（%）	0.29	10.03	30.69	25.80	16.59	13.69	2.88	0.02	100.00

表 5-28　鄂伦春自治旗不同灌溉能力质量等级面积

灌溉能力	项目	一等地	二等地	三等地	四等地	五等地	六等地	七等地	八等地	合计
充分满足	面积（hm²）	200.22	—	—	—	—	—	—	—	200.22
	占比（%）	100.00	—	—	—	—	—	—	—	100.00
不满足	面积（hm²）	612.10	27 645.22	84 614.13	71 126.71	45 750.32	37 731.30	7 945.56	64.27	275 489.62
	占比（%）	0.22	10.03	30.71	25.82	16.61	13.70	2.88	0.02	100.00
合计	面积（hm²）	812.32	27 645.22	84 614.13	71 126.71	45 750.32	37 731.30	7 945.56	64.27	275 689.84
	占比（%）	0.29	10.03	30.69	25.80	16.59	13.69	2.88	0.02	100.00

表 5-29　鄂伦春自治旗不同排水能力质量等级面积

排水能力	项目	一等地	二等地	三等地	四等地	五等地	六等地	七等地	八等地	合计
充分满足	面积（hm²）	84.11	11 805.41	17 578.07	6 137.69	6 386.21	2 174.18	—	—	44 165.68
	占比（%）	0.19	26.73	39.80	13.90	14.46	4.92	—	—	100.00
满足	面积（hm²）	471.27	12 745.31	32 772.11	22 571.68	12 787.55	8 160.02	140.44	25.39	89 673.77
	占比（%）	0.53	14.21	36.55	25.17	14.26	9.10	0.16	0.03	100.00
基本满足	面积（hm²）	256.95	3 094.50	34 263.95	42 417.34	26 576.56	27 397.11	7 805.12	38.88	141 850.39
	占比（%）	0.18	2.18	24.15	29.90	18.74	19.31	5.50	0.03	100.00

（续表）

排水能力	项目	一等地	二等地	三等地	四等地	五等地	六等地	七等地	八等地	合计
合计	面积（hm^2）	812.32	27 645.22	84 614.13	71 126.71	45 750.32	37 731.30	7 945.56	64.27	275 689.84
	占比（%）	0.29	10.03	30.69	25.80	16.59	13.69	2.88	0.02	100.00

表 5-30　鄂伦春自治旗不同农田林网化程度质量等级面积

农田林网化程度	项目	一等地	二等地	三等地	四等地	五等地	六等地	七等地	八等地	合计
高	面积（hm^2）	466.09	5 051.84	7 942.94	3 773.62	3 971.37	1 038.59	16.11	25.39	22 285.95
	占比（%）	2.09	22.67	35.64	16.93	17.82	4.66	0.07	0.11	100.00
中	面积（hm^2）	232.19	9 344.01	24 331.99	13 424.99	13 437.70	8 698.29	165.82	38.32	69 673.30
	占比（%）	0.33	13.41	34.92	19.27	19.29	12.48	0.24	0.05	100.00
低	面积（hm^2）	114.05	13 249.37	52 339.20	53 928.11	28 341.25	27 994.43	7 763.63	0.56	183 730.58
	占比（%）	0.06	7.21	28.49	29.35	15.43	15.24	4.23	0.00	100.00
合计	面积（hm^2）	812.32	27 645.22	84 614.13	71 126.71	45 750.32	37 731.30	7 945.56	64.27	275 689.84
	占比（%）	0.29	10.03	30.69	25.80	16.59	13.69	2.88	0.02	100.00

表 5-31　鄂伦春自治旗不同生物多样性质量等级面积

生物多样性	项目	一等地	二等地	三等地	四等地	五等地	六等地	七等地	八等地	合计
不丰富	面积（hm^2）	68.15	6 481.59	45 715.31	50 037.76	22 711.75	23 950.91	7 714.69	23.42	156 703.56
	占比（%）	0.04	4.14	29.17	31.93	14.49	15.28	4.92	0.01	100.00
丰富	面积（hm^2）	440.66	4 204.00	4 565.85	2 627.86	3 036.72	257.28	—	—	15 132.37
	占比（%）	2.91	27.78	30.17	17.37	20.07	1.70	—	—	100.00
一般	面积（hm^2）	303.51	16 959.64	34 332.98	18 461.09	20 001.85	13 523.11	230.87	40.85	103 853.91
	占比（%）	0.29	16.33	33.06	17.78	19.26	13.02	0.22	0.04	100.00
合计	面积（hm^2）	812.32	27 645.22	84 614.13	71 126.71	45 750.32	37 731.30	7 945.56	64.27	275 689.84
	占比（%）	0.29	10.03	30.69	25.80	16.59	13.69	2.88	0.02	100.00

鄂伦春自治旗土壤有效磷平均值为 28.3mg/kg，属 3 级（中）水平，变幅为 6.6~71.0mg/kg。含量为 1 级（高）水平的面积为 77 650.45hm^2，占鄂伦春自治旗耕地总面积的 28.17%；含量为 2 级（较高）水平的面积为 33 119.56hm^2，占鄂伦春自治旗耕地总面积的 12.01%；含量为 3 级（中）水平的面积为 40 277.00hm^2，占 14.61%；含量为 4 级（较低）水平的面积为 118 173.54hm^2，占 42.86%；5 级（低水平）的面积为 6 469.29hm^2，占 2.35%。

鄂伦春自治旗土壤速效钾平均值为 212mg/kg，属 1 级（高）水平，变幅为 111~456 mg/kg。含量为 1 级（高）水平的面积为 149 940.82hm^2，占鄂伦春自治旗耕地总面积的 54.39%；含量为 2 级（较高）水平的面积为 120 684.78hm^2，占鄂伦春自治旗耕地总面积的 43.78%；含量为 3 级（中）水平的面积为 5 064.24hm^2，占 1.84%；在 4 级（较低）水平和 5 级（低水平）上无分布。

鄂伦春自治旗土壤缓效钾平均值为 1 572mg/kg，属 1 级（高）水平，变幅为 454~

2 754mg/kg。含量为 1 级（高）水平的面积为 263 373.25hm^2，占鄂伦春自治旗耕地总面积的 95.53%；含量为 2 级（较高）水平的面积为 7 402.14hm^2，占鄂伦春自治旗耕地总面积的 2.68%；含量为 3 级（中）水平的面积为 4 901.88hm^2，占 1.78%；含量为 4 级（较低）水平的面积为 12.57hm^2，占 0.005%；5 级（低水平）上无分布。

2. 中量元素

鄂伦春自治旗土壤有效硫平均值为 23.3mg/kg，属 3 级（中）水平，变幅为 7.9~36.8mg/kg。1 级（高）水平上无分布；含量为 2 级（较高）水平的面积为 8 247.18hm^2，占鄂伦春自治旗耕地总面积的 2.99%；含量为 3 级（中）水平的面积为 221 996.02hm^2，占 80.52%；含量为 4 级（较低）水平的面积为 45 036.47hm^2，占 16.34%；含量为 5 级（低）水平的面积为 410.18hm^2，占 0.15%。

鄂伦春自治旗土壤有效硅平均值为 230mg/kg，属 2 级（较高）水平，变幅为 85~509mg/kg。含量为 1 级（高）水平的面积为 80 677.58hm^2，占鄂伦春自治旗耕地总面积的 29.26%；含量为 2 级（较高）水平的面积为 79 193.28hm^2，占鄂伦春自治旗耕地总面积的 28.73%；含量为 3 级（中）水平的面积为 113 991.00hm^2，占 41.35%；含量为 4 级（较低）水平的面积为 1 827.97hm^2，占 0.66%；在 5 级（低）水平上无分布。

3. 微量元素

鄂伦春自治旗土壤有效铁平均值为 154.5mg/kg，属 1 级（高）水平，变幅为 58.6~342.9mg/kg。含量为 1 级（高）水平的面积为 275 689.84hm^2，占全旗耕地总面积的 100.00%。

鄂伦春自治旗土壤有效锰平均值为 45.9mg/kg，属 1 级（高）水平，变幅为 4.1~145.2mg/kg。含量为 1 级（高）水平的面积为 268 579.27hm^2，占鄂伦春自治旗耕地总面积的 97.42%；含量为 2 级（较高）水平的面积为 6 430.41hm^2，占鄂伦春自治旗耕地总面积的 2.33%；含量为 3 级（中）水平的面积为 377.94hm^2，占 0.14%；含量为 4 级（较低）水平的面积为 302.23hm^2，占 0.11%；在 5 级（低）水平上无分布。

鄂伦春自治旗土壤有效铜平均值为 1.29mg/kg，属 2 级（较高）水平，变幅为 0.31~3.89mg/kg。含量为 1 级（高）水平的面积为 5 035.14hm^2，占鄂伦春自治旗耕地总面积的 1.83%；含量为 2 级（较高）水平的面积为 244 509.83hm^2，占鄂伦春自治旗耕地总面积的 88.69%；含量为 3 级（中）水平的面积为 25 539.69hm^2，占 9.26%；含量为 4 级（较低）水平的面积为 605.18hm^2，占 0.22%；在 5 级（低）水平上无分布。

鄂伦春自治旗土壤有效锌平均值为 1.54mg/kg，属 2 级（较高）水平，变幅为 0.56~7.06mg/kg。含量为 1 级（高）水平的面积为 29 810.90hm^2，占鄂伦春自治旗耕地总面积的 10.81%；含量为 2 级（较高）水平的面积为 95 644.50hm^2，占鄂伦春自治旗耕地总面积的 34.69%；含量为 3 级（中）水平的面积为 136 298.59 hm^2，占 49.44%；含量为 4 级（较低）水平的面积为 13 935.85hm^2，占 5.05%；含量为 5 级（低）水平上无分布。

鄂伦春自治旗土壤有效硼平均值为 1.03mg/kg，属 1 级（高）水平，变幅为 0.20~2.98mg/kg。含量为 1 级（高）水平的面积为 120 447.89hm^2，占鄂伦春自治旗耕地总面积的 43.69%；含量为 2 级（较高）水平的面积为 81 470.33hm^2，占鄂伦春自治旗耕地总面积的29.55%；含量为3级（中）水平的面积为69 523.80hm²，占25.22%；含量为4级（较低）水平的面积为4 247.82hm²，占1.54%；含量为5级（低）水平上无分布。

鄂伦春自治旗土壤有效钼平均值为0.14mg/kg，属3级（中）水平，变幅为0.06~0.35mg/kg。含量为1级（高）水平的面积为6 655.93hm²，占鄂伦春自治旗耕地总面积的2.41%；含量为2级（较高）水平的面积为39 729.62hm²，占鄂伦春自治旗耕地总面积的14.41%；含量为3级（中）水平的面积为214 694.36hm²，占77.88%；含量为4级（较低）水平的面积为14 609.93hm²，占5.30%；在5级（低）水平上无分布。

4. 其他属性

鄂伦春自治旗土壤pH值平均值为5.9，属2级（较高）水平，变幅为4.7~7.8。pH值为1级（高）水平的面积为107 132.00hm²，占鄂伦春自治旗耕地总面积的38.86%；2级（较高）水平的面积为107 141.67hm²，占鄂伦春自治旗耕地总面积的38.86%；3级（中）水平的面积为60 412.54hm²，占21.91%；4级（较低）水平的面积为1 003.64hm²，占0.36%；在5级（低）水平上无分布。

鄂伦春自治旗土壤土壤容重平均值为1.25g/cm³，变幅为1.08~1.36。1级（高）水平的面积为191 191.94hm²，占鄂伦春自治旗耕地总面积的69.35%；2级（较高）水平的面积为77 099.42hm²，占鄂伦春自治旗耕地总面积的27.97%；3级（中）水平的面积为7 314.38hm²，占2.66%；4级（较低）水平的面积为84.10hm²，占0.03%；在5级（低）水平上无分布。

鄂伦春自治旗99.08%的耕地土壤为清洁水平，尚清洁面积仅占0.92%。

四、莫力达瓦达斡尔族自治旗

（一）耕地质量等级分布

莫力达瓦达斡尔族自治旗耕地面积为497 522.12hm²，占呼伦贝尔市耕地总面积的27.82%，按质量等级由高到低依次划分为一等至六等，平均质量等级为2.66（图5-4）。各乡（镇）耕地质量等级面积见表5-32。

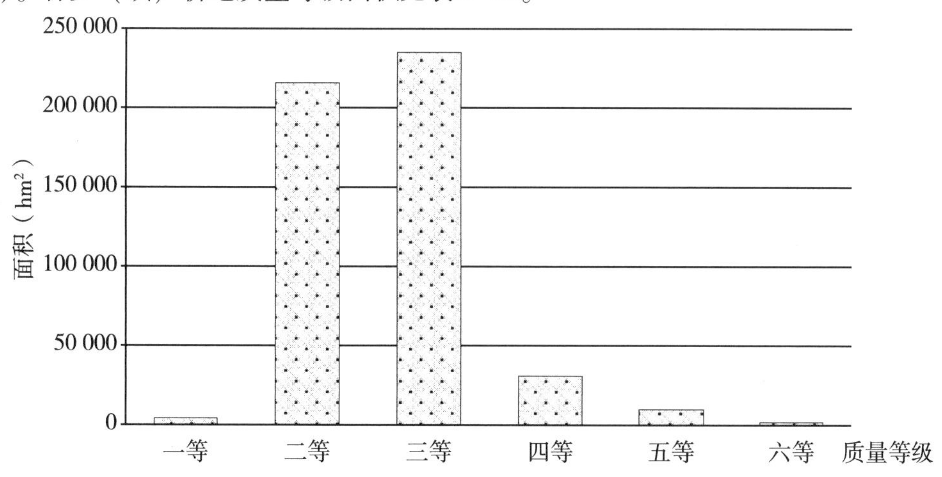

图5-4 莫力达瓦达斡尔族自治旗耕地质量等级面积

一等地面积为 4 233.66hm²，占莫力达瓦达斡尔族自治旗耕地总面积的 0.85%。尼尔基镇面积最大，占一等地面积的 45%，汉古尔河镇和西瓦尔图镇面积之和占一等地面积近 45%，巴彦鄂温克民族乡、宝山镇、杜拉尔鄂温克民族乡、额尔和乡、库如奇乡、塔温敖宝镇、腾克镇有零星分布，其他乡（镇）没有一等地分布。土壤类型包括草甸土、黑土和暗棕壤，其中草甸土面积最大，占一等地面积的 60%以上，黑土面积次之，占 35%以上，暗棕壤面积极小。位于平原低阶的耕地面积最大，超过一等地面积的 50%，平原中阶和平原高阶少量分布，丘陵中部和丘陵下部有零星分布。成土母质以冲洪积物为主，残坡积物有零星分布。耕层质地以中壤质为主，占一等地面积的 60%以上，轻壤质和重壤质之和占一等地面积的 30%以上，黏土质有零星分布。一等地无障碍因素，基础地力高，90%以上可以满足灌溉，排水条件良好，生物多样性一般，林网化程度低。

二等地面积为 215 660.78 hm²，占莫力达瓦达斡尔族自治旗耕地总面积的 43.35%，主要分布在巴彦鄂温克民族乡、塔温敖宝镇、腾克镇和红彦镇，占二等地面积的 60%以上，其他乡（镇）有零星分布。土壤类型以暗棕壤和黑土为主，占二等地面积的 90%以上，草甸土和沼泽土有零星分布。二等地主要位于丘陵中部，占二等地面积的 60%以上。成土母质以残坡积物为主，冲洪积物少量分布，河湖沉积物有零星分布。耕层质地以中壤质为主，占二等地面积的 80%以上。二等地无障碍因素，基础地力高，无灌溉条件，排水条件良好，生物多样性一般，林网化程度低。

三等地面积为 235 099.02hm²，占莫力达瓦达斡尔族自治旗耕地总面积的 47.25%，巴彦鄂温克民族乡面积最大，占三等地面积的 15%以上，其他乡（镇）均有分布。土壤类型以暗棕壤和黑土为主，占三等地面积的 90%以上，草甸土和沼泽土有零星分布。80%以上的三等地位于丘陵中部。成土母质以残坡积物为主，冲洪积物少量分布，黄土状物和河湖沉积物有零星分布。耕层质地以中壤质为主，占三等地面积的 60%以上，轻壤质占三等地面积的 30%以上，重壤质和黏土质有零星分布。三等地无障碍因素，基础地力较高，无灌溉条件，排水条件良好，生物多样性一般，林网化程度低。

表 5-32 莫力达瓦达斡尔族自治旗各乡（镇）耕地质量等级面积

乡（镇）	项目	一等地	二等地	三等地	四等地	五等地	六等地	合计
阿尔拉镇	面积（hm²）	—	5 346.46	9 182.89	2 150.97	128.86	4.73	16 813.90
	占比（%）	—	31.80	54.61	12.79	0.77	0.03	100.00
巴彦鄂温克民族乡	面积（hm²）	77.14	39 391.21	37 164.73	2 873.41	1 335.65	516.36	81 358.51
	占比（%）	0.09	48.42	45.68	3.53	1.64	0.63	100.00
宝山镇	面积（hm²）	47.20	9 522.10	18 209.95	825.84	266.06	154.74	29 025.89
	占比（%）	0.16	32.81	62.74	2.85	0.92	0.53	100.00
登特科镇	面积（hm²）	—	3 649.38	11 966.37	1 241.09	172.60	106.31	17 135.76
	占比（%）	—	21.30	69.83	7.24	1.01	0.62	100.00

（续表）

乡（镇）	项目	一等地	二等地	三等地	四等地	五等地	六等地	合计
杜拉尔鄂温克民族乡	面积（hm^2）	160.12	5 998.26	8 050.75	1 530.36	207.34	56.30	16 003.14
	占比（%）	1.00	37.48	50.31	9.56	1.30	0.35	100.00
额尔和乡	面积（hm^2）	64.94	9 138.53	19 716.00	1 062.06	483.65	458.30	30 923.48
	占比（%）	0.21	29.55	63.76	3.43	1.56	1.48	100.00
哈达阳镇	面积（hm^2）	—	2 428.99	11 323.66	3 668.43	160.18	2.83	17 584.09
	占比（%）	—	13.81	64.40	20.86	0.91	0.02	100.00
汉古尔河镇	面积（hm^2）	1 263.05	545.61	6 203.30	4 442.38	2 248.76	151.81	14 854.91
	占比（%）	8.50	3.67	41.76	29.91	15.14	1.02	100.00
红彦镇	面积（hm^2）	—	25 153.29	15 087.77	2 503.07	2 069.03	45.94	44 859.11
	占比（%）	—	56.07	33.63	5.58	4.61	0.10	100.00
库如奇乡	面积（hm^2）	8.30	154.48	11 589.16	482.80	83.01	—	12 317.75
	占比（%）	0.07	1.25	94.09	3.92	0.67	—	100.00
奎勒河镇	面积（hm^2）	—	19 330.27	6 183.55	425.86	422.86	232.20	26 594.75
	占比（%）	—	72.68	23.25	1.60	1.59	0.87	100.00
尼尔基镇	面积（hm^2）	1 927.69	3 693.86	14 913.41	2 442.80	304.94	8.57	23 291.26
	占比（%）	8.28	15.86	64.03	10.49	1.31	0.04	100.00
塔温敖宝镇	面积（hm^2）	50.56	38 863.50	21 413.17	3 847.65	910.28	79.04	65 164.21
	占比（%）	0.08	59.64	32.86	5.90	1.40	0.12	100.00
腾克镇	面积（hm^2）	1.23	36 474.99	20 614.55	1 450.05	613.09	1.22	59 155.14
	占比（%）	0.002	61.66	34.85	2.45	1.04	0.002	100.00
西瓦尔图镇	面积（hm^2）	633.42	15 969.83	23 479.76	1 903.96	430.64	22.62	42 440.23
	占比（%）	1.49	37.63	55.32	4.49	1.01	0.05	100.00
合计	面积（hm^2）	4 233.66	215 660.78	235 099.02	30 850.73	9 836.95	1 840.98	497 522.12
	占比（%）	0.85	43.35	47.25	6.20	1.98	0.37	100.00

四等地面积为 30 850.73hm^2，占莫力达瓦达斡尔族自治旗耕地总面积的 6.20%，汉古尔河镇、塔温敖宝镇和哈达阳镇面积较大，其余乡（镇）均有少量分布。黑土面积最大，占四等地面积的 50%左右，草甸土和沼泽土面积之和占四等地面积的 45%左右，暗棕壤零星分布。四等地主要位于丘陵中部和平原低阶，占比达到 80%左右。成土母质以残坡积物和冲洪积物为主，河湖沉积物少量分布，黄土状物有零星分布。耕层质地以中壤质为主，占四等地面积的 50%以上，轻壤质和重壤质占四等地面积的 40%以上，黏土质有零星分布。四等地 80%以上无障碍因素，基础地力中等，无灌溉条件，排水条件良好，生物多样性一般，林网化程度低。

五等地面积为 9 836.95hm^2，占莫力达瓦达斡尔族自治旗耕地总面积的 1.98%，主要分布在汉古尔河镇、红彦镇和巴彦鄂温克民族乡，三个乡（镇）面积占五等地面积的 50%以上，其他乡（镇）有零星分布。沼泽土面积最大，占五等地面积的 60%以上，草甸土面积占五等地面积的 30%以上，黑土有零星分布。70%以上的五等地位于平原低阶，20%以上位于平原高阶。成土母质主要为冲洪积物和河湖沉积物，残坡积物和黄土状物有零星分布。耕层质地以中壤质为主，占五等地面积的 80%左右，轻壤质、重壤质和黏土质有零星分布。五等地障碍因素较多，瘠薄问题占 30%左右，障碍层次问题占 50%左右，渍潜问题占 10%左右，基础地力较低，无灌溉条件，排水条件良好，生物多样性一般，林网化程度低。

六等地面积为 1 840.98hm^2，占莫力达瓦达斡尔族自治旗耕地总面积的 0.37%，主要分布在巴彦鄂温克民族乡和额尔和乡，占六等地面积的 50%以上。土壤类型以沼泽土为主，占六等地面积的 90%以上。位于平原低阶的六等地占 90%以上。成土母质为冲洪积物和河湖沉积物。耕层质地以黏土质为主，占六等地面积的 70%以上，其余为中壤质。六等地障碍因素较多，瘠薄问题占 10%左右，障碍层次问题占 20%左右，渍潜问题占 70%左右，基础地力较低，无灌溉条件，排水条件良好，生物多样性一般，林网化程度低。

数据详见表 5-33 至表 5-41。

（二）土壤养分现状

1. 有机质及大量元素

莫力达瓦达斡尔族自治旗耕地土壤有机质平均值为 60.6g/kg，属 1 级（高）水平，变幅为 23.9~93.6g/kg。含量为 1 级（高）水平的面积为 476 240.00hm^2，占莫力达瓦达斡尔族自治旗耕地总面积的 95.72%；含量为 2 级（较高）水平的面积为 11 928.41 hm^2，占莫力达瓦达斡尔族自治旗耕地总面积的 2.40%；含量为 3 级（中）水平的面积为 9 353.70hm^2，占 1.88%；在 4 级（较低）水平和 5 级（低）水平上无分布。

全氮平均值为 2.75g/kg，属 1 级（高）水平，变幅为 0.79~5.79g/kg。含量为 1 级（高）水平的面积为 347 302.38 hm^2，占莫力达瓦达斡尔族自治旗耕地总面积的 69.81%；含量为 2 级（较高）水平的面积为 137 233.03hm^2，占莫力达瓦达斡尔族自治旗耕地总面积的 27.58%；含量为 3 级（中）水平的面积为 12 696.54hm^2，占 2.55%；含量为 4 级（较低）水平的面积为 290.17hm^2，占 0.06%；在 5 级（低）水平上无分布。

表 5-33 莫力达瓦达斡尔族自治旗不同地形部位质量等级面积

地形部位	项目	一等地	二等地	三等地	四等地	五等地	六等地	合计
平原低阶	面积（hm^2）	2 472.12	14 275.06	15 869.58	10 748.92	7 026.16	1 719.77	52 111.61
	占比（%）	4.74	27.39	30.45	20.63	13.48	3.30	100.00
平原中阶	面积（hm^2）	586.74	27 052.86	6 024.50	—	—	—	33 664.11
	占比（%）	1.74	80.36	17.90	—	—	—	100.00

（续表）

地形部位	项目	一等地	二等地	三等地	四等地	五等地	六等地	合计
平原高阶	面积（hm^2）	900.61	15 271.78	13 333.70	4 919.44	2 740.63	121.21	37 287.37
	占比（%）	2.42	40.96	35.76	13.19	7.35	0.33	100.00
丘陵中部	面积（hm^2）	250.32	147 386.96	198 333.18	13 724.00	8.68	—	359 703.14
	占比（%）	0.07	40.97	55.14	3.82	0.00	—	100.00
丘陵下部	面积（hm^2）	23.86	11 674.12	1 538.06	1 458.38	61.48	—	14 755.91
	占比（%）	0.16	79.11	10.42	9.88	0.42	—	100.00
合计	面积（hm^2）	4 233.66	215 660.78	235 099.02	30 850.73	9 836.95	1 840.98	497 522.12
	占比（%）	0.85	43.35	47.25	6.20	1.98	0.37	100.00

表 5-34　莫力达瓦达斡尔族自治旗不同成土母质质量等级面积

成土母质	项目	一等地	二等地	三等地	四等地	五等地	六等地	合计
残坡积物	面积（hm^2）	274.18	159 061.07	198 860.88	13 724.00	8.68	—	371 928.82
	占比（%）	0.07	42.77	53.47	3.69	0.002	—	100.00
冲洪积物	面积（hm^2）	3 959.47	56 524.64	34 654.09	9 735.75	4 521.98	1 496.40	110 892.34
	占比（%）	3.57	50.97	31.25	8.78	4.08	1.35	100.00
河湖沉积物	面积（hm^2）	—	75.06	573.69	5 932.60	5 244.80	344.58	12 170.74
	占比（%）	—	0.62	4.71	48.74	43.09	2.83	100.00
黄土状物	面积（hm^2）	—	—	1 010.36	1 458.38	61.48	—	2 530.22
	占比（%）	—	—	39.93	57.64	2.43	—	100.00
合计	面积（hm^2）	4 233.66	215 660.78	235 099.02	30 850.73	9 836.95	1 840.98	497 522.12
	占比（%）	0.85	43.35	47.25	6.20	1.98	0.37	100.00

表 5-35　莫力达瓦达斡尔族自治旗不同土壤类型质量等级面积

土壤类型	项目	一等地	二等地	三等地	四等地	五等地	六等地	合计
暗棕壤	面积（hm^2）	32.53	126 658.49	105 447.82	1 709.32	0.22	—	233 848.38
	占比（%）	0.01	54.16	45.09	0.73	0.0001	—	100.00
草甸土	面积（hm^2）	2 709.89	14 422.60	16 190.43	7 113.26	3 212.31	151.81	43 800.30
	占比（%）	6.19	32.93	36.96	16.24	7.33	0.35	100.00
黑土	面积（hm^2）	1 491.23	74 504.62	112 887.09	15 342.47	108.21	—	204 333.62
	占比（%）	0.73	36.46	55.25	7.51	0.05	—	100.00
沼泽土	面积（hm^2）	—	75.06	573.69	6 685.68	6 516.22	1 689.17	15 539.82
	占比（%）	—	0.48	3.69	43.02	41.93	10.87	100.00
合计	面积（hm^2）	4 233.66	215 660.78	235 099.02	30 850.73	9 836.95	1 840.98	497 522.12
	占比（%）	0.85	43.35	47.25	6.20	1.98	0.37	100.00

表 5-36　莫力达瓦达斡尔族自治旗不同耕层质地质量等级面积

耕层质地	项目	一等地	二等地	三等地	四等地	五等地	六等地	合计
轻壤	面积（hm^2）	691.40	24 428.86	74 007.24	6 991.14	518.84	—	106 637.49
	占比（%）	0.65	22.91	69.40	6.56	0.49	—	100.00

（续表）

耕层质地	项目	一等地	二等地	三等地	四等地	五等地	六等地	合计
中壤	面积（hm^2）	2 641.64	176 156.29	147 378.59	17 141.76	7 754.64	496.39	351 569.30
	占比（%）	0.75	50.11	41.92	4.88	2.21	0.14	100.00
重壤	面积（hm^2）	662.84	15 049.18	12 988.82	6 389.42	524.96	—	35 615.22
	占比（%）	1.86	42.25	36.47	17.94	1.47	—	100.00
黏土	面积（hm^2）	237.78	26.45	724.38	328.41	1 038.51	1 344.59	3 700.11
	占比（%）	6.43	0.71	19.58	8.88	28.07	36.34	100.00
合计	面积（hm^2）	4 233.66	215 660.78	235 099.02	30 850.73	9 836.95	1 840.98	497 522.12
	占比（%）	0.85	43.35	47.25	6.20	1.98	0.37	100.00

表 5-37　莫力达瓦达斡尔族自治旗不同障碍因素质量等级面积

障碍因素	项目	一等地	二等地	三等地	四等地	五等地	六等地	合计
无	面积（hm^2）	4 233.66	215 389.56	233 894.47	24 492.56	757.88	—	478 768.13
	占比（%）	0.88	44.99	48.85	5.12	0.16	—	100.00
瘠薄	面积（hm^2）	—	196.15	170.16	2 734.13	2 988.07	151.81	6 240.32
	占比（%）	—	3.14	2.73	43.81	47.88	2.43	100.00
障碍层次	面积（hm^2）	—	75.06	1 034.39	3 624.04	5 052.49	344.58	10 130.57
	占比（%）	—	0.74	10.21	35.77	49.87	3.40	100.00
渍潜	面积（hm^2）	—	—	—	—	1 038.51	1 344.59	2 383.10
	占比（%）	—	—	—	—	43.58	56.42	100.00
合计	面积（hm^2）	4 233.66	215 660.78	235 099.02	30 850.73	9 836.95	1 840.98	497 522.12
	占比（%）	0.85	43.35	47.25	6.20	1.98	0.37	100.00

表 5-38　莫力达瓦达斡尔族自治旗不同灌溉能力质量等级面积

灌溉能力	项目	一等地	二等地	三等地	四等地	五等地	六等地	合计
充分满足	面积（hm^2）	3 827.20	783.91	87.01	—	—	—	4 698.12
	占比（%）	81.46	16.69	1.85	—	—	—	100.00
基本满足	面积（hm^2）	219.71	437.80	214.27	—	—	—	871.79
	占比（%）	25.20	50.22	24.58	—	—	—	100.00
不满足	面积（hm^2）	186.74	214 439.07	234 797.74	30 850.73	9 836.95	1 840.98	491 952.21
	占比（%）	0.04	43.59	47.73	6.27	2.00	0.37	100.00
合计	面积（hm^2）	4 233.66	215 660.78	235 099.02	30 850.73	9 836.95	1 840.98	497 522.12
	占比（%）	0.85	43.35	47.25	6.20	1.98	0.37	100.00

表 5-39　莫力达瓦达斡尔族自治旗不同排水能力质量等级面积

排水能力	项目	一等地	二等地	三等地	四等地	五等地	六等地	合计
充分满足	面积（hm^2）	—	1 317.81	1 115.85	30.15	8.63	—	2 472.44
	占比（%）	—	53.30	45.13	1.22	0.35	—	100.00

（续表）

排水能力	项目	一等地	二等地	三等地	四等地	五等地	六等地	合计
满足	面积（hm^2）	162.33	93 918.86	67 393.51	5 384.03	3 833.95	789.09	171 481.76
	占比（%）	0.09	54.77	39.30	3.14	2.24	0.46	100.00
基本满足	面积（hm^2）	4 071.33	120 424.11	166 589.67	25 436.56	5 994.37	1 051.89	323 567.92
	占比（%）	1.26	37.22	51.49	7.86	1.85	0.33	100.00
合计	面积（hm^2）	4 233.66	215 660.78	235 099.02	30 850.73	9 836.95	1 840.98	497 522.12
	占比（%）	0.85	43.35	47.25	6.20	1.98	0.37	100.00

表 5-40　莫力达瓦达斡尔族自治旗不同林网化程度质量等级面积

林网化程度	项目	一等地	二等地	三等地	四等地	五等地	六等地	合计
高	面积（hm^2）	—	69.10	21.05	—	—	—	90.15
	占比（%）	—	76.65	23.35	—	—	—	100.00
中	面积（hm^2）	88.27	3 368.77	1 389.09	146.31	5.48	—	4 997.92
	占比（%）	1.77	67.40	27.79	2.93	0.11	—	100.00
低	面积（hm^2）	4 145.38	212 222.91	233 688.88	30 704.43	9 831.48	1 840.98	492 434.05
	占比（%）	0.84	43.10	47.46	6.24	2.00	0.37	100.00
合计	面积（hm^2）	4 233.66	215 660.78	235 099.02	30 850.73	9 836.95	1 840.98	497 522.12
	占比（%）	0.85	43.35	47.25	6.20	1.98	0.37	100.00

表 5-41　莫力达瓦达斡尔族自治旗不同生物多样性质量等级面积

生物多样性	项目	一等地	二等地	三等地	四等地	五等地	六等地	合计
不丰富	面积（hm^2）	—	311.54	3 268.23	327.113	14.978	200.47	4 122.33
	占比（%）	—	7.56	79.28	7.94	0.36	4.86	100.00
丰富	面积（hm^2）	1 019.426	932.71	5 730.83	2 057.9975	1 543.03	30.60	11 314.59
	占比（%）	9.01	8.24	50.65	18.19	13.64	0.27	100.00
一般	面积（hm^2）	3 214.245	214 416.53	226 099.96	28 465.62	8 278.94	1 609.90	482 085.20
	占比（%）	0.67	44.48	46.90	5.90	1.72	0.33	100.00
合计	面积（hm^2）	4 233.661	215 660.78	235 099.02	30 850.73	9 836.95	1 840.98	497 522.12
	占比（%）	0.85	43.35	47.25	6.20	1.98	0.37	100.00

有效磷平均值为 26.9mg/kg，属 3 级（中）水平，变幅为 8.8~67.3 mg/kg。含量为 1 级（高）水平的面积为 68 106.69hm^2，占莫力达瓦达斡尔族自治旗耕地总面积的 13.69%；含量为 2 级（较高）水平的面积为 126 686.15hm^2，占莫力达瓦达斡尔族自治旗耕地总面积的 25.46%；含量为 3 级（中）水平的面积为 116 772.51 hm^2，占 23.47%；含量为 4 级（较低）水平的面积为 184 774.04hm^2，占 37.14%；含量为 5 级

（低）水平的面积为 1 182. 731hm²，占 0. 24%。

速效钾平均值为 250mg/kg，属 1 级（高）水平，变幅为 92～540 mg/kg。含量为 1 级（高）水平的面积为 397 638. 45 hm²，占莫力达瓦达斡尔族自治旗耕地总面积的 79. 92%；含量为 2 级（较高）水平的面积为 85 120. 71hm²，占莫力达瓦达斡尔族自治旗耕地总面积的 17. 11%；含量为 3 级（中）水平的面积为 14 551. 89hm²，占 2. 92%；含量为 4 级（较低）水平的面积为 211. 07hm²，占 0. 04%；在 5 级（低）水平上无分布。

缓效钾平均值为 875mg/kg，属 2 级（较高）水平，变幅为 344～1 891mg/kg。含量为 1 级（高）水平的面积为 95 936. 11hm²，占莫力达瓦达斡尔族自治旗耕地总面积的 19. 28%；含量为 2 级（较高）水平的面积为 248 175. 56hm²，占莫力达瓦达斡尔族自治旗耕地总面积的 49. 88%；含量为 3 级（中）水平的面积为 138 803. 85 hm²，占 27. 90%；含量为 4 级（较低）水平的面积为 14 606. 60hm²，占 2. 94%；在 5 级（低）水平上无分布。

2. 中量元素

有效硫平均值为 34. 0mg/kg，属 2 级（较高）水平，变幅为 12. 4～75. 5 mg/kg。含量为 1 级（高）水平的面积为 147 725. 65hm²，占莫力达瓦达斡尔族自治旗耕地总面积的 29. 69%；含量为 2 级（较高）水平的面积为 130 767. 24hm²，占莫力达瓦达斡尔族自治旗耕地总面积的 26. 28%；含量为 3 级（中）水平的面积为 188 147. 45 hm²，占 37. 82%；含量为 4 级（较低）水平的面积为 30 881. 79hm²，占 6. 21%；在 5 级（低）水平上无分布。

有效硅平均值为 143mg/kg，属 3 级（中）水平，变幅为 60～482 mg/kg。含量为 1 级（高）水平的面积为 10 777. 92 hm²，占莫力达瓦达斡尔族自治旗耕地总面积的 2. 17%；含量为 2 级（较高）水平的面积为 30 643. 13hm²，占莫力达瓦达斡尔族自治旗耕地总面积的 6. 16%；含量为 3 级（中）水平的面积为 371 510. 63hm²，占 74. 67%；含量为 4 级（较低）水平的面积为 84 590. 44hm²，占 17. 00%；在 5 级（低）水平上无分布。

3. 微量元素

有效铁平均值为 65. 0mg/kg，属 1 级（高）水平，变幅为 29. 0～259. 5 mg/kg。莫力达瓦达斡尔族自治旗耕地土壤有效铁含量高，全部为 1 级（高）水平。

有效锰平均值为 18. 6mg/kg，属 2 级（较高）水平，变幅为 5. 7～72. 4 mg/kg。含量为 1 级（高）水平的面积为 166 056. 64hm²，占莫力达瓦达斡尔族自治旗耕地总面积的 33. 38%；含量为 2 级（较高）水平的面积为 315 708. 35hm²，占莫力达瓦达斡尔族自治旗耕地总面积的 63. 46%；含量为 3 级（中）水平的面积为 15 757. 14 hm²，占 3. 17%；在 4 级（较低）水平和 5 级（低）水平上无分布。

有效铜平均值为 1. 18mg/kg，属 2 级（较高）水平，变幅为 0. 45～2. 70 mg/kg。含量为 1 级（高）水平的面积为 9 326. 53hm²，占莫力达瓦达斡尔族自治旗耕地总面积的 1. 87%；含量为 2 级（较高）水平的面积为 316 608. 50hm²，占莫力达瓦达斡尔族自治旗耕地总面积的 63. 64%；含量为 3 级（中）水平的面积为 170 848. 71 hm²，占

34.34%；含量为4级（较低）水平的面积为738.39hm²，占0.15%；在5级（低）水平上无分布。

有效锌平均值为1.12mg/kg，属3级（中）水平，变幅为0.18～4.16 mg/kg。含量为1级（高）水平的面积为10 031.26hm²，占莫力达瓦达斡尔族自治旗耕地总面积的2.02%；含量为2级（较高）水平的面积为49 912.64hm²，占莫力达瓦达斡尔族自治旗耕地总面积的10.03%；含量为3级（中）水平的面积为238 508.06hm²，占47.94%；含量为4级（较低）水平的面积为188 905.17hm²，占37.97%；含量为5级（低）水平的面积为10 164.98hm²，占2.04%。

有效硼平均值为0.60mg/kg，属3级（中）水平，变幅为0.09～2.20 mg/kg。含量为1级（高）水平的面积为35 908.93hm²，占莫力达瓦达斡尔族自治旗耕地总面积的7.22%；含量为2级（较高）水平的面积为51 283.95hm²，占莫力达瓦达斡尔族自治旗耕地总面积的10.31%；含量为3级（中）水平的面积为219 913.97 hm²，占44.20%；含量为4级（较低）水平的面积为185 646.90hm²，占37.31%；含量为5级（低）水平的面积为4 768.37hm²，占0.96%。

有效钼平均值为0.21mg/kg，属1级（高）水平，变幅为0.06～0.44 mg/kg。含量为1级（高）水平的面积为250 806.72hm²，占莫力达瓦达斡尔族自治旗耕地总面积的50.41%；含量为2级（较高）水平的面积为143 235.90hm²，占莫力达瓦达斡尔族自治旗耕地总面积的28.79%；含量为3级（中）水平的面积为81 416.23hm²，占16.36%；含量为4级（较低）水平的面积为22 063.28hm²，占4.43%；在5级（低）水平上无分布。

4. 其他属性

莫力达瓦达斡尔族自治旗耕地土壤pH值平均值为6.0，属2级（较高）水平，变幅为5.1～8.8。pH值为1级（高）水平的面积为183 086.37hm²，占莫力达瓦达斡尔族自治旗耕地总面积的36.80%；2级（较高）水平的面积为265 154.43hm²，占莫力达瓦达斡尔族自治旗耕地总面积的53.30%；3级（中）水平的面积为48 425.09hm²，占9.73%；5级（低）水平的面积为856.23hm²，占0.17%；在4级较低水平上无分布。

莫力达瓦达斡尔族自治旗耕地土壤容重平均值为1.23g/cm³，属1级（高）水平，变幅为1.09～1.55。1级（高）水平的面积为483 185.89hm²，占莫力达瓦达斡尔族自治旗耕地总面积的97.12%；2级（较高）水平的面积为11 815.38hm²，占莫力达瓦达斡尔族自治旗耕地总面积的2.37%；3级（中）水平的面积为2 383.10hm²，占0.48%；4级（较低）水平的面积为137.75hm²，占0.03%；在5级（低）水平上无分布。

莫力达瓦达斡尔族自治旗耕地土壤全部为清洁水平。

五、牙克石市

（一）耕地质量等级分布

牙克石市耕地面积为122 558.93hm²，占呼伦贝尔市耕地总面积的6.85%，按质量等级由高到低依次划分为一等至七等，平均质量等级为2.83（图5-5）。各乡（镇）耕地质量等级面积见表5-42。

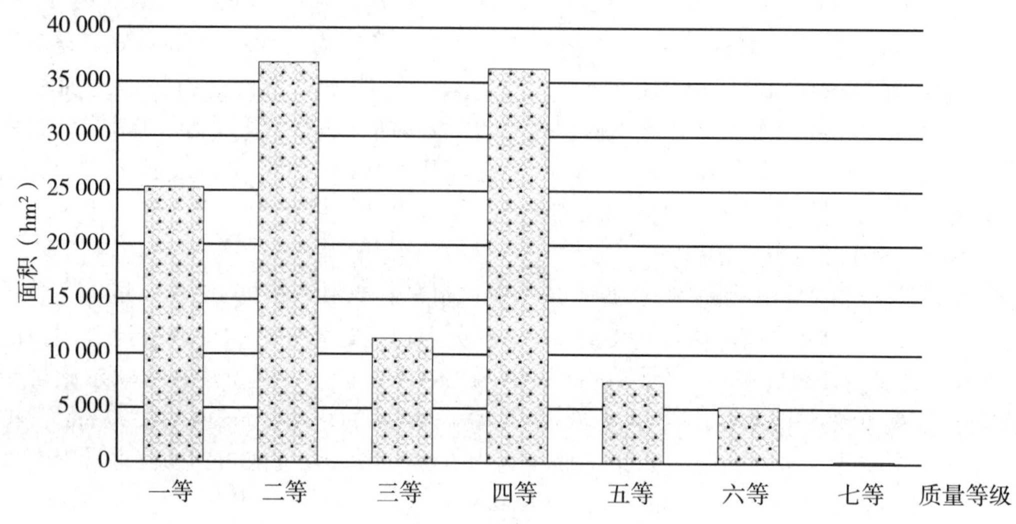

图5-5 牙克石市耕地质量等级面积

一等地面积为25 310. 07hm²，占牙克石市耕地总面积的20. 65%。分布在牧原镇的一等地面积最大，占到60%以上，乌尔其汉镇和免渡河镇有少量分布，伊图里河镇没有一等地分布，其他乡（镇）有零星分布。土壤类型以黑钙土和草甸土为主，占一等地面积的98%以上，暗棕壤和沼泽土有零星分布。一等地主要位于丘陵下部和平原高阶，占一等地面积的90%以上，丘陵中部和平原低阶有零星分布。成土母质以冲洪积物面积最大，占一等地面积的50%左右，其余为黄土状物和残坡积物。耕层质地以中壤质为主。一等地无障碍因素，基础地力高，无灌溉条件，排水条件良好，农田林网化程度低，生物多样性一般。

二等地面积为36 811. 84hm²，占牙克石市耕地总面积的30. 04%。分布在牧原镇的二等地面积最大，占到40%以上，博克图镇和免渡河镇有少量分布，塔尔气镇没有二等地分布，其他乡（镇）有零星分布。土壤类型以沼泽土为主，占二等地面积的50%左右，黑钙土和草甸土面积之和接近二等地面积的50%，暗棕壤、灰色森林土和棕色针叶林土有零星分布。二等地主要位于平原低阶，占二等地面积的60%以上，丘陵下部和平原高阶有少量分布，丘陵中部、山地坡下和丘陵下部有零星分布。成土母质以冲洪积物面积最大，占二等地面积的80%左右，黄土状物和残坡积物有零星分布。耕层质地以中壤质为主，重壤质少量分布，轻壤质零星分布。二等地无障碍因素，基础地力较高，无灌溉条件，排水条件良好，农田林网化程度低，生物多样性一般。

三等地面积为11 452. 31hm²，占牙克石市耕地总面积的9. 34%。主要分布在图里河镇和乌尔其汉镇，二乡镇面积之和占到三等地面积的60%以上，库都尔镇和博克图镇有少量分布，其他乡（镇）有零星分布。土壤类型以沼泽土为主，占三等地面积的40%左右，黑钙土、草甸土和灰色森林土面积之和占三等地面积的50%以上，暗棕壤和棕色针叶林土有零星分布。三等地主要位于平原低阶部位，占三等地面积的60%以上，丘陵下部和山地坡下有少量分布，丘陵上部、丘陵中部和山地坡中有零星分布。成土母质以冲洪积物面积最大，占三等地面积的80%以上，残坡积物少量分布，黄土状物有零星分布。耕层质地以重壤质和中壤质为主，占三等地面积的98%左右，轻壤质面积极小。三等地无障碍因素，基础地力较高，无灌溉条件，排水条件良好，农田林网化程度低，生物多样性一般。

表 5-42　牙克石市各乡（镇）耕地质量等级面积

乡（镇）	项目	一等地	二等地	三等地	四等地	五等地	六等地	七等地	合计
博克图镇	面积（hm^2）	1 407.34	5 955.95	899.12	253.00	—	—	—	8 515.41
	占比（%）	16.53	69.94	10.56	2.97	—	—	—	100.00
绰河源镇	面积（hm^2）	148.40	930.37	201.16	19.28	—	—	—	1 299.21
	占比（%）	11.42	71.61	15.48	1.48	—	—	—	100.00
库都尔镇	面积（hm^2）	533.58	1 286.14	1 482.19	1 242.10	436.22	9.61	28.55	5 018.39
	占比（%）	10.63	25.63	29.54	24.75	8.69	0.19	0.57	100.00
免渡河镇	面积（hm^2）	2 961.00	5 656.52	478.00	14 196.06	2 038.26	1 005.34	—	26 335.19
	占比（%）	11.24	21.48	1.82	53.91	7.74	3.82	—	100.00
牧原镇	面积（hm^2）	16 131.88	16 549.81	319.42	17 765.47	3 819.86	3 653.99	119.56	58 359.99
	占比（%）	27.64	28.36	0.55	30.44	6.55	6.26	0.20	100.00
塔尔气镇	面积（hm^2）	9.65	—	4.19	136.63	—	—	—	150.47
	占比（%）	6.41	—	2.78	90.81	—	—	—	100.00
图里河镇	面积（hm^2）	248.96	1 488.58	4 050.26	838.23	983.29	84.03	25.57	7 718.91
	占比（%）	3.23	19.28	52.47	10.86	12.74	1.09	0.33	100.00
乌尔旗汉镇	面积（hm^2）	3 074.92	2 661.34	3 505.45	735.50	117.14	242.12	—	10 336.47
	占比（%）	29.75	25.75	33.91	7.12	1.13	2.34	—	100.00
乌奴耳镇	面积（hm^2）	794.34	2 087.26	387.44	1 075.15	2.58	154.72	—	4 501.48
	占比（%）	17.65	46.37	8.61	23.88	0.06	3.44	—	100.00
伊图里河镇	面积（hm^2）	—	195.89	125.08	—	2.45	—	—	323.42
	占比（%）	—	60.57	38.67	—	0.76	—	—	100.00
合计	面积（hm^2）	25 310.07	36 811.84	11 452.31	36 261.42	7 399.80	5 149.81	173.68	122 558.93
	占比（%）	20.65	30.04	9.34	29.59	6.04	4.20	0.14	100.00

四等地面积为36 261.42hm^2，占牙克石市耕地总面积的29.59%。主要分布在牧原镇和免渡河镇，二乡（镇）面积之和占到90%左右，伊图里河镇没有四等地分布，其他乡（镇）有零星分布。土壤类型以灰色森林土为主，占四等地面积的97%，黑钙土、草甸土、暗棕壤和沼泽土、棕色针叶林土和粗骨土有零星分布。四等地主要位于山地坡中，占四等地面积的90%以上。成土母质以残坡积物为主，占四等地面积的98%左右，冲洪积物有零星分布。耕层质地以中壤质为主，占四等地面积近95%左右，轻壤质、重壤质和砂壤质有零星分布。四等地无障碍因素，基础地力中等，无灌溉条件，排水条件良好，农田林网化程度低，生物多样性一般。

五等地面积为7 399.80hm^2，占牙克石市耕地总面积的6.04%。主要分布在牧原镇和免渡河镇，二乡（镇）面积之和占到五等地面积的80%左右，图里河镇、库都尔镇、乌尔其汉镇、乌奴耳镇和伊图里河镇有零星分布，其他乡（镇）没有五等地分布。土壤类型只有灰色森林土和棕色针叶林土两种，其中棕色针叶林土面积极小，只有 2.45hm²。五等地主要位于山地坡中和山地坡上，占到五等地面积的 99%以上。成土母质全部为残坡积物。耕层质地以中壤质为主，占五等地面积近 90%左右，重壤质有少量分布，砂壤质有零星分布。五等地无障碍因素，基础地力中等，无灌溉条件，排水条件良好，农田林网化程度低，生物多样性一般。

六等地面积为 5 149.81hm²，占牙克石市耕地总面积的 4.30%。主要分布在牧原镇，占六等地面积的 70%，免渡河镇面积次之，占六等地面积的 20%左右，乌尔其汉镇、乌奴耳镇和库都尔镇有零星分布，其他乡（镇）没有六等地分布。土壤类型只有灰色森林土一种。六等地主要位于山地坡上，占到六等地面积的 99%以上。成土母质全部为残坡积物。耕层质地以中壤质为主，占六等地面积的 98%以上，重壤质面积极小有零星分布。六等地无障碍因素，基础地力较低，无灌溉条件，排水条件良好，农田林网化程度低，生物多样性一般。

七等地面积为 173.68hm²，占牙克石市耕地总面积的 0.14%。分布在牧原镇的七等地面积最大，占到 70%左右，图里河镇和库都尔镇少量分布，其他乡（镇）没有分布。土壤类型只有灰色森林土一种。七等地全部位于山地坡上。成土母质全部为残坡积物。耕层质地以中壤质为主，占七等地面积的 85%，其余为重壤质。七等地无障碍因素，基础地力低，无灌溉条件，排水条件良好，农田林网化程度低，生物多样性一般。

数据详见表 5-43 至表 5-51。

（二）土壤养分现状

1. 有机质及大量元素

牙克石市耕地土壤有机质平均值为 57.6g/kg，属 1 级（高）水平，变幅为 32.1～87.4g/kg。含量为 1 级（高）水平的面积为 121 193.84hm²，占牙克石市耕地总面积的 98.89%；含量为 2 级（较高）水平的面积为 1 365.09hm²，占 1.11%；其他等级上无分布。

表 5-43　牙克石市不同地形部位质量等级面积

地形部位	项目	一等地	二等地	三等地	四等地	五等地	六等地	七等地	合计
平原低阶	面积（hm²）	1 060.49	24 522.77	7 114.64	173.35	—	—	—	32 871.24
	占比（%）	3.23	74.60	21.64	0.53	—	—	—	100.00
平原高阶	面积（hm²）	10 587.36	3 730.08	—	—	—	—	—	14 317.44
	占比（%）	73.95	26.05	—	—	—	—	—	100.00
丘陵上部	面积（hm²）	—	37.30	233.20	475.26	2.45	—	—	748.22
	占比（%）	—	4.99	31.17	63.52	0.33	—	—	100.00
丘陵中部	面积（hm²）	1 300.42	1 220.97	50.33	—	—	—	—	2 571.72
	占比（%）	50.57	47.48	1.96	—	—	—	—	100.00
丘陵下部	面积（hm²）	12 361.80	7 042.77	2 801.86	331.49	—	—	—	22 537.92
	占比（%）	54.85	31.25	12.43	1.47	—	—	—	100.00

（续表）

地形部位	项目	一等地	二等地	三等地	四等地	五等地	六等地	七等地	合计
山地坡上	面积（hm^2）	—	—	—	13.13	3 758.01	5 146.45	173.68	9 091.27
	占比（%）	—	—	—	0.14	41.34	56.61	1.91	100.00
山地坡中	面积（hm^2）	—	—	78.79	33 852.29	3 607.79	3.36	—	37 542.23
	占比（%）	—	—	0.21	90.17	9.61	0.01	—	100.00
山地坡下	面积（hm^2）	—	257.95	1 173.49	1 415.90	31.56	—	—	2 878.90
	占比（%）	—	8.96	40.76	49.18	1.10	—	—	100.00
合计	面积（hm^2）	25 310.07	36 811.84	11 452.31	36 261.42	7 399.80	5 149.81	173.68	122 558.93
	占比（%）	20.65	30.04	9.34	29.59	6.04	4.20	0.14	100.00

表 5-44　牙克石市不同成土母质质量等级面积

成土母质	项目	一等地	二等地	三等地	四等地	五等地	六等地	七等地	合计
残坡积物	面积（hm^2）	3 872.90	3 497.24	1 522.46	35 756.58	7 399.80	5 149.81	173.68	57 372.47
	占比（%）	6.75	6.10	2.65	62.32	12.90	8.98	0.30	100.00
冲洪积物	面积（hm^2）	11 647.85	29 215.55	9 912.08	504.84	—	—	—	51 280.32
	占比（%）	22.71	56.97	19.33	0.98	—	—	—	100.00
黄土状物	面积（hm^2）	9 789.32	4 099.05	17.77	—	—	—	—	13 906.14
	占比（%）	70.40	29.48	0.13	—	—	—	—	100.00
合计	面积（hm^2）	25 310.07	36 811.84	11 452.31	36 261.42	7 399.80	5 149.81	173.68	122 558.93
	占比（%）	20.65	30.04	9.34	29.59	6.04	4.20	0.14	100.00

表 5-45　牙克石市不同土壤类型质量等级面积

土壤类型	项目	一等地	二等地	三等地	四等地	五等地	六等地	七等地	合计
暗棕壤	面积（hm^2）	188.71	990.64	63.55	206.43	—	—	—	1 449.33
	占比（%）	13.02	68.35	4.38	14.24	—	—	—	100.00
草甸土	面积（hm^2）	11 426.41	10 553.42	2 620.91	128.94	—	—	—	24 729.68
	占比（%）	46.21	42.68	10.60	0.52	—	—	—	100.00
黑钙土	面积（hm^2）	13 473.51	7 273.10	2 801.86	402.07	—	—	—	23 950.54
	占比（%）	56.26	30.37	11.70	1.68	—	—	—	100.00
沼泽土	面积（hm^2）	221.44	17 699.43	4 493.73	44.41	—	—	—	22 459.00
	占比（%）	0.99	78.81	20.01	0.20	—	—	—	100.00
灰色森林土	面积（hm^2）	—	257.95	1 252.28	35 281.31	7 397.36	5 149.81	173.68	49 512.39
	占比（%）	—	0.52	2.53	71.26	14.94	10.40	0.35	100.00
棕色针叶林土	面积（hm^2）	—	37.30	219.98	144.51	2.45	—	—	404.25
	占比（%）	—	9.23	54.42	35.75	0.61	—	—	100.00
粗骨土	面积（hm^2）	—	—	—	53.75	—	—	—	53.75
	占比（%）	—	—	—	100.00	—	—	—	100.00
合计	面积（hm^2）	25 310.07	36 811.84	11 452.31	36 261.42	7 399.80	5 149.81	173.68	122 558.93
	占比（%）	20.65	30.04	9.34	29.59	6.04	4.20	0.14	100.00

表 5-46 牙克石市不同耕层质地质量等级面积

耕层质地	项目	一等地	二等地	三等地	四等地	五等地	六等地	七等地	合计
轻壤	面积（hm^2）	23.56	828.15	207.32	1 177.83	—	—	—	2 236.86
	占比（%）	1.05	37.02	9.27	52.66	—	—	—	100.00
中壤	面积（hm^2）	25 286.50	27 807.72	4 768.24	34 238.63	6 533.15	5 068.44	148.11	103 850.78
	占比（%）	24.35	26.78	4.59	32.97	6.29	4.88	0.14	100.00
重壤	面积（hm^2）	0.01	8 175.97	6 476.75	590.26	835.10	81.37	25.57	16 185.03
	占比（%）	0.00004	50.52	40.02	3.65	5.16	0.50	0.16	100.00
砂壤	面积（hm^2）	—	—	—	254.70	31.56	—	—	286.26
	占比（%）	—	—	—	88.98	11.02	—	—	100.00
合计	面积（hm^2）	25 310.07	36 811.84	11 452.31	36 261.42	7 399.80	5 149.81	173.68	122 558.93
	占比（%）	20.65	30.04	9.34	29.59	6.04	4.20	0.14	100.00

表 5-47 牙克石市不同障碍因素质量等级面积

障碍因素	项目	一等地	二等地	三等地	四等地	五等地	六等地	七等地	合计
无	面积（hm^2）	25 310.07	36 811.84	11 452.31	36 261.42	7 399.80	5 149.81	173.68	122 558.93
	占比（%）	20.65	30.04	9.34	29.59	6.04	4.20	0.14	100.00

表 5-48 牙克石市不同灌溉能力质量等级面积

灌溉能力	项目	一等地	二等地	三等地	四等地	五等地	六等地	七等地	合计
基本满足	面积（hm^2）	384.16	0.10	4.45	13.13	—	—	—	401.84
	占比（%）	95.60	0.02	1.11	3.27	—	—	—	100.00
不满足	面积（hm^2）	24 925.91	36 811.74	11 447.86	36 248.29	7 399.80	5 149.81	173.68	122 157.09
	占比（%）	20.40	30.13	9.37	29.67	6.06	4.22	0.14	100.00
合计	面积（hm^2）	25 310.07	36 811.84	11 452.31	36 261.42	7 399.80	5 149.81	173.68	122 558.93
	占比（%）	20.65	30.04	9.34	29.59	6.04	4.20	0.14	100.00

表 5-49 牙克石市不同排水能力质量等级面积

排水能力	项目	一等地	二等地	三等地	四等地	五等地	六等地	七等地	合计
充分满足	面积（hm^2）	22 296.68	23 774.17	3 094.34	29 467.79	3 531.97	4 053.22	—	86 218.17
	占比（%）	25.86	27.57	3.59	34.18	4.10	4.70	—	100.00
满足	面积（hm^2）	1 165.62	5 536.16	1 388.61	3 124.85	133.71	678.46	—	12 027.41
	占比（%）	9.69	46.03	11.55	25.98	1.11	5.64	—	100.00
基本满足	面积（hm^2）	1 583.85	6 426.93	5 732.95	2 194.49	3 323.25	408.53	145.13	19 815.13
	占比（%）	7.99	32.43	28.93	11.07	16.77	2.06	0.73	100.00
不满足	面积（hm^2）	263.92	1 074.57	1 236.40	1 474.30	410.87	9.61	28.55	4 498.22
	占比（%）	5.87	23.89	27.49	32.78	9.13	0.21	0.63	100.00
合计	面积（hm^2）	25 310.07	36 811.84	11 452.31	36 261.42	7 399.80	5 149.81	173.68	122 558.93
	占比（%）	20.65	30.04	9.34	29.59	6.04	4.20	0.14	100.00

表 5-50 牙克石市不同农田林网化程度质量等级面积

农田林网化程度	项目	一等地	二等地	三等地	四等地	五等地	六等地	七等地	合计
高	面积（hm^2）	263.92	1 074.57	1 236.40	1 474.30	410.87	9.61	28.55	4 498.22
	占比（%）	5.87	23.89	27.49	32.78	9.13	0.21	0.63	100.00
中	面积（hm^2）	2 473.40	6 213.31	3 742.72	1 395.01	1 076.22	112.50	25.57	15 038.73
	占比（%）	16.45	41.32	24.89	9.28	7.16	0.75	0.17	100.00
低	面积（hm^2）	22 572.74	29 523.96	6 473.19	33 392.11	5 912.72	5 027.70	119.56	103 021.98
	占比（%）	21.91	28.66	6.28	32.41	5.74	4.88	0.12	100.00
合计	面积（hm^2）	25 310.07	36 811.84	11 452.31	36 261.42	7 399.80	5 149.81	173.68	122 558.93
	占比（%）	20.65	30.04	9.34	29.59	6.04	4.20	0.14	100.00

表 5-51 牙克石市不同生物多样性质量等级面积

生物多样性	项目	一等地	二等地	三等地	四等地	五等地	六等地	七等地	合计
不丰富	面积（hm^2）	—	1 616.30	150.75	566.82	42.80	3.36	—	2 380.03
	占比（%）	—	67.91	6.33	23.82	1.80	0.14	—	100.00
一般	面积（hm^2）	25 310.07	35 195.54	11 301.56	35 694.60	7 357.01	5 146.45	173.68	120 178.91
	占比（%）	21.06	29.29	9.40	29.70	6.12	4.28	0.14	100.00
合计	面积（hm^2）	25 310.07	36 811.84	11 452.31	36 261.42	7 399.80	5 149.81	173.68	122 558.93
	占比（%）	20.65	30.04	9.34	29.59	6.04	4.20	0.14	100.00

全氮平均值为2.80g/kg，属1级（高）水平，变幅为1.86~5.68g/kg。含量为1级（高）水平的面积为96 595.76hm^2，占牙克石市耕地总面积的78.82%；含量为2级（较高）水平的面积为25 963.17hm^2，占牙克石市耕地总面积的21.18%；在3级（中）水平、4级（较低）水平和5级（低）水平上无分布。

有效磷平均值为15.4mg/kg，属4级（较低）水平，变幅为6.6~43.8 mg/kg。含量为1级（高）水平的面积为46.71hm^2，占牙克石市耕地总面积的0.04%；含量为2级（较高）水平的面积为39.20hm^2，占牙克石市耕地总面积的0.03%；含量为3级（中）水平的面积为7 308.84hm^2，占5.96%；含量为4级（较低）水平的面积为113 143.13hm^2，占92.32%；含量为5级（低）水平的面积为2 021.05hm^2，占1.65%。

速效钾平均值为190mg/kg，属2级（较高）水平，变幅为118~395 mg/kg。含量为1级（高）水平的面积为42 946.43hm^2，占牙克石市耕地总面积的35.04%；含量为2级（较高）水平的面积为72 304.67hm^2，占牙克石市耕地总面积的59.00%；含量为3级（中）水平的面积为7 307.82hm^2，占5.96%；在4级（较低）水平和5级（低）水平上无分布。

缓效钾平均值为729mg/kg，属3级（中）水平，变幅为405~1 111mg/kg。含量为1级（高）水平的面积为3 085.36hm^2，占牙克石市耕地总面积的2.52%；含量为2级（较高）水平的面积为16 752.02hm^2，占牙克石市耕地总面积的13.67%；含量为3级（中）水平的面积为102 640.48hm^2，占83.75%；含量为4级（较低）水平的面积为

81.08hm²，占 0.07%；在 5 级（低）水平上无分布。

2. 中量元素

有效硫平均值为 20.4mg/kg，属 3 级（中）水平，变幅为 10.5~36.0 mg/kg。含量为 2 级（较高）水平的面积为 4 917.69hm²，占牙克石市耕地总面积的 4.01%；含量为 3 级（中）水平的面积为 57 206.72hm²，占牙克石市耕地总面积的 46.68%；含量为 4 级（较低）水平的面积为 60 434.52hm²，占 49.31%；在 1 级（高）水平和 5 级（低）水平上无分布。

有效硅平均值为 466mg/kg，属 1 级（高）水平，变幅为 104~775 mg/kg。含量为 1 级（高）水平的面积为 118 506.28hm²，占牙克石市耕地总面积的 96.69%；含量为 2 级（较高）水平的面积为 3 345.46hm²，占牙克石市耕地总面积的 2.73%；含量为 3 级（中）水平的面积为 707.19hm²，占 0.58%；在 4 级（较低）水平和 5 级（低）水平上无分布。

3. 微量元素

有效铁平均值为 117.5mg/kg，属 1 级（高）水平，变幅为 65.8~238.9 mg/kg。含量为 1 级（高）水平的面积为 122 558.93hm²，占牙克石市耕地总面积的 100.00%。

有效锰平均值为 26.6mg/kg，属 1 级（高）水平，变幅为 12.2~81.5 mg/kg。含量为 1 级（高）水平的面积为 108 969.85hm²，占牙克石市耕地总面积的 88.91%；含量为 2 级（较高）水平的面积为 13 589.08hm²，占牙克石市耕地总面积的 11.09%；在其他等级上无分布。

有效铜平均值为 1.53mg/kg，属 2 级（较高）水平，变幅为 0.87~2.83 mg/kg。含量为 1 级（高）水平的面积为 10 139.14hm²，占牙克石市耕地总面积的 8.27%；含量为 2 级（较高）水平的面积为 110 915.56hm²，占牙克石市耕地总面积的 90.50%；含量为 3 级（中）水平的面积为 1 504.23hm²，占 1.23%；在 4 级（较低）水平和 5 级（低）水平上无分布。

有效锌平均值为 1.23mg/kg，属 3 级（中）水平，变幅为 0.64~3.11 mg/kg。含量为 1 级（高）水平的面积为 5 711.06hm²，占牙克石市耕地总面积的 4.66%；含量为 2 级（较高）水平的面积为 8 698.53hm²，占牙克石市耕地总面积的 7.10%；含量为 3 级（中）水平的面积为 84 011.60hm²，占 68.55%；含量为 4 级（较低）水平的面积为 24 137.74hm²，占 19.69%；在 5 级（低）水平上无分布。

有效硼平均值为 1.29mg/kg，属 1 级（高）水平，变幅为 0.16~2.91 mg/kg。含量为 1 级（高）水平的面积为 112 471.67hm²，占牙克石市耕地总面积的 91.77%；含量为 2 级（较高）水平的面积为 7 146.65hm²，占牙克石市耕地总面积的 5.83%；含量为 3 级（中）水平的面积为 2 305.63hm²，占 1.88%；含量为 4 级（较低）水平的面积为 548.68hm²，占 0.45%；含量为 5 级（低）的面积为 86.31hm²，占 0.07%。

有效钼平均值为 0.09mg/kg，属 4 级（较低）水平，变幅为 0.03~0.17 mg/kg。1 级（高）水平上无分布；含量为 2 级（较高）水平的面积为 236.38hm²，占牙克石市耕地总面积的 0.19%；含量为 3 级（中）水平的面积为 14 784.56hm²，占牙克石市耕地总面积的 12.06%；含量为 4 级（较低）水平的面积为 106 623.72hm²，占 87.00%；

含量为5级（低）水平的面积为914.26hm²，占0.75%。

4. 其他属性

耕地土壤pH值平均值为6.0，属2级（较高）水平，变幅为5.2~7.0。pH值为1级（高）水平的面积为74 685.29hm²，占牙克石市耕地总面积的60.94%；2级（较高）水平的面积为32 986.62hm²，占牙克石市耕地总面积的26.91%；3级（中）水平的面积为14 887.02hm²，占12.15%；在4级（较低）水平和5级（低）水平上无分布。

土壤容重平均值为1.18g/cm³，属1级（高）水平，变幅为1.08~1.36。1级（高）水平的面积为118 686.04hm²，占牙克石市耕地总面积的96.84%；2级（较高）水平的面积为1 280.25hm²，占牙克石市耕地总面积的1.04%；3级（中）水平的面积为2 592.63hm²，占2.12%；在4级（较低）水平和5级（低）水平上无分布。

牙克石市耕地土壤全部为清洁水平。

六、扎兰屯市

（一）耕地质量等级分布

扎兰屯市耕地面积238 519.96hm²，占呼伦贝尔市耕地总面积的13.34%，按质量等级由高到低依次划分为一等至七等，平均质量等级为3.29（图5-6）。各乡（镇）耕地质量等级面积见表5-52。

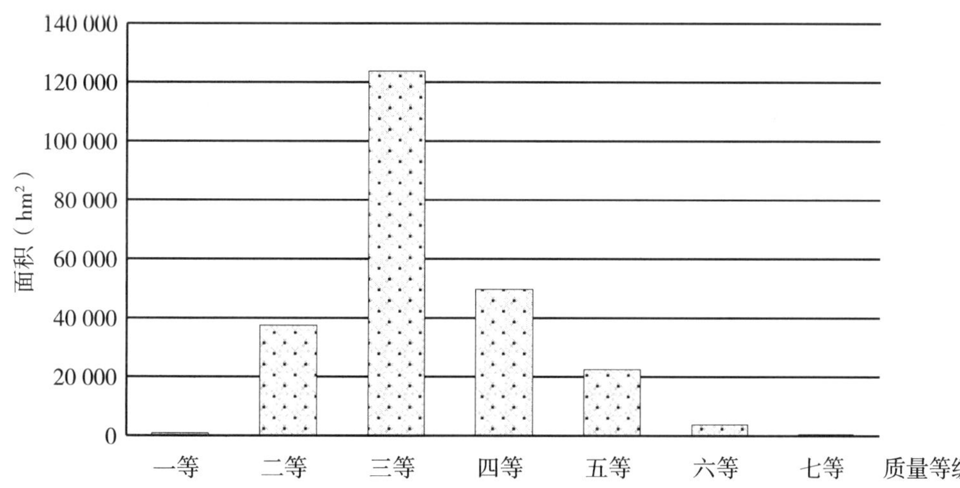

图5-6　扎兰屯市耕地质量等级面积

一等地面积为852.54hm²，占扎兰屯市耕地总面积的0.36%。主要分布在蘑菇气镇，占一等地面积的55%，成吉思汗镇、高台子街道办事处、达斡尔民族乡和扎兰屯城区有少量分布，大河湾镇、萨马街乡、洼堤乡和扎兰屯市林业局有零星分布，其他乡（镇）没有一等地分布。土壤类型包括暗棕壤、草甸土、黑土和沼泽土，其中草甸土面积最大，占一等地面积的90%左右，沼泽土只占0.09%。一等地位于平原低阶和丘陵下部，其中平原低阶占一等地面积的90%左右。成土母质以冲洪积物为主，占90%左右，残坡积物、黄土状物和河湖沉积物有零星分布。耕层质地以轻壤质为主，占 80%以上，中壤质占 15%左右，重壤质零星分布。一等地无障碍因素，基础地力高，有灌溉条件，排水能力可以达到基本满足，农田林网化程度中等，生物多样性一般。

二等地面积为 37 517. 98hm^2，占扎兰屯市耕地总面积的 15. 73%。主要分布在柴河镇、卧牛河镇和大河湾镇，三者面积之和占二等地面积的 45%以上，成吉思汗镇、达斡尔民族乡、哈多河镇、浩饶山镇、蘑菇气镇、南木鄂伦春民族乡、洼堤乡、扎兰屯马场和中和镇有少量分布，其他乡（镇）只有零星分布。土壤类型包括暗棕壤、草甸土、黑土和沼泽土，其中暗棕壤和草甸土面积之和占二等地面积的 80%以上，黑土少量分布，沼泽土零星分布。二等地位于丘陵下部的面积占 50%以上，位于平原低阶的面积占 30%以上，丘陵中部有少量分布。成土母质以残坡积物为主，占 50%左右，冲洪积物和黄土状物面积之和占 50%，河湖沉积物只有零星分布。耕层质地以轻壤质为主，占二等地面积的近 50%左右，中壤质占 45%左右，其余为重壤质。二等地无障碍因素，基础地力较高，无灌溉条件，排水能力可以达到基本满足，农田林网化程度中等，生物多样性一般。

三等地面积为 123 707. 87hm^2，占扎兰屯市耕地总面积的 51. 86%。主要分布在中和镇、成吉思汗镇和大河湾镇，三者面积之和占三等地面积的 35%以上，蘑菇气镇、萨马街乡和卧牛河镇，面积之和占三等地面积的 25%以上，其他乡（镇）均有少量分布。土壤类型包括暗棕壤、草甸土、黑土和沼泽土，其中暗棕壤面积最大，占三等地面积的 50%左右，草甸土和黑土面积之和占三等地面积的 50%左右，沼泽土零星分布。三等地位于丘陵下部的面积占 50%以上，位于平原低阶的面积占 40%左右，丘陵中部有少量分布，山地坡中和山地坡下有零星分布。成土母质以残坡积物为主，占 50%左右，冲洪积物和黄土状物面积之和占 50%，河湖沉积物只有零星分布。耕层质地以轻壤质为主，占三等地面积的近 50%左右，中壤质和重壤质占 50%左右。三等地基本无障碍因素，基础地力中等，无灌溉条件，排水能力可以达到基本满足，农田林网化程度中等，生物多样性一般。

表 5-52　扎兰屯市各乡（镇）耕地质量等级面积

乡（镇）	项目	一等地	二等地	三等地	四等地	五等地	六等地	七等地	合计
柴河镇	面积（hm^2）	—	6 479. 30	3 585. 47	651. 92	—	35. 60	—	10 752. 29
	占比（%）	—	60. 26	33. 35	6. 06	—	0. 33	—	100. 00
成吉思汗镇	面积（hm^2）	147. 90	2 516. 23	14 128. 65	9 501. 26	3 347. 88	981. 04	317. 61	30 940. 57
	占比（%）	0. 48	8. 13	45. 66	30. 71	10. 82	3. 17	1. 03	100. 00
达斡尔民族乡	面积（hm^2）	60. 17	1 925. 27	4 437. 00	2 934. 04	2 952. 78	126. 88	—	12 436. 14
	占比（%）	0. 48	15. 48	35. 68	23. 59	23. 74	1. 02	—	100. 00
大河湾农场	面积（hm^2）	—	816. 56	5 936. 56	1 898. 47	14. 48	—	—	8 666. 06
	占比（%）	—	9. 42	68. 50	21. 91	0. 17	—	—	100. 00
大河湾镇	面积（hm^2）	31. 42	5 289. 61	17 711. 33	4 135. 36	112. 03	84. 91	—	27 364. 67
	占比（%）	0. 11	19. 33	64. 72	15. 11	0. 41	0. 31	—	100. 00

（续表）

乡（镇）	项目	一等地	二等地	三等地	四等地	五等地	六等地	七等地	合计
高台子街道	面积（hm^2）	99.97	476.87	2 355.48	942.70	142.77	84.32	—	4 102.11
	占比（%）	2.44	11.63	57.42	22.98	3.48	2.06	—	100.00
哈多河镇	面积（hm^2）	—	2 088.19	6 057.47	429.69	599.18	14.55	—	9 189.09
	占比（%）	—	22.72	65.92	4.68	6.52	0.16	—	100.00
浩饶山镇	面积（hm^2）	—	1 613.94	4 745.04	390.70	112.23	—	—	6 861.91
	占比（%）	—	23.52	69.15	5.69	1.64	—	—	100.00
河西街道	面积（hm^2）	—	51.88	597.91	240.54	56.60	0.44	—	947.36
	占比（%）	—	5.48	63.11	25.39	5.97	0.05	—	100.00
蘑菇气镇	面积（hm^2）	469.09	2 295.42	12 362.02	5 334.93	3 724.71	1 028.79	67.34	25 282.29
	占比（%）	1.86	9.08	48.90	21.10	14.73	4.07	0.27	100.00
南木鄂伦春民族乡	面积（hm^2）	—	1 769.21	5 417.59	1 562.54	849.52	57.24	—	9 656.10
	占比（%）	—	18.32	56.11	16.18	8.80	0.59	—	100.00
萨马街乡	面积（hm^2）	0.35	720.56	9 723.96	3 728.87	295.64	75.04	—	14 544.42
	占比（%）	0.002	4.95	66.86	25.64	2.03	0.52	—	100.00
铁东街道	面积（hm^2）	—	330.59	426.99	34.03	267.69	40.20	—	1 099.51
	占比（%）	—	30.07	38.83	3.10	24.35	3.66	—	100.00
洼堤乡	面积（hm^2）	0.26	1 730.25	5 663.02	1 055.09	1 155.87	20.79	—	9 625.27
	占比（%）	0.003	17.98	58.83	10.96	12.01	0.22	—	100.00
卧牛河镇	面积（hm^2）	—	5 435.30	10 333.91	3 351.76	3 058.40	5.82	—	22 185.18
	占比（%）	—	24.50	46.58	15.11	13.79	0.03	—	100.00
向阳街道	面积（hm^2）	—	31.87	258.97	0.64	—	—	—	291.48
	占比（%）	—	10.93	88.85	0.22	—	—	—	100.00
兴华街道	面积（hm^2）	—	32.65	173.36	18.51	17.53	—	—	242.05
	占比（%）	—	13.49	71.62	7.65	7.24	—	—	100.00
扎兰屯城区	面积（hm^2）	39.74	283.07	3 810.72	3 620.46	51.43	44.89	101.64	7 951.95
	占比（%）	0.50	3.56	47.92	45.53	0.65	0.56	1.28	100.00
扎兰屯马场	面积（hm^2）	—	1 336.67	2 503.43	141.74	306.27	1.20	—	4 289.31
	占比（%）	—	31.16	58.36	3.30	7.14	0.03	—	100.00
扎兰屯市林业局	面积（hm^2）	3.65	179.25	392.26	238.87	67.95	3.73	—	885.72
	占比（%）	0.41	20.24	44.29	26.97	7.67	0.42	—	100.00
中和镇	面积（hm^2）	—	2 115.29	13 086.72	9 525.17	5 325.86	1 149.65	3.79	31 206.48
	占比（%）	—	6.78	41.94	30.52	17.07	3.68	0.01	100.00
合计	面积（hm^2）	852.54	37 517.98	123 707.87	49 737.27	22 458.81	3 755.10	490.38	238 519.96
	占比（%）	0.36	15.73	51.86	20.85	9.42	1.57	0.21	100.00

四等地面积为49 737.27hm^2，占扎兰屯市耕地总面积的20.85%。分布在成吉思汗镇和中和镇的面积最大，各占19%左右，达斡尔民族乡、大河湾农场、大河湾镇、蘑菇气镇、萨马街乡、卧牛河镇和扎兰屯城区均有少量分布，其他乡（镇）有零星分布。土壤类型包括暗棕壤、草甸土、黑土和沼泽土，其中暗棕壤面积最大，占四等地面积的50%以上，草甸土和黑土面积之和占四等地面积的40%以上，沼泽土零星分布。位于丘

陵下部和平原低阶的面积相当，总和占到四等地面积的70%左右，山地坡中面积次之，占四等地面积的20%左右，丘陵中部和山地坡下有零星分布。成土母质以残坡积物为主，占60%以上，冲洪积物占30%以上，黄土状物和河湖沉积物只有零星分布。耕层质地以中壤质为主，占四等地面积的近40%左右，轻壤质和重壤质占60%左右。四等地基本无障碍因素，有少量存在障碍层次问题，基础地力中等，无灌溉条件，排水能力可以达到基本满足，农田林网化程度较低，生物多样性一般。

五等地面积为22 458.81hm^2，占扎兰屯市耕地总面积的9.42%。主要分布在中和镇、成吉思汗镇、达斡尔民族乡、蘑菇气镇和卧牛河镇，占五等地面积的80%以上，柴河镇和向阳街道办事处没有五等地，其他乡（镇）有零星分布。土壤类型包括暗棕壤、草甸土、黑土和沼泽土，其中暗棕壤面积最大，占五等地面积的80%以上，草甸土少量分布，黑土和沼泽土零星分布。位于山地坡中的面积最大，占85%左右，少量位于平原低阶，占10%以上，丘陵中部、丘陵下部和山地坡下有零星分布。成土母质以残坡积物为主，占80%以上，冲洪积物占10%以上，黄土状物和河湖沉积物只有零星分布。耕层质地以中壤质和轻壤质为主，占五等地面积的近85%左右，重壤质占10%左右，砂土质、黏土质和砂壤质有零星分布。五等地基本无障碍因素，少量存在障碍层次问题，基础地力较低，无灌溉条件，排水能力可以达到基本满足，农田林网化程度较低，生物多样性一般。

六等地面积为3 755.10hm^2，占扎兰屯市耕地总面积的1.57%。主要分布在成吉思汗镇、蘑菇气镇、中和镇，占六等地面积的80%以上，大河湾农场、浩饶山镇、向阳街道办事处和兴华街道办事处没有六等地，其他乡（镇）有零星分布。土壤类型以暗棕壤和草甸土为主，占六等地面积的90%以上，沼泽土、粗骨土和棕色针叶林土零星分布。位于山地坡中的六等地面积最大，占60%以上，平原低阶面积次之，占30%以上，丘陵上部和山地坡上有零星分布。成土母质以残坡积物为主，占60%以上，冲洪积物占30%以上，河湖沉积物只有零星分布。耕层质地以轻壤质和砂土质为主，占六等地面积的近80%以上，中壤质占15%左右，砂壤质和重壤质零星分布。六等地基本无障碍因素，少量存在障碍层次问题，基础地力低，无灌溉条件，排水能力可以达到基本满足，农田林网化程度较低，生物多样性一般。

七等地面积为490.38hm^2，占扎兰屯市耕地总面积的0.21%。七等地只有成吉思汗镇、蘑菇气镇、扎兰屯城区和中和镇有分布，其中成吉思汗镇面积最大，占七等地面积的65%左右，中和镇面积极小，只有3.79hm^2。土壤类型以草甸土为主，占七等地面积的99%，暗棕壤零星分布。位于平原低阶的七等地面积占到99%左右，山地坡中有零星分布。成土母质以冲洪积物为主，达99%以上，残坡积物只有零星分布。耕层质地以砂土质为主，占七等地面积的近95%以上，砂壤质和轻壤质零星分布。七等地基本无障碍因素，基础地力低，无灌溉条件，排水能力可以达到基本满足，农田林网化程度较低，生物多样性一般。

数据详见表5-53至表5-61。

（二）土壤养分现状

1. 有机质及大量元素

扎兰屯市耕地土壤有机质平均值为46.3g/kg，属1级（高）水平，变幅为13.0~104.1g/kg。含量为1级（高）水平的面积为180 932.04hm^2，占扎兰屯市耕地总面积的75.86%；含量为2级（较高）水平的面积为55 227.01hm^2，占扎兰屯市耕地总面积的23.15%；含量为3级（中）水平的面积为2 250.85hm^2，占0.94%；含量为4级（较低）水平的面积为110.07hm^2，占0.05%；在5级（低）水平上无分布。

土壤全氮平均值为2.24g/kg，属2级（较高）水平，变幅为1.09~4.32g/kg。含量为1级（高）水平的面积为48 782.26hm^2，占扎兰屯市耕地总面积的20.45%；含量为2级（较高）水平的面积为188 230.89hm^2，占扎兰屯市耕地总面积的78.92%；含量为3级（中）水平的面积为1 506.81hm^2，占0.63%；在其他等级上无分布。

土壤有效磷平均值为34.0mg/kg，属2级（较高）水平，变幅为4.9~132.2mg/kg。含量为1级（高）水平的面积为79 570.09hm^2，占扎兰屯市耕地总面积的33.36%；含量为2级（较高）水平的面积为67 301.38hm^2，占扎兰屯市耕地总面积的28.22%；含量为3级（中）水平的面积为42 903.95hm^2，占17.99%；含量为4级（较低）水平的面积为45 096.32hm^2，占18.91%；含量为5级（低）水平的面积为3 648.22hm^2，占1.53%。

土壤速效钾平均值为318mg/kg，属1级（高）水平，变幅为97~712 mg/kg。含量为1级（高）水平的面积为228 995.94hm^2，占扎兰屯市耕地总面积的96.01%；含量为2级（较高）水平的面积为8 664.15hm^2，占扎兰屯市耕地总面积的3.63%；含量为3级（中）水平的面积为849.26hm^2，占0.36%；含量为4级（较低）水平的面积为10.60hm^2，占呼伦贝尔市耕地总面积的0.004%；在5级（低）水平上无分布。

土壤缓效钾平均值为690mg/kg，属3级（中）水平，变幅为366~1 137mg/kg。含量为1级（高）水平的面积为174.00hm^2，占扎兰屯市耕地总面积的0.07%；含量为2级（较高）水平的面积为25 534.35hm^2，占扎兰屯市耕地总面积的10.71%；含量为3级（中）水平的面积为206 374.53hm^2，占86.52%；含量为4级（较低）水平的面积为6 437.08hm^2，占2.70%；在5级（低）水平上无分布。

表5-53　扎兰屯市不同地形部位质量等级面积

地形部位	项目	一等地	二等地	三等地	四等地	五等地	六等地	七等地	合计
平原低阶	面积（hm^2）	763.87	12 428.48	48 496.28	16 921.65	2 775.19	1 317.99	486.58	83 190.04
	占比（%）	0.92	14.94	58.30	20.34	3.34	1.58	0.58	100.00
丘陵上部	面积（hm^2）	—	—	—	—	0.86	3.39	—	4.25
	占比（%）	—	—	—	—	20.20	79.80	—	100.00
丘陵中部	面积（hm^2）	—	4 412.11	10 310.78	3 106.67	33.68	—	—	17 863.24
	占比（%）	—	24.70	57.72	17.39	0.19	—	—	100.00
丘陵下部	面积（hm^2）	88.67	20 677.34	64 319.04	17 602.11	435.83	—	—	103 123.00
	占比（%）	0.09	20.05	62.37	17.07	0.42	—	—	100.00

（续表）

地形部位	项目	一等地	二等地	三等地	四等地	五等地	六等地	七等地	合计
山地坡上	面积（hm^2）	—	—	—	—	0.83	39.33	—	40.16
	占比（%）	—	—	—	—	2.07	97.93	—	100.00
山地坡中	面积（hm^2）	—	0.06	359.49	11 532.23	19 145.16	2 394.39	3.79	33 435.12
	占比（%）	—	0.0002	1.08	34.49	57.26	7.16	0.01	100.00
山地坡下	面积（hm^2）	—	—	222.28	574.61	67.26	—	—	864.15
	占比（%）	—	—	25.72	66.49	7.78	—	—	100.00
合计	面积（hm^2）	852.54	37 517.98	123 707.87	49 737.27	22 458.81	3 755.10	490.38	238 519.96
	占比（%）	0.36	15.73	51.86	20.85	9.42	1.57	0.21	100.00

表 5-54　扎兰屯市不同成土母质质量等级面积

成土母质	项目	一等地	二等地	三等地	四等地	五等地	六等地	七等地	合计
残坡积物	面积（hm^2）	67.05	19 022.49	65 604.16	30 659.86	19 493.85	2 437.11	3.79	137 288.31
	占比（%）	0.05	13.86	47.79	22.33	14.20	1.78	0.003	100.00
冲洪积物	面积（hm^2）	763.10	12 293.31	47 533.91	16 399.28	2 720.28	1 308.74	486.58	81 505.20
	占比（%）	0.94	15.08	58.32	20.12	3.34	1.61	0.60	100.00
河湖沉积物	面积（hm^2）	0.77	135.17	962.37	522.38	54.90	9.25	—	1 684.84
	占比（%）	0.05	8.02	57.12	31.00	3.26	0.55	—	100.00
黄土状物	面积（hm^2）	21.63	6 067.02	9 607.44	2 155.76	189.77	—	—	18 041.61
	占比（%）	0.12	33.63	53.25	11.95	1.05	—	—	100.00
合计	面积（hm^2）	852.54	37 517.98	123 707.87	49 737.27	22 458.81	3 755.10	490.38	238 519.96
	占比（%）	0.36	15.73	51.86	20.85	9.42	1.57	0.21	100.00

表 5-55　扎兰屯市不同土壤类型质量等级面积

土壤类型	项目	一等地	二等地	三等地	四等地	五等地	六等地	七等地	合计
暗棕壤	面积（hm^2）	67.05	18 085.72	56 715.81	28 351.91	19 477.80	2 394.39	3.79	125 096.48
	占比（%）	0.05	14.46	45.34	22.66	15.57	1.91	0.003	100.00
草甸土	面积（hm^2）	757.70	11 972.83	40 079.33	12 958.49	2 656.71	1 308.74	486.58	70 220.38
	占比（%）	1.08	17.05	57.08	18.45	3.78	1.86	0.69	100.00
黑土	面积（hm^2）	27.03	7 324.27	25 950.35	7 904.50	267.70	—	—	41 473.85
	占比（%）	0.07	17.66	62.57	19.06	0.65	—	—	100.00
沼泽土	面积（hm^2）	0.77	135.17	962.37	522.38	54.90	9.25	—	1 684.84
	占比（%）	0.05	8.02	57.12	31.00	3.26	0.55	—	100.00
粗骨土	面积（hm^2）	—	—	—	—	0.86	3.39	—	4.25
	占比（%）	—	—	—	—	20.20	79.80	—	100.00
棕色针叶林土	面积（hm^2）	—	—	—	—	0.83	39.33	—	40.16
	占比（%）	—	—	—	—	2.07	97.93	—	100.00
合计	面积（hm^2）	852.54	37 517.98	123 707.87	49 737.27	22 458.81	3 755.10	490.38	238 519.96
	占比（%）	0.36	15.73	51.86	20.85	9.42	1.57	0.21	100.00

表 5-56　扎兰屯市不同耕层质地质量等级面积

耕层质地	项目	一等地	二等地	三等地	四等地	五等地	六等地	七等地	合计
轻壤	面积（hm^2）	691.53	18 139.13	58 952.38	13 950.14	8 870.24	1 851.40	3.79	102 458.60
	占比（%）	0.67	17.70	57.54	13.62	8.66	1.81	0.004	100.00
中壤	面积（hm^2）	130.46	16 867.66	37 895.62	20 214.95	10 305.24	594.70	—	86 008.64
	占比（%）	0.15	19.61	44.06	23.50	11.98	0.69	—	100.00
重壤	面积（hm^2）	30.55	2 511.19	26 838.33	15 569.89	2 887.83	7.51	—	47 845.30
	占比（%）	0.06	5.25	56.09	32.54	6.04	0.02	—	100.00
砂土	面积（hm^2）	—	—	21.54	2.29	224.78	1 256.74	477.41	1982.76
	占比（%）	—	—	1.09	0.12	11.34	63.38	24.08	100.00
黏土	面积（hm^2）	—	—	—	—	9.53	—	—	9.53
	占比（%）	—	—	—	—	100.00	—	—	100.00
砂壤	面积（hm^2）	—	—	—	—	161.19	44.75	9.17	215.12
	占比（%）	—	—	—	—	74.93	20.80	4.26	100.00
合计	面积（hm^2）	852.54	37 517.98	123 707.87	49 737.27	22 458.81	3 755.10	490.38	238 519.96
	占比（%）	0.36	15.73	51.86	20.85	9.42	1.57	0.21	100.00

表 5-57　扎兰屯市不同障碍因素质量等级面积

障碍因素	项目	一等地	二等地	三等地	四等地	五等地	六等地	七等地	合计
无	面积（hm^2）	842.68	37 346.41	121 748.27	43 442.14	20 384.99	3 695.88	490.38	227 950.74
	占比（%）	0.37	16.38	53.41	19.06	8.94	1.62	0.22	100.00
障碍层次	面积（hm^2）	9.87	171.58	1 959.60	6 295.14	2 072.96	55.83	—	10 564.96
	占比（%）	0.09	1.62	18.55	59.59	19.62	0.53	—	100.00
瘠薄	面积（hm^2）	—	—	—	—	0.86	3.39	—	4.25
	占比（%）	—	—	—	—	20.20	79.80	—	100.00
合计	面积（hm^2）	852.54	37 517.98	123 707.87	49 737.27	22 458.81	3 755.10	490.38	238 519.96
	占比（%）	0.36	15.73	51.86	20.85	9.42	1.57	0.21	100.00

表 5-58　扎兰屯市不同灌溉能力质量等级面积

灌溉能力	项目	一等地	二等地	三等地	四等地	五等地	六等地	七等地	合计
充分满足	面积（hm^2）	783.46	959.78	168.50	25.51	—	—	—	1 937.25
	占比（%）	40.44	49.54	8.70	1.32	—	—	—	100.00
基本满足	面积（hm^2）	0.35	90.22	0.08	—	—	—	—	90.65
	占比（%）	0.38	99.53	0.09	—	—	—	—	100.00
不满足	面积（hm^2）	68.74	36 467.98	123 539.29	49 711.76	22 458.81	3 755.10	490.38	236 492.07
	占比（%）	0.03	15.42	52.24	21.02	9.50	1.59	0.21	100.00
合计	面积（hm^2）	852.54	37 517.98	123 707.87	49 737.27	22 458.81	3 755.10	490.38	238 519.96
	占比（%）	0.36	15.73	51.86	20.85	9.42	1.57	0.21	100.00

表 5-59　扎兰屯市不同排水能力质量等级面积

排水能力	项目	一等地	二等地	三等地	四等地	五等地	六等地	七等地	合计
充分满足	面积（hm^2）	3.65	15.36	15.88	6.70	—	—	—	41.59
	占比（%）	8.78	36.93	38.19	16.11	—	—	—	100.00
满足	面积（hm^2）	59.27	1 423.50	1 326.62	675.17	183.17	—	—	3 667.72
	占比（%）	1.62	38.81	36.17	18.41	4.99	—	—	100.00
基本满足	面积（hm^2）	786.80	35 534.92	120 576.53	45 010.60	21 073.24	3 254.76	169.05	226 405.91
	占比（%）	0.35	15.70	53.26	19.88	9.31	1.44	0.07	100.00
不满足	面积（hm^2）	2.82	544.21	1 788.84	4 044.81	1 202.39	500.34	321.33	8 404.73
	占比（%）	0.03	6.47	21.28	48.13	14.31	5.95	3.82	100.00
合计	面积（hm^2）	852.54	37 517.98	123 707.87	49 737.27	22 458.81	3 755.10	490.38	238 519.96
	占比（%）	0.36	15.73	51.86	20.85	9.42	1.57	0.21	100.00

表 5-60　扎兰屯市不同农田林网化程度质量等级面积

农田林网化程度	项目	一等地	二等地	三等地	四等地	五等地	六等地	七等地	合计
高	面积（hm^2）	—	475.54	89.77	30.45	0.43	—	—	596.19
	占比（%）	—	79.76	15.06	5.11	0.07	—	—	100.00
中	面积（hm^2）	341.26	30 506.03	66 476.81	19 821.50	7 898.10	542.48	48.68	125 634.86
	占比（%）	0.27	24.28	52.91	15.78	6.29	0.43	0.04	100.00
低	面积（hm^2）	511.28	6 536.41	57 141.29	29 885.32	14 560.28	3 212.62	441.70	112 288.92
	占比（%）	0.46	5.82	50.89	26.61	12.97	2.86	0.39	100.00
合计	面积（hm^2）	852.54	37 517.98	123 707.87	49 737.27	22 458.81	3 755.10	490.38	238 519.96
	占比（%）	0.36	15.73	51.86	20.85	9.42	1.57	0.21	100.00

表 5-61　扎兰屯市不同生物多样性质量等级面积

生物多样性	项目	一等地	二等地	三等地	四等地	五等地	六等地	七等地	合计
不丰富	面积（hm^2）	—	1 231.70	14 867.04	14 556.37	2 830.85	1 498.56	166.30	35 150.82
	占比（%）	—	3.50	42.30	41.41	8.05	4.26	0.47	100.00
丰富	面积（hm^2）	—	1 178.64	1 035.81	258.92	32.39	9.85	—	2 515.61
	占比（%）	—	46.85	41.18	10.29	1.29	0.39	—	100.00
一般	面积（hm^2）	840.69	35 107.64	107 805.02	34 921.99	19 595.58	2 246.68	324.08	200 841.67
	占比（%）	0.42	17.48	53.68	17.39	9.76	1.12	0.16	100.00
合计	面积（hm^2）	840.69	37 517.98	123 707.87	49 737.27	22 458.81	3 755.10	490.38	238 508.10
	占比（%）	0.35	15.73	51.87	20.85	9.42	1.57	0.21	100.00

2. 中量元素

有效硫平均值为 38.9mg/kg，属 2 级（较高）水平，变幅为 14.3～108.4 mg/kg。含量为 1 级（高）水平的面积为 94 316.44hm^2，占扎兰屯市耕地总面积的 39.54%；含量为 2 级（较高）水平的面积为 91 485.09hm^2，占扎兰屯市耕地总面积的 38.36%；含量为 3 级（中）水平的面积为 49 998.63hm^2，占 20.96%；含量为 4 级（较低）水平的面积为 2 719. 80hm^2，占 1. 14%；在 5 级（低）水平上无分布。

有效硅平均值为 166mg/kg，属 3 级（中）水平，变幅为 54～585 mg/kg。含量为 1 级（高）水平的面积为 8 744. 08hm^2，占扎兰屯市耕地总面积的 3. 67%；含量为 2 级（较高）水平的面积为 31 006. 59hm^2，占扎兰屯市耕地总面积的 13. 00%；含量为 3 级（中）水平的面积为 184 764. 31hm^2，占 77. 46%；含量为 4 级（较低）水平的面积为 14 004. 99hm^2，占 5. 87%；在 5 级（低）水平上无分布。

3. 微量元素

有效铁平均值为 128. 6mg/kg，属 1 级（高）水平，变幅为 51. 3～246. 8 mg/kg。含量为 1 级（高）水平的面积为 238 519. 96hm^2，占扎兰屯市耕地总面积的 100. 00%。

有效锰平均值为 76. 4mg/kg，属 1 级（高）水平，变幅为 17. 3～157 mg/kg。含量为 1 级（高）水平的面积为 238 457. 74hm^2，占扎兰屯市耕地总面积的 99. 97%；含量为 2 级（较高）水平的面积为 62. 22hm^2，占扎兰屯市耕地总面积的 0. 03%；在其他等级上无分布。

有效铜平均值为 1. 73mg/kg，属 2 级（较高）水平，变幅为 0. 7～3. 79 mg/kg。含量为 1 级（高）水平的面积为 44 216. 77hm^2，占扎兰屯市耕地总面积的 18. 54%；含量为 2 级（较高）水平的面积为 193 274. 71hm^2，占扎兰屯市耕地总面积的 81. 03%；含量为 3 级（中）水平的面积为 1 028. 48hm^2，占 0. 43%；在 4 级（较低）水平和 5 级（低）水平上无分布。

有效锌平均值为 1. 76mg/kg，属 2 级（较高）水平，变幅为 0. 87～5. 67 mg/kg。含量为 1 级（高）水平的面积为 61 717. 35hm^2，占扎兰屯市耕地总面积的 25. 88%；含量为 2 级（较高）水平的面积为 94 772. 80hm^2，占扎兰屯市耕地总面积的 39. 73%；含量为 3 级（中）水平的面积为 81 178. 79hm^2，占 34. 03%；含量为 4 级（较低）水平的面积为 851. 02hm^2，占 0. 36%；在 5 级（低）水平上无分布。

有效硼平均值为 0. 58mg/kg，属 3 级（中）水平，变幅为 0. 28～2. 85 mg/kg。含量为 1 级（高）水平的面积为 3 754. 02hm^2，占扎兰屯市耕地总面积的 1. 57%；含量为 2 级（较高）水平的面积为 14 949. 81hm^2，占扎兰屯市耕地总面积的 6. 27%；含量为 3 级（中）水平的面积为 139 972. 12hm^2，占 58. 68%；含量为 4 级（较低）水平的面积为 79 844. 01hm^2，占 33. 47%；在 5 级（低）水平上无分布。

有效钼平均值为 0. 07mg/kg，属 4 级（较低）水平，变幅为 0. 04～0. 21 mg/kg。含量为 1 级（高）水平的面积为 0. 21hm^2，占扎兰屯市耕地总面积的 0. 0001%；含量为 2 级（较高）水平的面积为 243. 65hm^2，占扎兰屯市耕地总面积的 0. 10%；含量为 3 级（中）水平的面积为 4 386. 37hm^2，占 1. 84%；含量为 4 级（较低）水平的面积为 215 975. 08hm^2，占 90. 55%；含量为 5 级（低）水平的面积为 17 914. 65hm^2，占 7. 51%。

4. 其他属性

pH 值平均值为 6. 0，属 2 级（较高）水平，变幅为 5. 2～8. 5。pH 值为 1 级（高）水平的面积为 75 588. 48hm^2，占扎兰屯市耕地总面积的 31. 69%；2 级（较高）水平的面积为 154 352. 43hm^2，占扎兰屯市耕地总面积的 64. 71%；3 级（中）水平的面积为

8 578.96hm²，占 3.59%；在 4 级（较低）水平上的面积只有 0.09hm²，5 级（低）水平上无分布。

土壤容重平均值为 1.25g/cm³，属 1 级（高）水平，变幅为 1.13~1.41。1 级（高）水平的面积为 190 181.82hm²，占扎兰屯市耕地总面积的 79.73%；2 级（较高）水平的面积为 44 283.07hm²，占扎兰屯市耕地总面积的 18.57%；3 级（中）水平的面积为 4 055.07hm²，占 1.70%；在 4 级（较低）水平和 5 级（低）水平上无分布。

扎兰屯市耕地土壤面积的 88.97%为清洁水平，11.03%的面积为尚清洁水平。

七、根河市

（一）耕地质量等级分布

根河市耕地面积为 2 200.48hm²，占呼伦贝尔市耕地总面积的 0.12%，按质量等级由高到低依次划分为三等至七等，平均质量等级为 4.54（图 5-7）。各乡（镇）耕地质量等级面积见表 5-62。

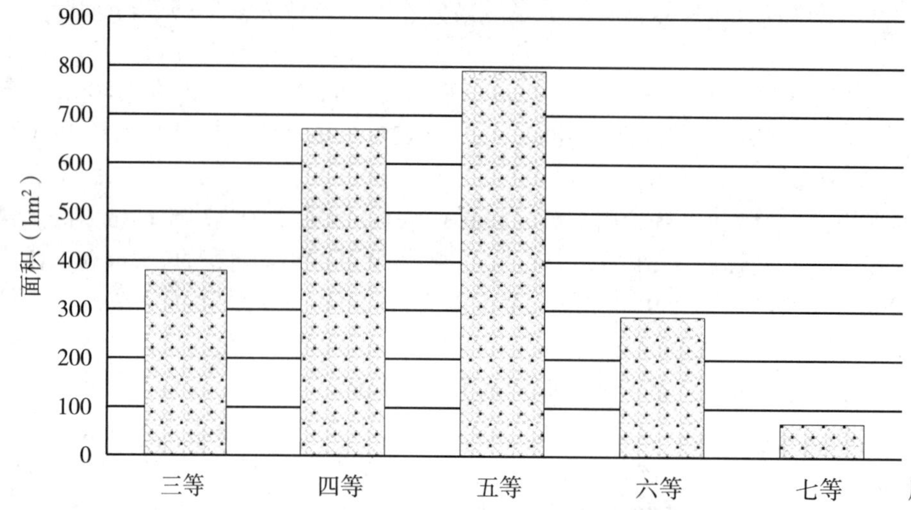

图 5-7　根河市耕地质量等级面积

表 5-62　根河市各乡（镇）耕地质量等级面积

乡（镇）	项目	三等	四等	五等	六等	七等	合计
敖鲁古雅乡	面积（hm²）	290.80	351.34	605.79	264.45	18.70	1 531.09
	占比（%）	18.99	22.95	39.57	17.27	1.22	100.00
得耳布尔镇	面积（hm²）	—	173.59	28.16	13.90	50.91	266.56
	占比（%）	—	65.12	10.56	5.22	19.10	100.00
河东街道办事处	面积（hm²）	89.43	142.39	157.37	9.12	—	398.31
	占比（%）	22.45	35.75	39.51	2.29	—	100.00
满归镇	面积（hm²）	—	4.51	—	—	—	4.51
	占比（%）	—	100.00	—	—	—	100.00
合计	面积（hm²）	380.23	671.84	791.32	287.47	69.62	2 200.48
	占比（%）	17.28	30.53	35.96	13.06	3.16	100.00

三等地面积为380.23hm^2，占根河市耕地总面积的17.28%。分布在敖鲁古雅乡和河东街道办事处，分别占三等地面积的76.48%和23.52%。位于平原低阶和平原高阶的面积分别占三等地面积的43.57%和56.43%。土壤类型有草甸土和灰色森林土，分别占三等地面积的43.57%和56.43%。成土母质包括黄土状物和冲洪积物。耕层质地包括黏土质和重壤质，分别占三等地面积的56.43%和43.57%。三等地无障碍因素，基础地力中等，无灌溉条件，排水能力能够达到基本满足，农田林网化程度低，生物多样性一般。

四等地面积为671.84hm^2，占根河市耕地总面积的30.53%。主要分布在敖鲁古雅乡，占50%以上，得耳布尔镇和河东街道办事处面积之和占50%左右，满归镇面积极小。位于平原低阶的面积占四等地面积的99%以上，其余零星分布在平原高阶上。土壤类型有草甸土和沼泽土，分别占四等地面积的93.51%和6.49%。成土母质为冲洪积物。耕层质地为重壤质。四等地基本无障碍因素，零星耕地存在渍潜问题，基础地力中等，无灌溉条件，排水能力能够达到基本满足，农田林网化程度较高，生物多样性一般。

五等地面积为791.32hm^2，占根河市耕地总面积的35.96%。分布在敖鲁古雅乡的五等地面积占76%，分布在河东街道办事处的五等地占20%，其余分布在得耳布尔镇。五等地位于平原低阶和山地坡上，分别占74.40%和25.60%。土壤类型有沼泽土和棕色针叶林土，分别占五等地面积的74.40%和25.60%。成土母质包括冲洪积物和残坡积物，分别占五等地面积的74.40%和25.60%。耕层质地包括黏土质和重壤质，分别占五等地面积的70.85%和29.15%。五等地渍潜问题较严重，基础地力较低，无灌溉条件，排水能力能够达到基本满足，农田林网化程度低，生物多样性一般。

六等地面积为287.47hm^2，占根河市耕地总面积的13.06%。主要分布在敖鲁古雅乡，占到六等地面积的90%以上，得耳布尔镇和河东街道办事处有零星分布。主要位于山地坡上，占六等地面积的96%，其余位于平原低阶。土壤类型以棕色针叶林土为主，沼泽土有零星分布。成土母质主要为残坡积物，占六等地面积的95%以上，冲洪积物有零星分布。耕层质地以重壤质为主，黏土质有零星分布。六等地基本无障碍因素，零星耕地存在渍潜问题，基础地力较低，无灌溉条件，排水能力能够达到基本满足，农田林网化程度低，生物多样性一般。

七等地面积为69.62hm^2，占根河市耕地总面积的3.16%。分布在敖鲁古雅乡和得耳布尔镇，分别占七等地面积的26.87%和73.13%。七等地全部位于山地坡上。土壤类型以棕色针叶林土为主，粗骨土有少量分布。成土母质为残坡积物。耕层质地包括砂壤质和中壤质，分别占七等地面积的73.13%和26.87%。七等地多数无障碍因素，少量耕地存在瘠薄问题，基础地力较低，无灌溉条件，排水能力能够达到基本满足，农田林网化程度中等，生物多样性一般。

数据详见表5-63至表5-71。

表 5-63 根河市不同地形部位质量等级面积

地形部位	项目	三等地	四等地	五等地	六等地	七等地	合计
平原低阶	面积（hm^2）	165.67	667.32	588.78	9.12	—	1 430.89
	占比（%）	11.58	46.64	41.15	0.64	—	100.00
平原高阶	面积（hm^2）	214.56	4.51	—	—	—	219.07
	占比（%）	97.94	2.06	—	—	—	100.00
山地坡上	面积（hm^2）	—	—	202.54	278.36	69.62	550.52
	占比（%）	—	—	36.79	50.56	12.65	100.00
合计	面积（hm^2）	380.23	671.84	791.32	287.47	69.62	2 200.48
	占比（%）	17.28	30.53	35.96	13.06	3.16	100.00

表 5-64 根河市不同成土母质质量等级面积

成土母质	项目	三等地	四等地	五等地	六等地	七等地	合计
冲洪积物	面积（hm^2）	165.67	671.84	588.78	9.12	—	1 435.41
	占比（%）	11.54	46.80	41.02	0.64	—	100.00
黄土状物	面积（hm^2）	214.56	—	—	—	—	214.56
	占比（%）	100.00	—	—	—	—	100.00
残坡积物	面积（hm^2）	—	—	202.54	278.36	69.62	550.52
	占比（%）	—	—	36.79	50.56	12.65	100.00
合计	面积（hm^2）	380.23	671.84	791.32	287.47	69.62	2 200.48
	占比（%）	17.28	30.53	35.96	13.06	3.16	100.00

表 5-65 根河市不同土壤类型质量等级面积

土壤类型	项目	三等地	四等地	五等地	六等地	七等地	合计
草甸土	面积（hm^2）	165.67	628.26	—	—	—	793.93
	占比（%）	20.87	79.13	—	—	—	100.00
灰色森林土	面积（hm^2）	214.56	—	—	—	—	214.56
	占比（%）	100.00	—	—	—	—	100.00
沼泽土	面积（hm^2）	—	43.58	588.78	9.12	—	641.47
	占比（%）	—	6.79	91.78	1.42	—	100.00
棕色针叶林土	面积（hm^2）	—	—	202.54	278.36	50.91	531.81
	占比（%）	—	—	38.09	52.34	9.57	100.00
粗骨土	面积（hm^2）	—	—	—	—	18.70	18.70
	占比（%）	—	—	—	—	100.00	100.00
合计	面积（hm^2）	380.23	671.84	791.32	287.47	69.62	2 200.48
	占比（%）	17.28	30.53	35.96	13.06	3.16	100.00

表 5-66 根河市不同耕层质地质量等级面积

耕层质地	项目	三等地	四等地	五等地	六等地	七等地	合计
黏土	面积（hm^2）	214.56	—	560.62	9.12	—	784.29
	占比（%）	27.36	—	71.48	1.16	—	100.00

（续表）

耕层质地	项目	三等地	四等地	五等地	六等地	七等地	合计
重壤	面积（hm^2）	165.67	671.84	230.70	278.36	—	1 346.57
	占比（%）	12.30	49.89	17.13	20.67	—	100.00
砂壤	面积（hm^2）	—	—	—	—	50.91	50.91
	占比（%）	—	—	—	—	100.00	100.00
中壤	面积（hm^2）	—	—	—	—	18.70	18.70
	占比（%）	—	—	—	—	100.00	100.00
合计	面积（hm^2）	380.23	671.84	791.32	287.47	69.62	2 200.48
	占比（%）	17.28	30.53	35.96	13.06	3.16	100.00

表 5-67　根河市不同障碍因素质量等级面积

障碍因素	项目	三等地	四等地	五等地	六等地	七等地	合计
无	面积（hm^2）	380.23	628.26	202.54	278.36	50.91	1 540.30
	占比（%）	24.69	40.79	13.15	18.07	3.31	100.00
渍潜	面积（hm^2）	—	43.58	588.78	9.12	—	641.47
	占比（%）	—	6.79	91.78	1.42	—	100.00
瘠薄	面积（hm^2）	—	—	—	—	18.70	18.70
	占比（%）	—	—	—	—	100.00	100.00
合计	面积（hm^2）	380.23	671.84	791.32	287.47	69.62	2 200.48
	占比（%）	17.28	30.53	35.96	13.06	3.16	100.00

表 5-68　根河市不同灌溉能力质量等级面积

灌溉能力	项目	三等地	四等地	五等地	六等地	七等地	合计
不满足	面积（hm^2）	380.23	671.84	791.32	287.47	69.62	2 200.48
	占比（%）	17.28	30.53	35.96	13.06	3.16	100.00
合计	面积（hm^2）	380.23	671.84	791.32	287.47	69.62	2 200.48
	占比（%）	17.28	30.53	35.96	13.06	3.16	100.00

表 5-69　根河市不同排水能力质量等级面积

排水能力	项目	三等地	四等地	五等地	六等地	七等地	合计
基本满足	面积（hm^2）	380.23	671.84	791.32	287.47	69.62	2 200.48
	占比（%）	17.28	30.53	35.96	13.06	3.16	100.00
合计	面积（hm^2）	380.23	671.84	791.32	287.47	69.62	2 200.48
	占比（%）	17.28	30.53	35.96	13.06	3.16	100.00

表 5-70　根河市不同农田林网化程度质量等级面积

农田林网化程度	项目	三等地	四等地	五等地	六等地	七等地	合计
冲洪积物	面积（hm^2）	19.56	133.28	97.45	—	—	250.29
	占比（%）	7.82	53.25	38.93	—	—	100.00

（续表）

农田林网化程度	项目	三等地	四等地	五等地	六等地	七等地	合计
中	面积（hm^2）	—	329.20	44.09	13.90	69.62	456.82
	占比（%）	—	72.06	9.65	3.04	15.24	100.00
低	面积（hm^2）	360.67	209.35	649.78	273.57	—	1 493.37
	占比（%）	24.15	14.02	43.51	18.32	—	100.00
合计	面积（hm^2）	380.23	671.84	791.32	287.47	69.62	2 200.48
	占比（%）	17.28	30.53	35.96	13.06	3.16	100.00

表 5-71　根河市不同生物多样性质量等级面积

生物多样性	项目	三等地	四等地	五等地	六等地	七等地	合计
丰富	面积（hm^2）	89.43	4.51	20.97	—	—	114.91
	占比（%）	77.83	3.93	18.25	—	—	100.00
一般	面积（hm^2）	290.80	667.32	770.35	287.47	69.62	2 085.57
	占比（%）	13.94	32.00	36.94	13.78	3.34	100.00
合计	面积（hm^2）	380.23	671.84	791.32	287.47	69.62	2 200.48
	占比（%）	17.28	30.53	35.96	13.06	3.16	100.00

（二）土壤养分现状

1. 有机质及大量元素

根河市耕地土壤有机质平均值为 82.3g/kg，属 1 级（高）水平，变幅为 65.9～118.5g/kg。含量为 1 级（高）水平的面积为 2 200.48 hm^2，占根河市耕地总面积的 100.00%。

土壤全氮平均值为 4.27g/kg，属 1 级（高）水平，变幅为 3.18～6.32g/kg。含量为 1 级（高）水平的面积为 2 200.48hm^2，占根河市耕地总面积的 100.00%。

土壤有效磷平均值为 30.0mg/kg，属 3 级（中）水平，变幅为 14.5～38.7 mg/kg。含量为 2 级（较高）水平的面积为 1 201.98hm^2，占根河市耕地总面积的 54.62%；含量为 3 级（中）水平的面积为 937.04hm^2，占根河市耕地总面积的 42.58%；含量为 4 级（较低）水平的面积为 61.47hm^2，占 2.79%；在 1 级（高）水平和 5 级（低）水平上无分布。

土壤速效钾平均值为 225mg/kg，属 1 级（高）水平，变幅为 156～280 mg/kg。含量为 1 级（高）水平的面积为 1 818.59hm^2，占根河市耕地总面积的 82.65%；含量为 2 级（较高）水平的面积为 381.88hm^2，占根河市耕地总面积的 17.35%；含量在其他等级上无分布。

土壤缓效钾平均值为 766mg/kg，属 3 级（中）水平，变幅为 510～1 070mg/kg。含量为 1 级（高）水平的面积为 219.40hm^2，占根河市耕地总面积的 9.97%；含量为 2 级（较高）水平的面积为 634.38hm^2，占根河市耕地总面积的 28.83%；含量为 3 级（中）水平的面积为 1 346.69hm^2，占 61.20%；含量在 4 级（较低）水平和 5 级（低）水平上无分布。

2. 中量元素

土壤有效硫平均值为 24. 4mg/kg，属 3 级（中）水平，变幅为 17. 1～34. 4 mg/kg。含量为 2 级（较高）水平的面积为 266. 56hm^2，占根河市耕地总面积的 12. 11%；含量为 3 级（中）水平的面积为 1 538. 02hm^2，占根河市耕地总面积的 69. 89%；含量为 4 级（较低）水平的面积为 395. 89hm^2，占 17. 99%；在 1 级（高）水平和 5 级（低）水平上无分布。

土壤有效硅平均值为 386mg/kg，属 1 级（高）水平，变幅为 237～613 mg/kg。含量为 1 级（高）水平的面积为 2 195. 96hm^2，占根河市耕地总面积的 99. 79%；含量为 2 级（较高）水平的面积为 4. 51hm^2，占根河市耕地总面积的 0. 21%；在其他等级上无分布。

3. 微量元素

土壤有效铁平均值为 125. 2mg/kg，属 1 级（高）水平，变幅为 100. 7～179. 2mg/kg。含量为 1 级（高）水平的面积为 2 200. 48hm^2，占根河市耕地总面积的 100. 00%；在其他等级上无分布。

土壤有效锰平均值为 41. 0mg/kg，属 1 级（高）水平，变幅为 27. 3～59. 2 mg/kg。含量为 1 级（高）水平的面积为 2 200. 48hm^2，占根河市耕地总面积的 100. 00%；在其他等级上无分布。

土壤有效铜平均值为 2. 46mg/kg，属 1 级（高）水平，变幅为 1. 90～3. 68 mg/kg。含量为 1 级（高）水平的面积为 1 925. 83hm^2，占根河市耕地总面积的 87. 52%；含量为 2 级（较高）水平的面积为 274. 65hm^2，占根河市耕地总面积的 12. 48%；含量在其他等级上无分布。

土壤有效锌平均值为 2. 76mg/kg，属 1 级（高）水平，变幅为 1. 19～4. 26 mg/kg。含量为 1 级（高）水平的面积为 1 845. 50hm^2，占根河市耕地总面积的 83. 87%；含量为 2 级（较高）水平的面积为 96. 46hm^2，占根河市耕地总面积的 4. 38%；含量为 3 级（中）水平的面积为 258. 52hm^2，占 11. 75%；含量在 4 级（较低）水平和 5 级（低）水平上无分布。

土壤有效硼平均值为 1. 14mg/kg，属 1 级（高）水平，变幅为 0. 75～1. 67 mg/kg。含量为 1 级（高）水平的面积为 1 683. 62hm^2，占根河市耕地总面积的 76. 51%；含量为 2 级（较高）水平的面积为 178. 58hm^2，占根河市耕地总面积的 8. 12%；含量为 3 级（中）水平的面积为 338. 27hm^2，占 15. 37%；含量在 4 级（较低）水平和 5 级（低）水平上无分布。

土壤有效钼平均值为 0. 11mg/kg，属 3 级（中）水平，变幅为 0. 08～0. 14 mg/kg。含量为 3 级（中）水平的面积为 1 692. 35hm^2，占根河市耕地总面积的 76. 91%；含量为 4 级（较低）水平的面积为 508. 13hm^2，占根河市耕地总面积的 23. 09%；含量在其他水平上无分布。

4. 其他属性

土壤 pH 值平均值为 5. 6，属 2 级（较高）水平，变幅为 5. 5～5. 9。pH 值为 2 级（较高）的面积为 1 509. 93hm^2，占根河市耕地总面积的 68. 62%；pH 值为 3 级（中）水平的面积为 690. 54hm^2，占根河市耕地总面积的 31. 38%；含量在其他等级上无分布。

土壤容重平均值为 1.22g/cm^3，变幅为 1.12～1.36。1 级（高）水平的面积为 1 503.65hm^2，占根河市耕地总面积的 68.33%；2 级（较高）水平的面积为 696.83hm^2，占根河市耕地总面积的 31.67%；在其他等级上无分布。

根河市耕地土壤面积的 96.21%为清洁水平，3.79%的面积为尚清洁水平。

八、陈巴尔虎旗

（一）耕地质量等级分布

陈巴尔虎旗耕地面积为 83 273.59hm^2，占呼伦贝尔市耕地总面积的 4.66%，按质量等级由高到低依次划分为一等至九等（图 5-8），平均质量等级为 4.69。各乡（镇）耕地质量等级面积见表 5-72。

一等地面积为 1 597.38hm^2，占陈巴尔虎旗耕地总面积的 1.92%。主要分布在巴彦库仁镇，占一等地面积的 95%以上，宝日希勒镇和鄂温克苏木有零星分布，巴彦哈达苏木没有一等地分布。土壤类型包括黑钙土和栗钙土，其中栗钙土面积占一等地面积的 97%以上。一等地基本位于平原高阶，极少数位于平原低阶。成土母质为冲洪积物。耕层质地全部为中壤质。一等地无障碍因素，基础地力高，有灌溉条件，排水条件良好，生物多样性丰富，林网化程度低。

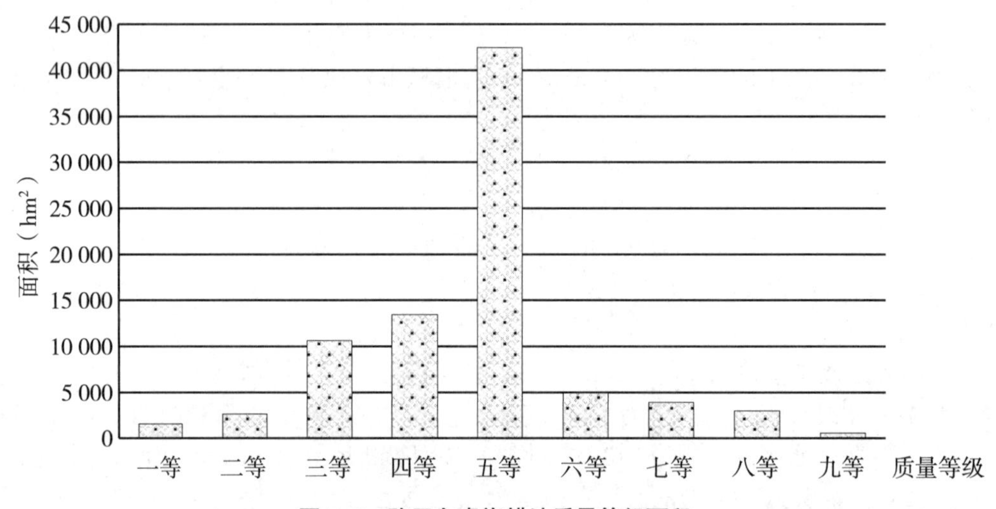

图 5-8　陈巴尔虎旗耕地质量等级面积

二等地面积为 2 674.65hm^2，占陈巴尔虎旗耕地总面积的 3.21%。主要分布在宝日希勒镇和鄂温克苏木，占二等地面积的 60%以上，巴彦库仁镇二等地面积占 20%以上，其余分布在巴彦哈达苏木。土壤类型包括黑钙土、栗钙土和草甸土，其中黑钙土面积占二等地面积的 70%以上，栗钙土面积占二等地面积的 20%，其余为草甸土。二等地多数位于平原高阶，少量位于平原低阶。成土母质主要为黄土状物，占二等地面积的 60%左右，冲洪积物占 30%以上，其余为残坡积物。耕层质地以中壤质为主，占二等地面积的 90%以上，其余为重壤质。二等地无障碍因素，基础地力较高，无灌溉条件，排水条件良好，生物多样性一般，林网化程度较低。

表 5-72 陈巴尔虎旗各乡（镇）耕地质量等级面积

乡（镇）	项目	一等地	二等地	三等地	四等地	五等地	六等地	七等地	八等地	九等地	合计
巴彦哈达苏木	面积（hm^2）	—	283.43	1 656.58	2 808.19	4 454.60	—	—	—	—	9 202.81
	占比（%）	—	3.08	18.00	30.51	48.40	—	—	—	—	100.00
巴彦库仁镇	面积（hm^2）	1 544.12	598.48	1 583.55	328.75	627.37	604.60	153.34	—	—	5 440.22
	占比（%）	28.38	11.00	29.11	6.04	11.53	11.11	2.82	—	—	100.00
宝日希勒镇	面积（hm^2）	10.10	815.93	2 180.24	1 176.01	4 736.84	692.83	771.81	518.20	401.72	11 303.69
	占比（%）	0.09	7.22	19.29	10.40	41.91	6.13	6.83	4.58	3.55	100.00
鄂温克苏木	面积（hm^2）	43.16	976.80	5 211.15	9 127.46	32 649.48	3 649.30	3 011.04	2 495.75	162.73	57 326.88
	占比（%）	0.08	1.70	9.09	15.92	56.95	6.37	5.25	4.35	0.28	100.00
合计	面积（hm^2）	1 597.38	2 674.65	10 631.52	13 440.42	42 468.30	4 946.73	3 936.20	3 013.95	564.45	83 273.59
	占比（%）	1.92	3.21	12.77	16.14	51.00	5.94	4.73	3.62	0.68	100.00

三等地面积为 10 631.52hm^2，占陈巴尔虎旗耕地总面积的 12.77%。主要分布在鄂温克苏木，占三等地面积的 50%左右，巴彦库仁镇、巴彦哈达苏木和宝日希勒镇均有分布。土壤类型以黑钙土为主，占三等地面积的 70%左右，栗钙土和草甸土面积占三等地面积的 25%以上，粗骨土和灰色森林土有零星分布。位于平原高阶的三等地面积占 60%以上，位于平原低阶的面积占 30%左右，其余零星分布于平原中阶、丘陵上部、丘陵中部和丘陵下部。成土母质主要为黄土状物，占三等地面积的 50%左右，冲洪积物和残坡积物面积之和占 50%左右。耕层质地以中壤质为主，占三等地面积的 60%左右，重壤质面积占三等地面积的 40%左右，轻壤质有零星分布。三等地无障碍因素，基础地力较高，无灌溉条件，少部分三等地排水条件不好，生物多样性一般，林网化程度较低。

四等地面积为 13 440.42hm^2，占陈巴尔虎旗耕地总面积的 16.14%。主要分布在鄂温克苏木，占四等地面积的 70%左右，分布在巴彦哈达苏木的四等地面积占 20%左右，巴彦库仁镇和宝日希勒镇有零星分布。土壤类型以黑钙土为主，占四等地面积的 75%左右，粗骨土面积接近四等地面积的 20%，栗钙土、草甸土、灰色森林土和沼泽土均有零星分布。位于丘陵上部、平原低阶和平原高阶的四等地面积占 95%左右，丘陵中部、丘陵下部和山地坡下有零星分布。成土母质主要为残坡积物，占四等地面积的 70%以上，黄土状物面积占 20%以上，冲洪积物有零星分布。耕层质地以重壤质为主，占四等地面积的 50%左右，中壤质和轻壤质面积占 50%左右。四等地无障碍因素，基础地力中等，无灌溉条件，排水条件良好，生物多样性一般，林网化程度中等。

五等地面积为 42 468.30hm^2，占陈巴尔虎旗耕地总面积的 51.00%。主要分布在鄂温克苏木，占五等地面积的 70%以上，巴彦哈达苏木和宝日希勒镇的五等地面积占 20%以上，巴彦库仁镇有零星分布。土壤类型以黑钙土为主，占五等地面积的 75%以上，粗骨土面积占五等地面积的 20%，栗钙土、草甸土和灰色森林土均有零星分布。位于丘陵上部的五等地占 90%以上，其余零星分布于平原低阶、平原高阶、丘陵中部、丘陵下部和山地坡下。成土母质主要为残坡积物，占五等地面积的 90%以上，黄土状物和冲洪积物有零星分布。耕层质地以轻壤质面积最大，占五等地面积的 60%以上，中壤质面积占 30%左右，重壤质和砂壤质零星分布。五等地无障碍因素，基础地力中等，无灌溉条件，排水条件良好，生物多样性一般，林网化程度中等。

六等地面积为 4 946.73hm²，占陈巴尔虎旗耕地总面积的 5.94%。主要分布在鄂温克苏木，占六等地面积的 70%以上，其余分布在巴彦库仁镇和宝日希勒镇。土壤类型以黑钙土为主，占六等地面积的 70%以上，粗骨土面积占六等地面积的 20%，栗钙土、草甸土和灰色森林土均有零星分布。位于丘陵上部和平原低阶的六等地面积占 80%以上，平原高阶有少量分布，丘陵中部和丘陵下部有零星分布。成土母质主要为残坡积物，接近六等地面积的 80%，黄土状物面积近 20%，冲洪积物有零星分布。耕层质地以重壤质和轻壤质为主，占六等地面积的 90%左右，其余为中壤质。六等地无障碍因素，基础地力较低，无灌溉条件，排水条件良好，生物多样性一般，林网化程度低。

七等地面积为 3 936.20hm²，占陈巴尔虎旗耕地总面积的 4.73%。主要分布在鄂温克苏木，占七等地面积的 70%以上，宝日希勒镇有少量分布，巴彦库仁镇有零星分布。土壤类型以黑钙土为主，占七等地面积的 80%以上，粗骨土面积占七等地面积的 15%以上，栗钙土、草甸土和灰色森林土均有零星分布。位于丘陵上部的七等地面积占 90%以上，平原低阶、丘陵下部和山地坡中有零星分布。成土母质主要为残坡积物，占七等地面积的 95%左右，黄土状物和冲洪积物有零星分布。耕层质地以轻壤质面积最大，占七等地面积的 60%以上，中壤质面积占 30%左右，重壤质零星分布。七等地无障碍因素，基础地力低，无灌溉条件，排水条件良好，生物多样性一般，林网化程度低。

八等地面积为 3 013.95hm²，占陈巴尔虎旗耕地总面积的 3.62%。主要分布在鄂温克苏木，占八等地面积的 80%以上，其余分布在宝日希勒镇。土壤类型以黑钙土为主，占八等地面积的 80%以上，粗骨土面积占八等地面积的近 20%，灰色森林土有零星分布。八等地几乎全部位于丘陵上部，山地坡下面积极小。成土母质全部为残坡积物。耕层质地以轻壤质面积最大，占八等地面积的 70%以上，其余为中壤质。八等地无障碍因素，基础地力低，无灌溉条件，排水条件良好，生物多样性一般，林网化程度低。

九等地面积为 564.45hm²，占陈巴尔虎旗耕地总面积的 0.68%。主要分布在宝日希勒镇，占九等地面积的 70%以上，其余分布在鄂温克苏木。土壤类型以黑钙土为主，占九等地面积的 80%，粗骨土面积占九等地面积的 20%。九等地全部位于丘陵上部。成土母质全部为残坡积物。耕层质地以轻壤质面积最大，占九等地面积的 60%以上，其余为中壤质。九等地无障碍因素，基础地力低，无灌溉条件，排水条件良好，生物多样性一般，林网化程度低。

数据详见表 5-73 至表 5-81。

表 5-73　陈巴尔虎旗不同地形部位质量等级面积

地形部位	项目	一等地	二等地	三等地	四等地	五等地	六等地	七等地	八等地	九等地	合计
平原低阶	面积（hm²）	44.91	824.31	3 074.00	4 219.98	1 424.44	1 748.93	277.25	—	—	11 613.81
	占比（%）	0.39	7.10	26.47	36.34	12.27	15.06	2.39	—	—	100.00

（续表）

地形部位	项目	一等地	二等地	三等地	四等地	五等地	六等地	七等地	八等地	九等地	合计
平原中阶	面积（hm^2）	—	—	38.91	—	—	—	—	—	—	38.91
	占比（%）	—	—	100.00	—	—	—	—	—	—	100.00
平原高阶	面积（hm^2）	1 552.47	1 850.34	6 843.24	3 281.99	1 651.96	831.65	—	—	—	16 011.65
	占比（%）	9.70	11.56	42.74	20.50	10.32	5.19	—	—	—	100.00
丘陵上部	面积（hm^2）	—	—	491.96	5 324.16	38 565.08	2 294.53	3 616.85	3 011.47	564.45	53 868.50
	占比（%）	—	—	0.91	9.88	71.59	4.26	6.71	5.59	1.05	100.00
丘陵中部	面积（hm^2）	—	—	136.60	112.80	682.47	70.61	—	—	—	1 002.49
	占比（%）	—	—	13.63	11.25	68.08	7.04	—	—	—	100.00
丘陵下部	面积（hm^2）	—	—	46.80	457.05	101.28	1.01	20.64	—	—	626.78
	占比（%）	—	—	7.47	72.92	16.16	0.16	3.29	—	—	100.00
山地坡中	面积（hm^2）	—	—	—	—	0.09	—	21.45	—	—	21.54
	占比（%）	—	—	—	—	0.41	—	99.59	—	—	100.00
山地坡下	面积（hm^2）	—	—	—	44.43	42.98	—	—	2.48	—	89.90
	占比（%）	—	—	—	49.43	47.81	—	—	2.76	—	100.00
合计	面积（hm^2）	1 597.38	2 674.65	10 631.52	13 440.42	42 468.30	4 946.73	3 936.20	3 013.95	564.45	83 273.59
	占比（%）	1.92	3.21	12.77	16.14	51.00	5.94	4.73	3.62	0.68	100.00

表 5-74 陈巴尔虎旗不同成土母质质量等级面积

成土母质	项目	一等地	二等地	三等地	四等地	五等地	六等地	七等地	八等地	九等地	合计
残坡积物	面积（hm^2）	—	153.28	2 372.51	9 758.11	39 907.04	3 931.14	3 732.31	3 013.95	564.45	63 432.79
	占比（%）	—	0.24	3.74	15.38	62.91	6.20	5.88	4.75	0.89	100.00
冲洪积物	面积（hm^2）	1 597.38	954.46	2 928.09	652.02	597.21	78.60	48.89	—	—	6 856.65
	占比（%）	23.30	13.92	42.70	9.51	8.71	1.15	0.71	—	—	100.00
黄土状物	面积（hm^2）	—	1 566.91	5 330.92	3 030.29	1 964.04	936.99	155.00	—	—	12 984.15
	占比（%）	—	12.07	41.06	23.34	15.13	7.22	1.19	—	—	100.00
合计	面积（hm^2）	1 597.38	2 674.65	10 631.52	13 440.42	42 468.30	4 946.73	3 936.20	3 013.95	564.45	83 273.59
	占比（%）	1.92	3.21	12.77	16.14	51.00	5.94	4.73	3.62	0.68	100.00

表 5-75 陈巴尔虎旗不同土壤类型质量等级面积

土壤类型	项目	一等地	二等地	三等地	四等地	五等地	六等地	七等地	八等地	九等地	合计
黑钙土	面积（hm^2）	44.91	1 924.05	7 248.48	10 193.14	32 457.43	3 637.31	3 218.30	2 452.73	451.70	61 628.04
	占比（%）	0.07	3.12	11.76	16.54	52.67	5.90	5.22	3.98	0.73	100.00
栗钙土	面积（hm^2）	1 552.47	534.88	1 369.15	412.76	375.14	108.34	20.64	—	—	4 373.39
	占比（%）	35.50	12.23	31.31	9.44	8.58	2.48	0.47	—	—	100.00
草甸土	面积（hm^2）	—	215.72	1 662.13	459.59	533.87	78.60	48.89	—	—	2 998.81
	占比（%）	—	7.19	55.43	15.33	17.80	2.62	1.63	—	—	100.00
粗骨土	面积（hm^2）	—	—	324.55	2 332.17	8 583.24	1 027.76	626.91	552.07	112.76	13 559.46
	占比（%）	—	—	2.39	17.20	63.30	7.58	4.62	4.07	0.83	100.00

（续表）

土壤类型	项目	一等地	二等地	三等地	四等地	五等地	六等地	七等地	八等地	九等地	合计
灰色森林土	面积（hm^2）	—	—	27.20	40.68	518.62	94.71	21.45	9.15	—	711.82
	占比（%）	—	—	3.82	5.71	72.86	13.31	3.01	1.29	—	100.00
沼泽土	面积（hm^2）	—	—	—	2.07	—	—	—	—	—	2.07
	占比（%）	—	—	—	100.00	—	—	—	—	—	100.00
合计	面积（hm^2）	1 597.38	2 674.65	10 631.52	13 440.42	42 468.30	4 946.73	3 936.20	3 013.95	564.45	83 273.59
	占比（%）	1.92	3.21	12.77	16.14	51.00	5.94	4.73	3.62	0.68	100.00

表 5-76　陈巴尔虎旗不同耕层质地质量等级面积

耕层质地	项目	一等地	二等地	三等地	四等地	五等地	六等地	七等地	八等地	九等地	合计
中壤	面积（hm^2）	1 597.38	2 497.96	6 270.96	3 237.85	11 918.90	569.49	1 105.31	837.34	210.22	28 245.41
	占比（%）	5.66	8.84	22.20	11.46	42.20	2.02	3.91	2.96	0.74	100.00
重壤	面积（hm^2）	—	176.68	4 173.84	6 432.55	2 314.49	2 406.11	277.25	—	—	15 780.92
	占比（%）	—	1.12	26.45	40.76	14.67	15.25	1.76	—	—	100.00
轻壤	面积（hm^2）	—	—	186.72	3 770.02	28 226.51	1 971.13	2 553.63	2 176.62	354.24	39 238.86
	占比（%）	—	—	0.48	9.61	71.94	5.02	6.51	5.55	0.90	100.00
砂壤	面积（hm^2）	—	—	—	—	8.40	—	—	—	—	8.40
	占比（%）	—	—	—	—	100.00	—	—	—	—	100.00
合计	面积（hm^2）	1 597.38	2 674.65	10 631.52	13 440.42	42 468.30	4 946.73	3 936.20	3 013.95	564.45	83 273.59
	占比（%）	1.92	3.21	12.77	16.14	51.00	5.94	4.73	3.62	0.68	100.00

表 5-77　陈巴尔虎旗不同障碍因素质量等级面积

障碍因素	项目	一等地	二等地	三等地	四等地	五等地	六等地	七等地	八等地	九等地	合计
无	面积（hm^2）	1 597.38	2 674.65	10 544.15	13 440.42	42 456.45	4 877.23	3 936.20	3 013.95	564.45	83 104.89
	占比（%）	1.92	3.22	12.69	16.17	51.09	5.87	4.74	3.63	0.68	100.00
障碍层次	面积（hm^2）	—	—	87.36	—	11.84	69.50	—	—	—	168.71
	占比（%）	—	—	51.78	—	7.02	41.20	—	—	—	100.00
合计	面积（hm^2）	1 597.38	2 674.65	10 631.52	13 440.42	42 468.30	4 946.73	3 936.20	3 013.95	564.45	83 273.59
	占比（%）	1.92	3.21	12.77	16.14	51.00	5.94	4.73	3.62	0.68	100.00

表 5-78　陈巴尔虎旗不同灌溉能力质量等级面积

灌溉能力	项目	一等地	二等地	三等地	四等地	五等地	六等地	七等地	八等地	九等地	合计
满足	面积（hm^2）	1 552.47	—	26.65	—	—	—	—	—	—	1 579.12
	占比（%）	98.31	—	1.69	—	—	—	—	—	—	100.00
不满足	面积（hm^2）	44.91	2 674.65	10 604.87	13 440.42	42 468.30	4 946.73	3 936.20	3 013.95	564.45	81 694.47
	占比（%）	0.05	3.27	12.98	16.45	51.98	6.06	4.82	3.69	0.69	100.00
合计	面积（hm^2）	1 597.38	2 674.65	10 631.52	13 440.42	42 468.30	4 946.73	3 936.20	3 013.95	564.45	83 273.59
	占比（%）	1.92	3.21	12.77	16.14	51.00	5.94	4.73	3.62	0.68	100.00

表 5-79 陈巴尔虎旗不同排水能力质量等级面积

排水能力	项目	一等地	二等地	三等地	四等地	五等地	六等地	七等地	八等地	九等地	合计
充分满足	面积（hm^2）	—	—	274.42	—	—	—	—	—	—	274.42
	占比（%）	—	—	100.00	—	—	—	—	—	—	100.00
满足	面积（hm^2）	—	75.87	—	709.50	1 078.78	—	—	—	—	1 864.14
	占比（%）	—	4.07	—	38.06	57.87	—	—	—	—	100.00
基本满足	面积（hm^2）	1 597.38	2 598.78	8 010.13	10 581.07	38 105.13	4 833.31	3 896.44	3 013.95	564.45	73 200.66
	占比（%）	2.18	3.55	10.94	14.45	52.06	6.60	5.32	4.12	0.77	100.00
不满足	面积（hm^2）	—	—	2 346.96	2 149.84	3 284.39	113.42	39.76	—	—	7 934.37
	占比（%）	—	—	29.58	27.10	41.39	1.43	0.50	—	—	100.00
合计	面积（hm^2）	1 597.38	2 674.65	10 631.52	13 440.42	42 468.30	4 946.73	3 936.20	3 013.95	564.45	83 273.59
	占比（%）	1.92	3.21	12.77	16.14	51.00	5.94	4.73	3.62	0.68	100.00

表 5-80 陈巴尔虎旗不同林网化程度质量等级面积

林网化程度	项目	一等地	二等地	三等地	四等地	五等地	六等地	七等地	八等地	九等地	合计
高	面积（hm^2）	44.91	439.70	881.59	1 296.40	894.46	65.22	90.11	74.96	—	3 787.35
	占比（%）	1.19	11.61	23.28	34.23	23.62	1.72	2.38	1.98	—	100.00
中	面积（hm^2）	—	376.76	2 653.43	6 135.57	23 077.93	868.71	636.20	770.43	96.20	34 615.22
	占比（%）	—	1.09	7.67	17.73	66.67	2.51	1.84	2.23	0.28	100.00
低	面积（hm^2）	1 552.47	1 858.19	7 096.49	6 008.45	18 495.91	4 012.80	3 209.89	2 168.57	468.25	44 871.02
	占比（%）	3.46	4.14	15.82	13.39	41.22	8.94	7.15	4.83	1.04	100.00
合计	面积（hm^2）	1 597.38	2 674.65	10 631.52	13 440.42	42 468.30	4 946.73	3 936.20	3 013.95	564.45	83 273.59
	占比（%）	1.92	3.21	12.77	16.14	51.00	5.94	4.73	3.62	0.68	100.00

表 5-81 陈巴尔虎旗不同生物多样性质量等级面积

生物多样性	项目	一等地	二等地	三等地	四等地	五等地	六等地	七等地	八等地	九等地	合计
丰富	面积（hm^2）	1 552.47	665.19	719.45	—	383.42	—	—	—	—	3 320.54
	占比（%）	46.75	20.03	21.67	—	11.55	—	—	—	—	100.00
一般	面积（hm^2）	44.91	2 009.46	9 912.07	13 440.42	42 084.87	4 946.73	3 936.20	3 013.95	564.45	79 953.06
	占比（%）	0.06	2.51	12.40	16.81	52.64	6.19	4.92	3.77	0.71	100.00
合计	面积（hm^2）	1 597.38	2 674.65	10 631.52	13 440.42	42 468.30	4 946.73	3 936.20	3 013.95	564.45	83 273.59
	占比（%）	1.92	3.21	12.77	16.14	51.00	5.94	4.73	3.62	0.68	100.00

（二）土壤养分现状

1. 有机质及大量元素

有机质平均值为 49.7g/kg，属 1 级（高）水平，变幅为 4.0~69.8g/kg。含量为 1 级（高）水平的面积为 68 595.49hm^2，占陈巴尔虎旗耕地总面积的 82.37%；含量为 2 级（较高）水平的面积为 96.07hm^2，占陈巴尔虎旗耕地总面积的 0.12%；含量为 3 级（中）水平的面积为 7 261.73 hm^2，占 8.72%；含量为 4 级（较低）水平的面积为 5 944.47hm^2，占 7.14%；含量为 5 级（低）水平的面积为 1 375.85hm^2，占 1.65%。

全氮平均值为 2.80g/kg，属 1 级（高）水平，变幅为 1.40~4.12g/kg。含量为 1 级（高）水平的面积为 80 117.16hm^2，占陈巴尔虎旗耕地总面积的 96.21%；含量为 2 级（较高）水平的面积为 3 142.62hm^2，占陈巴尔虎旗耕地总面积的 3.77%；含量为 3 级（中）水平的面积为 13.81hm^2，占 0.02%；含量在 4 级（较低）水平和 5 级（低）水平上无分布。

有效磷平均值为 21.1mg/kg，属 2 级（较高）水平，变幅为 5.1~52.1 mg/kg。含量为 1 级（高）水平的面积为 4 548.70hm^2，占陈巴尔虎旗耕地总面积的 5.46%；含量为 2 级（较高）水平的面积为 35 792.48hm^2，占陈巴尔虎旗耕地总面积的 42.98%；含量为 3 级（中）水平的面积为 40 699.50hm^2，占 48.87%；含量为 4 级（较低）水平的面积为 2 232.92hm^2，占 2.68%；含量在 5 级（低）水平上无分布。

速效钾平均值为 179mg/kg，属 2 级（较高）水平，变幅为 55~338 mg/kg。含量为 1 级（高）水平的面积为 27 282.64hm^2，占陈巴尔虎旗耕地总面积的 32.76%；含量为 2 级（较高）水平的面积为 35 160.88hm^2，占陈巴尔虎旗耕地总面积的 42.22%；含量为 3 级（中）水平的面积为 16 600.54hm^2，占 19.93%；含量为 4 级（较低）水平的面积为 4 024.22hm^2，占 4.83%；含量为 5 级（低）水平的面积为 205.32hm^2，占 0.25%。

缓效钾平均值为 924mg/kg，属 3 级（中）水平，变幅为 546~1 291mg/kg。含量为 1 级（高）水平的面积为 273.71hm^2，占陈巴尔虎旗耕地总面积的 0.33%；含量为 2 级（较高）水平的面积为 15 647.09hm^2，占陈巴尔虎旗耕地总面积的 18.79%；含量为 3 级（中）水平的面积为 62 426.10hm^2，占 74.97%；含量为 4 级（较低）水平的面积为 4 581.36hm^2，占 5.50%；含量为 5 级（低）水平的面积为 345.33hm^2，占 0.41%。

2. 中量元素

有效硫平均值为 24.0mg/kg，属 3 级（中）水平，变幅为 10.5~38.9 mg/kg。含量为 2 级（较高）水平的面积为 10 322.28hm^2，占陈巴尔虎旗耕地总面积的 12.40%；含量为 3 级（中）水平的面积为 55 354.04hm^2，占陈巴尔虎旗耕地总面积的 66.47%；含量为 4 级（较低）水平的面积为 14 410.71hm^2，占 17.31%；含量为 5 级（低）的面积为 3 186.56hm^2，占 3.83%。

有效硅平均值为 554mg/kg，属 1 级（高）水平，变幅为 157~737 mg/kg。含量为 1 级（高）水平的面积为 83 101.13hm^2，占陈巴尔虎旗耕地总面积的 99.79%；含量为 2 级（较高）水平的面积为 172.46hm^2，占 0.21%；在其他等级上无分布。

3. 微量元素

有效铁平均值为 64.7mg/kg，属 1 级（高）水平，变幅为 3.1~179.7 mg/kg。含量为 1 级（高）水平的面积为 80 289.20hm^2，占陈巴尔虎旗耕地总面积的 96.42%；含量为 2 级（较高）水平的面积为 2 742.23hm^2，占 3.29%；含量为 3 级（中）水平的面积为 40.01hm^2，占 0.05%；含量为 4 级（较低）水平的面积为 202.15hm^2，占 0.24%；在 5 级（低）水平上无分布。

有效锰平均值为 25.4mg/kg，属 1 级（高）水平，变幅为 3.0~56.3 mg/kg。含量为 1 级（高水平）的面积为 50 502.23hm^2，占陈巴尔虎旗耕地总面积的 60.65%；含量为 2 级（较高）水平的面积为 29 483.36hm^2，占陈巴尔虎旗耕地总面积的 35.41%；含量为3级（中）水平的面积为2 858.98hm^2，占3.43%；含量为4级（较低）水平的面积为429.02hm^2，占0.52%；含量在5级（低）水平上无分布。

有效铜平均值为1.41mg/kg，属2级（较高）水平，变幅为0.91~2.73 mg/kg。含量为1级（高）水平的面积为2 190.26hm^2，占陈巴尔虎旗耕地总面积的2.63%；含量为2级（较高）水平的面积为80 002.09hm^2，占陈巴尔虎旗耕地总面积的96.07%；含量为3级（中）水平的面积为1 081.24hm^2，占1.30%；含量在4级（较低）水平和5级（低）水平上无分布。

有效锌平均值为1.06mg/kg，属3级（中）水平，变幅为0.63~3.39 mg/kg。含量为1级（高）水平的面积为157.78hm^2，占陈巴尔虎旗耕地总面积的0.19%；含量为2级（较高）水平的面积为5 875.44hm^2，占陈巴尔虎旗耕地总面积的7.06%；含量为3级（中）水平的面积为74 624.84hm^2，占89.61%；含量为4级（较低）水平的面积为2 615.53hm^2，占3.14%；在5级（低）水平上无分布。

有效硼平均值为1.27mg/kg，属3级（中）水平，变幅为0.40~1.95 mg/kg。含量为2级（较高）水平的面积为13 168.40hm^2，占陈巴尔虎旗耕地总面积的15.81%；含量为3级（中水平）的面积为69 870.58hm^2，占83.90%；含量为4级（较低）水平的面积为234.61hm^2，占0.28%；含量在1级（高）水平和5级（低）水平上无分布。

有效钼平均值为0.10mg/kg，属4级（较低）水平，变幅为0.04~0.28 mg/kg。含量为1级（高）水平的面积为1 786.28hm^2，占陈巴尔虎旗耕地总面积的2.15%；含量为2级（较高）水平的面积为980.08hm^2，占陈巴尔虎旗耕地总面积的1.18%；含量为3级（中）水平的面积为26 720.45hm^2，占32.09%；含量为4级（较低）水平的面积为52 700.86 hm^2，占63.29%；含量为5级（低）水平的面积为1 085.93 hm^2，占1.30%。

4. 其他属性

pH值平均值为6.8，属1级（高）水平，变幅为5.6~8.3。pH值为1级（高）水平的面积为62 257.61hm^2，占陈巴尔虎旗耕地总面积的74.76%；2级（较高）水平的面积为10 903.94hm^2，占陈巴尔虎旗耕地总面积的13.09%；3级（中）水平的面积为8 155.95hm^2，占9.79%；4级（较低）水平的面积为1 956.09hm^2，占2.35%；在5级（低）水平上无分布。

土壤容重平均值为1.23g/cm^2，属1级（高）水平，变幅为1.12~1.50。1级（高）水平的面积为62 131.19hm^2，占陈巴尔虎旗耕地总面积的74.61%；2级（较高）水平的面积为10 527.92hm^2，占12.64%；3级（中）水平的面积为8 167.71hm^2，占9.81%；4级（较低）水平的面积为2 446.78hm^2，占2.94%；在5级（低）水平上无分布。

陈巴尔虎旗耕地土壤全部为清洁水平。

九、鄂温克族自治旗

（一）耕地质量等级分布

鄂温克族自治旗耕地面积为12 093.05hm^2，占呼伦贝尔市耕地总面积的0.68%，按质量等级由高到低依次划分为一等至八等（图5-9），平均质量等级为4.10。各乡

（镇）耕地质量等级面积见表 5-82。

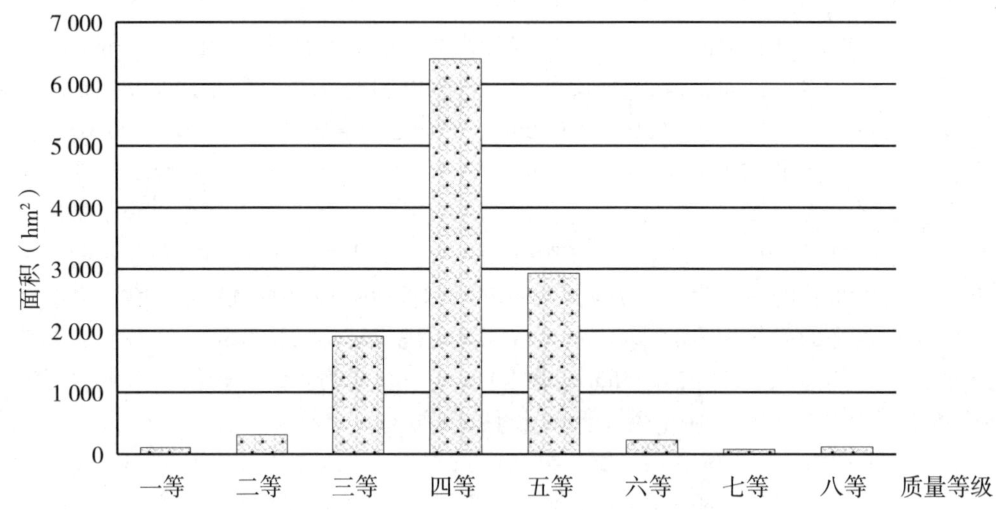

图 5-9　鄂温克族自治旗耕地质量等级面积

表 5-82　鄂温克族自治旗各乡（镇）耕地质量等级面积

乡（镇）	项目	一等地	二等地	三等地	四等地	五等地	六等地	七等地	八等地	合计
巴彦查岗苏木	面积（hm^2）	—	—	102.49	1 418.07	1 473.37	93.98	6.65	110.41	3 204.96
	占比（%）	—	—	3.20	44.25	45.97	2.93	0.21	3.44	100.00
大雁镇	面积（hm^2）	107.41	93.37	179.02	1 746.33	1 035.02	27.33	—	6.27	3 194.74
	占比（%）	3.36	2.92	5.60	54.66	32.40	0.86	—	0.20	100.00
锡尼河东苏木	面积（hm^2）	—	219.31	1 630.17	3 243.30	423.25	105.77	71.54	—	5 693.34
	占比（%）	—	3.85	28.63	56.97	7.43	1.86	1.26	—	100.00
合计	面积（hm^2）	107.41	312.68	1 911.67	6 407.71	2 931.63	227.08	78.19	116.68	12 093.05
	占比（%）	0.89	2.59	15.81	52.99	24.24	1.88	0.65	0.96	100.00

一等地面积为 107.41hm^2，占鄂温克旗耕地总面积的 0.89%，全部分布在大雁镇。一等地位于丘陵中部。土壤类型包括黑钙土和灰色森林土，其中黑钙土面积占一等地面积的 94%，成土母质为黄土状物。一等地耕层质地为中壤质，无障碍因素，基础地力高，有灌溉条件，排水条件良好，农田林网化程度低，生物多样性丰富。

二等地面积为 312.68hm^2，占鄂温克旗耕地总面积的 2.59%。分布于锡尼河东苏木和大雁镇，分别占二等地面积的 70% 和 30%。主要位于丘陵下部，占二等地面积的 60%以上，位于丘陵上部的面积接近 30%，其余零星分布在丘陵中部。土壤类型包括黑钙土、灰色森林土和沼泽土，其中黑钙土占 60%左右，灰色森林土占 30%左右，其余为沼泽土。成土母质以残坡积物为主，占 80%以上，其余为冲洪积物和黄土状物。耕层质地为中壤质，无障碍因素，基础地力较高，有灌溉条件，排水条件良好，农田林网化程度低，生物多样性丰富。

三等地面积为 1 911.67hm^2，占鄂温克旗耕地总面积的 15.81%。主要分布于锡尼河东苏木，占三等地面积的85%以上，巴彦查岗苏木和大雁镇有零星分布。主要位于丘陵下部，占三等地面积的60%左右，位于平原高阶的面积占30%以上，丘陵上部和丘陵中部有零星分布。土壤类型以黑钙土为主，占三等地面积的75%左右，草甸土面积占三等地面积的20%以上，灰色森林土和沼泽土有零星分布。成土母质以残坡积物为主，占三等地面积的50%左右，黄土状物和冲洪积物面积占三等地面积的50%左右。耕层质地为中壤质的面积占三等地面积的50%以上，轻壤质面积占40%左右，其余为重壤质。三等地无障碍因素，基础地力较高，无灌溉条件，排水条件良好，农田林网化程度低，生物多样性一般。

四等地面积为6 407.71hm^2，占鄂温克旗耕地总面积的52.99%。主要分布于锡尼河东苏木，占四等地面积的50%左右，巴彦查岗苏木和大雁镇四等地面积占50%左右。主要位于丘陵中部和丘陵下部，占四等地面积的70%以上，丘陵上部有少量分布，平原低阶和平原高阶有零星分布。土壤类型以黑钙土为主，占四等地面积的50%以上，草甸土面积占四等地面积的20%，其余为灰色森林土和沼泽土。成土母质以残坡积物为主，占四等地面积的40%左右，黄土状物和冲洪积物面积分别占四等地面积的30%左右。耕层质地为中壤质的面积占四等地面积的50%以上，轻壤质面积占30%左右，重壤质和砂壤质有零星分布。四等地无障碍因素，基础地力中等，无灌溉条件，排水条件良好，农田林网化程度低，生物多样性一般。

五等地面积为2 931.63hm^2，占鄂温克旗耕地总面积的24.24%。分布于巴彦查岗苏木的面积最大，占五等地面积的50%，大雁镇五等地面积占35%左右，其余分布于锡尼河东苏木。主要位于丘陵上部，占五等地面积的80%左右，其余零星分布在丘陵中部、丘陵下部、平原低阶和平原高阶。土壤类型以黑钙土为主，占五等地面积的90%以上，沼泽土和草甸土有零星分布。成土母质以残坡积物为主，占五等地面积的80%以上，黄土状物和冲洪积物有零星分布。耕层质地以中壤质为主，占五等地面积的75%左右，轻壤质有少量分布，重壤质和砂壤质零星分布。五等地基本无障碍因素，有少量存在障碍层次问题，基础地力中等，无灌溉条件，排水条件良好，农田林网化程度低，生物多样性一般。

六等地面积为227.08hm^2，占鄂温克旗耕地总面积的1.88%。主要分布于锡尼河东苏木和巴彦查岗苏木，占六等地面积的90%左右，其余分布在大雁镇。主要位于丘陵上部，占六等地面积的70%左右，少量分布在丘陵下部，丘陵中部有零星分布。土壤类型以黑钙土为主，占六等地面积的50%以上，灰色森林土和草甸土面积占六等地面积的40%以上，栗钙土有零星分布。成土母质以残坡积物为主，占六等地面积的70%左右，冲洪积物占六等地面积的30%左右。耕层质地包括中壤质和轻壤质，各占六等地面积的50%左右。六等地无障碍因素面积占60%左右，障碍层次问题占40%左右，基础地力较低，无灌溉条件，排水条件良好，农田林网化程度低，生物多样性一般。

七等地面积为78.19hm^2，占鄂温克旗耕地总面积的0.65%。主要分布于锡尼河东苏木，占七等地面积的90%以上，其余分布在巴彦查岗苏木。主要位于丘陵上部，占七等地面积的90%左右，其余分布在丘陵下部。土壤类型为黑钙土，成土母质为残坡积物，耕层质地为中壤质，无障碍因素，基础地力低，无灌溉条件，排水条件良好，农田林网化程度低，生物多样性一般。

八等地面积为 116.68hm²，占鄂温克旗耕地总面积的 0.96%。主要分布在巴彦查岗苏木，占八等地面积的 95%左右，其余分布在大雁镇。全部位于丘陵上部。土壤类型为黑钙土，成土母质为残坡积物，耕层质地为中壤质，无障碍因素，基础地力低，无灌溉条件，排水条件良好，农田林网化程度低，生物多样性一般。

数据详见表 5-83 至表 5-91。

表 5-83　鄂温克族自治旗不同地形部位质量等级面积

地形部位	项目	一等地	二等地	三等地	四等地	五等地	六等地	七等地	八等地	合计
平原低阶	面积（hm²）	—	—	—	252.40	69.89	—	—	—	322.29
	占比（%）	—	—	—	78.31	21.69	—	—	—	100.00
平原高阶	面积（hm²）	—	—	636.96	626.06	43.38	—	—	—	1306.39
	占比（%）	—	—	48.76	47.92	3.32	—	—	—	100.00
丘陵上部	面积（hm²）	—	93.37	68.03	1 018.47	2 308.91	153.44	71.54	116.68	3 830.44
	占比（%）	—	2.44	1.78	26.59	60.28	4.01	1.87	3.05	100.00
丘陵中部	面积（hm²）	107.41	18.53	89.23	2 458.18	248.07	11.86	—	—	2 933.28
	占比（%）	3.66	0.63	3.04	83.80	8.46	0.40	—	—	100.00
丘陵下部	面积（hm²）	—	200.79	1 117.45	2 052.60	261.38	61.78	6.65	—	3 700.65
	占比（%）	—	5.43	30.20	55.47	7.06	1.67	0.18	—	100.00
合计	面积（hm²）	107.41	312.68	1 911.67	6 407.71	2 931.63	227.08	78.19	116.68	12 093.05
	占比（%）	0.89	2.59	15.81	52.99	24.24	1.88	0.65	0.96	100.00

表 5-84　鄂温克族自治旗不同成土母质质量等级面积

成土母质	项目	一等地	二等地	三等地	四等地	五等地	六等地	七等地	八等地	合计
残坡积物	面积（hm²）	6.44	260.37	1 002.87	2 649.07	2 475.75	158.03	78.19	116.68	6 747.39
	占比（%）	0.10	3.86	14.86	39.26	36.69	2.34	1.16	1.73	100.00
黄土状物	面积（hm²）	100.98	20.97	436.14	1 658.95	180.07	—	—	—	2 397.10
	占比（%）	4.21	0.87	18.19	69.21	7.51	—	—	—	100.00
冲洪积物	面积（hm²）	—	31.34	472.67	2 099.69	275.81	69.04	—	—	2 948.56
	占比（%）	—	1.06	16.03	71.21	9.35	2.34	—	—	100.00
合计	面积（hm²）	107.41	312.68	1 911.67	6 407.71	2 931.63	227.08	78.19	116.68	12 093.05
	占比（%）	0.89	2.59	15.81	52.99	24.24	1.88	0.65	0.96	100.00

表 5-85　鄂温克族自治旗不同土壤类型质量等级面积

土壤类型	项目	一等地	二等地	三等地	四等地	五等地	六等地	七等地	八等地	合计
黑钙土	面积（hm²）	100.98	185.00	1 414.75	3 497.13	2 655.82	122.20	78.19	116.68	8 170.74
	占比（%）	1.24	2.26	17.31	42.80	32.50	1.50	0.96	1.43	100.00
灰色森林土	面积（hm²）	6.44	96.35	24.25	810.88	—	35.83	—	—	973.75
	占比（%）	0.66	9.89	2.49	83.27	—	3.68	—	—	100.00

（续表）

土壤类型	项目	一等地	二等地	三等地	四等地	五等地	六等地	七等地	八等地	合计
沼泽土	面积（hm²）	—	31.34	13.75	814.66	136.84	0.00	—	—	996.59
	占比（%）	—	3.14	1.38	81.74	13.73	0.00	—	—	100.00
草甸土	面积（hm²）	—	—	458.92	1 285.03	138.97	58.15	—	—	1 941.07
	占比（%）	—	—	23.64	66.20	7.16	3.00	—	—	100.00
栗钙土	面积（hm²）	—	—	—	—	—	10.90	—	—	10.90
	占比（%）	—	—	—	—	—	100.00	—	—	100.00
合计	面积（hm²）	107.41	312.68	1 911.67	6 407.71	2 931.63	227.08	78.19	116.68	12 093.05
	占比（%）	0.89	2.59	15.81	52.99	24.24	1.88	0.65	0.96	100.00

表 5-86　鄂温克族自治旗不同耕层质地质量等级面积

耕层质地	项目	一等地	二等地	三等地	四等地	五等地	六等地	七等地	八等地	合计
中壤	面积（hm²）	107.41	312.68	1 064.42	3 543.22	2 206.94	117.76	78.19	116.68	7 547.31
	占比（%）	1.42	4.14	14.10	46.95	29.24	1.56	1.04	1.55	100.00
轻壤	面积（hm²）	—	—	697.73	1 915.26	480.36	109.31	—	—	3 202.67
	占比（%）	—	—	21.79	59.80	15.00	3.41	—	—	100.00
重壤	面积（hm²）	—	—	149.53	696.82	174.43	—	—	—	1020.78
	占比（%）	—	—	14.65	68.26	17.09	—	—	—	100.00
砂壤	面积（hm²）	—	—	—	252.40	69.89	—	—	—	322.29
	占比（%）	—	—	—	78.31	21.69	—	—	—	100.00
合计	面积（hm²）	107.41	312.68	1 911.67	6 407.71	2 931.63	227.08	78.19	116.68	12 093.05
	占比（%）	0.89	2.59	15.81	52.99	24.24	1.88	0.65	0.96	100.00

表 5-87　鄂温克族自治旗不同障碍因素质量等级面积

障碍因素	项目	一等地	二等地	三等地	四等地	五等地	六等地	七等地	八等地	合计
无	面积（hm²）	107.41	312.68	1 911.67	6 407.71	2 624.23	128.66	78.19	116.68	11 687.23
	占比（%）	0.92	2.68	16.36	54.83	22.45	1.10	0.67	1.00	100.00
盐渍化	面积（hm²）	—	—	—	—	4.36	—	—	—	4.36
	占比（%）	—	—	—	—	100.00	—	—	—	100.00
障碍层次	面积（hm²）	—	—	—	—	303.04	98.42	—	—	401.46
	占比（%）	—	—	—	—	75.49	24.51	—	—	100.00
合计	面积（hm²）	107.41	312.68	1 911.67	6 407.71	2 931.63	227.08	78.19	116.68	12 093.05
	占比（%）	0.89	2.59	15.81	52.99	24.24	1.88	0.65	0.96	100.00

表 5-88　鄂温克族自治旗不同灌溉能力质量等级面积

灌溉能力	项目	一等地	二等地	三等地	四等地	五等地	六等地	七等地	八等地	合计
满足	面积（hm²）	107.41	312.68	68.03	—	—	—	—	—	488.13
	占比（%）	22.01	64.06	13.94	—	—	—	—	—	100.00

（续表）

灌溉能力	项目	一等地	二等地	三等地	四等地	五等地	六等地	七等地	八等地	合计
不满足	面积（hm^2）	—	—	1 843.64	6 407.71	2 931.63	227.08	78.19	116.68	11 604.92
	占比（%）	—	—	15.89	55.22	25.26	1.96	0.67	1.01	100.00
合计	面积（hm^2）	107.41	312.68	1 911.67	6 407.71	2 931.63	227.08	78.19	116.68	12 093.05
	占比（%）	0.89	2.59	15.81	52.99	24.24	1.88	0.65	0.96	100.00

表 5-89　鄂温克族自治旗不同排水能力质量等级面积

排水能力	项目	一等地	二等地	三等地	四等地	五等地	六等地	七等地	八等地	合计
基本满足	面积（hm^2）	107.41	312.68	1 911.67	6 407.70	2 931.63	227.08	78.19	116.68	12 093.05
	占比（%）	0.89	2.59	15.81	52.99	24.24	1.88	0.65	0.96	100.00
合计	面积（hm^2）	107.41	312.68	1 911.67	6 407.70	2 931.63	227.08	78.19	116.68	12 093.05
	占比（%）	0.89	2.59	15.81	52.99	24.24	1.88	0.65	0.96	100.00

表 5-90　鄂温克族自治旗不同农田林网化程度质量等级面积

农田林网化程度	项目	一等地	二等地	三等地	四等地	五等地	六等地	七等地	八等地	合计
中	面积（hm^2）	—	—	102.49	540.65	428.36	—	—	—	1 071.50
	占比（%）	—	—	9.57	50.46	39.98	—	—	—	100.00
低	面积（hm^2）	107.41	312.68	1 809.18	5 867.06	2 503.27	227.08	78.19	116.68	11 021.55
	占比（%）	0.97	2.84	16.41	53.23	22.71	2.06	0.71	1.06	100.00
合计	面积（hm^2）	107.41	312.68	1 911.67	6 407.71	2 931.63	227.08	78.19	116.68	12 093.05
	占比（%）	0.89	2.59	15.81	52.99	24.24	1.88	0.65	0.96	100.00

表 5-91　鄂温克族自治旗不同生物多样性质量等级面积

生物多样性	项目	一等地	二等地	三等地	四等地	五等地	六等地	七等地	八等地	合计
丰富	面积（hm^2）	107.41	312.68	68.03	—	4.36	—	—	—	492.48
	占比（%）	21.81	63.49	13.81	—	0.89	—	—	—	100.00
一般	面积（hm^2）	—	—	1 843.64	6 407.71	2 927.27	227.08	78.19	116.68	11 600.57
	占比（%）	—	—	15.89	55.24	25.23	1.96	0.67	1.01	100.00
合计	面积（hm^2）	107.41	312.68	1 911.67	6 407.71	2 931.63	227.08	78.19	116.68	12 093.05
	占比（%）	0.89	2.59	15.81	52.99	24.24	1.88	0.65	0.96	100.00

（二）土壤养分现状

1. 有机质及大量元素

有机质平均值为 56.0g/kg，属 1 级（高）水平，变幅为 13.5~69.9g/kg。含量为 1 级（高）水平的面积为 11 828.32hm^2，占鄂温克族自治旗耕地总面积的 97.81%；含量为 2 级（较高）水平的面积为 4.36hm^2，占鄂温克族自治旗耕地总面积的 0.04%；含量为 3 级（中）水平的面积为 85.17hm^2，占 0.70%；含量为 4 级（较低）水平的面积为 175.20hm^2，占 1.45%；含量为 5 级（低）水平上无分布。

全氮平均值为2.67g/kg，属1级（高）水平，变幅为1.50~3.70g/kg。含量为1级（高）水平的面积为11 028.62hm²，占鄂温克族自治旗耕地总面积的91.20%；含量为2级（较高）水平的面积为1 064.43hm²，占鄂温克族自治旗耕地总面积的8.80%；在3级（中）水平、4级（较低）水平和5级（低）水平无分布。

有效磷平均值为25.4mg/kg，属2级（较高）水平，变幅为9.9~47.3 mg/kg。含量为1级（高）水平的面积为3 580.27hm²，占鄂温克族自治旗耕地总面积的29.61%；含量为2级（较高）水平的面积为6 064.13hm²，占鄂温克族自治旗耕地总面积的50.15%；含量为3级（中）水平的面积为2 412.82hm²，占鄂温克族自治旗耕地总面积的19.95%；含量为4级（较低）水平的面积为35.83hm²，占0.30%；含量在5级（低）水平无分布。

速效钾平均值为238mg/kg，属1级（高）水平，变幅为80~335 mg/kg。含量为1级（高）水平的面积为8 879.96hm²，占鄂温克族自治旗耕地总面积的73.43%；含量为2级（较高）水平的面积为2 393.42hm²，占鄂温克族自治旗耕地总面积的19.79%；含量为3级（中）水平的面积为815.95hm²，占6.75%；含量为4级（较低）水平的面积为3.72hm²，占0.03%；含量在5级（低）水平无分布。

缓效钾平均值为762mg/kg，属4级（较低）水平，变幅为556~926 mg/kg。含量为3级（中）水平的面积为4 368.14hm²，占鄂温克族自治旗耕地总面积的36.12%；含量为4级（较低）水平的面积为7 012.59hm²，占鄂温克族自治旗耕地总面积的57.99%；含量为5级（低）水平的面积为712.32hm²，占5.89%；含量在1级（高）水平和2级（较高）水平无分布。

2. 中量元素

有效硫平均值为22.2mg/kg，属3级（中）水平，变幅为13.3~49.8 mg/kg。含量为1级（高）水平的面积为479.98hm²，占鄂温克族自治旗耕地总面积的3.97%；含量为2级（较高）水平的面积为177.28hm²，占鄂温克族自治旗耕地总面积的1.47%；含量为3级（中）水平的面积为7 613.95hm²，占62.96%；含量为4级（较低）水平的面积为2 938.55hm²，占24.30%；含量为5级（低）水平的面积为883.30hm²，占7.30%。

有效硅平均值为444mg/kg，属1级（高）水平，变幅为143~544 mg/kg。含量为1级（高）水平的面积为12 088.69hm²，占鄂温克族自治旗耕地总面积的99.96%；含量为3级（中）水平的面积为4.36hm²，占鄂温克族自治旗耕地总面积的0.04%；含量在其他水平上无分布。

3. 微量元素

有效铁平均值为73.4mg/kg，属1级（高）水平，变幅为6.1~142.4 mg/kg。含量为1级（高）水平的面积为12 088.69hm²，占鄂温克族自治旗耕地总面积的99.96%；含量为3级（中）的面积为4.36hm²，占鄂温克族自治旗耕地总面积的0.04%；含量在其他水平上无分布。

有效锰平均值为24.5mg/kg，属2级（较高）水平，变幅为6.0~34.5 mg/kg。含量为1级（高）水平的面积为4 080.86hm²，占鄂温克族自治旗耕地总面积的33.75%；含量为2级（较高）水平的面积为8 007.83hm²，占鄂温克族自治旗耕地总面积的

66.22%；含量为3级（中）水平的面积为4.36hm^2，占0.04%；含量在其他水平上无分布。

有效铜平均值为1.03mg/kg，属2级（较高）水平，变幅为0.58~2.22 mg/kg。含量为1级（高）水平的面积为4.36hm^2，占鄂温克族自治旗耕地总面积的0.04%；含量为2级（较高）水平的面积为5 427.81hm^2，占鄂温克族自治旗耕地总面积的44.88%；含量为3级（中）水平的面积为6 660.88hm^2，占55.08%；含量在其他水平上无分布。

有效锌平均值为1.28mg/kg，属3级（中）水平，变幅为0.85~4.33 mg/kg。含量为1级（高）水平的面积为4.36hm^2，占鄂温克族自治旗耕地总面积的0.04%；含量为2级（较高）水平的面积为2 016.68hm^2，占鄂温克族自治旗耕地总面积的16.68%；含量为3级（中）水平的面积为10 072.01hm^2，占83.29%；含量在其他水平上无分布。

有效硼平均值为1.22mg/kg，属3级（中）水平，变幅为0.64~1.73 mg/kg。含量为2级（较高）水平的面积为1 171.46hm^2，占鄂温克族自治旗耕地总面积的9.69%；含量为3级（中）水平的面积为10 917.23hm^2，占鄂温克族自治旗耕地总面积的90.28%；含量为4级（较低）水平的面积为4.36hm^2，占0.04%；含量在其他水平上无分布。

有效钼平均值为0.09mg/kg，属4级（较低）水平，变幅为0.04~0.23 mg/kg。含量为1级（高）水平的面积为4.36hm^2，占鄂温克族自治旗耕地总面积的0.04%；含量为3级（中）水平的面积为2 029.29hm^2，占鄂温克族自治旗耕地总面积的16.78%；含量为4级（较低）水平的面积为9 895.69hm^2，占81.83%；含量为5级（低）水平的面积为163.71hm^2，占1.35%；含量在2级（较高）水平无分布。

4. 其他属性

pH值平均值为6.3，属2级（较高）水平，变幅为5.3~6.8。pH值为1级（高）水平的面积为1 355.29hm^2，占鄂温克族自治旗耕地总面积的11.21%；2级（较高）水平的面积为8 727.76hm^2，占鄂温克族自治旗耕地总面积的72.17%；3级（中）水平的面积为1 718.08hm^2，占14.21%；5级（低）水平的面积为291.92hm^2，占2.41%；在4级（较低）水平无分布。

土壤容重平均值为1.26g/cm^3，属2级（较高）水平，变幅为1.19~1.46。1级（高）水平的面积为6 490.70hm^2，占鄂温克族自治旗耕地总面积的53.67%；2级（较高）水平的面积为5 301.79hm^2，占鄂温克族自治旗耕地总面积的43.84%；3级（中）水平的面积为264.73hm^2，占2.19%；4级（较低）水平的面积为35.83hm^2，占0.30%；在5级（低）水平上无分布。

鄂温克旗耕地土壤全部为清洁水平。

十、海拉尔区

（一）耕地质量等级分布

海拉尔区耕地面积为28 776.01hm^2，占呼伦贝尔市耕地总面积的1.61%，按质量等级由高到低依次划分为一等至七等和九等（图5-10），平均质量等级为4.00。各乡

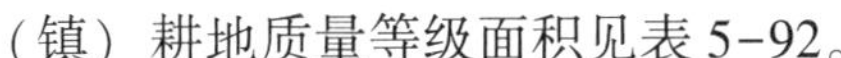
（镇）耕地质量等级面积见表 5-92。

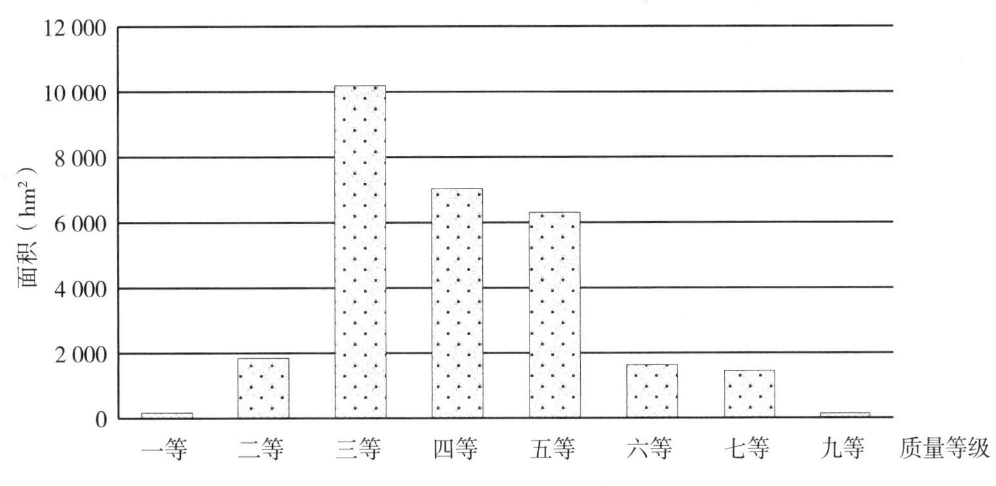

图 5-10　海拉尔区耕地质量等级面积

表 5-92　海拉尔区各乡（镇）耕地质量等级面积

乡（镇）	项目	一等地	二等地	三等地	四等地	五等地	六等地	七等地	九等地	合计
奋斗镇	面积（hm^2）	—	—	501.30	979.72	2 328.56	301.54	659.77	—	4 770.89
	占比（%）	—	—	10.51	20.54	48.81	6.32	13.83	—	100.00
哈克镇	面积（hm^2）	168.40	1 817.53	9 263.97	4 571.73	3 983.61	1 002.76	337.66	137.56	21 283.22
	占比（%）	0.79	8.54	43.53	21.48	18.72	4.71	1.59	0.65	100.00
建设街道办事处	面积（hm^2）	—	2.66	430.25	1 192.29	—	327.42	445.84	—	2 398.46
	占比（%）	—	0.11	17.94	49.71	—	13.65	18.59	—	100.00
原市辖区	面积（hm^2）	—	26.21	0.91	295.45	—	0.88	—	—	323.44
	占比（%）	—	8.10	0.28	91.34	—	0.27	—	—	100.00
合计	面积（hm^2）	168.40	1 846.40	10 196.43	7 039.19	6 312.17	1 632.61	1 443.27	137.56	28 776.01
	占比（%）	0.59	6.42	35.43	24.46	21.94	5.67	5.02	0.48	100.00

一等地面积为 168.40hm^2，占海拉尔区耕地总面积的 0.59%，分布在哈克镇，位于丘陵下部。土壤类型为黑钙土和栗钙土，分别占一等地面积的 84%和 16%，成土母质为黄土状物。耕层质地为中壤质和轻壤质，分别占一等地面积的 84%和 16%。一等地无障碍因素，基础地力高，有灌溉条件，排水条件良好，农田林网化程度低，生物多样性丰富。

二等地面积为 1 846.40hm^2，占海拉尔区耕地总面积的 6.42%。主要分布在哈克镇，建设街道办事处和原市辖区有零星分布。位于平原低阶的面积占二等地面积的 60%以上，平原高阶和丘陵下部的面积占二等地面积的 25%左右，平原中阶和丘陵中部有零星分布。土壤类型以栗钙土和草甸土为主，占二等地面积的 90%以上，其余为黑钙土和沼泽土。成土母质为冲洪积物的面积占 50%左右，黄土状物和河湖沉积物的面积占 50%左右。耕层质地主要为中壤质和轻壤质，占二等地面积的 90%以上，砂壤质有零星分布。二等地无障碍因素，基础地力高，基本无灌溉条件，排水条件良好，农田林网化程度低，生物多样性丰富。

三等地面积为 10 196.43hm^2，占海拉尔区耕地总面积的 35.43%。主要分布在哈克镇，奋斗镇和建设街道办事处有少量分布，原市辖区有零星分布。位于丘陵下部的面积占三等地面积的 75%以上，丘陵中部和平原低阶的面积占三等地面积的 20%左右，平原中阶和平原高阶有零星分布。土壤类型以栗钙土为主，占三等地面积的 70%左右，黑钙土占 30%左右，草甸土有零星分布。成土母质为黄土状物的面积占 85%左右，其余为河湖沉积物和冲洪积物。耕层质地以轻壤质为主，占三等地面积的 60%以上，中壤质面积占 30%左右。三等地基本无障碍因素，基础地力较高，无灌溉条件，排水条件良好，农田林网化程度低，生物多样性丰富。

四等地面积为 7 039.19hm^2，占海拉尔区耕地总面积的 24.46%。主要分布在哈克镇，占四等地面积的 60%以上，奋斗镇和建设街道办事处面积占四等地面积的 30%左右，原市辖区有零星分布。位于丘陵下部的面积占四等地面积的 75%以上，丘陵中部有少量分布，丘陵上部、平原低阶和平原高阶有零星分布。栗钙土面积占四等地面积的 90%以上，黑钙土、草甸土和风沙土有零星分布。成土母质主要为黄土状物，接近四等地面积的 70%，冲洪积物和河湖沉积物面积占 30%以上。耕层质地以轻壤质和砂壤质为主，占四等地面积的 80%左右，中壤质面积占 20%左右。四等地多数无障碍因素，部分存在障碍层次问题，基础地中等，无灌溉条件，排水条件良好，农田林网化程度低，生物多样性丰富。

五等地面积为 6 312.17hm^2，占海拉尔区耕地总面积的 21.94%。分布在哈克镇和奋斗镇，分别占五等地面积的 63%和 37%，位于丘陵中部的面积占五等地面积的 60%以上，丘陵下部的面积占五等地面积的 30%以上，平原低阶和平原高阶有零星分布。土壤类型以栗钙土为主，占五等地面积的 98%，其余为黑钙土和沼泽土。成土母质为黄土状物的面积占 70%，河湖沉积物面积占 22%，冲洪积物面积占 8%。耕层质地以中壤质为主，占五等地面积的 60%左右，砂壤质和轻壤质面积占 40%左右。五等地 50%左右存在障碍层次问题，基础地力中等，无灌溉条件，排水条件良好，农田林网化程度低，生物多样性丰富。

六等地面积为 1 632.61hm^2，占海拉尔区耕地总面积的 5.67%。主要分布在哈克镇，占六等地面积的 60%以上，奋斗镇和建设街道办事处面积占六等地面积的 40%左右，原市辖区有零星分布。主要位于丘陵下部和丘陵中部，占六等地面积的 80%以上，丘陵上部、平原低阶和平原高阶有零星分布。土壤类型为栗钙土和黑钙土，分别占六等地面积的 56%和 44%。成土母质为黄土状物的面积占 70%左右，河湖沉积物面积占 20%左右，其余为冲洪积物和残坡积物。耕层质地以中壤质为主，占六等地面积的 50%左右，砂壤质和轻壤质面积占 50%左右。六等地多数无障碍因素，少部分存在障碍层次问题，基础地力较低，无灌溉条件，排水条件良好，农田林网化程度低，生物多样性较丰富。

七等地面积为 1 443.27hm^2，占海拉尔区耕地总面积的 5.02%。主要分布在奋斗镇，占七等地面积的 45%左右，哈克镇和建设街道办事处面积占七等地面积的 55%左右。主要位于丘陵下部，占七等地面积的 85%以上，其余位于丘陵上部和丘陵中部。土壤类型为栗钙土和黑钙土，分别占七等地面积的 95%和 5%。成土母质以河湖沉积物为主，占七等地面积的60%左右，黄土状物面积占七等地面积的35%，其余为冲洪积物。耕层质地以砂壤质为主，占七等地面积的60%以上，轻壤质面积占20%以上，其余为中壤质。七等地基本无障碍因素，基础地力低，无灌溉条件，排水条件良好，农田林网化程度低，生物多样性较丰富。

九等地面积为137.56hm^2，占海拉尔区耕地总面积的0.48%，分布在哈克镇。位于丘陵上部和丘陵中部，分别占九等地面积的75%和25%。土壤类型为黑钙土和栗钙土，分别占九等地面积的75%和25%。成土母质为残坡积物和黄土状物，分别占九等地面积的75%和25%。耕层质地为砂壤质和中壤质，分别占九等地面积的75%和25%。九等地少部分存在障碍层次问题，基础地力低，无灌溉条件，排水条件良好，农田林网化程度低，生物多样性一般。

详细数据见表5-93至表5-101。

表5-93　海拉尔区不同地形部位质量等级面积

地形部位	项目	一等地	二等地	三等地	四等地	五等地	六等地	七等地	九等地	合计
平原低阶	面积（hm^2）	—	1 183.44	738.75	174.31	311.80	83.52	—	—	2 491.83
	占比（%）	—	47.49	29.65	7.00	12.51	3.35	—	—	100.00
平原中阶	面积（hm^2）	—	146.63	82.01	—	—	—	—	—	228.64
	占比（%）	—	64.13	35.87	—	—	—	—	—	100.00
平原高阶	面积（hm^2）	—	235.12	447.88	21.36	182.54	32.67	—	—	919.56
	占比（%）	—	25.57	48.71	2.32	19.85	3.55	—	—	100.00
丘陵上部	面积（hm^2）	—	—	—	229.83	0.00	171.62	67.65	102.90	572.00
	占比（%）	—	—	—	40.18	0.00	30.00	11.83	17.99	100.00
丘陵中部	面积（hm^2）	—	51.47	1 229.72	1 312.19	3 838.52	504.68	100.80	34.66	7 072.04
	占比（%）	—	0.73	17.39	18.55	54.28	7.14	1.43	0.49	100.00
丘陵下部	面积（hm^2）	168.40	229.73	7 698.07	5 301.50	1 979.31	840.11	1 274.82	—	17 491.95
	占比（%）	0.96	1.31	44.01	30.31	11.32	4.80	7.29	—	100.00
合计	面积（hm^2）	168.40	1 846.40	10 196.43	7 039.19	6 312.17	1 632.61	1 443.27	137.56	28 776.01
	占比（%）	0.59	6.42	35.43	24.46	21.94	5.67	5.02	0.48	100.00

表5-94　海拉尔区不同成土母质质量等级面积

成土母质	项目	一等地	二等地	三等地	四等地	五等地	六等地	七等地	九等地	合计
黄土状物	面积（hm^2）	168.40	514.30	8 583.23	4 774.47	4 426.75	1 099.48	511.90	34.66	20 113.20
	占比（%）	0.84	2.56	42.67	23.74	22.01	5.47	2.55	0.17	100.00
冲洪积物	面积（hm^2）	—	916.08	658.55	1 166.64	512.69	137.29	48.52	—	3 439.77
	占比（%）	—	26.63	19.15	33.92	14.90	3.99	1.41	—	100.00
河湖沉积物	面积（hm^2）	—	416.02	954.65	1 097.57	1 372.73	348.55	882.85	—	5 072.37
	占比（%）	—	8.20	18.82	21.64	27.06	6.87	17.41	—	100.00
风积物	面积（hm^2）	—	—	—	0.50	—	—	—	—	0.50
	占比（%）	—	—	—	100.00	—	—	—	—	100.00
残坡积物	面积（hm^2）	—	—	—	—	—	47.28	—	102.90	150.18
	占比（%）	—	—	—	—	—	31.48	—	68.52	100.00

（续表）

成土母质	项目	一等地	二等地	三等地	四等地	五等地	六等地	七等地	九等地	合计
合计	面积（hm^2）	168.40	1 846.40	10 196.43	7 039.19	6 312.17	1 632.61	1 443.27	137.56	28 776.01
	占比（%）	0.59	6.42	35.43	24.46	21.94	5.67	5.02	0.48	100.00

表 5-95　海拉尔区不同土壤类型质量等级面积

土壤类型	项目	一等地	二等地	三等地	四等地	五等地	六等地	七等地	九等地	合计
黑钙土	面积（hm^2）	141.32	133.08	2 855.83	405.71	80.15	711.73	67.65	102.90	4 498.36
	占比（%）	3.14	2.96	63.49	9.02	1.78	15.82	1.50	2.29	100.00
栗钙土	面积（hm^2）	27.08	797.24	7 075.11	6 505.76	6 225.24	920.88	1 375.62	34.66	22 961.58
	占比（%）	0.12	3.47	30.81	28.33	27.11	4.01	5.99	0.15	100.00
草甸土	面积（hm^2）	—	896.63	265.49	127.22	—	—	—	—	1289.34
	占比（%）	—	69.54	20.59	9.87	—	—	—	—	100.00
沼泽土	面积（hm^2）	—	19.45	—	—	6.78	—	—	—	26.23
	占比（%）	—	74.14	—	—	25.86	—	—	—	100.00
风沙土	面积（hm^2）	—	—	—	0.50	—	—	—	—	0.50
	占比（%）	—	—	—	100.00	—	—	—	—	100.00
合计	面积（hm^2）	168.40	1 846.40	10 196.43	7 039.19	6 312.17	1 632.61	1 443.27	137.56	28 776.01
	占比（%）	0.59	6.42	35.43	24.46	21.94	5.67	5.02	0.48	100.00

表 5-96　海拉尔区不同耕层质地质量等级面积

耕层质地	项目	一等地	二等地	三等地	四等地	五等地	六等地	七等地	九等地	合计
轻壤	面积（hm^2）	27.08	683.89	6 388.60	3 052.63	1 084.60	292.69	376.09	—	11 905.58
	占比（%）	0.23	5.74	53.66	25.64	9.11	2.46	3.16	—	100.00
中壤	面积（hm^2）	141.32	1 001.25	2 852.96	1 537.70	3 659.76	860.33	100.80	34.66	10 188.77
	占比（%）	1.39	9.83	28.00	15.09	35.92	8.44	0.99	0.34	100.00
重壤	面积（hm^2）	—	—	—	—	—	6.92	—	—	6.92
	占比（%）	—	—	—	—	—	100.00	—	—	100.00
砂壤	面积（hm^2）	—	161.26	781.11	2 335.38	1 326.14	471.79	966.38	102.90	6 144.95
	占比（%）	—	2.62	12.71	38.00	21.58	7.68	15.73	1.67	100.00
砂土	面积（hm^2）	—	—	173.76	113.48	241.66	0.88	—	—	529.79
	占比（%）	—	—	32.80	21.42	45.62	0.17	—	—	100.00
合计	面积（hm^2）	168.40	1 846.40	10 196.43	7 039.19	6 312.17	1 632.61	1 443.27	137.56	28 776.01
	占比（%）	0.59	6.42	35.43	24.46	21.94	5.67	5.02	0.48	100.00

表 5-97　海拉尔区不同障碍因素质量等级面积

障碍因素	项目	一等地	二等地	三等地	四等地	五等地	六等地	七等地	九等地	合计
无	面积（hm^2）	168.40	1 824.61	9 527.50	5 828.37	2 448.19	1 315.49	1 342.47	102.90	22 557.92
	占比（%）	0.75	8.09	42.24	25.84	10.85	5.83	5.95	0.46	100.00

（续表）

障碍因素	项目	一等地	二等地	三等地	四等地	五等地	六等地	七等地	九等地	合计
障碍层次	面积（hm^2）	—	21.79	520.06	1 203.66	3 716.63	207.80	100.80	34.66	5 805.38
	占比（%）	—	0.38	8.96	20.73	64.02	3.58	1.74	0.60	100.00
盐渍化	面积（hm^2）	—	—	148.88	7.16	147.36	—	—	—	303.39
	占比（%）	—	—	49.07	2.36	48.57	—	—	—	100.00
瘠薄	面积（hm^2）	—	—	—	—	—	109.32	—	—	109.32
	占比（%）	—	—	—	—	—	100.00	—	—	100.00
合计	面积（hm^2）	168.40	1 846.40	10 196.43	7 039.19	6 312.17	1 632.61	1 443.27	137.56	28 776.01
	占比（%）	0.59	6.42	35.43	24.46	21.94	5.67	5.02	0.48	100.00

表 5-98　海拉尔区不同灌溉能力质量等级面积

灌溉能力	项目	一等地	二等地	三等地	四等地	五等地	六等地	七等地	九等地	合计
满足	面积（hm^2）	168.40	281.20	92.83	0.50	—	—	—	—	542.93
	占比（%）	31.02	51.79	17.10	0.09	—	—	—	—	100.00
不满足	面积（hm^2）	—	1 565.19	10 103.60	7 038.69	6 312.17	1 632.61	1 443.27	137.56	28 233.08
	占比（%）	—	5.54	35.79	24.93	22.36	5.78	5.11	0.49	100.00
合计	面积（hm^2）	168.40	1 846.40	10 196.43	7 039.19	6 312.17	1 632.61	1 443.27	137.56	28 776.01
	占比（%）	0.59	6.42	35.43	24.46	21.94	5.67	5.02	0.48	100.00

表 5-99　海拉尔区不同排水能力质量等级面积

排水能力	项目	一等地	二等地	三等地	四等地	五等地	六等地	七等地	九等地	合计
基本满足	面积（hm^2）	168.40	1 846.40	10 196.43	6 941.17	6 256.46	1 549.22	1 274.06	102.90	28 335.04
	占比（%）	0.59	6.52	35.99	24.50	22.08	5.47	4.50	0.36	100.00
不满足	面积（hm^2）	—	—	—	98.01	55.71	83.38	169.21	34.66	440.98
	占比（%）	—	—	—	22.23	12.63	18.91	38.37	7.86	100.00
合计	面积（hm^2）	168.40	1 846.40	10 196.43	7 039.19	6 312.17	1 632.61	1 443.27	137.56	28 776.01
	占比（%）	0.59	6.42	35.43	24.46	21.94	5.67	5.02	0.48	100.00

表 5-100　海拉尔区不同农田林网化程度质量等级面积

农田林网化程度	项目	一等地	二等地	三等地	四等地	五等地	六等地	七等地	九等地	合计
低	面积（hm^2）	168.40	1 846.40	10 196.43	7 039.19	6 312.17	1 632.61	1 443.27	137.56	28 776.01
	占比（%）	0.59	6.42	35.43	24.46	21.94	5.67	5.02	0.48	100.00
合计	面积（hm^2）	168.40	1 846.40	10 196.43	7 039.19	6 312.17	1 632.61	1 443.27	137.56	28 776.01
	占比（%）	0.59	6.42	35.43	24.46	21.94	5.67	5.02	0.48	100.00

表 5-101　海拉尔区不同生物多样性质量等级面积

生物多样性	项目	一等地	二等地	三等地	四等地	五等地	六等地	七等地	九等地	合计
丰富	面积（hm^2）	168.40	1 846.40	9 862.64	6 867.82	6 129.63	1 249.98	1 133.48	—	27 258.34
	占比（%）	0.62	6.77	36.18	25.20	22.49	4.59	4.16	—	100.00
一般	面积（hm^2）	—	—	333.79	171.37	182.54	382.62	309.79	137.56	1 517.68
	占比（%）	—	—	21.99	11.29	12.03	25.21	20.41	9.06	100.00
合计	面积（hm^2）	168.40	1 846.40	10 196.43	7 039.19	6 312.17	1 632.61	1 443.27	137.56	28 776.01
	占比（%）	0.59	6.42	35.43	24.46	21.94	5.67	5.02	0.48	100.00

（二）土壤养分现状

1. 有机质及大量元素

有机质平均值为 43.0g/kg，属 1 级（高）水平，变幅为 3.5～69.6g/kg。含量为 1 级（高）水平的面积为 20 670.24hm^2，占海拉尔区耕地总面积的 71.83%；含量为 2 级（较高）水平的面积为 916.27hm^2，占 3.18%；含量为 3 级（中）水平的面积为 4 752.81hm^2，占 16.52%；含量为 4 级（较低）水平的面积为 2 356.54 hm^2，占 8.19%；含量为 5 级（低）水平的面积为 80.15hm^2，占 0.28%。

全氮平均值为 2.03g/kg，属 1 级（高）水平，变幅为 1.04～2.97g/kg。含量为 1 级（高）水平的面积为 17 733.22hm^2，占海拉尔区耕地总面积的 61.62%；含量为 2 级（较高）水平的面积为 5 651.81hm^2，占 19.64%；含量为 3 级（中）水平的面积为 5 390.98hm^2，占 18.73%；含量在其他水平上无分布。

有效磷平均值为 26.7mg/kg，属 2 级（较高）水平，变幅为 11.4～52.1 mg/kg。含量为 1 级（高）水平的面积为 8 826.47hm^2，占海拉尔区耕地总面积的 30.67%；含量为 2 级（较高）水平的面积为 10 553.64hm^2，占 36.68%；含量为 3 级（中）水平的面积为 9 395.90hm^2，占 32.65%；含量在其他水平上无分布。

速效钾平均值为 174mg/kg，属 2 级（较高）水平，变幅为 59～340 mg/kg。含量为 1 级（高）水平的面积为 6 798.64hm^2，占海拉尔区耕地总面积的 23.63%；含量为 2 级（较高）水平的面积为 14 166.60hm^2，占海拉尔区耕地总面积的 49.23%；含量为 3 级（中）水平的面积为 5 739.84hm^2，占 19.95%；含量为 4 级（较低）水平的面积为 2 002.46hm^2，占 6.96%；含量为 5 级（低）水平的面积为 68.47hm^2，占 0.24%。

缓效钾平均值为 793mg/kg，属 4 级（较低）水平，变幅为 492～1 106mg/kg。含量为 2 级（较高）水平的面积为 110.16hm^2，占海拉尔区耕地总面积的 0.38%；含量为 3 级（中）水平的面积为 17 247.58hm^2，占海拉尔区耕地总面积的 59.94%；含量为 4 级（较低）水平的面积为 9 019.39hm^2，占 31.34%；含量为 5 级（低）水平的面积为 2 398.87hm^2，占 8.34%；含量在 1 级（高）水平上无分布。

2. 中量元素

有效硫平均值为 35.1mg/kg，属 2 级（较高）水平，变幅为 21.1～66.6 mg/kg。含量为 1 级（高）水平的面积为 5 264.28hm^2，占海拉尔区耕地总面积的 18.29%；含量为 2 级（较高）水平的面积为 18 271.03hm^2，占 63.49%；含量为 3 级（中）水平的面积为 5 240.70hm²，占 18.21%；含量在其他水平上无分布。

有效硅平均值为 247mg/kg，属 2 级（较高）水平，变幅为 89～555 mg/kg。含量为 1 级（高）水平的面积为 14 479.46hm²，占海拉尔区耕地总面积的 50.32%；含量为 2 级（较高）水平的面积为 6 615.98hm²，占 22.99%；含量为 3 级（中）水平的面积为 7 452.53hm²，占 25.90%；含量为 4 级（较低）水平的面积为 228.04hm²，占 0.79%；在 5 级（低）水平上无分布。

3. 微量元素

有效铁平均值为 9.4mg/kg，属 3 级（中）水平，变幅为 2.1～55.1 mg/kg。含量为 1 级（高）水平的面积为 1 377.84hm²，占海拉尔区耕地总面积的 4.79%；含量为 2 级（较高）水平的面积为 9 911.57hm²，占 34.44%；含量为 3 级（中）水平的面积为 6 318.34hm²，占 21.96%；含量为 4 级（较低）水平的面积为 10 624.96hm²，占 36.92%；含量为 5 级（低）水平的面积为 543.30hm²，占 1.89%。

有效锰平均值为 6.2mg/kg，属 3 级（中）水平，变幅为 2.0～31.5 mg/kg。含量为 1 级（高）水平的面积为 110.16hm²，占海拉尔区耕地总面积的 0.38%；含量为 2 级（较高）水平的面积为 3 454.62hm²，占 12.01%；含量为 3 级（中）水平的面积为 10 643.37hm²，占 36.99%；含量为 4 级（较低）水平的面积为 14 567.86hm²，占 50.63%；含量在 5 级（低）水平上无分布。

有效铜平均值为 1.88mg/kg，属 2 级（较高）水平，变幅为 0.88～3.76 mg/kg。含量为 1 级（高）水平的面积为 11 519.09hm²，占海拉尔区耕地总面积的 40.03%；含量为 2 级（较高）水平的面积为 17 195.68hm²，占 59.76%；含量为 3 级（中）水平的面积为 61.24hm²，占 0.21%；含量在其他水平上无分布。

有效锌平均值为 3.32mg/kg，属 1 级（高）水平，变幅为 1.25～6.50 mg/kg。含量为 1 级（高）水平的面积为 16 557.18hm²，占海拉尔区耕地总面积的 57.54%；含量为 2 级（较高）水平的面积为 11 969.84hm²，占 41.60%；含量为 3 级（中）水平的面积为 249.00hm²，占 0.87%；含量在其他水平上无分布。

有效硼平均值为 0.80mg/kg，属 3 级（中）水平，变幅为 0.45～1.38 mg/kg。含量为 3 级（中）水平的面积为 20 175.71hm²，占海拉尔区耕地总面积的 70.11%；含量为 4 级（较低）水平的面积为 8 600.30hm²，占 29.89%；在其他水平上无分布。

有效钼平均值为 0.20mg/kg，属 2 级（较高）水平，变幅为 0.10～0.34 mg/kg。含量为 1 级（高）水平的面积为 11 806.04hm²，占海拉尔区耕地总面积的 41.03%；含量为 2 级（较高）水平的面积为 13 807.90hm²，占 47.98%；含量为 3 级（中）的面积为 3 155.12hm²，占 10.96%；含量为 4 级（较低）水平的面积为 6.95hm²，占 0.02%；含量在 5 级（低）水平无分布。

4. 其他属性

pH 值平均值为 6.7，属 1 级（高）水平，变幅为 5.3～8.2。pH 值为 1 级（高）水平的面积为 14 220.21hm²，占海拉尔区耕地总面积的 49.42%；2 级（较高）水平的面积为 7 138.40hm²，占 24.81%；3 级（中）水平的面积为 7 202.98hm²，占 25.03%；4 级（较低）水平的面积为 97.69hm²，占 0.34%；5 级（低）水平的面积为 116.75hm²，占 0.41%。

土壤容重平均值为 1.28g/cm^3，属 2 级（较高）水平，变幅为 1.13～1.47。1 级（高）水平的面积为 13 382.76hm^2，占海拉尔区耕地总面积的 46.51%；2 级（较高）水平的面积为 7 191.54 hm^2，占 24.99%；3 级（中）水平的面积为 6 416.29 hm^2，占 22.30%；4 级（较低）水平的面积为 1 785.43hm^2，占 6.20%；含量在 5 级（低）水平无分布。

海拉尔区耕地土壤全部为清洁水平。

十一、满洲里市

（一）耕地质量等级分布

满洲里市耕地面积为 1 371.86hm^2，占呼伦贝尔市耕地总面积的 0.08%，按质量等级由高到低依次划分为一等、三等、四等、六等、八等至十等，平均质量等级为 7.29（图 5-11）。各乡（镇）耕地质量等级面积见表 5-102。

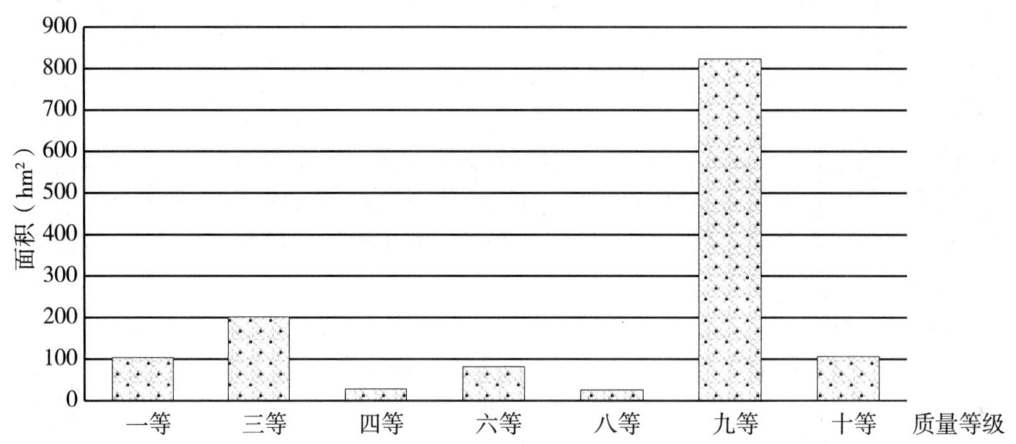

图 5-11　满洲里市耕地质量等级面积

表 5-102　满洲里市各乡（镇）耕地质量等级面积

乡（镇）	项目	一等地	三等地	四等地	六等地	八等地	九等地	十等地	合计
道南街道办事处	面积（hm^2）	—	—	—	—	—	—	21.92	21.92
	占比（%）	—	—	—	—	—	—	100.00	100.00
东山街道办事处	面积（hm^2）	—	—	—	—	—	—	20.51	20.51
	占比（%）	—	—	—	—	—	—	100.00	100.00
新开河镇	面积（hm^2）	103.85	201.68	28.27	81.96	26.06	823.52	45.98	1 311.33
	占比（%）	7.92	15.38	2.16	6.25	1.99	62.80	3.51	100.00
兴华街道办事处	面积（hm^2）	—	—	—	—	—	—	18.10	18.10
	占比（%）	—	—	—	—	—	—	100.00	100.00
合计	面积（hm^2）	103.85	201.68	28.27	81.96	26.06	823.52	106.51	1 371.86
	占比（%）	7.57	14.70	2.06	5.97	1.90	60.03	7.76	100.00

一等地面积为103.85hm²，占满洲里市耕地总面积的7.57%，分布在新开河镇，位于平原低阶，土壤类型为草甸土，成土母质为冲洪积物，耕层质地为中壤质。一等地无障碍因素，基础地力高，有灌溉条件，排水条件良好，农田林网程度高，生物多样性丰富。

三等地面积为201.68hm²，占满洲里市耕地总面积的14.70%，分布在新开河镇，位于平原低阶。土壤类型包括草甸土和栗钙土，分别占三等地面积的95%和5%。成土母质为冲洪积物和残坡积物，分别占三等地面积的95%和5%。耕层质地为中壤质和砂土质，分别占三等地面积的32%和68%。三等地多数存在盐渍化问题，基础地力中等，60%以上有灌溉条件，排水条件良好，农田林网程度高，生物多样性较丰富。

四等地面积为28.27hm²，占满洲里市耕地总面积的2.06%，分布在新开河镇，位于平原低阶，土壤类型为草甸土，成土母质为冲洪积物，耕层质地为中壤质，四等地无障碍因素，基础地力中等，满足灌溉条件，排水条件良好，农田林网化程度低，生物多样性丰富。

六等地面积为81.96hm²，占满洲里市耕地总面积的5.97%，分布在新开河镇，位于平原低阶，土壤类型为草甸土，成土母质为冲洪积物，耕层质地为中壤质。六等地无障碍因素，基础地力较低，无灌溉条件，排水条件良好，农田林网化程度低，生物多样性一般。

八等地面积为26.06hm²，占满洲里市耕地总面积的1.90%，分布在新开河镇，位于平原低阶，土壤类型包括草甸土和栗钙土，分别占八等地面积的99%和1%，成土母质为冲洪积物，耕层质地为砂土质。八等地均存在盐渍化问题，基础地力低，无灌溉条件，排水条件良好，农田林网化程度低，生物多样性一般。

九等地面积为823.52hm²，占满洲里市耕地总面积的60.03%，分布在新开河镇，主要位于平原低阶，占九等地面积的90%。草甸土和栗钙土分别占九等地面积的67%和33%，成土母质为冲洪积物和残坡积物的面积分别占九等地面积的67%和33%，耕层质地以砂土质为主。九等地基本都存在盐渍化问题，基础地力低，多数无灌溉条件，排水条件良好，农田林网化程度低，生物多样性一般。

十等地面积为106.51hm²，占满洲里市耕地总面积的7.76%。主要分布在新开河镇，占十等地面积的40%以上，其余乡（镇）均有分布。位于平原低阶，草甸土和栗钙土分别占十等地面积的67%和33%，成土母质为冲洪积物和残坡积物的面积分别占十等地面积的90%和10%，耕层质地为砂土质。十等地均存在盐渍化问题，基础地力低，无灌溉条件，排水条件良好，农田林网化程度低，生物多样性一般。

详细数据见表5-103至表5-111。

表5-103　满洲里市不同地形部位质量等级面积

地形部位	项目	一等地	三等地	四等地	六等地	八等地	九等地	十等地	合计
平原低阶	面积（hm²）	103.85	201.68	28.27	81.96	26.06	743.52	106.51	1 291.86
	占比（%）	8.04	15.61	2.19	6.34	2.02	57.55	8.25	100.00

（续表）

地形部位	项目	一等地	三等地	四等地	六等地	八等地	九等地	十等地	合计
平原高阶	面积（hm²）	—	—	—	—	—	79.99	—	79.99
	占比（%）	—	—	—	—	—	100.00	—	100.00
合计	面积（hm²）	103.85	201.68	28.27	81.96	26.06	823.52	106.51	1 371.86
	占比（%）	7.57	14.70	2.06	5.97	1.90	60.03	7.76	100.00

表 5-104　满洲里市不同成土母质质量等级面积

成土母质	项目	一等地	三等地	四等地	六等地	八等地	九等地	十等地	合计
冲洪积物	面积（hm²）	103.85	191.33	28.27	81.96	26.06	552.71	95.11	1 079.30
	占比（%）	9.62	17.73	2.62	7.59	2.41	51.21	8.81	100.00
残坡积物	面积（hm²）	—	10.35	—	—	—	270.80	11.41	292.56
	占比（%）	—	3.54	—	—	—	92.56	3.90	100.00
合计	面积（hm²）	103.85	201.68	28.27	81.96	26.06	823.52	106.51	1 371.86
	占比（%）	7.57	14.70	2.06	5.97	1.90	60.03	7.76	100.00

表 5-105　满洲里市不同土壤类型质量等级面积

土壤类型	项目	一等地	三等地	四等地	六等地	八等地	九等地	十等地	合计
草甸土	面积（hm²）	103.85	191.33	28.27	81.96	25.81	552.71	34.57	1 018.51
	占比（%）	10.20	18.79	2.78	8.05	2.53	54.27	3.39	100.00
栗钙土	面积（hm²）	—	10.35	—	—	0.25	270.80	71.94	353.35
	占比（%）	—	2.93	—	—	0.07	76.64	20.36	100.00
合计	面积（hm²）	103.85	201.68	28.27	81.96	26.06	823.52	106.51	1 371.86
	占比（%）	7.57	14.70	2.06	5.97	1.90	60.03	7.76	100.00

表 5-106　满洲里市不同耕层质地质量等级面积

耕层质地	项目	一等地	三等地	四等地	六等地	八等地	九等地	十等地	合计
中壤	面积（hm²）	103.85	64.55	28.27	81.96	0.00	79.99	—	358.62
	占比（%）	28.96	18.00	7.88	22.85	0.00	22.31	—	100.00
砂土	面积（hm²）	—	137.14	—	—	26.06	743.52	106.51	1 013.24
	占比（%）	—	13.53	—	—	2.57	73.38	10.51	100.00
合计	面积（hm²）	103.85	201.68	28.27	81.96	26.06	823.52	106.51	1 371.86
	占比（%）	7.57	14.70	2.06	5.97	1.90	60.03	7.76	100.00

表 5-107　满洲里市不同障碍因素质量等级面积

障碍因素	项目	一等地	三等地	四等地	六等地	八等地	九等地	十等地	合计
无	面积（hm²）	103.85	64.55	28.27	81.96	—	—	—	278.63
	占比（%）	37.27	23.17	10.15	29.41	—	—	—	100.00

（续表）

障碍因素	项目	一等地	三等地	四等地	六等地	八等地	九等地	十等地	合计
盐渍化	面积（hm^2）	—	137.14	—	—	26.06	743.52	106.51	1 013.24
	占比（%）	—	13.53	—	—	2.57	73.38	10.51	100.00
障碍层次	面积（hm^2）	—	—	—	—	—	79.99	—	79.99
	占比（%）	—	—	—	—	—	100.00	—	100.00
合计	面积（hm^2）	103.85	201.68	28.27	81.96	26.06	823.52	106.51	1 371.86
	占比（%）	7.57	14.70	2.06	5.97	1.90	60.03	7.76	100.00

表 5-108　满洲里市不同灌溉能力质量等级面积

灌溉能力	项目	一等地	三等地	四等地	六等地	八等地	九等地	十等地	合计
满足	面积（hm^2）	103.85	137.14	28.27	—	—	296.30	—	565.57
	占比（%）	18.36	24.25	5.00	—	—	52.39	—	100.00
不满足	面积（hm^2）	—	64.55	—	81.96	26.06	527.22	106.51	806.29
	占比（%）	—	8.01	—	10.16	3.23	65.39	13.21	100.00
合计	面积（hm^2）	103.85	201.68	28.27	81.96	26.06	823.52	106.51	1 371.86
	占比（%）	7.57	14.70	2.06	5.97	1.90	60.03	7.76	100.00

表 5-109　满洲里市不同排水能力质量等级面积

排水能力	项目	一等地	三等地	四等地	六等地	八等地	九等地	十等地	合计
基本满足	面积（hm^2）	103.85	201.68	28.27	81.96	26.06	823.52	106.51	1 371.86
	占比（%）	7.57	14.70	2.06	5.97	1.90	60.03	7.76	100.00
合计	面积（hm^2）	103.85	201.68	28.27	81.96	26.06	823.52	106.51	1 371.86
	占比（%）	7.57	14.70	2.06	5.97	1.90	60.03	7.76	100.00

表 5-110　满洲里市不同农田林网化程度质量等级面积

农田林网化程度	项目	一等地	三等地	四等地	六等地	八等地	九等地	十等地	合计
高	面积（hm^2）	103.85	197.75	—	—	—	—	—	301.61
	占比（%）	34.43	65.57	—	—	—	—	—	100.00
低	面积（hm^2）	—	3.93	28.27	81.96	26.06	823.52	106.51	1 070.25
	占比（%）	—	0.37	2.64	7.66	2.44	76.95	9.95	100.00
合计	面积（hm^2）	103.85	201.68	28.27	81.96	26.06	823.52	106.51	1 371.86
	占比（%）	7.57	14.70	2.06	5.97	1.90	60.03	7.76	100.00

表 5-111　满洲里市不同生物多样性质量等级面积

生物多样性	项目	一等地	三等地	四等地	六等地	八等地	九等地	十等地	合计
丰富	面积（hm^2）	103.85	137.14	28.27	—	—	296.30	—	565.57
	占比（%）	18.36	24.25	5.00	—	—	52.39	—	100.00

（续表）

生物多样性	项目	一等地	三等地	四等地	六等地	八等地	九等地	十等地	合计
一般	面积（hm^2）	—	64.55	—	81.96	26.06	527.22	106.51	806.29
	占比（%）	—	8.01	—	10.16	3.23	65.39	13.21	100.00
合计	面积（hm^2）	103.85	201.68	28.27	81.96	26.06	823.52	106.51	1 371.86
	占比（%）	7.57	14.70	2.06	5.97	1.90	60.03	7.76	100.00

（二）土壤养分现状

1. 有机质及大量元素

有机质平均值为11.1g/kg，属4级（较低）水平，变幅为3.9~54.4g/kg。含量为1级（高）水平的面积为3.93hm^2，占满洲里市耕地总面积的0.29%；含量为3级（中）水平的面积为301.61hm^2，占21.99%；含量为4级（较低）水平的面积为583.51hm^2，占42.53%；含量为5级（低）水平的面积为482.81hm^2，占36.19%；含量在2级（较高）水平上无分布。

全氮平均值为1.40g/kg，属3级（中）水平，变幅为0.96~2.30g/kg。含量为1级（高）水平的面积为314.75hm^2，占满洲里市耕地总面积的22.94%；含量为2级（较高）水平的面积为135.77hm^2，占9.90%；含量为3级（中）水平的面积为601.70hm^2，占43.86%；含量为4级（较低）水平的面积为319.63hm^2，占23.30%；含量在5级（低）水平上无分布。

有效磷平均值为16.9mg/kg，属3级（中）水平，变幅为5.2~51.0 mg/kg。含量为1级（高）水平的面积为301.61hm^2，占满洲里市耕地总面积的21.99%；含量为2级（较高）水平的面积为3.93hm^2，占0.29%；含量为4级（较低）水平的面积为1 066.32hm^2，占77.73%；含量在其他水平上无分布。

速效钾平均值为140mg/kg，属3级（中）水平，变幅为96~203 mg/kg。含量为1级（高）水平的面积为237.06hm^2，占满洲里市耕地总面积的17.28%；含量为2级（较高）水平的面积为68.48hm^2，占4.99%；含量为3级（中）水平的面积为770.02hm^2，占56.13%；含量为4级（较低）水平的面积为296.30hm^2，占21.60%；含量在5级（低）水平上无分布。

缓效钾平均值为564mg/kg，属5级（低）水平，变幅为427~778 mg/kg。含量为4级（较低）水平的面积为417.11hm^2，占满洲里市耕地总面积的30.40%；含量为5级（低）水平的面积为954.75hm^2，占满洲里市耕地总面积的69.60%；含量在其他水平上无分布。

2. 中量元素

有效硫平均值为24.1mg/kg，属3级（中）水平，变幅为18.4~35.5mg/kg。含量为2级（较高）水平的面积为355.44hm^2，占满洲里市耕地总面积的25.91%；含量为3级（中）水平的面积为287.35hm^2，占20.95%；含量为4级（较低）水平的面积为729.03hm^2，占53.14%；含量在其他水平上无分布。

有效硅平均值为442mg/kg，属1级（高）水平，变幅为370~544mg/kg。含量为1

级（高）水平的面积为 1 371.86hm^2，占满洲里市耕地总面积的 100.00%；含量在其他水平上无分布。

3. 微量元素

有效铁平均值为 21.9mg/kg，属 1 级（高）水平，变幅为 18.5~25.8mg/kg。含量为 1 级（高）水平的面积为 992.20hm^2，占满洲里市耕地总面积的 72.33%；含量为 2 级（较高）水平的面积为 379.66hm^2，占 27.67%；含量其他水平上无分布。

有效锰平均值为 10.9mg/kg，属 2 级（较高）水平，变幅为 8.0~17.1mg/kg。含量为 2 级（较高）水平的面积为 504.05hm^2，占满洲里市耕地总面积的 36.74%；含量为 3 级（中）水平的面积为 867.81hm^2，占 63.26%；含量在其他水平上无分布。

有效铜平均值为 2.15mg/kg，属 1 级（高）水平，变幅为 1.70~2.90mg/kg。含量为 1 级（高）水平的面积为 673.91hm^2，占满洲里市耕地总面积的 49.12%；含量为 2 级（较高）水平的面积为 697.95hm^2，占满洲里市耕地总面积的 50.88%；含量在其他水平上无分布。

有效锌平均值为 2.05mg/kg，属 2 级（较高）水平，变幅为 1.19~3.98mg/kg。含量为 1 级（高）水平的面积为 366.78hm^2，占满洲里市耕地总面积的 26.74%；含量为 2 级（较高）水平的面积为 221.23hm^2，占 16.13%；含量为 3 级（中）水平的面积为 783.85hm^2，占 57.14%；含量在其他水平上无分布。

有效硼平均值为 0.80mg/kg，属 3 级（中）水平，变幅为 0.48~1.45mg/kg。含量为 3 级（中）水平的面积为 501.71hm^2，占满洲里市耕地总面积的 36.57%；含量为 4 级（较低）水平的面积为 870.15hm^2，占满洲里市耕地总面积的 63.43%；含量在其他水平上无分布。

有效钼平均值为 0.11mg/kg，属 3 级（中）水平，变幅为 0.10~0.12mg/kg。含量为 3 级（中）水平的面积为 781.79hm^2，占满洲里市耕地总面积的 56.99%；含量为 4 级（较低）水平的面积为 590.07hm^2，占满洲里市耕地总面积的 43.01%；含量在其他水平上无分布。

4. 其他属性

pH 值平均值为 8.4，属 4 级（较低）水平，变幅为 7.1~9.4。1 级（高）水平的面积为 301.61hm^2，占满洲里市耕地总面积的 21.99%；3 级（中）水平的面积为 3.93hm^2，占 0.29%；4 级（较低）水平的面积为 583.51hm^2，占 42.53%；5 级（低）水平的面积为 482.81hm^2，占 35.19%；含量在 2 级（较高）水平上无分布。

土壤容重平均值为 1.29g/cm^3，属 2 级（较高）水平，变幅为 1.19~1.44g/cm^3。1 级（高）水平的面积为 486.74hm^2，占满洲里市耕地总面积的 35.48%；2 级（较高）水平的面积为 583.51hm^2，占 42.53%；3 级（中）水平的面积为 301.61hm^2，占 21.99%；含量在其他水平上无分布。

满洲里市耕地土壤全部为清洁水平。

十二、新巴尔虎右旗

（一）耕地质量等级分布

新巴尔虎右旗耕地面积为 320.70hm^2，占呼伦贝尔市耕地总面积的 0.02%，按质量等级由高到低依次划分为一等、二等、四等和六等，平均质量等级为 2.58（图 5-12）。

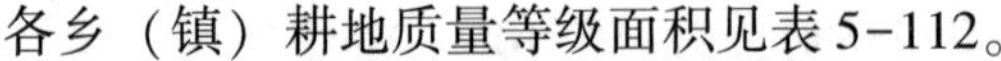
各乡（镇）耕地质量等级面积见表 5-112。

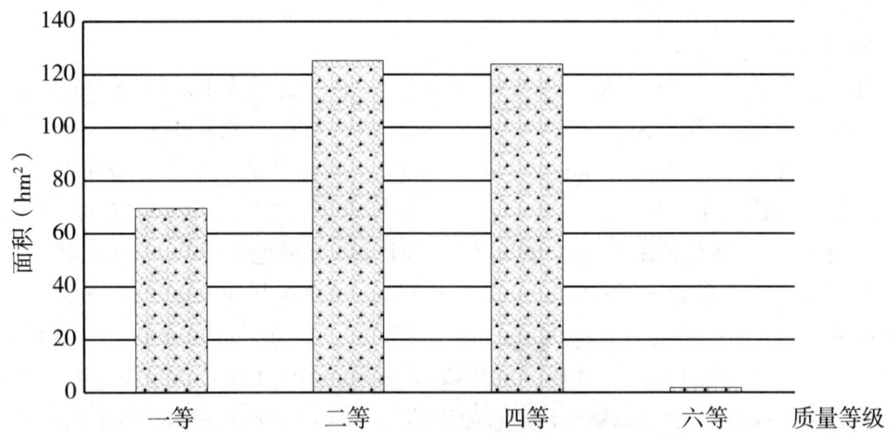

图 5-12　新巴尔虎右旗耕地质量等级面积

表 5-112　新巴尔虎右旗各乡（镇）耕地质量等级面积

乡（镇）	项目	一等地	二等地	四等地	六等地	合计
阿拉坦额莫勒镇	面积（hm^2）	69.65	125.22	124.02	—	318.89
	占比（%）	21.84	39.27	38.89	—	100.00
贝尔苏木	面积（hm^2）	—	—	—	1.81	1.81
	占比（%）	—	—	—	100.00	100.00
合计	面积（hm^2）	69.65	125.22	124.02	1.81	320.70
	占比（%）	21.72	39.05	38.67	0.57	100.00

一等地面积为 69.65hm^2，占新巴尔虎右旗耕地总面积的 21.72%。分布在阿拉坦额莫勒镇，位于丘陵下部，土壤类型为栗钙土，成土母质为河湖沉积物，耕层质地为砂壤质，无障碍因素，满足灌溉条件，排水条件良好，农田林网化程度高，生物多样性丰富。

二等地面积为 125.22hm^2，占新巴尔虎右旗耕地总面积的 39.05%。分布在阿拉坦额莫勒镇，位于丘陵下部，土壤类型为栗钙土，成土母质为河湖沉积物，耕层质地为砂壤质，无障碍因素，满足灌溉条件，排水条件良好，农田林网化程度不高，生物多样性丰富。

四等地面积为 124.02hm^2，占新巴尔虎右旗耕地总面积的 38.67%。分布在阿拉坦额莫勒镇，位于丘陵下部，土壤类型为栗钙土，成土母质为河湖沉积物，耕层质地为砂壤质，存在障碍层次问题，满足灌溉条件，排水条件良好，农田林网化程度中等，生物多样性丰富。

六等地面积为 1.81hm^2，占新巴尔虎右旗耕地总面积的 0.57%。分布在阿拉坦额莫勒镇，位于丘陵下部，土壤类型为栗钙土，成土母质为河湖沉积物，耕层质地为砂壤质，存在障碍层次问题，满足灌溉条件，排水条件良好，农田林网化程度低，生物多样性丰富。

详细数据见表 5-113 至表 5-121。

表 5-113 新巴尔虎右旗不同地形部位质量等级面积

地形部位	项目	一等地	二等地	四等地	六等地	合计
丘陵下部	面积（hm^2）	69.65	125.22	124.02	1.81	320.70
	占比（%）	21.72	39.05	38.67	0.57	100.00

表 5-114 新巴尔虎右旗不同成土母质质量等级面积

成土母质	项目	一等地	二等地	四等地	六等地	合计
河湖沉积物	面积（hm^2）	69.65	125.22	124.02	1.81	320.70
	占比（%）	21.72	39.05	38.67	0.57	100.00

表 5-115 新巴尔虎右旗不同土壤类型质量等级面积

土壤类型	项目	一等地	二等地	四等地	六等地	合计
栗钙土	面积（hm^2）	69.65	125.22	124.02	1.81	320.70
	占比（%）	21.72	39.05	38.67	0.57	100.00

表 5-116 新巴尔虎右旗不同耕层质地质量等级面积

耕层质地	项目	一等地	二等地	四等地	六等地	合计
砂壤	面积（hm^2）	69.65	125.22	124.02	1.81	320.70
	占比（%）	21.72	39.05	38.67	0.57	100.00

表 5-117 新巴尔虎右旗不同障碍因素质量等级面积

障碍因素	项目	一等地	二等地	四等地	六等地	合计
无	面积（hm^2）	69.65	125.22	—	—	194.87
	占比（%）	35.74	64.26	—	—	100.00
障碍层次	面积（hm^2）	—	—	124.02	1.81	125.83
	占比（%）	—	—	98.56	1.44	100.00
合计	面积（hm^2）	69.65	125.22	124.02	1.81	320.70
	占比（%）	21.72	39.05	38.67	0.57	100.00

表 5-118 新巴尔虎右旗不同灌溉能力质量等级面积

灌溉能力	项目	一等地	二等地	四等地	六等地	合计
满足	面积（hm^2）	69.65	125.22	124.02	1.81	320.70
	占比（%）	21.72	39.05	38.67	0.57	100.00

表 5-119 新巴尔虎右旗不同排水能力质量等级面积

排水能力	项目	一等地	二等地	四等地	六等地	合计
基本满足	面积（hm^2）	69.65	125.22	124.02	1.81	320.70
	占比（%）	21.72	39.05	38.67	0.57	100.00

表 5-120 新巴尔虎右旗不同农田林网化程度质量等级面积

农田林网化程度	项目	一等地	二等地	四等地	六等地	合计
高	面积（hm^2）	69.65	—	—	—	69.65
	占比（%）	100.00	—	—	—	100.00
中	面积（hm^2）	—	34.07	124.02	—	158.09
	占比（%）	—	21.55	78.45	—	100.00
低	面积（hm^2）	—	91.15	—	1.81	92.96
	占比（%）	—	98.05	—	1.95	100.00
合计	面积（hm^2）	69.65	125.22	124.02	1.81	320.70
	占比（%）	21.72	39.05	38.67	0.57	100.00

表 5-121 新巴尔虎右旗不同生物多样性质量等级面积

生物多样性	项目	一等地	二等地	四等地	六等地	合计
丰富	面积（hm^2）	69.65	125.22	124.02	1.81	320.70
	占比（%）	21.72	39.05	38.67	0.57	100.00

（二）土壤养分现状

1. 有机质及大量元素

有机质平均值为 23.4g/kg，属 3 级（中）水平，变幅为 9.7~24.5g/kg。含量为 3 级（中）水平的面积为 318.89hm^2，占新巴尔虎右旗耕地总面积的 99.43%；含量为 5 级（低）的面积为 1.81hm^2，占新巴尔虎右旗耕地总面积的 0.57%；含量在其他水平上无分布。

全氮平均值为 1.82g/kg，属 2 级（较高）水平，变幅为 1.35~2.28g/kg。含量为 1 级（高）水平的面积为 109.41hm^2，占新巴尔虎右旗耕地总面积的 34.12%；含量为 2 级（较高）水平的面积为 108.68hm^2，占新巴尔虎右旗耕地总面积的 33.89%；含量为 3 级（中）水平的面积为 102.61hm^2，占 32.00%；含量在其他水平上无分布。

有效磷平均值为 39.0mg/kg，属 1 级（高）水平，变幅为 16.6~40.3mg/kg。含量为 1 级（高）水平的面积为 318.89hm^2，占新巴尔虎右旗耕地总面积的 99.43%；含量为 3 级（中）水平的面积为 1.81hm^2，占新巴尔虎右旗耕地总面积的 0.57%；含量在其他水平上无分布。

速效钾平均值为 290mg/kg，属 1 级（高）水平，变幅为 131~291mg/kg。含量为 1 级（高）水平的面积为 318.89hm^2，占新巴尔虎右旗耕地总面积的 99.43%；含量为 3 级（中）水平的面积为 1.81hm^2，占新巴尔虎右旗耕地总面积的 0.57%；含量在其他水平上无分布。

缓效钾平均值为 921mg/kg，属 3 级（中）水平，变幅为 629~1 017mg/kg。含量为 2 级（较高）水平的面积为 47.92hm^2，占新巴尔虎右旗耕地总面积的 14.94%；含量为 3 级（中）水平的面积为 249.56hm^2，占新巴尔虎右旗耕地总面积的 77.82%；含量为 4 级（较低）水平的面积为 23.22hm^2，占 7.24%；含量在其他水平上无分布。

2. 中量元素

有效硫平均值为15.2mg/kg，属4级（较低）水平，变幅为10.1~21.9mg/kg。含量为3级（中）水平的面积为1.81hm²，占新巴尔虎右旗耕地总面积的0.57%；含量为4级（较低）水平的面积为187.32hm²，占新巴尔虎右旗耕地总面积的58.41%；含量为5级（低）水平的面积为131.57hm²，占41.02%；含量在1级（高）水平和2级（较高）水平上无分布。

有效硅平均值为464mg/kg，属1级（高）水平，变幅为394~543mg/kg。含量为1级（高）水平的面积为320.70hm²，占新巴尔虎右旗耕地总面积的100.00%。

3. 微量元素

有效铁平均值为10.4mg/kg，属2级（较高）水平，变幅为8.9~17.9mg/kg。含量为2级（较高）水平的面积为218.09hm²，占新巴尔虎右旗耕地总面积的68.00%；含量为3级（中）水平的面积为102.61hm²，占新巴尔虎右旗耕地总面积的32.00%；含量在其他水平上无分布。

有效锰平均值为11.6mg/kg，属2级（较高）水平，变幅为10.4~14.0mg/kg。含量为2级（较高）水平的面积为320.70hm²，占新巴尔虎右旗耕地总面积的100.00%。

有效铜平均值为1.52mg/kg，属2级（较高）水平，变幅为1.36~1.62mg/kg。含量为2级（较高）水平的面积为320.70hm²，占新巴尔虎右旗耕地总面积的100.00%。

有效锌平均值为2.57mg/kg，属2级（较高）水平，变幅为1.32~3.74mg/kg。含量为1级（高）水平的面积为104.43hm²，占新巴尔虎右旗耕地总面积的32.56%；含量为2级（较高）水平的面积为192.24hm²，占59.94%；含量为3级（中）水平的面积为24.04hm²，占7.50%；含量在其他水平上无分布。

有效硼平均值为1.15mg/kg，属3级（中）水平，变幅为0.91~1.47mg/kg。含量为3级（中）水平的面积为320.70hm²，占新巴尔虎右旗耕地总面积的100.00%。

有效钼平均值为0.09mg/kg，属4级（较低）水平，变幅为0.06~0.13mg/kg。含量为3级（中）水平的面积为77.91hm²，占新巴尔虎右旗耕地总面积的24.29%；含量为4级（较低）水平的面积为242.79hm²，占75.71%；含量在其他水平上无分布。

4. 其他属性

pH值平均值为8.7，属5级（低）水平，变幅为7.2~8.8。pH值为1级（高）水平的面积为1.81hm²，占新巴尔虎右旗耕地总面积的0.57%；4级（较低）水平的面积为69.65hm²，占新巴尔虎右旗耕地总面积的21.72%；5级（低）水平的面积为249.24hm²，占77.72%；含量在其他水平上无分布。

土壤容重平均值为1.37g/cm³，属3级（中）水平，变幅为1.23~1.37。1级（高）水平的面积为1.81hm²，占新巴尔虎右旗耕地总面积的0.57%；3级（中）水平的面积为318.89hm²，占新巴尔虎右旗耕地总面积的99.43%；含量在其他水平上无分布。

新巴尔虎右旗耕地土壤全部为清洁水平。

十三、新巴尔虎左旗

（一）耕地质量等级分布

新巴尔虎左旗耕地面积为26 793.12hm²，占呼伦贝尔市耕地总面积的1.50%，按质量等级由高到低依次划分为一等至十等，平均质量等级为 4.55（图 5-13）。各乡（镇）耕地质量等级面积见表 5-122。

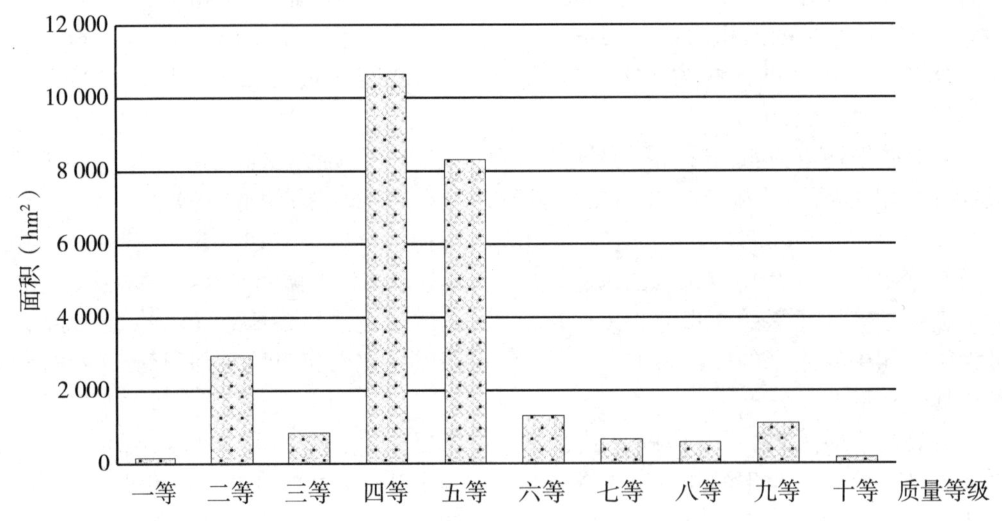

图 5-13　新巴尔虎左旗耕地质量等级面积

表 5-122　新巴尔虎左旗各乡（镇）耕地质量等级面积

乡（镇）	项目	一等地	二等地	三等地	四等地	五等地	六等地	七等地	八等地	九等地	十等地	合计
阿木古郎镇	面积（hm^2）	—	—	—	—	276.25	11.16	—	—	—	—	287.41
	占比（%）	—	—	—	—	96.12	3.88	—	—	—	—	100.00
甘珠尔苏木	面积（hm^2）	—	—	—	217.54	—	—	—	—	—	—	217.54
	占比（%）	—	—	—	100.00	—	—	—	—	—	—	100.00
罕达盖苏木	面积（hm^2）	164.79	2 420.04	655.79	7 671.69	5 105.16	952.04	571.03	430.94	530.37	184.95	18 686.81
	占比（%）	0.88	12.95	3.51	41.05	27.32	5.09	3.06	2.31	2.84	0.99	100.00
乌布尔宝力格苏木	面积（hm^2）	—	542.11	192.52	2 754.36	2 933.84	347.31	97.07	159.80	574.36	—	7 601.37
	占比（%）	—	7.13	2.53	36.24	38.60	4.57	1.28	2.10	7.56	—	100.00
合计	面积（hm^2）	164.79	2 962.15	848.32	10 643.58	8 315.25	1 310.51	668.10	590.74	1 104.73	184.95	26 793.12
	占比（%）	0.62	11.06	3.17	39.73	31.04	4.89	2.49	2.20	4.12	0.69	100.00

一等地面积为 164.79hm^2，占新巴尔虎左旗耕地总面积的 0.62%。分布在罕达盖苏木，位于平原低阶，土壤类型为黑钙土，成土母质为残坡积物，耕层质地为中壤质，不存在障碍因素，基础地力高，没有灌溉条件，排水条件良好，农田林网化程度低，生物多样性一般。

二等地面积为 2 962.15hm^2，占新巴尔虎左旗耕地总面积的 11.06%。分布在罕达盖苏木和乌布尔宝力格苏木，分别占二等地面积的 82%和 18%。位于平原低阶的面积占二等地面积的 95%以上，其余位于平原中阶。土壤类型为草甸土和黑钙土，面积占比为 27%和 73%。成土母质为残坡积物和冲洪积物，分别占二等地面积的 73%和 27%。耕层质地为中壤质，不存在障碍因素，基础地力高，没有灌溉条件，排水条件良好，农田林网化程度低，生物多样性一般。

三等地面积为848.32hm^2，占新巴尔虎左旗耕地总面积的3.17%。分布在罕达盖苏木和乌布尔宝力格苏木，分别占三等地面积的77%和23%。主要位于平原低阶，面积占三等地面积的85%左右，平原中阶和丘陵下部有零星分布。土壤类型为草甸土和黑钙土，成土母质为残坡积物和冲洪积物。耕层质地以中壤质为主，占三等地面积的80%左右。三等地基本不存在障碍因素，有少量存在障碍层次问题，基础地力较高，没有灌溉条件，排水条件良好，农田林网化程度低，生物多样性一般。

四等地面积为10 643.58hm^2，占新巴尔虎左旗耕地总面积的39.73%。主要分布在罕达盖苏木，乌布尔宝力格苏木有少量分布，甘珠尔苏木有零星分布。主要位于丘陵下部和丘陵上部，占四等地面积的90%以上，平原低阶、平原中阶和丘陵中部有零星分布。土壤类型以黑钙土为主，占四等地面积的90%左右，草甸土、栗钙土、风沙土和灰色森林土均有零星分布。成土母质以残坡积物为主，冲洪积物有少量分布，风积物有零星分布。耕层质地以中壤质为主，占四等地面积的97%左右。四等地存在障碍层次问题，基础地力中等，没有灌溉条件，排水条件良好，农田林网化程度低，生物多样性一般。

五等地面积为8 315.25hm^2，占新巴尔虎左旗耕地总面积的31.04%。主要分布在罕达盖苏木，占五等地面积的60%以上，乌布尔宝力格苏木有少量分布，阿木古郎镇有零星分布。主要位于丘陵上部，占五等地面积的85%以上，丘陵下部、平原低阶和丘陵中部有零星分布。土壤类型以黑钙土为主，占五等地面积的90%左右，草甸土、栗钙土和风沙土有零星分布。成土母质以残坡积物为主，占五等地面积的90%左右，冲洪积物有少量分布，风积物有零星分布。耕层质地以中壤质为主，占五等地面积的95%以上。五等地存在障碍层次问题，基础地力中等，没有灌溉条件，排水条件良好，农田林网化程度低，生物多样性一般。

六等地面积为1 310.51hm^2，占新巴尔虎左旗耕地总面积的4.89%。主要分布在罕达盖苏木，占六等地面积的70%以上，乌布尔宝力格苏木有少量分布，阿木古郎镇有零星分布。主要位于丘陵上部，占六等地面积的50%以上，平原低阶和平原中阶有少量分布，丘陵中部和丘陵下部有零星分布。土壤类型以黑钙土为主，占六等地面积的50%以上，草甸土和风沙土有少量分布，栗钙土有零星分布。成土母质以残坡积物为主，占六等地面积的50%以上，冲洪积物和风积物有少量分布。耕层质地以中壤质为主，占六等地面积的95%以上，其余为砂质土。六等地多数存在障碍层次问题，基础地力较低，没有灌溉条件，排水条件良好，农田林网化程度低，生物多样性一般。

七等地面积为668.10hm^2，占新巴尔虎左旗耕地总面积的2.49%。主要分布在罕达盖苏木，少量分布在乌布尔宝力格苏木。主要位于丘陵上部，占七等地面积的80%以上，其余位于丘陵下部。土壤类型为黑钙土和风沙土，分别占七等地面积的63%和37%。成土母质为残坡积物和风积物，分别占七等地面积的63%和37%。耕层质地为中壤质，存在障碍层次问题，基础地力低，没有灌溉条件，排水条件良好，农田林网化程度低，生物多样性一般。

八等地面积为590.74hm^2，占新巴尔虎左旗耕地总面积的2.20%。主要分布在罕达盖苏木，少量分布在乌布尔宝力格苏木。八等地主要位于丘陵上部，土壤类型以黑钙土为主，草甸土面积极小。成土母质为残坡积物和冲洪积物，分别占八等地面积的 97% 和 3%。耕层质地主要为中壤质，砂土质面积只占八等地面积的 0.7%，普遍存在障碍层次问题，基础地力低，没有灌溉条件，排水条件良好，农田林网化程度低，生物多样性一般。

九等地面积为 1 104.73hm^2，占新巴尔虎左旗耕地总面积的 4.12%。分布在罕达盖苏木和乌布尔宝力格苏木，面积各占 50%左右。九等地位于丘陵中部和丘陵上部，土壤类型以风沙土为主，成土母质以风积物为主，耕层质地主要为砂土质，普遍存在瘠薄和障碍层次问题，基础地力低，没有灌溉条件，排水条件良好，农田林网化程度低，生物多样性一般。

十等地面积为 184.95hm^2，占新巴尔虎左旗耕地总面积的 0.69%。分布在罕达盖苏木，位于丘陵中部，土壤类型为风沙土，成土母质为风积物，耕层质地为砂土质，土壤瘠薄，基础地力低，没有灌溉条件，排水条件良好，农田林网化程度低，生物多样性一般。

详细数据见表 5-123 至表 5-131。

（二）土壤养分现状

1. 有机质及大量元素

有机质平均值为 54.8g/kg，属 1 级（高）水平，变幅为 3.9~71.6g/kg。含量为 1 级（高）水平的面积为 23 478.89hm^2，占新巴尔虎左旗耕地总面积的 87.63%；含量为 2 级（较高）水平的面积为 580.31hm^2，占新巴尔虎左旗耕地总面积的 2.17%；含量为 3 级（中）水平的面积为 1 198.32hm^2，占 4.47%；含量为 4 级（较低）水平的面积为 1 030.65hm^2，占 3.85%；含量为 5 级（低）水平的面积为 504.94hm^2，占 1.88%。

全氮平均值为 3.01g/kg，属 1 级（高）水平，变幅为 1.90~3.79g/kg。含量为 1 级（高）水平的面积为 26 358.22hm^2，占新巴尔虎左旗耕地总面积的 98.38%；含量为 2 级（较高）水平的面积为 434.90hm^2，占 1.62%；含量在其他水平上无分布。

有效磷平均值为 24.6mg/kg，属 2 级（较高）水平，变幅为 5.4~52.0mg/kg。含量为 1 级（高）水平的面积为 4 658.28hm^2，占新巴尔虎左旗耕地总面积的 17.39%；含量为 2 级（较高）水平的面积为 16 845.03hm^2，占新巴尔虎左旗耕地总面积的 62.87%；含量为 3 级（中）水平的面积为 4 370.25hm^2，占 16.31%；含量为 4 级（较低）水平的面积为 919.57hm^2，占 3.43%；含量在 5 级（低）水平上无分布。

表 5-123　新巴尔虎左旗不同地形部位质量等级面积

地形部位	项目	一等地	二等地	三等地	四等地	五等地	六等地	七等地	八等地	九等地	十等地	合计
平原低阶	面积（hm^2）	164.79	2 864.17	720.39	693.10	635.20	373.78	—	—	—	—	5 451.43
	占比（%）	3.02	52.54	13.21	12.71	11.65	6.86	—	—	—	—	100.00
平原中阶	面积（hm^2）	—	97.99	58.84	145.75	—	137.09	—	—	—	—	439.67
	占比（%）	—	22.29	13.38	33.15	—	31.18	—	—	—	—	100.00
丘陵上部	面积（hm^2）	—	—	—	4 217.93	7 231.22	741.40	544.41	500.30	269.24	—	13 504.49
	占比（%）	—	—	—	31.23	53.55	5.49	4.03	3.70	1.99	—	100.00

（续表）

地形部位	项目	一等地	二等地	三等地	四等地	五等地	六等地	七等地	八等地	九等地	十等地	合计
丘陵中部	面积（hm^2）	—	—	—	71.72	114.63	40.48	—	4.11	835.49	184.95	1 251.40
	占比（%）	—	—	—	5.73	9.16	3.23	—	0.33	66.76	14.78	100.00
丘陵下部	面积（hm^2）	—	—	69.08	5 515.09	334.20	17.75	123.68	86.33	—	—	6 146.13
	占比（%）	—	—	1.12	89.73	5.44	0.29	2.01	1.40	—	—	100.00
合计	面积（hm^2）	164.79	2 962.15	848.32	10 643.58	8 315.25	1 310.51	668.10	590.74	1 104.73	184.95	26 793.12
	占比（%）	0.62	11.06	3.17	39.73	31.04	4.89	2.49	2.20	4.12	0.69	100.00

表 5-124 新巴尔虎左旗不同成土母质质量等级面积

成土母质	项目	一等地	二等地	三等地	四等地	五等地	六等地	七等地	八等地	九等地	十等地	合计
残坡积物	面积（hm^2）	164.79	2 169.11	455.92	9 499.11	7 245.14	719.85	419.82	573.76	265.59	—	21 513.11
	占比（%）	0.77	10.08	2.12	44.15	33.68	3.35	1.95	2.67	1.23	—	100.00
冲洪积物	面积（hm^2）	—	793.05	392.39	1 076.25	937.94	402.46	—	16.98	3.65	—	3 622.71
	占比（%）	—	21.89	10.83	29.71	25.89	11.11	—	0.47	0.10	—	100.00
风积物	面积（hm^2）	—	—	—	68.22	132.17	188.19	248.27	—	835.49	184.95	1 657.30
	占比（%）	—	—	—	4.12	7.97	11.36	14.98	—	50.41	11.16	100.00
合计	面积（hm^2）	164.79	2 962.15	848.32	10 643.58	8 315.25	1 310.51	668.10	590.74	1 104.73	184.95	26 793.12
	占比（%）	0.62	11.06	3.17	39.73	31.04	4.89	2.49	2.20	4.12	0.69	100.00

表 5-125 新巴尔虎左旗不同土壤类型质量等级面积

土壤类型	项目	一等地	二等地	三等地	四等地	五等地	六等地	七等地	八等地	九等地	十等地	合计
草甸土	面积（hm^2）	—	793.05	392.39	858.71	661.69	391.30	—	16.98	3.65	—	3 117.77
	占比（%）	—	25.44	12.59	27.54	21.22	12.55	—	0.54	0.12	—	100.00
黑钙土	面积（hm^2）	164.79	2 169.11	455.92	9 454.08	7 245.14	719.85	419.82	573.76	265.59	—	21 468.08
	占比（%）	0.77	10.10	2.12	44.04	33.75	3.35	1.96	2.67	1.24	—	100.00
风沙土	面积（hm^2）	—	—	—	68.22	132.17	188.19	248.27	—	835.49	184.95	1 657.30
	占比（%）	—	—	—	4.12	7.97	11.36	14.98	—	50.41	11.16	100.00
灰色森林土	面积（hm^2）	—	—	—	45.03	—	—	—	—	—	—	45.03
	占比（%）	—	—	—	100.00	—	—	—	—	—	—	100.00
栗钙土	面积（hm^2）	—	—	—	217.54	276.25	11.16	—	—	—	—	504.94
	占比（%）	—	—	—	43.08	54.71	2.21	—	—	—	—	100.00
合计	面积（hm^2）	164.79	2 962.15	848.32	10 643.58	8 315.25	1 310.51	668.10	590.74	1 104.73	184.95	26 793.12
	占比（%）	0.62	11.06	3.17	39.73	31.04	4.89	2.49	2.20	4.12	0.69	100.00

表 5-126 新巴尔虎左旗不同耕层质地质量等级面积

耕层质地	项目	一等地	二等地	三等地	四等地	五等地	六等地	七等地	八等地	九等地	十等地	合计
中壤	面积（hm^2）	164.79	2 962.15	674.19	10 360.16	8 014.91	1 270.02	668.10	586.63	269.24	—	24 970.19
	占比（%）	0.66	11.86	2.70	41.49	32.10	5.09	2.68	2.35	1.08	—	100.00

（续表）

耕层质地	项目	一等地	二等地	三等地	四等地	五等地	六等地	七等地	八等地	九等地	十等地	合计
轻壤	面积 (hm^2)	—	—	174.13	—	109.96	—	—	—	—	—	284.09
	占比 (%)	—	—	61.29	—	38.71	—	—	—	—	—	100.00
黏土	面积 (hm^2)	—	—	—	172.54	27.78	—	—	—	—	—	200.32
	占比 (%)	—	—	—	86.13	13.87	—	—	—	—	—	100.00
砂土	面积 (hm^2)	—	—	—	35.61	162.60	40.48	—	4.11	835.49	184.95	1 263.26
	占比 (%)	—	—	—	2.82	12.87	3.20	—	0.33	66.14	14.64	100.00
重壤	面积 (hm^2)	—	—	—	75.26	—	—	—	—	—	—	75.26
	占比 (%)	—	—	—	100.00	—	—	—	—	—	—	100.00
合计	面积 (hm^2)	164.79	2 962.15	848.32	10 643.58	8 315.25	1 310.51	668.10	590.74	1 104.73	184.95	26 793.12
	占比 (%)	0.62	11.06	3.17	39.73	31.04	4.89	2.49	2.20	4.12	0.69	100.00

表 5-127　新巴尔虎左旗不同障碍因素质量等级面积

障碍因素	项目	一等地	二等地	三等地	四等地	五等地	六等地	七等地	八等地	九等地	十等地	合计
无	面积 (hm^2)	164.79	2 962.15	720.39	768.36	635.20	373.78	—	—	—	—	5 624.68
	占比 (%)	2.93	52.66	12.81	13.66	11.29	6.65	—	—	—	—	100.00
障碍层次	面积 (hm^2)	—	—	127.93	9 875.22	7 565.41	896.24	668.10	586.63	269.24	—	19 988.76
	占比 (%)	—	—	0.64	49.40	37.85	4.48	3.34	2.93	1.35	—	100.00
瘠薄	面积 (hm^2)	—	—	—	—	114.63	40.48	—	4.11	835.49	184.95	1 179.68
	占比 (%)	—	—	—	—	9.72	3.43	—	0.35	70.82	15.68	100.00
合计	面积 (hm^2)	164.79	2 962.15	848.32	10 643.58	8 315.25	1 310.51	668.10	590.74	1 104.73	184.95	26 793.12
	占比 (%)	0.62	11.06	3.17	39.73	31.04	4.89	2.49	2.20	4.12	0.69	100.00

表 5-128　新巴尔虎左旗不同灌溉能力质量等级面积

灌溉能力	项目	一等地	二等地	三等地	四等地	五等地	六等地	七等地	八等地	九等地	十等地	合计
满足	面积 (hm^2)	—	—	—	225.24	449.67	11.16	165.36	—	—	—	851.43
	占比 (%)	—	—	—	26.45	52.81	1.31	19.42	—	—	—	100.00
不满足	面积 (hm^2)	164.79	2 962.15	848.32	10 418.34	7 865.58	1 299.35	502.74	590.74	1 104.73	184.95	25 941.69
	占比 (%)	0.64	11.42	3.27	40.16	30.32	5.01	1.94	2.28	4.26	0.71	100.00
合计	面积 (hm^2)	164.79	2 962.15	848.32	10 643.58	8 315.25	1 310.51	668.10	590.74	1 104.73	184.95	26 793.12
	占比 (%)	0.62	11.06	3.17	39.73	31.04	4.89	2.49	2.20	4.12	0.69	100.00

表 5-129　新巴尔虎左旗不同排水能力质量等级面积

排水能力	项目	一等地	二等地	三等地	四等地	五等地	六等地	七等地	八等地	九等地	十等地	合计
满足	面积 (hm^2)	—	294.08	81.08	582.11	271.56	—	—	—	—	—	1 228.83
	占比 (%)	—	23.93	6.60	47.37	22.10	—	—	—	—	—	100.00
基本满足	面积 (hm^2)	164.79	2 668.07	767.23	10 061.47	8 043.69	1 310.51	668.10	590.74	1 104.73	184.95	25 564.29
	占比 (%)	0.64	10.44	3.00	39.36	31.46	5.13	2.61	2.31	4.32	0.72	100.00

（续表）

排水能力	项目	一等地	二等地	三等地	四等地	五等地	六等地	七等地	八等地	九等地	十等地	合计
合计	面积（hm^2）	164.79	2 962.15	848.32	10 643.58	8 315.25	1 310.51	668.10	590.74	1 104.73	184.95	26 793.12
	占比（%）	0.62	11.06	3.17	39.73	31.04	4.89	2.49	2.20	4.12	0.69	100.00

表 5-130 新巴尔虎左旗不同农田林网化程度质量等级面积

农田林网化程度	项目	一等地	二等地	三等地	四等地	五等地	六等地	七等地	八等地	九等地	十等地	合计
中	面积（hm^2）	—	352.41	170.74	1 576.62	1 403.39	—	151.20	—	8.67	—	3 663.03
	占比（%）	—	9.62	4.66	43.04	38.31	—	4.13	—	0.24	—	100.00
低	面积（hm^2）	164.79	2 609.75	677.57	9 066.96	6 911.86	1 310.51	516.89	590.74	1 096.06	184.95	23 130.09
	占比（%）	0.71	11.28	2.93	39.20	29.88	5.67	2.23	2.55	4.74	0.80	100.00
合计	面积（hm^2）	164.79	2 962.15	848.32	10 643.58	8 315.25	1 310.51	668.10	590.74	1 104.73	184.95	26 793.12
	占比（%）	0.62	11.06	3.17	39.73	31.04	4.89	2.49	2.20	4.12	0.69	100.00

表 5-131 新巴尔虎左旗不同生物多样性质量等级面积

生物多样性	项目	一等地	二等地	三等地	四等地	五等地	六等地	七等地	八等地	九等地	十等地	合计
丰富	面积（hm^2）	—	294.08	69.08	743.08	592.32	11.16	165.36	—	—	—	1 875.09
	占比（%）	—	15.68	3.68	39.63	31.59	0.60	8.82	—	—	—	100.00
一般	面积（hm^2）	164.79	2 668.07	779.23	9 900.50	7 722.93	1 299.35	502.74	590.74	1 104.73	184.95	24 918.03
	占比（%）	0.66	10.71	3.13	39.73	30.99	5.21	2.02	2.37	4.43	0.74	100.00
合计	面积（hm^2）	164.79	2 962.15	848.32	10 643.58	8 315.25	1 310.51	668.10	590.74	1 104.73	184.95	26 793.12
	占比（%）	0.62	11.06	3.17	39.73	31.04	4.89	2.49	2.20	4.12	0.69	100.00

速效钾平均值为250mg/kg，属1级（高）水平，变幅为60~335mg/kg。含量为1级（高）水平的面积为22 286.49hm^2，占新巴尔虎左旗耕地总面积的83.18%；含量为2级（较高）水平的面积为1 715.90hm^2，占新巴尔虎左旗耕地总面积的6.40%；含量为3级（中）水平的面积为1 679.94hm^2，占6.27%；含量为4级（较低）水平的面积为1 021.37hm^2，占3.81%；含量为5级（低）水平的面积为89.43hm^2，占0.33%。

缓效钾平均值为961mg/kg，属3级（中）水平，变幅为596~1 262mg/kg。含量为1级（高）水平的面积为506.15hm^2，占新巴尔虎左旗耕地总面积的1.89%；含量为2级（较高）水平的面积为12 323.42hm^2，占新巴尔虎左旗耕地总面积的45.99%；含量为3级（中）水平的面积为10 055.28hm^2，占37.53%；含量为4级（较低）水平的面积为3 889.68hm^2，占14.52%；含量为5级（低）水平的面积为18.60hm^2，占0.07%。

2. 中量元素

有效硫平均值为21.2mg/kg，属3级（中）水平，变幅为13.4~44.6mg/kg。含量为1级（高）水平的面积为345.56hm^2，占新巴尔虎左旗耕地总面积的1.29%；含量为2级（较高）水平的面积为2 259.27hm^2，占新巴尔虎左旗耕地总面积的8.43%；含量为3级（中）水平的面积为9 358.41hm^2，占34.93%；含量为4级（较低）水平的面积为14 681.36hm^2，占54.80%；含量为5级（低）水平的面积为148.51hm^2，占 0.55%。

有效硅平均值为 480mg/kg，属 1 级（高）水平，变幅为 269～643mg/kg。含量为 1 级（高）水平的面积为 26 793.12hm^2，占新巴尔虎左旗耕地总面积的 100.00%；含量在其他水平上无分布。

3. 微量元素

有效铁平均值为 73.1mg/kg，属 1 级（高）水平，变幅为 24.6～112.2mg/kg。含量为 1 级（高）水平的面积为 26 793.12hm^2，占新巴尔虎左旗耕地总面积的 100.00%；含量其他水平上无分布。

有效锰平均值为 27.4mg/kg，属 1 级（高）水平，变幅为 15.7～35.4mg/kg。含量为 1 级（高）水平的面积为 21 806.43hm^2，占新巴尔虎左旗耕地总面积的 81.39%；含量为 2 级（较高）水平的面积为 4 986.69hm^2，占新巴尔虎左旗耕地总面积的 18.61%；含量在其他水平上无分布。

有效铜平均值为 1.41mg/kg，属 2 级（较高）水平，变幅为 0.87～2.07mg/kg。含量为 1 级（高）水平的面积为 198.07hm^2，占新巴尔虎左旗耕地总面积的 0.74%；含量为 2 级（较高）水平的面积为 25 331.40hm^2，占新巴尔虎左旗耕地总面积的 94.54%；含量为 3 级（中）水平的面积为 1 263.65hm^2，占 4.72%；含量在其他水平上无分布。

有效锌平均值为 1.52mg/kg，属 2 级（较高）水平，变幅为 0.93～3.75mg/kg。含量为 1 级（高）水平的面积为 889.76hm^2，占新巴尔虎左旗耕地总面积的 3.32%；含量为 2 级（较高）水平的面积为 7 108.07hm^2，占新巴尔虎左旗耕地总面积的 26.53%；含量为 3 级（中）水平的面积为 18 795.28hm^2，占 70.15%；含量在其他水平上无分布。

有效硼平均值为 1.54mg/kg，属 2 级（较高）水平，变幅为 0.98～2.06mg/kg。含量为 1 级（高）水平的面积为 17.68hm^2，占新巴尔虎左旗耕地总面积的 0.07%；含量为 2 级（较高）水平的面积为 17 104.64hm^2，占新巴尔虎左旗耕地总面积的 63.84%；含量为 3 级（中）水平的面积为 9 670.80hm^2，占 36.09%；含量在其他水平上无分布。

有效钼平均值为 0.10mg/kg，属 4 级（较低）水平，变幅为 0.06～0.15mg/kg。含量为 3 级（中）水平的面积为 8 261.71hm^2，占新巴尔虎左旗耕地总面积的 30.84%；含量为 4 级（较低）水平的面积为 18 531.41hm^2，占新巴尔虎左旗耕地总面积的 69.16%；含量在其他水平上无分布。

4. 其他属性

pH 值平均值为 6.5，属 2 级（较高）水平，变幅为 5.8～8.2。pH 值为 1 级（高）水平的面积为 5 312.99hm^2，占新巴尔虎左旗耕地总面积的 19.83%；2 级（较高）水平的面积为 16 854.33hm^2，占新巴尔虎左旗耕地总面积的 62.91%；pH 值为 3 级（中）水平的面积为 3 022.93hm^2，占 11.28%；4 级（较低）水平的面积为 1 602.88hm^2，占 5.98%；在 5 级（低）水平上无分布。

土壤容重平均值为 1.26g/cm^3，属 2 级（较高）水平，变幅为 1.15～1.52g/cm^3。1 级（高）水平的面积为 14 363.40hm^2，占新巴尔虎左旗耕地总面积的 53.61%；2 级（较高）水平的面积为 10 423.83hm^2，占新巴尔虎左旗耕地总面积的 38.90%；3 级

（中）水平的面积为 1 422.98hm²，占 5.31%；4 级（较低）水平的面积为 582.90hm²，占 2.18%；在 5 级（低）水平上无分布。

新巴尔虎左旗耕地土壤全部为清洁水平。

十四、扎赉诺尔区

（一）耕地质量等级分布

扎赉诺尔区耕地面积为 440.19hm²，占呼伦贝尔市耕地总面积的 0.02%，按质量等级由高到低依次划分为八等至十等，平均质量等级为 9.63（图 5-14）。各乡（镇）耕地质量等级面积见表 5-132。

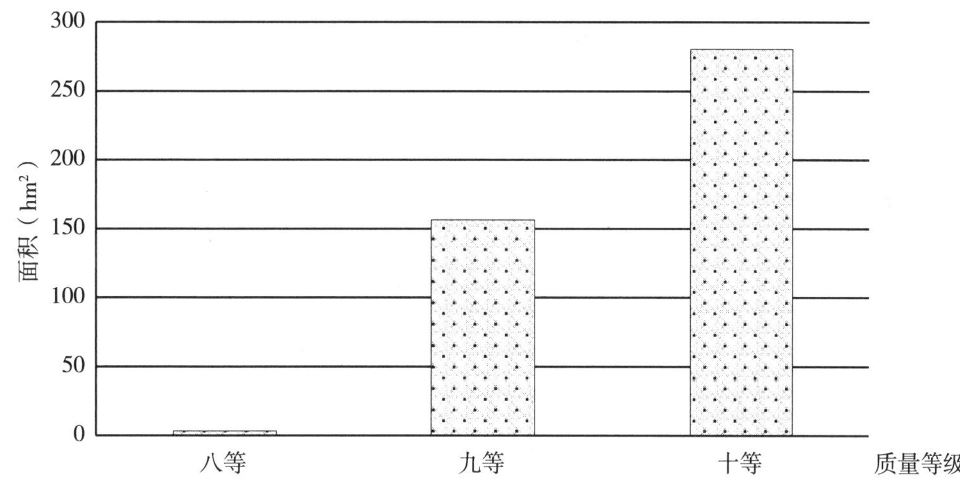

图 5-14 扎赉诺尔区耕地质量等级面积

表 5-132 扎赉诺尔区各乡（镇）耕地质量等级面积

乡（镇）	项目	八等地	九等地	十等地	合计
第二办事处	面积（hm²）	3.29	98.27	—	101.56
	占比（%）	3.24	96.76	—	100.00
第三办事处	面积（hm²）	—	—	21.60	21.60
	占比（%）	—	—	100.00	100.00
第四办事处	面积（hm²）	—	—	59.86	59.86
	占比（%）	—	—	100.00	100.00
第五办事处	面积（hm²）	—	—	1.08	1.08
	占比（%）	—	—	100.00	100.00
灵泉镇	面积（hm²）	—	58.14	197.95	256.10
	占比（%）	—	22.70	77.30	100.00
合计	面积（hm²）	3.29	156.42	280.49	440.19
	占比（%）	0.75	35.53	63.72	100.00

八等地面积为 3.29hm²，占扎赉诺尔区耕地总面积的 0.75%，分布在第二办事处，

位于平原低阶，土壤类型为草甸土，成土母质为冲洪积物，耕层质地为砂土质，存在盐渍化问题，基础地力低，无灌溉条件，排水条件良好，农田林网化程度低，生物多样性一般。

九等地面积为 156.42hm^2，占扎赉诺尔区耕地总面积的 35.53%。分布在第二办事处和灵泉镇，分别占九等地面积的 63%和 37%。位于平原高阶和平原低阶的面积分别占九等地面积的 74%和 26%。土壤类型为草甸土和栗钙土，分别占九等地面积的 75%和 25%，成土母质为冲洪积物。耕层质地为中壤质和砂土质，分别占九等地面积的 75%和 25%，障碍层次和盐渍化问题分别占九等地面积的 75%和 25%，基础地力低，多数无灌溉条件，排水条件良好，农田林网化程度低，生物多样性一般。

十等地面积为 280.49hm^2，占扎赉诺尔区耕地总面积的 63.72%。主要分布在灵泉镇，占十等地面积的 70%，第四办事处有少量分布，第三办事处和第五办事处有零星分布。位于平原低阶，栗钙土面积最大，占十等地面积的 80%以上，草甸土少量分布，粗骨土零星分布。成土母质为残坡积物和冲洪积物，分别占十等地面积的 64%和 36%。耕层质地为砂土质，存在盐渍化问题，无灌溉条件，排水条件良好，农田林网化程度低，生物多样性一般。

详细数据见表 5-133 至表 5-141。

表 5-133　扎赉诺尔区不同地形部位质量等级面积

地形部位	项目	八等地	九等地	十等地	合计
平原低阶	面积（hm^2）	3.29	40.28	280.49	324.05
	占比（%）	1.01	12.43	86.56	100.00
平原高阶	面积（hm^2）	—	116.14	—	116.14
	占比（%）	—	100.00	—	100.00
合计	面积（hm^2）	3.29	156.42	280.49	440.19
	占比（%）	0.75	35.53	63.72	100.00

表 5-134　扎赉诺尔区不同成土母质质量等级面积

成土母质	项目	八等地	九等地	十等地	合计
冲洪积物	面积（hm^2）	3.29	156.42	102.33	262.03
	占比（%）	1.25	59.69	39.05	100.00
残坡积物	面积（hm^2）	—	—	178.16	178.16
	占比（%）	—	—	100.00	100.00
合计	面积（hm^2）	3.29	156.42	280.49	440.19
	占比（%）	0.75	35.53	63.72	100.00

表 5-135　扎赉诺尔区不同土壤类型质量等级面积

土壤类型	项目	八等地	九等地	十等地	合计
草甸土	面积（hm^2）	3.29	118.00	48.12	169.41
	占比（%）	1.94	69.65	28.41	100.00

（续表）

土壤类型	项目	八等地	九等地	十等地	合计
粗骨土	面积（hm^2）	—	—	4.24	4.24
	占比（%）	—	—	100.00	100.00
栗钙土	面积（hm^2）	—	38.41	228.13	266.54
	占比（%）	—	14.41	85.59	100.00
合计	面积（hm^2）	3.29	156.42	280.49	440.19
	占比（%）	0.75	35.53	63.72	100.00

表 5-136　扎赉诺尔区不同耕层质地质量等级面积

耕层质地	项目	八等地	九等地	十等地	合计
砂土	面积（hm^2）	3.29	40.28	280.49	324.05
	占比（%）	1.01	12.43	86.56	100.00
中壤	面积（hm^2）	—	116.14	—	116.14
	占比（%）	—	100.00	—	100.00
合计	面积（hm^2）	3.29	156.42	280.49	440.19
	占比（%）	0.75	35.53	63.72	100.00

表 5-137　扎赉诺尔区不同障碍因素质量等级面积

障碍因素	项目	八等地	九等地	十等地	合计
盐渍化	面积（hm^2）	3.29	40.28	280.49	324.05
	占比（%）	1.01	12.43	86.56	100.00
障碍层次	面积（hm^2）	—	116.14	—	116.14
	占比（%）	—	100.00	—	100.00
合计	面积（hm^2）	3.29	156.42	280.49	440.19
	占比（%）	0.75	35.53	63.72	100.00

表 5-138　扎赉诺尔区不同灌溉能力质量等级面积

灌溉能力	项目	八等地	九等地	十等地	合计
满足	面积（hm^2）	—	19.73	—	19.73
	占比（%）	—	100.00	—	100.00
不满足	面积（hm^2）	3.29	136.69	280.49	420.46
	占比（%）	0.78	32.51	66.71	100.00
合计	面积（hm^2）	3.29	156.42	280.49	440.19
	占比（%）	0.75	35.53	63.72	100.00

表 5-139　扎赉诺尔区不同排水能力质量等级面积

排水能力	项目	八等地	九等地	十等地	合计
基本满足	面积（hm^2）	3.29	156.42	280.49	440.19
	占比（%）	0.75	35.53	63.72	100.00

（续表）

排水能力	项目	八等地	九等地	十等地	合计
合计	面积（hm^2）	3.29	156.42	280.49	440.19
	占比（%）	0.75	35.53	63.72	100.00

表 5-140　扎赉诺尔区不同农田林网化程度质量等级面积

农田林网化程度	项目	八等地	九等地	十等地	合计
低	面积（hm^2）	3.29	156.42	280.49	440.19
	占比（%）	0.75	35.53	63.72	100.00
合计	面积（hm^2）	3.29	156.42	280.49	440.19
	占比（%）	0.75	35.53	63.72	100.00

表 5-141　扎赉诺尔区不同生物多样性质量等级面积

生物多样性	项目	八等地	九等地	十等地	合计
丰富	面积（hm^2）	—	19.73	—	19.73
	占比（%）	—	100.00	—	100.00
一般	面积（hm^2）	3.29	136.69	280.49	420.46
	占比（%）	0.78	32.51	66.71	100.00
合计	面积（hm^2）	3.29	156.42	280.49	440.19
	占比（%）	0.75	35.53	63.72	100.00

（二）土壤养分现状

1. 有机质及大量元素

有机质平均值为 4.4g/kg，属 5 级（低）水平，变幅为 3.9~12.0g/kg。含量为 4 级（较低）水平的面积为 23.84hm^2，占扎赉诺尔区耕地总面积的 5.41%；含量为 5 级（低）水平的面积为 416.35hm^2，占扎赉诺尔区耕地总面积的 94.59%；含量在其他水平上无分布。

全氮平均值为 1.71g/kg，属 2 级（较高）水平，变幅为 1.11~2.30g/kg。含量为 1 级（高）水平的面积为 149.96hm^2，占扎赉诺尔区耕地总面积的 34.07%；含量为 2 级（较高）水平的面积为 106.08hm^2，占扎赉诺尔区耕地总面积的 24.10%；含量为 3 级（中）水平的面积为 184.15hm^2，占 41.83%；含量在其他水平上无分布。

有效磷平均值为 6.4mg/kg，属 4 级（较低）水平，变幅为 5.2~8.3mg/kg。含量为 4 级（较低）水平的面积为 440.19hm^2，占扎赉诺尔区耕地总面积的 100.00%。

速效钾平均值为 137mg/kg，属 3 级（中）水平，变幅为 96~139mg/kg。含量为 3 级（中）水平的面积为 420.46hm^2，占扎赉诺尔区耕地总面积的 95.52%；含量为 4 级（较低）水平的面积为 19.73hm^2，占 4.48%；含量在其他水平上无分布。

缓效钾平均值为 604mg/kg，属 4 级（较低）水平，变幅为 507~751mg/kg。含量为 4 级（较低）水平的面积为 186.54hm^2，占扎赉诺尔区耕地总面积的 42.38%；含量为 5

级（低）水平的面积为 253. 65hm^2，占 57. 62%；含量在其他水平上无分布。

2. 中量元素

有效硫平均值为 26. 5mg/kg，属 3 级（中）水平，变幅为 19. 4~34. 4mg/kg。含量为 2 级（较高）水平的面积为 152. 18hm^2，占扎赉诺尔区耕地总面积的 34. 57%；含量为 3 级（中）水平的面积为 287. 28hm^2，占扎赉诺尔区耕地总面积的 65. 26%；含量为 4 级（较低）水平的面积为 0. 73hm^2，占 0. 17%；含量在其他水平上无分布。

有效硅平均值为 458mg/kg，属 1 级（高）水平，变幅为 416~528mg/kg。含量为 1 级（高）水平的面积为 440. 19hm^2，占扎赉诺尔区耕地总面积的 100. 00%；含量在其他水平上无分布。

3. 微量元素

有效铁平均值为 21. 3mg/kg，属 1 级（高）水平，变幅为 19. 5~22. 5mg/kg。含量为 1 级（高）水平的面积为 403. 53hm^2，占扎赉诺尔区耕地总面积的 91. 67%；含量为 2 级（较高）水平的面积为 36. 66hm^2，占扎赉诺尔区耕地总面积的 8. 33%；含量在其他水平上无分布。

有效锰平均值为 12. 3mg/kg，属 2 级（较高）水平，变幅为 8. 5~16. 5mg/kg。含量为 2 级（较高）水平的面积为 323. 13hm^2，占扎赉诺尔区耕地总面积的 73. 41%；含量为 3 级（中）水平的面积为 117. 06hm^2，占扎赉诺尔区耕地总面积的 26. 59%；含量在其他水平上无分布。

有效铜平均值为 2. 28mg/kg，属 1 级（高）水平，变幅为 1. 77~2. 83mg/kg。含量为 1 级（高）水平的面积为 315. 93hm^2，占扎赉诺尔区耕地总面积的 71. 77%；含量为 2 级（较高）水平的面积为 124. 26hm^2，占扎赉诺尔区耕地总面积的 28. 23%；含量在其他水平上无分布。

有效锌平均值为 2. 44mg/kg，属 2 级（较高）水平，变幅为 1. 31~3. 80mg/kg。含量为 1 级（高）水平的面积为 157. 42hm^2，占扎赉诺尔区耕地总面积的 35. 76%；含量为 2 级（较高）水平的面积为 282. 04hm^2，占扎赉诺尔区耕地总面积的 64. 07%；含量为 3 级（中）水平的面积为 0. 73hm^2，占 0. 17%；含量在其他水平上无分布。

有效硼平均值为 0. 90mg/kg，属 3 级（中）水平，变幅为 0. 59~1. 29mg/kg。含量为 3 级（中）水平的面积为 315. 93hm^2，占扎赉诺尔区耕地总面积的 71. 77%；含量为 4 级（较低）水平的面积为 124. 26hm^2，占扎赉诺尔区耕地总面积的 28. 23%；含量在其他水平上无分布。

有效钼平均值为 0. 11mg/kg，属 3 级（中）水平，变幅为 0. 10~0. 11mg/kg。含量为 3 级（中）水平的面积为 295. 20hm^2，占扎赉诺尔区耕地总面积的 67. 06%；含量为 4 级（较低）水平的面积为 144. 99hm^2，占扎赉诺尔区耕地总面积的 32. 94%；含量在其他水平上无分布。

4. 其他属性

pH 值平均值为 9. 3，属 5 级（低）水平，变幅为 8. 2~9. 4。pH 值为 4 级（较低）水平的面积为 23. 84hm^2，占扎赉诺尔区耕地总面积的 5. 41%；5 级（低）水平的面积为 416. 35hm^2，占 94. 59%；含量其他水平上无分布。

土壤容重平均值为 1.21g/cm³，属 1 级（高）水平，变幅为 1.20～1.29。1 级（高）水平的面积为 416.35hm²，占扎赉诺尔区耕地总面积的 94.59%；2 级（较高）水平的面积为 23.84hm²，占扎赉诺尔区耕地总面积的 5.41%；含量在其他水平上无分布。

扎赉诺尔区耕地土壤全部为清洁水平。

参考文献

曹野 . 2017. 东北地区耕地质量等级评价与现状分析［D］. 沈阳：沈阳农业大学.

陈防 . 1998. 农业生产中的中量元素［J］. 农资科技（5）：4-7.

苟文平，刘世全，张世熔，等 . 2007. 西藏土壤有效铁含量及其影响因素［J］. 山地学报，25（3）：359-363.

顾清，庞海云，丁险峰，等 . 2006. 中量营养元素在农业生产上的应用［J］. 现代化农业（11）：16-18.

李巧玲，苏建平，阚建鸾，等 . 2019. 江苏省如皋市土壤中量元素含量有效性评价［J］. 土壤，51（2）：263-268.

李晓晓，刘京，赵世伟，等 . 2013. 西北干旱区县域农田表层土壤容重空间变异性特征［J］. 水土保持学报，27（4）：148-151.

马新 . 2015. 石河子垦区土壤有效硅空间分布及硅肥肥效［D］. 石河子：石河子大学.

苗小红，牛银霞，卢晋 . 2017. 土壤有效钼的测定及数据分析［J］. 河南农业（8）：26-35.

蒲玉林，龙高飞，苟文平，等 . 2010. 西藏土壤有效锰含量及其影响因子分析［J］. 西南师范大学学报（自然科学版），35（6）：163-168.

邵歆，陆晓青，蒋武毅，等 . 2014. 泰顺县土壤有效硼含量的分布［J］. 浙江农业科学（10）：1615-1617.

孙秀敏，朱琳彬，姬朋朋，等 . 2019. 广东某区域土壤中有效钼的测定［J］. 当代化工，48（5）：1103-1109.

唐慎欣，李絮花，刘旭凤，等 . 2012. 山东省粮田土壤有效铁含量及区域分布［J］. 安徽农业科学，40（8）：4532-4534.

万立民 . 2014. 基于 GIS 的吉林省耕地地力评价［D］. 长春：东北师范大学.

王莉莉 . 2015. 土壤 pH 值对牡丹生长及生理特性影响的研究［D］. 长春：吉林农业大学.

徐飘飘 . 2014. 通辽市土壤有效锌含量空间分布及玉米土壤有效锌临界值研究［D］. 呼和浩特：内蒙古农业大学.

严连香，黄标，邵学新，等 . 2007. 长江三角洲典型地区土壤有效铜和锌的时空变化及其影响因素研究［J］. 土壤通报，38（5）：971-977.

于冬雪，贾小旭，黄来明，等 . 2019. 黄土区不同土层土壤容重空间变异与模拟［J］. 土壤学报，56（1）：55-64.

参考文献

附　表

附表 1　阿荣旗 2017 年度土壤

旗县	项目	合计	有机质 (g/kg)					全氮 (g/kg)				
			1级 (高)	2级 (较高)	3级 (中)	4级 (较低)	5级 (低)	1级 (高)	2级 (较高)	3级 (中)	4级 (较低)	5级 (低)
			>40.0	30.0~40.0	20.0~30.0	10.0~20.0	≤10.0	>2.50	1.50~2.50	1.00~1.50	0.50~1.00	≤0.50
阿荣旗	面积 (hm^2)	313 711.94	273 795.85	39 622.78	293.30	—	—	77 654.60	234 024.32	2 033.02	—	—
	比例 (%)	100.00	87.28	12.63	0.09	—	—	24.75	74.60	0.65	—	—
阿荣旗林业局	面积 (hm^2)	7 341.16	7 341.16	—	—	—	—	6 407.74	933.41	—	—	—
	比例 (%)	100.00	100.00	—	—	—	—	87.29	12.71	—	—	—
查巴奇鄂温克族乡	面积 (hm^2)	18 073.80	18 073.80	—	—	—	—	17 124.85	948.95	—	—	—
	比例 (%)	100.00	100.00	—	—	—	—	94.75	5.25	—	—	—
得力其尔鄂温克民族乡	面积 (hm^2)	19 864.43	19 730.21	134.22	—	—	—	4 545.92	15 318.52	—	—	—
	比例 (%)	100.00	99.32	0.68	—	—	—	22.88	77.12	—	—	—
复兴镇	面积 (hm^2)	22 519.89	17 004.32	5 515.58	—	—	—	3 733.71	18 786.19	—	—	—
	比例 (%)	100.00	75.51	24.49	—	—	—	16.58	83.42	—	—	—
霍尔奇镇	面积 (hm^2)	44 009.29	42 378.18	1 631.11	—	—	—	8 870.18	35 134.79	4.32	—	—
	比例 (%)	100.00	96.29	3.71	—	—	—	20.16	79.83	0.01	—	—
六合镇	面积 (hm^2)	28 289.55	28 286.41	3.14	—	—	—	12 407.37	15 882.18	—	—	—
	比例 (%)	100.00	99.99	0.01	—	—	—	43.86	56.14	—	—	—
那吉屯农场	面积 (hm^2)	21 898.37	17 602.52	4 295.85	—	—	—	1 004.38	20 327.76	566.23	—	—
	比例 (%)	100.00	80.38	19.62	—	—	—	4.59	92.83	2.59	—	—
那吉镇	面积 (hm^2)	686.62	0.23	686.39	—	—	—	—	376.05	310.57	—	—
	比例 (%)	100.00	0.03	99.97	—	—	—	—	54.77	45.23	—	—
三岔河镇	面积 (hm^2)	30 041.56	30 041.56	—	—	—	—	12 677.70	17 363.86	—	—	—
	比例 (%)	100.00	100.00	—	—	—	—	42.20	57.80	—	—	—
向阳峪镇	面积 (hm^2)	27 811.47	14 264.26	13 547.21	—	—	—	5 197.24	22 614.23	—	—	—
	比例 (%)	100.00	51.29	48.71	—	—	—	18.69	81.31	—	—	—
新发朝鲜族乡	面积 (hm^2)	8 282.42	2 528.00	5 754.42	—	—	—	—	7 193.11	1 089.30	—	—
	比例 (%)	100.00	30.52	69.48	—	—	—	—	86.85	13.15	—	—
兴安镇	面积 (hm^2)	24 525.72	19 297.64	4 934.78	293.30	—	—	—	24 517.79	7.93	—	—
	比例 (%)	100.00	78.68	20.12	1.20	—	—	—	99.97	0.03	—	—
亚东镇	面积 (hm^2)	47 773.97	46 716.50	1 057.47	—	—	—	3 038.91	44 735.06	—	—	—
	比例 (%)	100.00	97.79	2.21	—	—	—	6.36	93.64	—	—	—
音河达斡尔鄂温克族乡	面积 (hm^2)	12 593.68	10 531.06	2 062.62	—	—	—	2 646.60	9 892.41	54.67	—	—
	比例 (%)	100.00	83.62	16.38	—	—	—	21.02	78.55	0.43	—	—

养分分级面积统计表

有效磷 (mg/kg)					速效钾 (mg/kg)				
1级 (高)	2级 (较高)	3级 (中)	4级 (较低)	5级 (低)	1级 (高)	2级 (较高)	3级 (中)	4级 (较低)	5级 (低)
>40.0	30.0~40.0	20.0~30.0	10.0~20.0	≤10.0	>200	150~200	100~150	50~100	≤50
166 635.17	75 072.67	55 288.58	15 620.91	1 094.61	272 086.27	38 684.10	2 934.41	7.16	—
53.12	23.93	17.62	4.98	0.35	86.73	12.33	0.94	0.002	—
3 639.92	1 943.75	1 476.40	279.00	2.08	6 597.25	656.47	87.44	—	—
49.58	26.48	20.11	3.80	0.03	89.87	8.94	1.19	—	—
11 001.00	3 747.43	2 470.93	770.15	84.28	16 423.90	656.47	118.74	—	—
60.87	20.73	13.67	4.26	0.47	90.87	3.63	0.66	—	—
14 316.31	2 608.35	1 987.75	864.62	87.41	17 509.06	2 210.60	144.77	—	—
72.07	13.13	10.01	4.35	0.44	88.14	11.13	0.73	—	—
3 822.06	11 880.41	6 569.65	247.78	—	20 481.60	2 038.29	414.27	—	—
16.97	52.76	29.17	1.10	—	90.95	9.05	1.84	—	—
23 971.75	10 099.85	7 692.01	2 090.24	155.45	38 250.24	5 344.78	—	—	—
54.47	22.95	17.48	4.75	0.35	86.91	12.14	—	—	—
15 155.40	5 651.14	5 148.49	2 092.48	242.05	21 868.58	5 893.97	526.60	0.41	—
53.57	19.98	18.20	7.40	0.86	77.30	20.83	1.86	0.001	
13 676.73	2 965.25	4 127.59	1 101.48	27.31	20 369.37	1 457.93	71.07	—	—
62.46	13.54	18.85	5.03	0.12	93.02	6.66	0.32	—	—
141.44	204.53	340.11	0.54	—	645.75	40.87	—	—	—
20.60	29.79	49.53	0.08	—	94.05	5.95	—	—	—
14 687.43	7 921.93	5 338.70	1 956.84	136.66	23 699.26	5 707.68	630.67	3.95	—
48.89	26.37	17.77	6.51	0.45	78.89	19.00	2.10	0.01	—
15 036.80	6 541.52	4 557.18	1 590.64	85.33	24 043.44	3 671.86	96.17	—	—
54.07	23.52	16.39	5.72	0.31	86.45	13.20	0.35	—	—
3 645.68	2 297.14	2 155.43	182.56	1.61	7 438.39	793.58	50.45	—	—
44.02	27.74	26.02	2.20	0.02	89.81	9.58	0.61	—	—
14 135.28	4 773.45	4 094.83	1 418.24	103.92	20 833.73	3 344.65	347.34	—	—
57.63	19.46	16.70	5.78	0.42	84.95	13.64	1.42	—	—
25 685.38	12 169.62	7 439.88	2 392.43	86.66	42 409.75	4 943.17	418.24	2.81	—
53.76	25.47	15.57	5.01	0.18	88.77	10.35	0.88	0.01	—
7 720.00	2 268.30	1 889.62	633.90	81.86	11 515.93	1 049.09	28.66	—	—
61.30	18.01	15.00	5.03	0.65	91.44	8.33	0.23	—	—

旗县	项目	合计	缓效钾（mg/kg）					有效硫（mg/kg）				
			1级 (高)	2级 (较高)	3级 (中)	4级 (较低)	5级 (低)	1级 (高)	2级 (较高)	3级 (中)	4级 (较低)	5级 (低)
			>1 000	800~1 000	500~800	200~500	≤200	>40.0	30.0~40.0	20.0~30.0	10.0~20.0	≤10.0
阿荣旗	面积（hm^2）	313 711.94	11 619.18	48 926.81	239 901.05	13 264.90	—	0.94	3 424.96	132 080.30	177 957.20	248.54
	比例（%）	100.00	3.70	15.60	76.47	4.23	—	0.0003	1.09	42.10	56.73	0.08
阿荣旗林业局	面积（hm^2）	7 341.16	675.55	752.31	5 071.94	841.35	—	—	78.67	2 638.71	4 623.77	—
	比例（%）	100.00	9.20	10.25	69.09	11.46	—	—	1.07	35.94	62.98	—
查巴奇鄂温克族乡	面积（hm^2）	18 073.80	—	3 231.69	14 376.04	466.06	—	—	—	1 996.65	16 077.15	—
	比例（%）	100.00	—	17.88	79.54	2.58	—	—	—	11.05	88.95	—
得力其尔鄂温克民族乡	面积（hm^2）	19 864.43	—	—	10 302.04	9 562.39	—	—	102.90	16 983.37	2 778.16	—
	比例（%）	100.00	—	—	51.86	48.14	—	—	0.52	85.50	13.99	—
复兴镇	面积（hm^2）	22 519.89	165.35	1 455.17	20 899.37	—	—	—	77.68	8 429.79	14 012.42	—
	比例（%）	100.00	0.73	6.46	92.80	—	—	—	0.34	37.43	62.22	—
霍尔奇镇	面积（hm^2）	44 009.29	5 605.54	12 872.84	24 355.80	1 175.11	—	—	—	9 292.41	34 715.90	0.98
	比例（%）	100.00	12.74	29.25	55.34	2.67	—	—	—	21.11	78.88	0.002
六合镇	面积（hm^2）	28 289.55	—	1 963.36	26 326.19	—	—	—	256.17	21 320.29	6 713.09	—
	比例（%）	100.00	—	6.94	93.06	—	—	—	0.91	75.36	23.73	—
那吉屯农场	面积（hm^2）	21 898.37	—	4 516.63	17 381.74	—	—	—	—	3 443.42	18 454.95	—
	比例（%）	100.00	—	20.63	79.37	—	—	—	—	15.72	84.28	—
那吉镇	面积（hm^2）	686.62	—	3.39	683.23	—	—	—	—	5.39	681.23	—
	比例（%）	100.00	—	0.49	99.51	—	—	—	—	0.79	99.21	—
三岔河镇	面积（hm^2）	30 041.56	—	4 369.12	25 128.41	544.03	—	—	—	7 690.52	22 103.48	247.56
	比例（%）	100.00	—	14.54	83.65	1.81	—	—	—	25.60	73.58	0.82
向阳峪镇	面积（hm^2）	27 811.47	1 795.92	8 915.29	17 100.26	—	—	0.94	2 815.51	22 776.00	2 219.02	—
	比例（%）	100.00	6.46	32.06	61.49	—	—	0.003	10.12	81.89	7.98	—
新发朝鲜族乡	面积（hm^2）	8 282.42	—	1 560.19	6 722.23	—	—	—	—	900.66	7 381.76	—
	比例（%）	100.00	—	18.84	81.16	—	—	—	—	10.87	89.13	—
兴安镇	面积（hm^2）	24 525.72	—	966.32	22 899.38	660.02	—	—	—	10 091.71	14 434.01	—
	比例（%）	100.00	—	3.94	93.37	2.69	—	—	—	41.15	58.85	—
亚东镇	面积（hm^2）	47 773.97	—	2 916.21	44 841.82	15.95	—	—	94.01	21 878.59	25 801.36	—
	比例（%）	100.00	—	6.10	93.86	0.03	—	—	0.20	45.80	54.01	—
音河达斡尔鄂温克族乡	面积（hm^2）	12 593.68	3 376.82	5 404.27	3 812.59	—	—	—	—	4 632.78	7 960.90	—
	比例（%）	100.00	26.81	42.91	30.27	—	—	—	—	36.79	63.21	—

（续表）

有效硅（mg/kg）					有效铁（mg/kg）				
1级（高）	2级（较高）	3级（中）	4级（较低）	5级（低）	1级（高）	2级（较高）	3级（中）	4级（较低）	5级（低）
>250	200~250	100~200	50~100	≤50	>20.0	10.0~20.0	4.5~10.0	2.5~4.5	≤2.5
297 250.25	6 022.01	10 439.67	—	—	31 3711.94	—	—	—	—
94.75	1.92	3.33	—	—	100.00	—	—	—	—
4 718.50	620.47	2 002.19	—	—	7 341.16	—	—	—	—
64.27	8.45	27.27	—	—	100.00	—	—	—	—
17 753.38	320.41	—	—	—	18 073.80	—	—	—	—
98.23	1.77	—	—	—	100.00	—	—	—	—
8 114.67	3 686.87	8 062.90	—	—	19 864.43	—	—	—	—
40.85	18.56	40.59	—	—	100.00	—	—	—	—
22 519.89	—	—	—	—	22 519.89	—	—	—	—
100.00	—	—	—	—	100.00	—	—	—	—
44 009.29	—	—	—	—	44 009.29	—	—	—	—
100.00	—	—	—	—	100.00	—	—	—	—
28 289.55	—	—	—	—	28 289.55	—	—	—	—
100.00	—	—	—	—	100.00			—	—
21 898.37	—	—	—	—	21 898.37	—	—	—	—
100.00	—	—	—	—	100.00	—	—	—	—
686.62	—	—	—	—	686.62	—	—	—	—
100.00	—	—	—	—	100.00	—	—	—	—
30 041.56	—	—	—	—	30 041.56	—	—	—	—
100.00	—	—	—	—	100.00	—	—	—	—
27 811.47	—	—	—	—	27 811.47	—	—	—	—
100.00	—	—	—	—	100.00	—	—	—	—
8 282.42	—	—	—	—	8 282.42	—	—	—	—
100.00	—	—	—	—	100.00	—	—	—	—
22 913.83	1 317.31	294.57	—	—	24 525.72	—	—	—	—
93.43	5.37	1.20	—	—	100.00	—	—	—	—
47 773.97	—	—	—	—	47 773.97	—	—	—	—
100.00	—	—	—	—	100.00	—	—	—	—
12 436.72	76.95	80.01	—	—	12 593.68	—	—	—	—
98.75	0.61	0.64	—	—	100.00	—	—	—	—

旗县	项目	合计	有效锰 (mg/kg)					有效铜 (mg/kg)				
			1级 (高)	2级 (较高)	3级 (中)	4级 (较低)	5级 (低)	1级 (高)	2级 (较高)	3级 (中)	4级 (较低)	5级 (低)
			>20.0	10.0~20.0	5.0~10.0	1.0~5.0	≤1.0	>2.00	1.00~2.00	0.50~1.00	0.20~0.50	≤0.20
阿荣旗	面积 (hm^2)	313 711.94	311 499.53	2 212.41	—	—	—	165 656.33	144 787.91	3267.71	—	—
	比例 (%)	100.00	99.29	0.71	—	—	—	52.81	46.15	1.04	—	—
阿荣旗林业局	面积 (hm^2)	7 341.16	7 328.62	12.53	—	—	—	23.84	6 211.35	1 105.97	—	—
	比例 (%)	100.00	99.83	0.17	—	—	—	0.32	84.61	15.07	—	—
查巴奇鄂温克族乡	面积 (hm^2)	18 073.80	18 073.80	—	—	—	—	1 858.55	15 945.30	269.95	—	—
	比例 (%)	100.00	100.00	—	—	—	—	10.28	88.22	1.49	—	—
得力其尔鄂温克民族乡	面积 (hm^2)	19 864.43	19 837.23	27.20	—	—	—	3 210.83	15 120.68	1 532.92	—	—
	比例 (%)	100.00	99.86	0.14	—	—	—	16.16	76.12	7.72	—	—
复兴镇	面积 (hm^2)	22 519.89	22 514.46	5.44	—	—	—	12 910.94	9 608.95	—	—	—
	比例 (%)	100.00	99.98	0.02	—	—	—	57.33	42.67	—	—	—
霍尔奇镇	面积 (hm^2)	44 009.29	44 009.29	—	—	—	—	11 920.50	31 977.24	111.56	—	—
	比例 (%)	100.00	100.00	—	—	—	—	27.09	72.66	0.25	—	—
六合镇	面积 (hm^2)	28 289.55	28 289.55	—	—	—	—	23 405.25	4 884.31	—	—	—
	比例 (%)	100.00	100.00	—	—	—	—	82.73	17.27	—	—	—
那吉屯农场	面积 (hm^2)	21 898.37	21 898.37	—	—	—	—	17 316.61	4 581.76	—	—	—
	比例 (%)	100.00	100.00	—	—	—	—	79.08	20.92	—	—	—
那吉镇	面积 (hm^2)	686.62	686.62	—	—	—	—	220.81	465.81	—	—	—
	比例 (%)	100.00	100.00	—	—	—	—	32.16	67.84	—	—	—
三岔河镇	面积 (hm^2)	30 041.56	30 041.56	—	—	—	—	27 383.57	2 657.99	—	—	—
	比例 (%)	100.00	100.00	—	—	—	—	91.15	8.85	—	—	—
向阳峪镇	面积 (hm^2)	27 811.47	26 624.38	1187.10	—	—	—	21 268.95	6 542.52	—	—	—
	比例 (%)	100.00	95.73	4.27	—	—	—	76.48	23.52	—	—	—
新发朝鲜族乡	面积 (hm^2)	8 282.42	8 282.42	—	—	—	—	5 832.02	2 450.39	—	—	—
	比例 (%)	100.00	100.00	—	—	—	—	70.41	29.59	—	—	—
兴安镇	面积 (hm^2)	24 525.72	23 545.58	980.14	—	—	—	16 128.04	8 150.36	247.32	—	—
	比例 (%)	100.00	96.00	4.00	—	—	—	65.76	33.23	1.01	—	—
亚东镇	面积 (hm^2)	47 773.97	47 773.97	—	—	—	—	15 035.17	32 738.80	—	—	—
	比例 (%)	100.00	100.00	—	—	—	—	31.47	68.53	—	—	—
音河达斡尔鄂温克族乡	面积 (hm^2)	12 593.68	12 593.68	—	—	—	—	9 141.24	3 452.44	—	—	—
	比例 (%)	100.00	100.00	—	—	—	—	72.59	27.41	—	—	—

（续表）

有效锌（mg/kg）					有效硼（mg/kg）				
1级（高）	2级（较高）	3级（中）	4级（较低）	5级（低）	1级（高）	2级（较高）	3级（中）	4级（较低）	5级（低）
>2.00	1.50~2.00	1.00~1.50	0.50~1.00	≤0.50	>1.00	0.80~1.00	0.50~0.80	0.20~0.50	≤0.20
78 806.98	143 048.51	84 833.89	6 791.08	231.46	272.82	19 220.19	149 372.72	144 699.79	146.42
25.12	45.60	27.04	2.16	0.07	0.09	6.13	47.61	46.13	0.05
—	2 534.29	3 945.66	861.21	—	103.50	908.35	2 866.28	3 463.04	—
—	34.52	53.75	11.73	—	1.41	12.37	39.04	47.17	—
6 359.13	9 615.17	2 099.50	—	—	—	—	1 551.25	16 508.16	14.38
35.18	53.20	11.62	—	—	—	—	8.58	91.34	0.08
552.56	3 028.76	14 670.86	1 612.25	—	—	—	1 413.24	18 451.20	—
2.78	15.25	73.85	8.12	—	—	—	7.11	92.89	—
1 414.73	13 248.71	7 856.45	—	—	—	18.16	10 812.53	11 689.19	—
6.28	58.83	34.89	—	—	—	0.08	48.01	51.91	—
32 165.10	11 537.97	306.22	—	—	—	54.31	21 680.18	22 274.80	—
73.09	26.22	0.70	—	—	—	0.12	49.26	50.61	—
208.02	26 060.45	2 021.09	—	—	169.33	14 360.14	13 758.91	1.18	—
0.74	92.12	7.14			0.60	50.76	48.64	0.00	—
2 428.96	19 443.99	25.41	—	—	—	3 817.61	17 853.82	226.95	—
11.09	88.79	0.12	—	—	—	17.43	81.53	1.04	—
248.97	437.65	—	—	—	—	—	686.62	—	—
36.26	63.74	—	—	—	—	—	100.00	—	—
24 795.61	3 999.82	1 246.13	—	—	—	—	1 954.85	28 086.71	—
82.54	13.31	4.15	—	—	—	—	6.51	93.49	—
1 442.19	13 440.67	12 913.40	15.21	—	—	—	19 461.05	8 270.33	80.09
5.19	48.33	46.43	0.05	—	—	—	69.97	29.74	0.29
1 202.50	6271.33	808.59	—	—	—	—	8 017.70	264.72	—
14.52	75.72	9.76	—	—	—	—	96.80	3.20	—
—	11 082.42	10 394.62	2 898.47	150.21	—	8.20	18 331.42	6 186.10	—
—	45.19	42.38	11.82	0.61	—	0.03	74.74	25.22	—
7 989.22	20 966.62	18 818.14	—	—	—	—	27 724.29	20 049.68	—
16.72	43.89	39.39	—	—	—	—	58.03	41.97	—
—	1 380.66	9 727.82	1 403.95	81.26	—	53.42	3 260.58	9 227.73	51.95
—	10.96	77.24	11.15	0.65	—	0.42	25.89	73.27	0.41

旗县	项目	合计	有效钼 (mg/kg)					pH 值							
			1 级（高）	2 级（较高）	3 级（中）	4 级（较低）	5 级（低）	1 级（高）	2 级（较高）	3 级（中）		4 级（较低）		5 级（低）	
			>0.20	0.15~0.20	0.10~0.15	0.05~0.10	≤0.05	6.0~7.5	5.5~6.0	7.5~8.0	5.0~5.5	8.0~8.5	4.5~5.0	>8.5	≤4.5
阿荣旗	面积 (hm^2)	313 711.94	6 480.81	55 122.56	212 337.95	39 720.23	50.38	116 618.93	184 957.48	797.59	9 108.72	2 196.83	—	—	32.39
	比例 (%)	100.00	2.07	17.57	67.69	12.66	0.02	37.17	58.96	0.25	2.90	0.70	—	—	0.01
阿荣旗林业局	面积 (hm^2)	7 341.16	—	674.90	5 393.05	1 273.20	—	2 663.98	4 384.22	19.10	192.87	80.98	—	—	—
	比例 (%)	100.00	—	9.19	73.46	17.34	—	36.29	59.72	0.26	2.63	1.10	—	—	—
查巴奇鄂温克族乡	面积 (hm^2)	18 073.80	363.32	11 686.81	6 023.67	—	—	6 160.85	11 386.13	36.82	401.09	86.89	—	—	2.02
	比例 (%)	100.00	2.01	64.66	33.33	—	—	34.09	63.00	0.20	2.22	0.48	—	—	0.01
得力其尔鄂温克民族乡	面积 (hm^2)	19 864.43	—	754.71	11 406.32	7 703.41	—	7 644.50	11 305.61	83.97	590.76	238.67	—	—	0.93
	比例 (%)	100.00	—	3.80	57.42	38.78	—	38.48	56.91	0.42	2.97	1.20	—	—	0.005
复兴镇	面积 (hm^2)	22 519.89	—	1 890.95	20 513.12	115.82	—	11 363.38	11 088.40	—	68.12	—	—	—	—
	比例 (%)	100.00	—	8.40	91.09	0.51	—	50.46	49.24	—	0.30	—	—	—	—
霍尔奇镇	面积 (hm^2)	44 009.29	—	8 871.68	34 853.27	284.34	—	13 722.56	28 932.27	103.47	1 033.89	204.23	—	—	12.85
	比例 (%)	100.00	—	20.16	79.20	0.65	—	31.18	65.74	0.24	2.35	0.46	—	—	0.03
六合镇	面积 (hm^2)	28 289.55	—	2 044.49	19 882.95	6 362.11	—	9 543.41	17 679.10	46.39	849.05	156.25	—	—	15.35
	比例 (%)	100.00	—	7.23	70.28	22.49	—	33.73	62.49	0.16	3.00	0.55	—	—	0.05
那吉屯农场	面积 (hm^2)	21 898.37	—	2 731.91	16 969.62	2 196.85	—	9 108.03	11 126.88	135.82	1 045.72	481.93	—	—	—
	比例 (%)	100.00	—	12.48	77.49	10.03	—	41.59	50.81	0.62	4.78	2.20	—	—	—
那吉镇	面积 (hm^2)	686.62	—	3.62	451.13	231.87	—	563.50	106.31	—	7.70	9.11	—	—	—
	比例 (%)	100.00	—	0.53	65.70	33.77	—	82.07	15.48	—	1.12	1.33	—	—	—
三岔河镇	面积 (hm^2)	30 041.56	75.84	7 554.53	19 270.77	3 140.42	—	9 337.13	18 855.58	54.33	1 641.24	152.04	—	—	1.24
	比例 (%)	100.00	0.25	25.15	64.15	10.45	—	31.08	62.76	0.18	5.46	0.51	—	—	0.004
向阳峪镇	面积 (hm^2)	27 811.47	5 395.74	8 876.38	12 303.90	1 235.46	—	11 648.10	15 288.00	39.71	733.81	101.86	—	—	—
	比例 (%)	100.00	19.40	31.92	44.24	4.44	—	41.88	54.97	0.14	2.64	0.37	—	—	—
新发朝鲜族乡	面积 (hm^2)	8 282.42	21.82	496.56	5 438.69	2 325.34	—	3 584.09	4 353.86	3.09	274.88	66.50	—	—	—
	比例 (%)	100.00	0.26	6.00	65.67	28.08	—	43.27	52.57	0.04	3.32	0.80	—	—	—
兴安镇	面积 (hm^2)	24 525.72	624.08	5 080.26	18 085.37	736.00	—	7 617.29	15 894.76	83.01	849.40	81.27	—	—	—
	比例 (%)	100.00	2.54	20.71	73.74	3.00	—	31.06	64.81	0.34	3.46	0.33	—	—	—
亚东镇	面积 (hm^2)	47 773.97	—	4 064.08	35 869.50	7 840.40	—	17 197.93	28 657.27	183.15	1 233.40	502.21	—	—	—
	比例 (%)	100.00	—	8.51	75.08	16.41	—	36.00	59.99	0.38	2.58	1.05	—	—	—
音河达斡尔鄂温克族乡	面积 (hm^2)	12 593.68	—	391.69	5 876.61	6 275.00	50.38	6 464.18	5 899.09	8.73	186.79	34.90	—	—	—
	比例 (%)	100.00	—	3.11	46.66	49.83	0.40	51.33	46.84	0.07	1.48	0.28	—	—	—

（续表）

耕层厚度（cm）					土壤容重（g/cm^3）							
1级（高）	2级（较高）	3级（中）	4级（较低）	5级（低）	1级（高）	2级（较高）	3级（中）		4级（较低）		5级（低）	
>30.0	25.0~30.0	20.0~25.0	15.0~20.0	≤15.0	1.10~1.30	1.30~1.40	1.40~1.50	1.00~1.10	1.50~1.60	0.90~1.00	>1.60	≤0.90
41 875.14	248 373.34	15 020.15	8 443.30	—	251 819.16	56 320.58	4 811.82	—	—	—	—	760.38
13.35	79.17	4.79	2.69	—	80.27	17.95	1.53	—	—	—	—	0.24
—	5 588.18	4.18	1 748.80	—	7 227.66	113.50	—	—	—	—	—	—
—	76.12	0.06	23.82	—	98.45	1.55	—	—	—	—	—	—
860.22	15 002.79	2 210.79	1 709.82	—	16 359.25	1610.31	—	—	—	—	—	104.24
4.76	83.01	12.23	9.46	—	90.51	8.91	—	—	—	—	—	0.58
—	18 154.62	—	—	—	17 740.36	1 996.40	127.68	—	—	—	—	—
—	91.39	—	—	—	89.31	10.05	0.64	—	—	—	—	—
788.06	21 714.29	17.54	—	—	19 430.36	3 037.37	52.16	—	—	—	—	—
3.50	96.42	0.08	—	—	86.28	13.49	0.23	—	—	—	—	—
35 23.34	38 940.47	1 351.29	194.19	—	35 458.96	8 390.05	160.28	—	—	—	—	—
8.01	88.48	3.07	0.44	—	80.57	19.06	0.36	—	—	—	—	—
5 204.65	20 813.74	2 271.16	—	—	23 154.30	4 678.51	456.73	—	—	—	—	—
18.40	73.57	8.03			81.85	16.54	1.61	—	—	—	—	—
6 053.77	11 825.83	4 018.77	—	—	21 898.37	—	—	—	—	—	—	—
27.64	54.00	18.35	—	—	100.00	—	—	—	—	—	—	—
663.89	22.73	—	—	—	686.62	—	—	—	—	—	—	—
96.69	3.31	—	—	—	100.00	—	—	—	—	—	—	—
5 182.48	22 437.05	1 699.43	722.61	—	29 691.45	350.11	—	—	—	—	—	—
17.25	74.69	5.66	2.41	—	98.83	1.17	—	—	—	—	—	—
2 216.43	23 219.85	988.17	1 387.02	—	18 631.20	6 735.85	2 444.42	—	—	—	—	—
7.97	83.49	3.55	4.99	—	66.99	24.22	8.79	—	—	—	—	—
1 277.61	4 828.14	1 854.75	321.92	—	7 896.01	31.39	165.36	—	—	—	—	189.65
15.43	58.29	22.39	3.89	—	95.33	0.38	2.00	—	—	—	—	2.29
—	22 884.05	—	1 641.67	—	9 010.64	14 534.22	514.37	—	—	—	—	466.50
—	93.31	—	6.69	—	36.74	59.26	2.10	—	—	—	—	1.90
12 593.12	34 952.18	—	228.68	—	34 812.79	12 281.31	679.87	—	—	—	—	—
26.36	73.16	—	0.48	—	72.87	25.71	1.42	—	—	—	—	—
3 511.58	7 989.43	604.07	488.59	—	9 821.17	2 561.56	210.95	—	—	—	—	—
27.88	63.44	4.80	3.88	—	77.98	20.34	1.68	—	—	—	—	—

附表 2　额尔古纳市 2017 年度土壤

旗县	项目	合计	有机质（g/kg）					全氮（g/kg）				
			1级（高）	2级（较高）	3级（中）	4级（较低）	5级（低）	1级（高）	2级（较高）	3级（中）	4级（较低）	5级（低）
			>40.0	30.0~40.0	20.0~30.0	10.0~20.0	≤10.0	>2.50	1.50~2.50	1.00~1.50	0.50~1.00	≤0.50
额尔古纳市	面积（hm^2）	184 971.28	184 971.28	—	—	—	—	177 508.45	7 462.82	—	—	—
	比例（%）	100.00	100.00	—	—	—	—	95.97	4.03	—	—	—
恩和俄罗斯族民族乡	面积（hm^2）	13 799.59	13 799.59	—	—	—	—	13 799.59	—	—	—	—
	比例（%）	100.00	100.00	—	—	—	—	100.00	—	—	—	—
黑山头镇	面积（hm^2）	8 592.54	8 592.54	—	—	—	—	8 592.54	—	—	—	—
	比例（%）	100.00	100.00	—	—	—	—	100.00	—	—	—	—
拉布大林街道办事处	面积（hm^2）	40 320.49	40 320.49	—	—	—	—	36 444.13	3 876.36	—	—	—
	比例（%）	100.00	100.00	—	—	—	—	90.39	9.61	—	—	—
蒙兀室韦苏木	面积（hm^2）	6 299.16	6 299.16	—	—	—	—	6 299.16	—	—	—	—
	比例（%）	100.00	100.00	—	—	—	—	100.00	—	—	—	—
莫尔道嘎镇	面积（hm^2）	516.26	516.26	—	—	—	—	516.26	—	—	—	—
	比例（%）	100.00	100.00	—	—	—	—	100.00	—	—	—	—
三河回族乡	面积（hm^2）	63 599.58	63 599.58	—	—	—	—	63 436.27	163.32	—	—	—
	比例（%）	100.00	100.00	—	—	—	—	99.74	0.26	—	—	—
上库力街道办事处	面积（hm^2）	51 843.66	51 843.66	—	—	—	—	48 420.51	3 423.15	—	—	—
	比例（%）	100.00	100.00	—	—	—	—	93.40	6.60	—	—	—

旗县	项目	合计	有效磷（mg/kg）					速效钾（mg/kg）				
			1级（高）	2级（较高）	3级（中）	4级（较低）	5级（低）	1级（高）	2级（较高）	3级（中）	4级（较低）	5级（低）
			>40.0	30.0~40.0	20.0~30.0	10.0~20.0	≤10.0	>200	150~200	100~150	50~100	≤50
额尔古纳市	面积（hm^2）	184 971.28	52 532.16	80 134.63	49 790.91	2 468.36	45.21	171 933.00	12 391.98	468.12	178.18	—
	比例（%）	100.00	28.40	43.32	26.92	1.33	0.02	92.95	6.70	0.25	0.10	—
恩和俄罗斯族民族乡	面积（hm^2）	13 799.59	—	3 926.75	9 705.41	167.43	—	12 934.83	864.76	48.28	—	—
	比例（%）	100.00	—	28.46	70.33	1.21	—	93.73	6.27	0.35	—	—
黑山头镇	面积（hm^2）	8 592.54	3 026.96	3 828.34	1 513.92	223.32	—	8 061.98	482.28	—	—	—
	比例（%）	100.00	35.23	44.55	17.62	2.60	—	93.83	5.61	—	—	—
拉布大林街道办事处	面积（hm^2）	40 320.49	12 371.51	16 975.08	10 345.72	628.18	—	38 235.24	1 921.16	164.08	—	—
	比例（%）	100.00	30.68	42.10	25.66	1.56	—	94.83	4.76	0.41	—	—
蒙兀室韦苏木	面积（hm^2）	6 299.16	—	1 606.72	4 578.16	114.28	—	5 371.61	927.55	—	—	—
	比例（%）	100.00	—	25.51	72.68	1.81	—	85.27	14.73	—	—	—
莫尔道嘎镇	面积（hm^2）	516.26	128.46	206.85	105.41	75.54	—	516.26	—	—	—	—
	比例（%）	100.00	24.88	40.07	20.42	14.63	—	100.00	—	—	—	—
三河回族乡	面积（hm^2）	63 599.58	22 167.52	29 184.37	11 283.90	918.57	45.21	58 155.10	5 013.13	253.16	178.18	—
	比例（%）	100.00	34.85	45.89	17.74	1.44	0.07	91.44	7.88	0.40	0.28	—
上库力街道办事处	面积（hm^2）	51 843.66	14 837.72	24 406.52	12 258.38	341.04	—	48 657.98	3 183.09	2.58	—	—
	比例（%）	100.00	28.62	47.08	23.64	0.66	—	93.86	6.14	0.00	—	—

养分分级面积统计表

缓效钾 (mg/kg)					有效硫 (mg/kg)				
1级 (高)	2级 (较高)	3级 (中)	4级 (较低)	5级 (低)	1级 (高)	2级 (较高)	3级 (中)	4级 (较低)	5级 (低)
>1 000	800~1 000	500~800	200~500	≤200	>40.0	30.0~40.0	20.0~30.0	10.0~20.0	≤10.0
162 912.97	21 858.42	199.88	—	—	19 303.14	111 907.76	53 141.69	618.69	—
88.07	11.82	0.11	—	—	10.44	60.50	28.73	0.33	—
12 164.19	1 635.39	—	—	—	—	6 489.31	7 310.28	—	—
88.15	11.85	—	—	—	—	47.03	52.97	—	—
8 056.76	535.79	—	—	—	—	7 202.63	1 389.91	—	—
93.76	6.24	—	—	—	—	83.82	16.18	—	—
37 209.69	3 110.79	—	—	—	5 289.21	17 066.69	17 345.91	618.68	—
92.28	7.72	—	—	—	13.12	42.33	43.02	1.53	—
4 830.01	1 469.16	—	—	—	1 088.31	3 532.89	1 677.96	—	—
76.68	23.32	—	—	—	17.28	56.09	26.64	—	—
469.61	46.65	—	—	—	—	516.26	—	—	—
90.96	9.04	—	—	—	—	100.00	—	—	—
59 656.87	3 877.13	65.58	—	—	6 741.23	41 790.77	15 067.58	—	—
93.80	6.10	0.10	—	—	10.60	65.71	23.69	—	—
40 525.85	11 183.51	134.29	—	—	6 184.39	35 309.21	10 350.05	0.01	—
78.17	21.57	0.26	—	—	11.93	68.11	19.96	0.00	—

有效硅 (mg/kg)					有效铁 (mg/kg)				
1级 (高)	2级 (较高)	3级 (中)	4级 (较低)	5级 (低)	1级 (高)	2级 (较高)	3级 (中)	4级 (较低)	5级 (低)
>250	200~250	100~200	50~100	≤50	>20.0	10.0~20.0	4.5~10.0	2.5~4.5	≤2.5
93 912.00	69 363.53	21 092.08	603.66	—	184 971.28	—	—	—	—
50.77	37.50	11.40	0.33	—	100.00	—	—	—	—
4 642.92	8 279.32	877.34	—	—	13 799.59	—	—	—	—
33.65	60.00	6.36	—	—	100.00	—	—	—	—
2 089.76	4 970.88	1 531.90	—	—	8 592.54	—	—	—	—
24.32	57.85	17.83	—	—	100.00	—	—	—	—
21 670.37	14 356.13	4 293.99	—	—	40 320.49	—	—	—	—
53.75	35.61	10.65	—	—	100.00	—	—	—	—
—	1 545.59	4 283.19	470.38	—	6 299.16	—	—	—	—
—	24.54	68.00	7.47	—	100.00	—	—	—	—
—	—	516.26	—	—	516.26	—	—	—	—
—	—	100.00	—	—	100.00	—	—	—	—
33 998.52	23 616.50	5 984.56	—	—	63 599.58	—	—	—	—
53.46	37.13	9.41	—	—	100.00	—	—	—	—
31 510.42	16 595.11	3 604.84	133.28	—	51 843.66	—	—	—	—
60.78	32.01	6.95	0.26	—	100.00	—	—	—	—

旗县	项目	合计	有效锰（mg/kg）					有效铜（mg/kg）				
			1级（高）	2级（较高）	3级（中）	4级（较低）	5级（低）	1级（高）	2级（较高）	3级（中）	4级（较低）	5级（低）
			>20.0	10.0~20.0	5.0~10.0	1.0~5.0	≤1.0	>2.00	1.00~2.00	0.50~1.00	0.20~0.50	≤0.20
额尔古纳市	面积（hm²）	184 971.28	184 706.96	264.32	—	—	—	127 040.88	57 930.39	—	—	—
	比例（%）	100.00	99.86	0.14	—	—	—	68.68	31.32	—	—	—
恩和俄罗斯族民族乡	面积（hm²）	13 799.59	13 799.59	—	—	—	—	9 523.50	4 276.08	—	—	—
	比例（%）	100.00	100.00	—	—	—	—	69.01	30.99	—	—	—
黑山头镇	面积（hm²）	8 592.54	8 592.54	—	—	—	—	1 714.90	6 877.65	—	—	—
	比例（%）	100.00	100.00	—	—	—	—	19.96	80.04	—	—	—
拉布大林街道办事处	面积（hm²）	40 320.49	40 320.49	—	—	—	—	19 452.12	20 868.37	—	—	—
	比例（%）	100.00	100.00	—	—	—	—	48.24	51.76	—	—	—
蒙兀室韦苏木	面积（hm²）	6 299.16	6 299.16	—	—	—	—	2 565.50	3 733.66	—	—	—
	比例（%）	100.00	100.00	—	—	—	—	40.73	59.27	—	—	—
莫尔道嘎镇	面积（hm²）	516.26	516.26	—	—	—	—	—	516.26	—	—	—
	比例（%）	100.00	100.00	—	—	—	—	—	100.00	—	—	—
三河回族乡	面积（hm²）	63 599.58	63 335.26	264.32	—	—	—	50 398.91	13 200.67	—	—	—
	比例（%）	100.00	99.58	0.42	—	—	—	79.24	20.76	—	—	—
上库力街道办事处	面积（hm²）	51 843.66	51 843.66	—	—	—	—	43 385.95	8 457.70	—	—	—
	比例（%）	100.00	100.00	—	—	—	—	83.69	16.31	—	—	—

旗县	项目	合计	有效锌（mg/kg）					有效硼（mg/kg）				
			1级（高）	2级（较高）	3级（中）	4级（较低）	5级（低）	1级（高）	2级（较高）	3级（中）	4级（较低）	5级（低）
			>2.00	1.50~2.00	1.00~1.50	0.50~1.00	≤0.50	>1.00	0.80~1.00	0.50~0.80	0.20~0.50	≤0.20
额尔古纳市	面积（hm²）	184 971.28	2 663.26	18 186.41	131 618.54	32 503.07	—	55 374.85	92 653.46	34 844.84	2 098.12	—
	比例（%）	100.00	1.44	9.83	71.16	17.57	—	29.94	50.09	18.84	1.13	—
恩和俄罗斯族民族乡	面积（hm²）	13 799.59	—	1 039.80	9 023.76	3 736.02	—	13 644.69	154.90	—	—	—
	比例（%）	100.00	—	7.54	65.39	27.07	—	98.88	1.12	—	—	—
黑山头镇	面积（hm²）	8 592.54	—	—	7 285.42	1 307.12	—	2 721.41	5 871.13	—	—	—
	比例（%）	100.00	—	—	84.79	15.21	—	31.67	68.33	—	—	—
拉布大林街道办事处	面积（hm²）	40 320.49	22.66	1 903.52	31 189.84	7 204.48	—	5 810.99	25 286.37	8 660.93	562.20	—
	比例（%）	100.00	0.06	4.72	77.35	17.87	—	14.41	62.71	21.48	1.39	—
蒙兀室韦苏木	面积（hm²）	6 299.16	1 697.38	2 916.95	1 684.84	—	—	715.03	2 328.56	3 255.58	—	—
	比例（%）	100.00	26.95	46.31	26.75	—	—	11.35	36.97	51.68	—	—
莫尔道嘎镇	面积（hm²）	516.26	516.26	—	—	—	—	—	—	516.26	—	—
	比例（%）	100.00	100.00	—	—	—	—	—	—	100.00	—	—
三河回族乡	面积（hm²）	63 599.58	—	4 276.54	39 971.43	19 351.61	—	16 780.91	32 170.80	13 423.99	1 223.87	—
	比例（%）	100.00	—	6.72	62.85	30.43	—	26.39	50.58	21.11	1.92	—
上库力街道办事处	面积（hm²）	51 843.66	426.97	8 049.60	42 463.24	903.84	—	15 701.82	26 841.69	8 988.09	312.05	—
	比例（%）	100.00	0.82	15.53	81.91	1.74	—	30.29	51.77	17.34	0.60	—

（续表）

有效钼（mg/kg）					pH值							
1级（高）	2级（较高）	3级（中）	4级（较低）	5级（低）	1级（高）	2级（较高）	3级（中）		4级（较低）		5级（低）	
>0.20	0.15~0.20	0.10~0.15	0.05~0.10	≤0.05	6.0~7.5	5.5~6.0	7.5~8.0	5.0~5.5	8.0~8.5	4.5~5.0	>8.5	≤4.5
3 065.91	11 751.57	150 027.24	19 976.04	150.51	42 297.16	140 483.49	—	2 190.63	—	—	—	—
1.66	6.35	81.11	10.80	0.08	22.87	75.95	—	1.18	—	—	—	—
3 065.91	4 567.74	5 526.45	639.48	—	—	13 634.46	—	165.12	—	—	—	—
22.22	33.10	40.05	4.63	—	—	98.80	—	1.20	—	—	—	—
—	452.06	8 140.49	—	—	2 510.18	5 761.07	—	321.30	—	—	—	—
—	5.26	94.74	—	—	29.21	67.05	—	3.74	—	—	—	—
—	562.40	37 095.80	2 662.29	—	13 061.93	27 221.67	—	36.88	—	—	—	—
—	1.39	92.00	6.60	—	32.40	67.51	—	0.09	—	—	—	—
—	3 694.10	1 983.73	621.34	—	—	6 248.02	—	51.15	—	—	—	—
—	58.64	31.49	9.86	—	—	99.19	—	0.81	—	—	—	—
—	516.26	—	—	—	27.17	489.09	—	—	—	—	—	—
—	100.00	—	—	—	5.26	94.74	—	—	—	—	—	—
—	1 039.21	53 964.96	8 595.41	—	14 481.80	47 662.01	—	1 455.77	—	—	—	—
—	1.63	84.85	13.51	—	22.77	74.94	—	2.29	—	—	—	—
—	919.80	43 315.82	7 457.53	150.51	12 216.07	39 467.17	—	160.41	—	—	—	—
—	1.77	83.55	14.38	0.29	23.56	76.13	—	0.31	—	—	—	—

耕层厚度（cm）					土壤容重（g/cm^3）							
1级（高）	2级（较高）	3级（中）	4级（较低）	5级（低）	1级（高）	2级（较高）	3级（中）		4级（较低）		5级（低）	
>30.0	25.0~30.0	20.0~25.0	15.0~20.0	≤15.0	1.10~1.30	1.30~1.40	1.40~1.50	1.00~1.10	1.50~1.60	0.90~1.00	>1.60	≤0.90
—	183 583.16	—	1 388.12	—	184 182.83	59.14	—	729.31	—	—	—	—
—	99.25	—	0.75	—	99.57	0.03	—	0.39	—	—	—	—
—	13 799.59	—	—	—	13 799.59	—	—	—	—	—	—	—
—	100.00	—	—	—	100.00	—	—	—	—	—	—	—
—	8 418.75	—	173.79	—	8 592.54	—	—	—	—	—	—	—
—	97.98	—	2.02	—	100.00	—	—	—	—	—	—	—
—	40 320.49	—	—	—	40 320.49	—	—	—	—	—	—	—
—	100.00	—	—	—	100.00	—	—	—	—	—	—	—
—	6 299.16	—	—	—	6 220.35	45.44	—	33.38	—	—	—	—
—	100.00	—	—	—	98.75	0.72	—	0.53	—	—	—	—
—	516.26	—	—	—	502.55	13.70	—	—	—	—	—	—
—	100.00	—	—	—	97.35	2.65	—	—	—	—	—	—
—	62 385.25	—	1 214.33	—	63 477.85	—	—	121.73	—	—	—	—
—	98.09	—	1.91	—	99.81	—	—	0.19	—	—	—	—
—	51 843.66	—	—	—	51 269.46	—	—	574.20	—	—	—	—
—	100.00	—	—	—	98.89	—	—	1.11	—	—	—	—

附表 3　鄂伦春自治旗 2017 年度土壤

旗县	项目	合计	有机质（g/kg）					全氮（g/kg）				
			1 级（高）	2 级（较高）	3 级（中）	4 级（较低）	5 级（低）	1 级（高）	2 级（较高）	3 级（中）	4 级（较低）	5 级（低）
			>40.0	30.0~40.0	20.0~30.0	10.0~20.0	≤10.0	>2.50	1.50~2.50	1.00~1.50	0.50~1.00	≤0.50
鄂伦春自治旗	面积（hm^2）	275 689.84	272 490.45	2 830.20	369.20	—	—	204 236.19	71 074.58	379.07	—	—
	比例（%）	100.00	98.84	1.03	0.13	—	—	74.08	25.78	0.14	—	—
阿里河镇	面积（hm^2）	2 941.75	2 941.75	—	—	—	—	2 941.75	—	—	—	—
	比例（%）	100.00	100.00	—	—	—	—	100.00	—	—	—	—
大杨树镇	面积（hm^2）	51 861.12	51 861.12	—	—	—	—	35 953.34	15 907.78	—	—	—
	比例（%）	100.00	100.00	—	—	—	—	69.33	30.67	—	—	—
甘河镇	面积（hm^2）	1 164.94	1 164.94	—	—	—	—	1 164.94	—	—	—	—
	比例（%）	100.00	100.00	—	—	—	—	100.00	—	—	—	—
古里乡	面积（hm^2）	55 068.34	55 068.34	—	—	—	—	50 646.33	4 422.01	—	—	—
	比例（%）	100.00	100.00	—	—	—	—	91.97	8.03	—	—	—
吉文镇	面积（hm^2）	730.30	730.30	—	—	—	—	730.30	—	—	—	—
	比例（%）	100.00	100.00	—	—	—	—	100.00	—	—	—	—
克一河镇	面积（hm^2）	1 641.92	1 641.92	—	—	—	—	1 623.47	18.44	—	—	—
	比例（%）	100.00	100.00	—	—	—	—	98.88	1.12	—	—	—
诺敏镇	面积（hm^2）	36 520.91	34 981.95	1 292.98	245.98	—	—	7 647.60	28 494.24	379.07	—	—
	比例（%）	100.00	95.79	3.54	0.67	—	—	20.94	78.02	1.04	—	—
托扎敏乡	面积（hm^2）	7 362.72	7 362.72	—	—	—	—	7 215.39	147.33	—	—	—
	比例（%）	100.00	100.00	—	—	—	—	98.00	2.00	—	—	—
乌鲁布铁镇	面积（hm^2）	50 076.27	49 986.29	89.98	—	—	—	48 577.06	1 499.21	—	—	—
	比例（%）	100.00	99.82	0.18	—	—	—	97.01	2.99	—	—	—
宜里镇	面积（hm^2）	68 321.58	66 751.13	1 447.23	123.21	—	—	47 736.00	20 585.58	—	—	—
	比例（%）	100.00	97.70	2.12	0.18	—	—	69.87	30.13	—	—	—

旗县	项目	合计	有效磷（mg/kg）					速效钾（mg/kg）				
			1 级（高）	2 级（较高）	3 级（中）	4 级（较低）	5 级（低）	1 级（高）	2 级（较高）	3 级（中）	4 级（较低）	5 级（低）
			>40.0	30.0~40.0	20.0~30.0	10.0~20.0	≤10.0	>200	150~200	100~150	50~100	≤50
鄂伦春自治旗	面积（hm^2）	275 689.84	77 650.45	33 119.56	40 277.00	118 173.54	6 469.29	149 940.82	120 684.78	5 064.24	—	—
	比例（%）	100.00	28.17	12.01	14.61	42.86	2.35	54.39	43.78	1.84	—	—
阿里河镇	面积（hm^2）	2 941.75	14.63	74.56	403.65	2 346.07	102.83	1 281.06	1 644.87	15.82	—	—
	比例（%）	100.00	0.50	2.53	13.72	79.75	3.50	43.55	55.91	0.54	—	—
大杨树镇	面积（hm^2）	51 861.12	26 109.68	7 301.67	6 767.45	11 457.93	224.39	34 001.49	17 422.59	437.04	—	—
	比例（%）	100.00	50.35	14.08	13.05	22.09	0.43	65.56	33.59	0.84	—	—
甘河镇	面积（hm^2）	1 164.94	38.96	95.88	131.06	881.35	17.69	571.81	545.83	47.30	—	—
	比例（%）	100.00	3.34	8.23	11.25	75.66	1.52	49.08	46.85	4.06	—	—
古里乡	面积（hm^2）	55 068.34	12 302.76	6 290.93	9 267.31	26 364.95	842.39	26 572.48	27 381.64	1 114.22	—	—
	比例（%）	100.00	22.34	11.42	16.83	47.88	1.53	48.25	49.72	2.02	—	—
吉文镇	面积（hm^2）	730.30	—	4.24	173.55	538.54	13.98	575.70	154.60	—	—	—
	比例（%）	100.00	—	0.58	23.76	73.74	1.91	78.83	21.17	—	—	—
克一河镇	面积（hm^2）	1 641.92	174.21	383.77	196.62	873.24	14.09	1 075.42	565.93	0.57	—	—
	比例（%）	100.00	10.61	23.37	11.97	53.18	0.86	65.50	34.47	0.03	—	—
诺敏镇	面积（hm^2）	36 520.91	4 755.78	2 389.42	5 512.29	21 412.35	2 451.07	15 967.89	19 035.21	1 517.80	—	—
	比例（%）	100.00	13.02	6.54	15.09	58.63	6.71	43.72	52.12	4.16	—	—
托扎敏乡	面积（hm^2）	7 362.72	1 802.56	1 155.65	948.82	3 274.14	181.55	4 956.17	2 390.72	15.83	—	—
	比例（%）	100.00	24.48	15.70	12.89	44.47	2.47	67.31	32.47	0.21	—	—
乌鲁布铁镇	面积（hm^2）	50 076.27	13 191.35	6 112.03	7 905.25	22 184.73	682.91	27 259.86	21 908.69	907.72	—	—
	比例（%）	100.00	26.34	12.21	15.79	44.30	1.36	54.44	43.75	1.81	—	—
宜里镇	面积（hm^2）	68 321.58	19 260.52	9 311.42	8 971.01	28 840.25	1 938.39	37 678.95	29 634.70	1 007.93	—	—
	比例（%）	100.00	28.19	13.63	13.13	42.21	2.84	55.15	43.38	1.48	—	—

养分分级面积统计表

缓效钾（mg/kg）					有效硫（mg/kg）				
1级（高）	2级（较高）	3级（中）	4级（较低）	5级（低）	1级（高）	2级（较高）	3级（中）	4级（较低）	5级（低）
>1 000	800~1 000	500~800	200~500	≤200	>40.0	30.0~40.0	20.0~30.0	10.0~20.0	≤10.0
263 373.25	7 402.14	4 901.88	12.57	—	—	8 247.18	221 996.02	45 036.47	410.18
95.53	2.68	1.78	0.00	—	—	2.99	80.52	16.34	0.15
1 768.75	836.93	336.07	—	—	—	1 155.98	1 436.15	348.03	1.60
60.13	28.45	11.42	—	—	—	39.30	48.82	11.83	0.05
51 486.44	374.68	—	—	—	—	1 324.50	38 736.02	11 800.60	—
99.28	0.72	—	—	—	—	2.55	74.69	22.75	—
905.91	259.03	—	—	—	—	—	335.39	829.55	—
77.76	22.24	—	—	—	—	—	28.79	71.21	—
54 106.87	961.47	—	—	—	—	3 315.74	47 168.62	4 583.98	—
98.25	1.75	—	—	—	—	6.02	85.65	8.32	—
730.30	—	—	—	—	—	—	233.12	497.19	—
100.00	—	—	—	—	—	—	31.92	68.08	—
171.14	1 445.05	21.12	4.60	—	—	—	1 284.06	357.85	—
10.42	88.01	1.29	0.28	—	—	—	78.21	21.79	—
29 556.99	2 614.65	4 349.26	—	—	—	6.62	21 846.69	14 667.61	—
80.93	7.16	11.91	—	—	—	0.02	59.82	40.16	—
6 356.37	802.95	195.42	7.97	—	—	433.62	5 404.33	1 116.18	408.58
86.33	10.91	2.65	0.11	—	—	5.89	73.40	15.16	5.55
50 076.27	—	—	—	—	—	297.72	44 353.14	5 425.40	—
100.00	—	—	—	—	—	0.59	88.57	10.83	—
68 214.20	107.38	—	—	—	—	1 713.00	61 198.49	5 410.09	—
99.84	0.16	—	—	—	—	2.51	89.57	7.92	

有效硅（mg/kg）					有效铁（mg/kg）				
1级（高）	2级（较高）	3级（中）	4级（较低）	5级（低）	1级（高）	2级（较高）	3级（中）	4级（较低）	5级（低）
>250	200~250	100~200	50~100	≤50	>20.0	10.0~20.0	4.5~10.0	2.5~4.5	≤2.5
80 677.58	79 193.28	113 991.00	1 827.97	—	275 689.84	—	—	—	—
29.26	28.73	41.35	0.66	—	100.00	—	—	—	—
—	9.02	2 932.73	—	—	2 941.75	—	—	—	—
—	0.31	99.69	—	—	100.00	—	—	—	—
31 496.07	16 617.72	3 747.32	—	—	51 861.12	—	—	—	—
60.73	32.04	7.23	—	—	100.00	—	—	—	—
—	—	382.79	782.16	—	1 164.94	—	—	—	—
—	—	32.86	67.14	—	100.00	—	—	—	—
8 879.06	23 145.68	22 695.42	348.17	—	55 068.34	—	—	—	—
16.12	42.03	41.21	0.63	—	100.00	—	—	—	—
—	—	240.24	490.06	—	730.30	—	—	—	—
—	—	32.90	67.10	—	100.00	—	—	—	—
—	9.87	1 564.67	67.38	—	1 641.92	—	—	—	—
—	0.60	95.30	4.10	—	100.00	—	—	—	—
6 767.14	6 819.28	22 934.49	—	—	36 520.91	—	—	—	—
18.53	18.67	62.80	—	—	100.00	—	—	—	—
85.47	2 068.49	5 068.55	140.21	—	7 362.72	—	—	—	—
1.16	28.09	68.84	1.90	—	100.00	—	—	—	—
24 145.43	14 778.30	11 152.53	—	—	50 076.27	—	—	—	—
48.22	29.51	22.27	—	—	100.00	—	—	—	—
9 304.40	15 744.92	43 272.26	—	—	68 321.58	—	—	—	—
13.62	23.05	63.34	—	—	100.00	—	—	—	—

旗县	项目	合计	有效锰（mg/kg）					有效铜（mg/kg）				
			1级（高）	2级（较高）	3级（中）	4级（较低）	5级（低）	1级（高）	2级（较高）	3级（中）	4级（较低）	5级（低）
			>20.0	10.0~20.0	5.0~10.0	1.0~5.0	≤1.0	>2.00	1.00~2.00	0.50~1.00	0.20~0.50	≤0.20
鄂伦春自治旗	面积（hm^2）	275 689.84	268 579.27	6 430.41	377.94	302.23	—	5 035.14	244 509.83	25 539.69	605.18	—
	比例（%）	100.00	97.42	2.33	0.14	0.11	—	1.83	88.69	9.26	0.22	—
阿里河镇	面积（hm^2）	2 941.75	2 941.75	—	—	—	—	—	1 855.65	1 086.10	—	—
	比例（%）	100.00	100.00	—	—	—	—	—	63.08	36.92	—	—
大杨树镇	面积（hm^2）	51 861.12	51 477.49	383.63	—	—	—	—	46 686.75	5 174.37	—	—
	比例（%）	100.00	99.26	0.74	—	—	—	—	90.02	9.98	—	—
甘河镇	面积（hm^2）	1 164.94	1 164.94	—	—	—	—	—	—	1 164.94	—	—
	比例（%）	100.00	100.00	—	—	—	—	—	—	100.00	—	—
古里乡	面积（hm^2）	55 068.34	54 442.48	625.86	—	—	—	—	48 471.52	6 596.82	—	—
	比例（%）	100.00	98.86	1.14	—	—	—	—	88.02	11.98	—	—
吉文镇	面积（hm^2）	730.30	730.30	—	—	—	—	—	179.64	550.66	—	—
	比例（%）	100.00	100.00	—	—	—	—	—	24.60	75.40	—	—
克一河镇	面积（hm^2）	1 641.92	1 623.47	18.44	—	—	—	—	10.97	1 596.31	34.64	—
	比例（%）	100.00	98.88	1.12	—	—	—	—	0.67	97.22	2.11	—
诺敏镇	面积（hm^2）	36 520.91	33 198.36	3 322.55	—	—	—	977.91	33 336.10	2 206.90	—	—
	比例（%）	100.00	90.90	9.10	—	—	—	2.68	91.28	6.04	—	—
托扎敏乡	面积（hm^2）	7 362.72	4 884.51	1 798.04	377.94	302.23	—	—	4 880.68	1 911.49	570.54	—
	比例（%）	100.00	66.34	24.42	5.13	4.10	—	—	66.29	25.96	7.75	—
乌鲁布铁镇	面积（hm^2）	50 076.27	50 062.21	14.06	—	—	—	—	48 297.75	1 778.52	—	—
	比例（%）	100.00	99.97	0.03	—	—	—	—	96.45	3.55	—	—
宜里镇	面积（hm^2）	68 321.58	68 053.75	267.83	—	—	—	4 057.23	60 790.77	3 473.58	—	—
	比例（%）	100.00	99.61	0.39	—	—	—	5.94	88.98	5.08	—	—

旗县	项目	合计	有效锌（mg/kg）					有效硼（mg/kg）				
			1级（高）	2级（较高）	3级（中）	4级（较低）	5级（低）	1级（高）	2级（较高）	3级（中）	4级（较低）	5级（低）
			>2.00	1.50~2.00	1.00~1.50	0.50~1.00	≤0.50	>1.00	0.80~1.00	0.50~0.80	0.20~0.50	≤0.20
鄂伦春自治旗	面积（hm^2）	275 689.84	29 810.90	95 644.50	136 298.59	13 935.85	—	120 447.89	81 470.33	69 523.80	4 247.82	—
	比例（%）	100.00	10.81	34.69	49.44	5.05	—	43.69	29.55	25.22	1.54	—
阿里河镇	面积（hm^2）	2 941.75	2 279.34	456.03	206.38	—	—	2 941.75	—	—	—	—
	比例（%）	100.00	77.48	15.50	7.02	—	—	100.00	—	—	—	—
大杨树镇	面积（hm^2）	51 861.12	2 480.53	14 657.94	34 657.44	65.20	—	17 972.24	14 939.00	18 551.15	398.74	—
	比例（%）	100.00	4.78	28.26	66.83	0.13	—	34.65	28.81	35.77	0.77	—
甘河镇	面积（hm^2）	1 164.94	953.56	211.38	—	—	—	1 164.94	—	—	—	—
	比例（%）	100.00	81.85	18.15	—	—	—	100.00	—	—	—	—
古里乡	面积（hm^2）	55 068.34	8 728.66	29 938.34	16 299.36	101.98	—	35 864.52	15 993.63	3 210.19	—	—
	比例（%）	100.00	15.85	54.37	29.60	0.19	—	65.13	29.04	5.83	—	—
吉文镇	面积（hm^2）	730.30	730.30	—	—	—	—	730.30	—	—	—	—
	比例（%）	100.00	100.00	—	—	—	—	100.00	—	—	—	—
克一河镇	面积（hm^2）	1 641.92	1 638.23	3.69	—	—	—	239.76	1 234.45	149.26	18.44	—
	比例（%）	100.00	99.78	0.22	—	—	—	14.60	75.18	9.09	1.12	—
诺敏镇	面积（hm^2）	36 520.91	1 570.92	7 860.72	22 979.92	4 109.35	—	6 446.12	9 381.87	18 716.84	1 976.08	—
	比例（%）	100.00	4.30	21.52	62.92	11.25	—	17.65	25.69	51.25	5.41	—
托扎敏乡	面积（hm^2）	7 362.72	2 129.97	5 232.75	—	—	—	1 563.71	1 740.95	3 834.18	223.87	—
	比例（%）	100.00	28.93	71.07	—	—	—	21.24	23.65	52.08	3.04	—
乌鲁布铁镇	面积（hm^2）	50 076.27	6 549.69	14 918.69	25 062.54	3 545.34	—	19 545.31	21 731.57	8 773.67	25.71	—
	比例（%）	100.00	13.08	29.79	50.05	7.08	—	39.03	43.40	17.52	0.05	—
宜里镇	面积（hm^2）	68 321.58	2 749.71	22 364.94	37 092.95	6 113.98	—	33 979.23	16 448.85	16 288.52	1 604.98	—
	比例（%）	100.00	4.02	32.73	54.29	8.95	—	49.73	24.08	23.84	2.35	—

（续表）

有效钼（mg/kg）					pH值							
1级（高）	2级（较高）	3级（中）	4级（较低）	5级（低）	1级（高）	2级（较高）	3级（中）		4级（较低）		5级（低）	
>0.20	0.15~0.20	0.10~0.15	0.05~0.10	≤0.05	6.0~7.5	5.5~6.0	7.5~8.0	5.0~5.5	8.0~8.5	4.5~5.0	>8.5	≤4.5
6 655.93	39 729.62	214 694.36	14 609.93	—	107 132.00	107 141.67	63.47	60 349.07	—	1 003.64	—	—
2.41	14.41	77.88	5.30	—	38.86	38.86	0.02	21.89	—	0.36	—	—
—	369.66	1 947.41	624.68	—	178.52	274.33	—	2 463.31	—	25.59	—	—
—	12.57	66.20	21.23	—	6.07	9.33	—	83.74	—	0.87	—	—
151.05	10 640.75	40 846.65	222.66	—	26 747.90	17 872.43	8.25	7 080.56	—	151.97	—	—
0.29	20.52	78.76	0.43	—	51.58	34.46	0.02	13.65	—	0.29	—	—
—	—	335.39	829.55	—	30.11	409.24	—	725.59	—	—	—	—
—	—	28.79	71.21	—	2.58	35.13	—	62.29	—	—	—	—
3 916.13	12 113.94	38 537.00	501.27	—	13 425.77	21 854.63	46.49	19 298.16	—	443.30	—	—
7.11	22.00	69.98	0.91	—	24.38	39.69	0.08	35.04	—	0.80	—	—
—	—	235.61	494.69	—	47.86	2.97	—	679.47	—	—	—	—
—	—	32.26	67.74	—	6.55	0.41	—	93.04	—	—	—	—
—	18.44	1 623.47	—	—	1 062.71	152.31	—	426.89	—	—	—	—
—	1.12	98.88	—	—	64.72	9.28	—	26.00	—	—	—	—
1 266.39	3 078.02	22 496.53	9 679.97	—	18 465.61	15 923.54	—	2 111.55	—	20.21	—	—
3.47	8.43	61.60	26.51	—	50.56	43.60	—	5.78	—	0.06	—	—
—	1 041.42	5 037.32	1 283.98	—	4 867.91	2 404.87	—	89.94	—	—	—	—
—	14.14	68.42	17.44	—	66.12	32.66	—	1.22	—	—	—	—
—	2 475.39	47 105.20	495.68	—	13 610.42	20 575.85	8.73	15 723.73	—	157.55	—	—
—	4.94	94.07	0.99	—	27.18	41.09	0.02	31.40	—	0.31	—	—
1 322.36	9 992.00	56 529.77	477.45	—	28 695.20	27 671.49	—	11 749.86	—	205.03	—	—
1.94	14.62	82.74	0.70	—	42.00	40.50	—	17.20	—	0.30		—

耕层厚度（cm）					土壤容重（g/m³）							
1级（高）	2级（较高）	3级（中）	4级（较低）	5级（低）	1级（高）	2级（较高）	3级（中）		4级（较低）		5级（低）	
>30.0	25.0~30.0	20.0~25.0	15.0~20.0	≤15.0	1.10~1.30	1.30~1.40	1.40~1.50	1.00~1.10	1.50~1.60	0.90~1.00	>1.60	≤0.90
—	5 441.30	371.31	269 877.24	—	191 191.94	77 099.42	2 365.09	4 949.29	84.10	—	—	—
—	1.97	0.13	97.89	—	69.35	27.97	0.86	1.80	0.03	—	—	—
—	—	—	2 941.75	—	706.51	2 235.24	—	—	—	—	—	—
—	—	—	100.00	—	24.02	75.98	—	—	—	—	—	—
—	—	371.31	51 489.81	—	45 356.27	6 265.27	239.58	—	—	—	—	—
—	—	0.72	99.28	—	87.46	12.08	0.46	—	—	—	—	—
—	—	—	1 164.94	—	748.64	416.30	—	—	—	—	—	—
—	—	—	100.00	—	64.26	35.74	—	—	—	—	—	—
—	—	—	55 068.34	—	45 911.61	5 907.96	112.42	3 136.35	—	—	—	—
—	—	—	100.00	—	83.37	10.73	0.20	5.70	—	—	—	—
—	—	—	730.30	—	448.28	282.02	—	—	—	—	—	—
—	—	—	100.00	—	61.38	38.62	—	—	—	—	—	—
—	—	—	1 641.92	—	944.41	689.22	—	—	8.29	—	—	—
—	—	—	100.00	—	57.52	41.98	—	—	0.50	—	—	—
—	5 441.30	—	31 079.61	—	21 514.94	13 914.47	930.53	160.97	—	—	—	—
—	14.90	—	85.10	—	58.91	38.10	2.55	0.44	—	—	—	—
—	—	—	7 362.72	—	4 163.85	3 198.87	—	—	—	—	—	—
—	—	—	100.00	—	56.55	43.45	—	—	—	—	—	—
—	—	—	50 076.27	—	32 772.86	15 651.44	—	1 651.96	—	—	—	—
—	—	—	100.00	—	65.45	31.26	—	3.30	—	—	—	—
—	—	—	68 321.58	—	38 624.57	28 538.63	1 082.56	—	75.81	—	—	—
—	—	—	100.00	—	56.53	41.77	1.58	—	0.11	—	—	—

附表 4　莫力达瓦达斡尔族自治旗

旗县	项目	合计	有机质 (g/kg)					全氮 (g/kg)				
			1级(高)	2级(较高)	3级(中)	4级(较低)	5级(低)	1级(高)	2级(较高)	3级(中)	4级(较低)	5级(低)
			>40.0	30.0~40.0	20.0~30.0	10.0~20.0	≤10.0	>2.50	1.50~2.50	1.00~1.50	0.50~1.00	≤0.50
莫力达瓦达斡尔族自治旗	面积 (hm^2)	497 522.12	476 240.00	11 928.41	9 353.70	—	—	347 302.38	137 233.03	12 696.54	290.17	—
	比例 (%)	100.00	95.72	2.40	1.88	—	—	69.81	27.58	2.55	0.06	—
阿尔拉镇	面积 (hm^2)	16 813.90	16 813.90	—	—	—	—	5 759.25	11 054.65	—	—	—
	比例 (%)	100.00	100.00	—	—	—	—	34.25	65.75	—	—	—
巴彦鄂温克民族乡	面积 (hm^2)	81 358.51	81 358.51	—	—	—	—	66 437.31	14 835.20	86.00	—	—
	比例 (%)	100.00	100.00	—	—	—	—	81.66	18.23	0.11	—	—
宝山镇	面积 (hm^2)	29 025.89	28 515.97	509.92	—	—	—	9 411.60	19 614.29	—	—	—
	比例 (%)	100.00	98.24	1.76	—	—	—	32.42	67.58	—	—	—
登特科镇	面积 (hm^2)	17 135.76	16 496.51	639.25	—	—	—	4 049.89	13 060.55	25.32	—	—
	比例 (%)	100.00	96.27	3.73	—	—	—	23.63	76.22	0.15	—	—
杜拉尔鄂温克民族乡	面积 (hm^2)	16 003.14	15 998.63	4.51	—	—	—	12 423.87	3 579.26	—	—	—
	比例 (%)	100.00	99.97	0.03	—	—	—	77.63	22.37	—	—	—
额尔和乡	面积 (hm^2)	30 923.48	29 925.39	998.09	—	—	—	7 593.52	22 401.49	928.47	—	—
	比例 (%)	100.00	96.77	3.23	—	—	—	24.56	72.44	3.00	—	—
哈达阳镇	面积 (hm^2)	17 584.09	17 584.09	—	—	—	—	16 749.58	834.51	—	—	—
	比例 (%)	100.00	100.00	—	—	—	—	95.25	4.75	—	—	—
汉古尔河镇	面积 (hm^2)	14 854.91	145.24	5 356.47	9 353.20	—	—	—	4 043.56	10 521.19	290.17	—
	比例 (%)	100.00	0.98	36.06	62.96	—	—	—	27.22	70.83	1.95	—
红彦镇	面积 (hm^2)	44 859.11	44 857.45	1.66	—	—	—	40 651.92	4 207.19	—	—	—
	比例 (%)	100.00	100.00	—	—	—	—	90.62	9.38	—	—	—
库如奇乡	面积 (hm^2)	12 317.75	12 317.75	—	—	—	—	11 171.21	1 146.54	—	—	—
	比例 (%)	100.00	100.00	—	—	—	—	90.69	9.31	—	—	—
奎勒河镇	面积 (hm^2)	26 594.75	26 594.75	—	—	—	—	21 830.58	4 759.26	4.91	—	—
	比例 (%)	100.00	100.00	0.00	—	—	—	82.09	17.90	0.02	—	—
尼尔基镇	面积 (hm^2)	23 291.26	19 723.52	3 567.23	0.50	—	—	3 118.71	19 041.88	1 130.67	—	—
	比例 (%)	100.00	84.68	15.32	0.00	—	—	13.39	81.76	4.85	—	—
塔温敖宝镇	面积 (hm^2)	65 164.21	65 164.21	—	—	—	—	55 809.95	9 354.26	—	—	—
	比例 (%)	100.00	100.00	—	—	—	—	85.65	14.35	—	—	—
腾克镇	面积 (hm^2)	59 155.14	59 155.14	—	—	—	—	58 428.21	726.92	—	—	—
	比例 (%)	100.00	100.00	—	—	—	—	98.77	1.23	—	—	—
西瓦尔图镇	面积 (hm^2)	42 440.23	41 588.95	851.28	—	—	—	33 866.77	8 573.46	—	—	—
	比例 (%)	100.00	97.99	2.01	—	—	—	79.80	20.20	—	—	—

2017年度土壤养分分级面积统计表

有效磷（mg/kg）					速效钾（mg/kg）				
1级（高）	2级（较高）	3级（中）	4级（较低）	5级（低）	1级（高）	2级（较高）	3级（中）	4级（较低）	5级（低）
>40.0	30.0~40.0	20.0~30.0	10.0~20.0	≤10.0	>200	150~200	100~150	50~100	≤50
68 106.69	126 686.15	116 772.51	184 774.04	1 182.73	397 638.45	85 120.71	14 551.89	211.07	—
13.69	25.46	23.47	37.14	0.24	79.92	17.11	2.92	0.04	—
4 241.39	5 512.55	2 544.03	4 513.82	2.12	12 961.76	3 838.41	13.74	—	—
25.23	32.79	15.13	26.85	0.01	77.09	22.83	0.08	—	—
160.67	1 397.39	21 137.92	58 075.10	587.43	57 036.24	20 167.66	4 148.06	6.55	—
0.20	1.72	25.98	71.38	0.72	70.10	24.79	5.10	0.01	—
3 156.81	18 445.40	4 950.69	2 471.36	1.64	27 781.69	994.82	249.38	—	—
10.88	63.55	17.06	8.51	0.01	95.71	3.43	0.86	—	—
3 966.76	7 733.70	2 474.15	2 960.60	0.54	14 966.33	2 099.51	69.92	—	—
23.15	45.13	14.44	17.28	0.00	87.34	12.25	0.41	—	—
6 034.43	5 699.02	1 456.65	2 813.04	—	13 403.42	2 405.66	194.06	—	—
37.71	35.61	9.10	17.58	—	83.75	15.03	1.21	—	—
1 415.84	3 105.38	11 408.81	14 989.39	4.07	25 696.17	4 497.57	729.74	—	—
4.58	10.04	36.89	48.47	0.01	83.10	14.54	2.36	—	—
0.88	241.85	5 663.51	11 667.05	10.80	13 847.25	3 455.82	281.02	—	—
0.00	1.38	32.21	66.35	0.06	78.75	19.65	1.60	—	—
3.34	—	5 064.21	9 736.89	50.47	8 503.53	4 797.92	1 551.89	1.57	—
0.02	—	34.09	65.55	0.34	57.24	32.30	10.45	0.01	—
—	49.86	14 611.77	29 926.36	271.12	23 034.39	18 689.58	2 943.56	191.59	—
—	0.11	32.57	66.71	0.60	51.35	41.66	6.56	0.43	—
—	—	5 264.54	7 045.21	8.01	10 653.50	1 630.59	33.66	—	—
—	—	42.74	57.20	0.07	86.49	13.24	0.27	—	—
0.59	15.82	10 321.39	16 054.75	202.19	11 037.60	12 089.36	3 456.43	11.36	—
0.00	0.06	38.81	60.37	0.76	41.50	45.46	13.00	0.04	—
1 801.46	11 760.34	5 981.61	3 738.67	9.17	21 672.77	1 420.59	197.90	—	—
7.73	50.49	25.68	16.05	0.04	93.05	6.10	0.85	—	—
17 432.26	26 829.91	10 381.26	10 513.87	6.89	61 264.64	3 614.91	284.65	—	—
26.75	41.17	15.93	16.13	0.01	94.02	5.55	0.44	—	—
16 938.75	26 769.86	10 832.25	4 614.28	—	57 703.34	1 349.11	102.69	—	—
28.63	45.25	18.31	7.80	—	97.55	2.28	0.17	—	—
12 953.52	19 125.07	4 679.71	5 653.64	28.29	38 075.83	4 069.20	295.20	—	—
30.52	45.06	11.03	13.32	0.07	89.72	9.59	0.70	—	—

旗县	项目	合计	缓效钾（mg/kg）					有效硫（mg/kg）				
			1级（高）	2级（较高）	3级（中）	4级（较低）	5级（低）	1级（高）	2级（较高）	3级（中）	4级（较低）	5级（低）
			>1 000	800~1 000	500~800	200~500	≤200	>40.0	30.0~40.0	20.0~30.0	10.0~20.0	≤10.0
莫力达瓦达斡尔族自治旗	面积（hm^2）	497 522.12	95 936.11	248 175.56	138 803.85	14 606.60	—	147 725.65	130 767.24	188 147.45	30 881.79	—
	比例（%）	100.00	19.28	49.88	27.90	2.94	—	29.69	26.28	37.82	6.21	—
阿尔拉镇	面积（hm^2）	16 813.90	3 061.46	7 219.67	6 532.77	—	—	9 906.18	5 143.27	1 764.45	—	—
	比例（%）	100.00	18.21	42.94	38.85	—	—	58.92	30.59	10.49	—	—
巴彦鄂温克民族乡	面积（hm^2）	81 358.51	7 973.54	41 173.42	32 211.55	—	—	6 938.23	22 346.43	40 820.11	11 253.73	—
	比例（%）	100.00	9.80	50.61	39.59	—	—	8.53	27.47	50.17	13.83	—
宝山镇	面积（hm^2）	29 025.89	3 030.91	15 694.62	10 232.91	67.45	—	2 032.80	8 685.32	16 983.53	1 324.24	—
	比例（%）	100.00	10.44	54.07	35.25	0.23	—	7.00	29.92	58.51	4.56	—
登特科镇	面积（hm^2）	17 135.76	5 908.93	10 337.08	889.74	—	—	6 311.46	8 116.50	2 707.80	—	—
	比例（%）	100.00	34.48	60.32	5.19	—	—	36.83	47.37	15.80	—	—
杜拉尔鄂温克民族乡	面积（hm^2）	16 003.14	604.88	12 759.23	2 580.75	58.28	—	764.07	6 318.94	8 917.20	2.93	—
	比例（%）	100.00	3.78	79.73	16.13	0.36	—	4.77	39.49	55.72	0.02	—
额尔和乡	面积（hm^2）	30 923.48	14.20	13 555.70	17 353.57	—	—	182.11	4 280.69	19 951.02	6 509.66	—
	比例（%）	100.00	0.05	43.84	56.12	—	—	0.59	13.84	64.52	21.05	—
哈达阳镇	面积（hm^2）	17 584.09	—	11 978.77	5 605.32	—	—	7 965.71	6 136.87	3 333.22	148.29	—
	比例（%）	100.00	—	68.12	31.88	—	—	45.30	34.90	18.96	0.84	—
汉古尔河镇	面积（hm^2）	14 854.91	—	—	669.21	14 185.70	—	9 669.04	5 009.29	176.58	—	—
	比例（%）	100.00	—	—	4.50	95.50	—	65.09	33.72	1.19	—	—
红彦镇	面积（hm^2）	44 859.11	14 043.99	24 253.56	6 561.57	—	—	439.93	449.44	35 086.62	8 883.12	—
	比例（%）	100.00	31.31	54.07	14.63	—	—	0.98	1.00	78.22	19.80	—
库如奇乡	面积（hm^2）	12 317.75	2 834.14	7 841.48	1 642.14	—	—	21.92	611.82	11 645.92	38.10	—
	比例（%）	100.00	23.01	63.66	13.33	—	—	0.18	4.97	94.55	0.31	—
奎勒河镇	面积（hm^2）	26 594.75	12 643.18	13 945.76	5.81	—	—	1 082.69	8 028.34	14 800.38	2 683.34	—
	比例（%）	100.00	47.54	52.44	0.02	—	—	4.07	30.19	55.65	10.09	—
尼尔基镇	面积（hm^2）	23 291.26	9 713.09	9 905.41	3 626.08	46.67	—	22 597.57	658.67	35.02	—	—
	比例（%）	100.00	41.70	42.53	15.57	0.20	—	97.02	2.83	0.15	—	—
塔温敖宝镇	面积（hm^2）	65 164.21	5 762.10	37 440.05	21 850.22	111.83	—	8 502.51	27 924.63	28 698.70	38.37	—
	比例（%）	100.00	8.84	57.45	33.53	0.17	—	13.05	42.85	44.04	0.06	—
腾克镇	面积（hm^2）	59 155.14	24 749.29	22 236.50	12 032.68	136.67	—	44 369.45	13 942.43	843.26	—	—
	比例（%）	100.00	41.84	37.59	20.34	0.23	—	75.01	23.57	1.43	—	—
西瓦尔图镇	面积（hm^2）	42 440.23	5 596.40	19 834.32	17 009.52	—	—	26 941.98	13 114.60	2 383.65	—	—
	比例（%）	100.00	13.19	46.73	40.08	—	—	63.48	30.90	5.62	—	—

（续表）

有效硅（mg/kg）					有效铁（mg/kg）				
1级（高）	2级（较高）	3级（中）	4级（较低）	5级（低）	1级（高）	2级（较高）	3级（中）	4级（较低）	5级（低）
>250	200~250	100~200	50~100	≤50	>20.0	10.0~20.0	4.5~10.0	2.5~4.5	≤2.5
10 777.92	30 643.13	371 510.63	84 590.44	—	497 522.12	—	—	—	—
2.17	6.16	74.67	17.00	—	100.00	—	—	—	—
—	591.22	16 222.69	—	—	16 813.90	—	—	—	—
—	3.52	96.48	—	—	100.00	—	—	—	—
1 303.16	1 452.79	71 057.00	7 545.55	—	81 358.51	—	—	—	—
1.60	1.79	87.34	9.27	—	100.00	—	—	—	—
8 209.88	6 847.70	13 947.38	20.93	—	29 025.89	—	—	—	—
28.28	23.59	48.05	0.07	—	100.00	—	—	—	—
—	—	10 455.35	6 680.41	—	17 135.76	—	—	—	—
—	—	61.01	38.99	—	100.00	—	—	—	—
—	210.02	15 702.56	90.55	—	16 003.14	—	—	—	—
—	1.31	98.12	0.57	—	100.00	—	—	—	—
—	—	5 830.99	25 092.49	—	30 923.48	—	—	—	—
—	—	18.86	81.14	—	100.00	—	—	—	—
—		5 886.07	11 698.02	—	17 584.09	—	—	—	—
—	—	33.47	66.53	—	100.00	—	—	—	—
—	—	27.24	14 827.67	—	14 854.91	—	—	—	—
—	—	0.18	99.82	—	100.00	—	—	—	—
707.75	5 218.65	26 883.70	12 049.02	—	44 859.11	—	—	—	—
1.58	11.63	59.93	26.86	—	100.00	—	—	—	—
—	480.18	11 837.57	—	—	12 317.75	—	—	—	—
—	3.90	96.10	—	—	100.00	—	—	—	—
70.26	2 189.82	24 332.16	2.51	—	26 594.75	—	—	—	—
0.26	8.23	91.49	0.01	—	100.00	—	—	—	—
486.87	1 617.51	19 903.63	1 283.24	—	23 291.26	—	—	—	—
2.09	6.94	85.46	5.51	—	100.00	—	—	—	—
—	11 879.15	53 046.22	238.84	—	65 164.21	—	—	—	—
—	18.23	81.40	0.37	—	100.00	—	—	—	—
—	61.70	55 046.22	4 047.22	—	59 155.14	—	—	—	—
—	0.10	93.05	6.84	—	100.00	—	—	—	—
—	94.40	41 331.85	1 013.98	—	42 440.23	—	—	—	—
—	0.22	97.39	2.39	—	100.00	—	—	—	—

旗县	项目	合计	有效锰 (mg/kg)					有效铜 (mg/kg)				
			1级 (高)	2级 (较高)	3级 (中)	4级 (较低)	5级 (低)	1级 (高)	2级 (较高)	3级 (中)	4级 (较低)	5级 (低)
			>20.0	10.0~20.0	5.0~10.0	1.0~5.0	≤1.0	>2.00	1.00~2.00	0.50~1.00	0.20~0.50	≤0.20
莫力达瓦达斡尔族自治旗	面积 (hm^2)	497 522.12	166 056.64	315 708.35	15 757.14	—	—	9 326.53	316 608.50	170 848.71	738.39	—
	比例 (%)	100.00	33.38	63.46	3.17	—	—	1.87	63.64	34.34	0.15	—
阿尔拉镇	面积 (hm^2)	16 813.90	14 021.21	2 786.84	5.86	—	—	—	12 899.13	3 914.77	—	—
	比例 (%)	100.00	83.39	16.57	0.03	—	—	—	76.72	23.28	—	—
巴彦鄂温克民族乡	面积 (hm^2)	81 358.51	52 915.05	28 443.46	—	—	—	3 987.19	70 582.16	6 789.16	—	—
	比例 (%)	100.00	65.04	34.96	—	—	—	4.90	86.75	8.34	—	—
宝山镇	面积 (hm^2)	29 025.89	8 064.27	20 498.35	463.27	—	—	—	13 415.02	15 610.87	—	—
	比例 (%)	100.00	27.78	70.62	1.60	—	—	—	46.22	53.78	—	—
登特科镇	面积 (hm^2)	17 135.76	952.18	16 183.58	—	—	—	—	8 674.89	8 460.87	—	—
	比例 (%)	100.00	5.56	94.44	—	—	—	—	50.62	49.38	—	—
杜拉尔鄂温克民族乡	面积 (hm^2)	16 003.14	2 495.23	11 450.63	2 057.28	—	—	564.53	15 437.17	1.44	—	—
	比例 (%)	100.00	15.59	71.55	12.86	—	—	3.53	96.46	0.01	—	—
额尔和乡	面积 (hm^2)	30 923.48	25 826.43	5 097.05	—	—	—	—	28 957.39	1 966.09	—	—
	比例 (%)	100.00	83.52	16.48	—	—	—	—	93.64	6.36	—	—
哈达阳镇	面积 (hm^2)	17 584.09	9 532.17	8 051.92	—	—	—	—	9 277.72	8 306.37	—	—
	比例 (%)	100.00	54.21	45.79	—	—	—	—	52.76	47.24	—	—
汉古尔河镇	面积 (hm^2)	14 854.91	—	12 841.90	2 013.01	—	—	—	362.11	13 836.44	656.36	—
	比例 (%)	100.00	—	86.45	13.55	—	—	—	2.44	93.14	4.42	—
红彦镇	面积 (hm^2)	44 859.11	17 640.10	27 059.47	159.54	—	—	3 680.24	41 122.59	56.28	—	—
	比例 (%)	100.00	39.32	60.32	0.36	—	—	8.20	91.67	0.13	—	—
库如奇乡	面积 (hm^2)	12 317.75	289.98	3 134.56	8 893.22	—	—	396.25	11 882.32	39.19	—	—
	比例 (%)	100.00	2.35	25.45	72.20	—	—	3.22	96.46	0.32	—	—
奎勒河镇	面积 (hm^2)	26 594.75	7 851.86	18 742.89	—	—	—	—	1 286.41	25 308.33	—	—
	比例 (%)	100.00	29.52	70.48	—	—	—	—	4.84	95.16	—	—
尼尔基镇	面积 (hm^2)	23 291.26	165.62	23 081.40	44.24	—	—	—	111.39	23 097.84	82.03	—
	比例 (%)	100.00	0.71	99.10	0.19	—	—	—	0.48	99.17	0.35	—
塔温敖宝镇	面积 (hm^2)	65 164.21	12 596.62	51 118.08	1 449.51	—	—	571.17	62 111.31	2 481.73	—	—
	比例 (%)	100.00	19.33	78.45	2.22	—	—	0.88	95.32	3.81	—	—
腾克镇	面积 (hm^2)	59 155.14	1 976.57	57 017.75	160.81	—	—	127.15	26 096.19	32 931.80	—	—
	比例 (%)	100.00	3.34	96.39	0.27	—	—	0.21	44.11	55.67	—	—
西瓦尔图镇	面积 (hm^2)	42 440.23	11 729.34	30 200.49	510.40	—	—	—	14 392.71	28 047.52	—	—
	比例 (%)	100.00	27.64	71.16	1.20	—	—	—	33.91	66.09	—	—

（续表）

有效锌（mg/kg）					有效硼（mg/kg）				
1级 （高）	2级 （较高）	3级 （中）	4级 （较低）	5级 （低）	1级 （高）	2级 （较高）	3级 （中）	4级 （较低）	5级 （低）
>2.00	1.50~2.00	1.00~1.50	0.50~1.00	≤0.50	>1.00	0.80~1.00	0.50~0.80	0.20~0.50	≤0.20
10 031.26	49 912.64	238 508.06	188 905.17	10 164.98	35 908.93	51 283.95	219 913.97	185 646.90	4 768.37
2.02	10.03	47.94	37.97	2.04	7.22	10.31	44.20	37.31	0.96
—	—	999.17	15 814.73	—	—	—	3 260.87	13 553.03	—
—	—	5.94	94.06	—	—	—	19.39	80.61	—
3 756.64	12 132.31	50 466.41	15 003.14	—	5 865.20	4 395.26	43 879.67	26 895.96	322.43
4.62	14.91	62.03	18.44	—	7.21	5.40	53.93	33.06	0.40
—	—	6 121.03	20 171.63	2 733.24	—	587.06	21 653.31	6 785.52	—
—	—	21.09	69.50	9.42	—	2.02	74.60	23.38	—
—	—	448.05	10 309.92	6 377.79	989.39	2 636.52	12 459.90	1 049.94	—
—	—	2.61	60.17	37.22	5.77	15.39	72.71	6.13	—
604.01	1 900.20	11 817.34	1 681.59	—	—	22.37	2 796.22	13 157.21	27.34
3.77	11.87	73.84	10.51	—	—	0.14	17.47	82.22	0.17
2 908.58	2 096.53	8 914.88	16 950.67	52.82	2 297.96	2 631.02	12 650.52	13 343.98	—
9.41	6.78	28.83	54.81	0.17	7.43	8.51	40.91	43.15	—
	1 484.08	12 235.45	3 864.55	—	2 088.72	9 610.12	5 550.33	334.92	—
—	8.44	69.58	21.98	—	11.88	54.65	31.56	1.90	—
222.98	3 766.77	4 825.61	5 408.69	630.85	—	95.58	967.36	10 311.39	3 480.58
1.50	25.36	32.48	36.41	4.25	—	0.64	6.51	69.41	23.43
0.25	3 820.64	25 626.38	15 411.83	—	18 770.82	6 300.03	14 805.00	4 983.26	—
0.00	8.52	57.13	34.36	—	41.84	14.04	33.00	11.11	—
—	445.77	8 922.61	2 949.37	—	0.38	273.79	4 181.32	7 862.27	—
—	3.62	72.44	23.94	—	0.00	2.22	33.95	63.83	—
1 188.15	4 242.90	17 968.52	3 195.17	—	3 022.19	13 128.55	10 359.75	84.25	—
4.47	15.95	67.56	12.01	—	11.36	49.37	38.95	0.32	—
386.98	13 560.05	9 205.20	139.03	—	418.31	4 331.91	14 800.26	3 740.06	0.72
1.66	58.22	39.52	0.60	—	1.80	18.60	63.54	16.06	0.00
93.97	3 759.18	56 918.41	4 392.65	—	127.37	255.60	13 124.88	51 351.06	305.29
0.14	5.77	87.35	6.74	—	0.20	0.39	20.14	78.80	0.47
869.70	2 286.53	17 064.99	38 881.56	52.35	2 328.58	6 865.87	38 469.77	11 065.37	425.55
1.47	3.87	28.85	65.73	0.09	3.94	11.61	65.03	18.71	0.72
—	417.67	6 973.99	34 730.64	317.93	—	150.26	20 954.82	21 128.68	206.47
—	0.98	16.43	81.83	0.75	—	0.35	49.37	49.78	0.49

旗县	项目	合计	有效钼（mg/kg）					pH值							
			1级（高）	2级（较高）	3级（中）	4级（较低）	5级（低）	1级（高）	2级（较高）	3级（中）		4级（较低）		5级（低）	
			>0.20	0.15~0.20	0.10~0.15	0.05~0.10	≤0.05	6.0~7.5	5.5~6.0	7.5~8.0	5.0~5.5	8.0~8.5	4.5~5.0	>8.5	≤4.5
莫力达瓦达斡尔族自治旗	面积（hm^2）	497 522.12	250 806.72	143 235.90	81 416.23	22 063.28	—	183 086.37	265 154.43	—	48 425.09	—	—	—	856.23
	比例（%）	100.00	50.41	28.79	16.36	4.43	—	36.80	53.30	—	9.73	—	—	—	0.17
阿尔拉镇	面积（hm^2）	16 813.90	6 785.34	5 564.77	4 211.00	252.79	—	8 103.54	7 890.38	—	819.98	—	—	—	—
	比例（%）	100.00	40.36	33.10	25.04	1.50	—	48.20	46.93	—	4.88	—	—	—	—
巴彦鄂温克民族乡	面积（hm^2）	81 358.51	52 067.58	19 888.65	8 348.08	1 054.19	—	7 042.10	60 280.18	—	14 036.23	—	—	—	—
	比例（%）	100.00	64.00	24.45	10.26	1.30	—	8.66	74.09	—	17.25	—	—	—	—
宝山镇	面积（hm^2）	29 025.89	6 319.37	18 520.85	4 174.11	11.56	—	11 205.64	16 289.44	—	1 530.82	—	—	—	—
	比例（%）	100.00	21.77	63.81	14.38	0.04	—	38.61	56.12	—	5.27	—	—	—	—
登特科镇	面积（hm^2）	17 135.76	6 991.93	7 027.98	2 996.48	119.37	—	7 080.44	9 141.49	—	913.32	—	—	—	0.51
	比例（%）	100.00	40.80	41.01	17.49	0.70	—	41.32	53.35	—	5.33	—	—	—	0.00
杜拉尔鄂温克民族乡	面积（hm^2）	16 003.14	8 480.82	3 540.06	3 502.26	480.00	—	10 637.63	4 700.13	—	665.38	—	—	—	—
	比例（%）	100.00	52.99	22.12	21.88	3.00	—	66.47	29.37	—	4.16	—	—	—	—
额尔和乡	面积（hm^2）	30 923.48	13 347.79	7 781.53	7 506.35	2 287.81	—	6 049.63	15 833.54	—	8 699.33	—	—	—	340.98
	比例（%）	100.00	43.16	25.16	24.27	7.40	—	19.56	51.20	—	28.13	—	—	—	1.10
哈达阳镇	面积（hm^2）	17 584.09	11 356.02	5 086.12	1 031.91	110.04	—	1 805.44	12 642.08	—	3 136.58	—	—	—	—
	比例（%）	100.00	64.58	28.92	5.87	0.63	—	10.27	71.89	—	17.84	—	—	—	—
汉古尔河镇	面积（hm^2）	14 854.91	3 473.87	7 128.62	3 738.38	514.03	—	1 118.82	13 187.96	—	548.13	—	—	—	—
	比例（%）	100.00	23.39	47.99	25.17	3.46	—	7.53	88.78	—	3.69	—	—	—	—
红彦镇	面积（hm^2）	44 859.11	25 432.76	11 202.95	8 223.40	—	—	4 627.78	38 472.72	—	1 758.62	—	—	—	—
	比例（%）	100.00	56.69	24.97	18.33	—	—	10.32	85.76	—	3.92	—	—	—	—
库如奇乡	面积（hm^2）	12 317.75	7 476.31	2 618.68	1 593.32	629.45	—	1 615.52	10 552.28	—	149.96	—	—	—	—
	比例（%）	100.00	60.70	21.26	12.94	5.11	—	13.12	85.67	—	1.22	—	—	—	—
奎勒河镇	面积（hm^2）	26 594.75	10 066.97	13 023.35	3 369.77	134.66	—	3 040.50	22 939.63	—	614.62	—	—	—	—
	比例（%）	100.00	37.85	48.97	12.67	0.51	—	11.43	86.26	—	2.31	—	—	—	—
尼尔基镇	面积（hm^2）	23 291.26	18 279.43	4 063.95	947.88	—	—	15 518.91	7 649.56	—	122.78	—	—	—	—
	比例（%）	100.00	78.48	17.45	4.07	—	—	66.63	32.84	—	0.53	—	—	—	—
塔温敖宝镇	面积（hm^2）	65 164.21	48 530.59	10 415.00	5 102.87	1 115.75	—	39 871.65	17 247.91	—	7 825.60	—	—	—	219.05
	比例（%）	100.00	74.47	15.98	7.83	1.71	—	61.19	26.47	—	12.01	—	—	—	0.34
腾克镇	面积（hm^2）	59 155.14	7 394.55	14 502.40	22 084.88	15 173.30	—	41 843.32	10 764.63	—	6 251.49	—	—	—	295.69
	比例（%）	100.00	12.50	24.52	37.33	25.65	—	70.73	18.20	—	10.57	—	—	—	0.50
西瓦尔图镇	面积（hm^2）	42 440.23	24 803.40	12 870.97	4 585.54	180.32	—	23 525.46	17 562.50	—	1 352.27	—	—	—	—
	比例（%）	100.00	58.44	30.33	10.80	0.42	—	55.43	41.38	—	3.19	—	—	—	—

（续表）

耕层厚度（cm）					土壤容重（g/cm³）							
1级（高）	2级（较高）	3级（中）	4级（较低）	5级（低）	1级（高）	2级（较高）	3级（中）		4级（较低）		5级（低）	
>30.0	25.0~30.0	20.0~25.0	15.0~20.0	≤15.0	1.10~1.30	1.30~1.40	1.40~1.50	1.00~1.10	1.50~1.60	0.90~1.00	>1.60	≤0.90
69.83	2 783.38	—	494 668.91	—	483 185.89	11 815.38	—	2 383.10	137.75	—	—	—
0.01	0.56	—	99.43	—	97.12	2.37	—	0.48	0.03	—	—	—
—	—	—	16 813.90	—	16 664.03	149.87	—	—	—	—	—	—
—	—	—	100.00	—	99.11	0.89	—	—	—	—	—	—
—	—	—	81 358.51	—	80 252.94	540.54	—	565.03	—	—	—	—
—	—	—	100.00	—	98.64	0.66	—	0.69	—	—	—	—
69.83	2 484.70	—	26 471.36	—	28 664.95	216.09	—	144.85	—	—	—	—
0.24	8.56	—	91.20	—	98.76	0.74	—	0.50	—	—	—	—
—	—	—	17 135.76	—	16 969.32	36.57	—	129.87	—	—	—	—
—	—	—	100.00	—	99.03	0.21	—	0.76	—	—	—	—
—	160.43	—	15 842.70	—	15 393.41	609.72	—	—	—	—	—	—
—	1.00	—	99.00	—	96.19	3.81	—	—	—	—	—	—
—	—	—	30 923.48	—	28 634.69	1 793.84	—	494.95	—	—	—	—
—	—	—	100.00	—	92.60	5.80	—	1.60	—	—	—	—
	—	—	17 584.09	—	17 098.89	485.20	—	—	—	—	—	—
—	—	—	100.00	—	97.24	2.76	—	—	—	—	—	—
—	—	—	14 854.91	—	11 204.93	3 649.98	—	—	—	—	—	—
—	—	—	100.00	—	75.43	24.57	—	—	—	—	—	—
—	—	—	44 859.11	—	44 267.97	453.39	—	—	137.75	—	—	—
—	—	—	100.00	—	98.68	1.01	—	—	0.31	—	—	—
—	—	—	12 317.75	—	12 298.02	19.74	—	—	—	—	—	—
—	—	—	100.00	—	99.84	0.16	—	—	—	—	—	—
—	—	—	26 594.75	—	25 894.22	518.71	—	181.82	—	—	—	—
—	—	—	100.00	—	97.37	1.95	—	0.68	—	—	—	—
—	138.24	—	23 153.01	—	21 295.07	1 996.18	—	—	—	—	—	—
—	0.59	—	99.41	—	91.43	8.57	—	—	—	—	—	—
—	—	—	65 164.21	—	63 835.18	740.38	—	588.65	—	—	—	—
—	—	—	100.00	—	97.96	1.14	—	0.90	—	—	—	—
—	—	—	59 155.14	—	58 555.60	321.59	—	277.94	—	—	—	—
—	—	—	100.00	—	98.99	0.54	—	0.47	—	—	—	—
—	—	—	42 440.23	—	42 156.67	283.57	—	—	—	—	—	—
—	—	—	100.00	—	99.33	0.67	—	—	—	—	—	—

附表 5　牙克石市 2017 年度土壤

旗县	项目	合计	有机质 (g/kg)					全氮 (g/kg)				
			1级 (高)	2级 (较高)	3级 (中)	4级 (较低)	5级 (低)	1级 (高)	2级 (较高)	3级 (中)	4级 (较低)	5级 (低)
			>40.0	30.0~40.0	20.0~30.0	10.0~20.0	≤10.0	>2.50	1.50~2.50	1.00~1.50	0.50~1.00	≤0.50
牙克石市	面积 (hm^2)	122 558.93	121 193.84	1 365.09	—	—	—	96 595.76	25 963.17	1 506.81	—	—
	比例 (%)	100.00	98.89	1.11	—	—	—	78.82	21.18	1.23	—	—
博克图镇	面积 (hm^2)	8 515.41	8 515.41	—	—	—	—	2 645.99	5 869.42	—	—	—
	比例 (%)	100.00	100.00	—	—	—	—	31.07	68.93	—	—	—
绰河源镇	面积 (hm^2)	1 299.21	1 299.21	—	—	—	—	1 299.21	—	—	—	—
	比例 (%)	100.00	100.00	—	—	—	—	100.00	—	—	—	—
库都尔镇	面积 (hm^2)	5 018.39	5 018.39	—	—	—	—	4 907.41	110.97	—	—	—
	比例 (%)	100.00	100.00	—	—	—	—	97.79	2.21	—	—	—
免渡河镇	面积 (hm^2)	26 335.19	26 335.19	—	—	—	—	22 941.31	3 393.88	—	—	—
	比例 (%)	100.00	100.00	—	—	—	—	87.11	12.89	—	—	—
牧原镇	面积 (hm^2)	58 359.99	57 008.10	1 351.89	—	—	—	43 297.64	15 062.35	—	—	—
	比例 (%)	100.00	97.68	2.32	—	—	—	74.19	25.81	—	—	—
塔尔气镇	面积 (hm^2)	150.47	150.47	—	—	—	—	150.47	—	—	—	—
	比例 (%)	100.00	100.00	—	—	—	—	100.00	—	—	—	—
图里河镇	面积 (hm^2)	7 718.91	7 718.91	—	—	—	—	7 718.91	—	—	—	—
	比例 (%)	100.00	100.00	—	—	—	—	100.00	—	—	—	—
乌尔旗汉镇	面积 (hm^2)	10 336.47	10 323.27	13.20	—	—	—	8 957.30	1 379.17	—	—	—
	比例 (%)	100.00	99.87	0.13	—	—	—	86.66	13.34	—	—	—
乌奴耳镇	面积 (hm^2)	4 501.48	4 501.48	—	—	—	—	4 354.10	147.38	—	—	—
	比例 (%)	100.00	100.00	—	—	—	—	96.73	3.27	—	—	—
伊图里河镇	面积 (hm^2)	323.42	323.42	—	—	—	—	323.42	—	—	—	—
	比例 (%)	100.00	100.00	—	—	—	—	100.00	—	—	—	—

旗县	项目	合计	有效磷 (mg/kg)					速效钾 (mg/kg)				
			1级 (高)	2级 (较高)	3级 (中)	4级 (较低)	5级 (低)	1级 (高)	2级 (较高)	3级 (中)	4级 (较低)	5级 (低)
			>40.0	30.0~40.0	20.0~30.0	10.0~20.0	≤10.0	>200	150~200	100~150	50~100	≤50
牙克石市	面积 (hm^2)	122 558.93	46.71	39.20	7 308.84	113 143.13	2 021.05	42 946.43	72 304.67	7 307.82	—	—
	比例 (%)	100.00	0.04	0.03	5.96	92.32	1.65	35.04	59.00	5.96	—	—
博克图镇	面积 (hm^2)	8 515.41	2.40	2.92	712.92	7 669.36	127.81	4 025.49	4 359.63	130.28	—	—
	比例 (%)	100.00	0.03	0.03	8.37	90.06	1.50	47.27	51.20	1.53	—	—
绰河源镇	面积 (hm^2)	1 299.21	—	—	49.87	1 199.11	50.23	813.27	395.45	90.49	—	—
	比例 (%)	100.00	—	—	3.84	92.30	3.87	62.60	30.44	6.96	—	—
库都尔镇	面积 (hm^2)	5 018.39	—	—	1 118.96	3 838.36	61.06	2 671.22	2 153.26	193.91	—	—
	比例 (%)	100.00	—	—	22.30	76.49	1.22	53.23	42.91	3.86	—	—
免渡河镇	面积 (hm^2)	26 335.19	44.32	1.75	536.42	24 700.09	1 052.61	13 947.48	11 581.93	805.78	—	—
	比例 (%)	100.00	0.17	0.01	2.04	93.79	4.00	52.96	43.98	3.06	—	—
牧原镇	面积 (hm^2)	58 359.99	—	34.52	1 552.55	56 235.48	537.44	8 955.04	43 720.92	5 684.04	—	—
	比例 (%)	100.00	—	0.06	2.66	96.36	0.92	15.34	74.92	9.74	—	—
塔尔气镇	面积 (hm^2)	150.47	—	—	8.40	142.06	—	3.70	146.44	0.33	—	—
	比例 (%)	100.00	—	—	5.58	94.42	—	2.46	97.32	0.22	—	—
图里河镇	面积 (hm^2)	7 718.91	—	0.00	1 799.83	5 880.69	38.39	5 770.08	1 937.96	10.87	—	—
	比例 (%)	100.00	—	0.00	23.32	76.19	0.50	74.75	25.11	0.14	—	—
乌尔旗汉镇	面积 (hm^2)	10 336.47	—	0.00	1 522.43	8 667.51	146.52	5 655.51	4 415.76	265.19	—	—
	比例 (%)	100.00	—	0.00	14.73	83.85	1.42	54.71	42.72	2.57	—	—
乌奴耳镇	面积 (hm^2)	4 501.48	—	0.01	2.34	4 492.15	6.99	979.29	3 395.25	126.94	—	—
	比例 (%)	100.00	—	0.00	0.05	99.79	0.16	21.75	75.43	2.82	—	—
伊图里河镇	面积 (hm^2)	323.42	—	—	5.12	318.30	—	125.34	198.07	—	—	—
	比例 (%)	100.00	—	—	1.58	98.42	—	38.76	61.24	—	—	—

养分分级面积统计表

缓效钾（mg/kg）					有效硫（mg/kg）				
1级（高）	2级（较高）	3级（中）	4级（较低）	5级（低）	1级（高）	2级（较高）	3级（中）	4级（较低）	5级（低）
>1 000	800~1 000	500~800	200~500	≤200	>40.0	30.0~40.0	20.0~30.0	10.0~20.0	≤10.0
3 085.36	16 752.02	102 640.48	81.08	—	—	4 917.69	57 206.72	60 434.52	—
2.52	13.67	83.75	0.07	—	—	4.01	46.68	49.31	—
—	366.80	8 116.96	31.64	—	—	—	1 916.63	6 598.78	—
—	4.31	95.32	0.37	—	—	—	22.51	77.49	—
—	—	1 299.21	—	—	—	—	—	1 299.21	—
—	—	100.00	—	—	—	—	—	100.00	—
—	1 569.61	3 448.77	—	—	—	648.76	3 939.60	430.02	—
—	31.28	68.72	—	—	—	12.93	78.50	8.57	—
—	7 319.45	19 015.74	—	—	—	31.79	8 022.76	18 280.64	—
—	27.79	72.21	—	—	—	0.12	30.46	69.42	—
—	5 692.48	52 667.52	—	—	—	352.77	35 600.41	22 406.81	—
—	9.75	90.25	—	—	—	0.60	61.00	38.39	—
—	—	150.47	—	—	—	—	13.28	137.19	—
—	—	100.00	—	—	—	—	8.82	91.18	—
3 085.36	1 803.68	2 820.70	9.17	—	—	3 884.37	3 820.52	14.02	—
39.97	23.37	36.54	0.12	—	—	50.32	49.50	0.18	—
—	—	10 296.21	40.26	—	—	—	3 688.11	6 648.36	—
—	—	99.61	0.39	—	—	—	35.68	64.32	—
—	—	4 501.48	—	—	—	—	—	4 501.48	—
—	—	100.00	—	—	—	—	—	100.00	—
—	—	323.42	—	—	—	—	205.42	118.00	—
—	—	100.00	—	—	—	—	63.52	36.48	

有效硅（mg/kg）					有效铁（mg/kg）				
1级（高）	2级（较高）	3级（中）	4级（较低）	5级（低）	1级（高）	2级（较高）	3级（中）	4级（较低）	5级（低）
>250	200~250	100~200	50~100	≤50	>20.0	10.0~20.0	4.5~10.0	2.5~4.5	≤2.5
118 506.28	3 345.46	707.19	—	—	122 558.93	—	—	—	—
96.69	2.73	0.58	—	—	100.00	—	—	—	—
6 776.59	1 031.62	707.19	—	—	8 515.41	—	—	—	—
79.58	12.11	8.30	—	—	100.00	—	—	—	—
1 299.21	—	—	—	—	1 299.21	—	—	—	—
100.00	—	—	—	—	100.00	—	—	—	—
5 018.39	—	—	—	—	5 018.39	—	—	—	—
100.00	—	—	—	—	100.00	—	—	—	—
26 335.19	—	—	—	—	26 335.19	—	—	—	—
100.00	—	—	—	—	100.00	—	—	—	—
58 359.99	—	—	—	—	58 359.99	—	—	—	—
100.00	—	—	—	—	100.00	—	—	—	—
150.47	—	—	—	—	150.47	—	—	—	—
100.00	—	—	—	—	100.00	—	—	—	—
5 425.88	2 293.03	—	—	—	7 718.91	—	—	—	—
70.29	29.71	—	—	—	100.00	—	—	—	—
10 336.47	—	—	—	—	10 336.47	—	—	—	—
100.00	—	—	—	—	100.00	—	—	—	—
4 501.48	—	—	—	—	4 501.48	—	—	—	—
100.00	—	—	—	—	100.00	—	—	—	—
302.61	20.81	—	—	—	323.42	—	—	—	—
93.57	6.43	—	—	—	100.00	—	—	—	—

旗县	项目	合计	有效锰（mg/kg）					有效铜（mg/kg）				
			1级（高）	2级（较高）	3级（中）	4级（较低）	5级（低）	1级（高）	2级（较高）	3级（中）	4级（较低）	5级（低）
			>20.0	10.0~20.0	5.0~10.0	1.0~5.0	≤1.0	>2.00	1.00~2.00	0.50~1.00	0.20~0.50	≤0.20
牙克石市	面积（hm^2）	122 558.93	108 969.85	13 589.08	—	—	—	10 139.14	110 915.56	1 504.23	—	—
	比例（%）	100.00	88.91	11.09	—	—	—	8.27	90.50	1.23	—	—
博克图镇	面积（hm^2）	8 515.41	7 042.23	1 473.18	—	—	—	844.00	7 671.41	—	—	—
	比例（%）	100.00	82.70	17.30	—	—	—	9.91	90.09	—	—	—
绰河源镇	面积（hm^2）	1 299.21	1 299.21	—	—	—	—	—	1 299.21	—	—	—
	比例（%）	100.00	100.00	—	—	—	—	—	100.00	—	—	—
库都尔镇	面积（hm^2）	5 018.39	5 018.39	—	—	—	—	190.59	4 827.80	—	—	—
	比例（%）	100.00	100.00	—	—	—	—	3.80	96.20	—	—	—
免渡河镇	面积（hm^2）	26 335.19	24 313.27	2 021.92	—	—	—	—	25 208.88	1 126.31	—	—
	比例（%）	100.00	92.32	7.68	—	—	—	—	95.72	4.28	—	—
牧原镇	面积（hm^2）	58 359.99	50 757.46	7 602.53	—	—	—	763.97	57 218.10	377.92	—	—
	比例（%）	100.00	86.97	13.03	—	—	—	1.31	98.04	0.65	—	—
塔尔气镇	面积（hm^2）	150.47	150.47	—	—	—	—	—	150.47	—	—	—
	比例（%）	100.00	100.00	—	—	—	—	—	100.00	—	—	—
图里河镇	面积（hm^2）	7 718.91	7 718.91	—	—	—	—	6 870.39	848.52	—	—	—
	比例（%）	100.00	100.00	—	—	—	—	89.01	10.99	—	—	—
乌尔旗汉镇	面积（hm^2）	10 336.47	7 845.03	2 491.44	—	—	—	1 444.97	8 891.50	—	—	—
	比例（%）	100.00	75.90	24.10	—	—	—	13.98	86.02	—	—	—
乌奴耳镇	面积（hm^2）	4 501.48	4 501.48	—	—	—	—	—	4 501.48	—	—	—
	比例（%）	100.00	100.00	—	—	—	—	—	100.00	—	—	—
伊图里河镇	面积（hm^2）	323.42	323.42	—	—	—	—	25.22	298.20	—	—	—
	比例（%）	100.00	100.00	—	—	—	—	7.80	92.20	—	—	—

旗县	项目	合计	有效锌（mg/kg）					有效硼（mg/kg）				
			1级（高）	2级（较高）	3级（中）	4级（较低）	5级（低）	1级（高）	2级（较高）	3级（中）	4级（较低）	5级（低）
			>2.00	1.50~2.00	1.00~1.50	0.50~1.00	≤0.50	>1.00	0.80~1.00	0.50~0.80	0.20~0.50	≤0.20
牙克石市	面积（hm^2）	122 558.93	5 711.06	8 698.53	84 011.60	24 137.74	—	112 471.67	7 146.65	2 305.63	548.68	86.31
	比例（%）	100.00	4.66	7.10	68.55	19.69	—	91.77	5.83	1.88	0.45	0.07
博克图镇	面积（hm^2）	8 515.41	1 721.89	1 775.60	4 805.82	212.10	—	1 963.23	3 646.44	2 270.75	548.68	86.31
	比例（%）	100.00	20.22	20.85	56.44	2.49	—	23.05	42.82	26.67	6.44	1.01
绰河源镇	面积（hm^2）	1 299.21	—	888.33	410.88	—	—	1 299.21	—	—	—	—
	比例（%）	100.00	—	68.37	31.63	—	—	100.00	—	—	—	—
库都尔镇	面积（hm^2）	5 018.39	—	—	5 018.39	—	—	5 018.39	—	—	—	—
	比例（%）	100.00	—	—	100.00	—	—	100.00	—	—	—	—
免渡河镇	面积（hm^2）	26 335.19	—	1 132.07	22 656.67	2 546.45	—	25 989.21	345.98	—	—	—
	比例（%）	100.00	—	4.30	86.03	9.67	—	98.69	1.31	—	—	—
牧原镇	面积（hm^2）	58 359.99	—	2 510.26	38 285.03	17 564.71	—	55 682.39	2 677.60	—	—	—
	比例（%）	100.00	—	4.30	65.60	30.10	—	95.41	4.59	—	—	—
塔尔气镇	面积（hm^2）	150.47	23.75	126.72	—	—	—	150.47	—	—	—	—
	比例（%）	100.00	15.78	84.22	—	—	—	100.00	—	—	—	—
图里河镇	面积（hm^2）	7 718.91	3 674.23	987.99	3 056.70	—	—	7 392.84	326.07	—	—	—
	比例（%）	100.00	47.60	12.80	39.60	—	—	95.78	4.22	—	—	—
乌尔旗汉镇	面积（hm^2）	10 336.47	—	54.37	6 467.61	3 814.49	—	10 185.31	137.09	14.07	—	—
	比例（%）	100.00	—	0.53	62.57	36.90	—	98.54	1.33	0.14	—	—
乌奴耳镇	面积（hm^2）	4 501.48	—	1 213.74	3 287.74	—	—	4 501.48	—	—	—	—
	比例（%）	100.00	—	26.96	73.04	—	—	100.00	—	—	—	—
伊图里河镇	面积（hm^2）	323.42	291.18	9.47	22.77	—	—	289.16	13.46	20.81	—	—
	比例（%）	100.00	90.03	2.93	7.04	—	—	89.41	4.16	6.43	—	—

（续表）

有效钼 (mg/kg)					pH值							
1级 (高)	2级 (较高)	3级 (中)	4级 (较低)	5级 (低)	1级 (高)	2级 (较高)	3级 (中)		4级 (较低)		5级 (低)	
>0.20	0.15~0.20	0.10~0.15	0.05~0.10	≤0.05	6.0~7.5	5.5~6.0	7.5~8.0	5.0~5.5	8.0~8.5	4.5~5.0	>8.5	≤4.5
—	236.38	14 784.56	106 623.72	914.26	74 685.29	32 986.62	—	14 887.02	—	—	—	—
—	0.19	12.06	87.00	0.75	60.94	26.91	—	12.15	—	—	—	—
—	—	1 590.13	6 907.86	17.42	5 296.24	2 448.46	—	770.71	—	—	—	—
—	—	18.67	81.12	0.20	62.20	28.75	—	9.05	—	—	—	—
—	—	—	1 299.21	—	686.20	442.18	—	170.82	—	—	—	—
—	—	—	100.00	—	52.82	34.03	—	13.15	—	—	—	—
—	—	—	4 711.93	306.46	2 642.87	1 319.55	—	1 055.96	—	—	—	—
—	—	—	93.89	6.11	52.66	26.29	—	21.04	—	—	—	—
—	—	834.18	25 498.22	2.78	18 187.45	5 415.47	—	2 732.28	—	—	—	—
—	—	3.17	96.82	0.01	69.06	20.56	—	10.37	—	—	—	—
—	—	5 824.05	51 948.35	587.60	33 730.38	16 303.56	—	8 326.06	—	—	—	—
—	—	9.98	89.01	1.01	57.80	27.94	—	14.27	—	—	—	—
—	—	—	150.47	—	27.84	118.12	—	4.50	—	—	—	—
—	—	—	100.00	—	18.50	78.50	—	2.99	—	—	—	—
—	236.38	6 295.42	1 187.10	—	4 802.11	2 219.71	—	697.10	—	—	—	—
—	3.06	81.56	15.38	—	62.21	28.76	—	9.03	—	—	—	—
—	—	155.86	10 180.60	—	5 940.21	3 597.44	—	798.81	—	—	—	—
—	—	1.51	98.49	—	57.47	34.80	—	7.73	—	—	—	—
—	—	—	4 501.48	—	3 249.71	931.65	—	320.12	—	—	—	—
—	—	—	100.00	—	72.19	20.70	—	7.11	—	—	—	—
—	—	84.92	238.50	—	122.26	190.49	—	10.67	—	—	—	—
		26.26	73.74		37.80	58.90	—	3.30	—	—	—	—

耕层厚度 (cm)					土壤容重 (g/cm^3)							
1级 (高)	2级 (较高)	3级 (中)	4级 (较低)	5级 (低)	1级 (高)	2级 (较高)	3级 (中)		4级 (较低)		5级 (低)	
>30.0	25.0~30.0	20.0~25.0	15.0~20.0	≤15.0	1.10~1.30	1.30~1.40	1.40~1.50	1.00~1.10	1.50~1.60	0.90~1.00	>1.60	≤0.90
—	121 703.37	—	855.56	—	118 686.04	1 280.25	—	2 592.63	—	—	—	—
—	99.30	—	0.70	—	96.84	1.04	—	2.12	—	—	—	—
—	7 659.85	—	855.56	—	8 094.25	421.16	—	—	—	—	—	—
—	89.95	—	10.05	—	95.05	4.95	—	—	—	—	—	—
—	1 299.21	—	—	—	1 299.21	—	—	—	—	—	—	—
—	100.00	—	—	—	100.00	—	—	—	—	—	—	—
—	5 018.39	—	—	—	4 026.40	—	—	991.98	—	—	—	—
—	100.00	—	—	—	80.23	—	—	19.77	—	—	—	—
—	26 335.19	—	—	—	26 300.94	—	—	34.25	—	—	—	—
—	100.00	—	—	—	99.87	—	—	0.13	—	—	—	—
—	58 359.99	—	—	—	57 531.68	828.31	—	—	—	—	—	—
—	100.00	—	—	—	98.58	1.42	—	—	—	—	—	—
—	150.47	—	—	—	150.47	—	—	—	—	—	—	—
—	100.00	—	—	—	100.00	—	—	—	—	—	—	—
—	7 718.91	—	—	—	6 672.24	28.33	—	1 018.34	—	—	—	—
—	100.00	—	—	—	86.44	0.37	—	13.19	—	—	—	—
—	10 336.47	—	—	—	10 336.47	—	—	—	—	—	—	—
—	100.00	—	—	—	100.00	—	—	—	—	—	—	—
—	4 501.48	—	—	—	3 953.42	—	—	548.06	—	—	—	—
—	100.00	—	—	—	87.82	—	—	12.18	—	—	—	—
—	323.42	—	—	—	320.97	2.45	—	—	—	—	—	—
—	100.00	—	—	—	99.24	0.76	—	—	—	—	—	—

附表 6　扎兰屯市 2017 年度土壤

旗县	项目	合计	有机质 (g/kg)					全氮 (g/kg)				
			1级(高)	2级(较高)	3级(中)	4级(较低)	5级(低)	1级(高)	2级(较高)	3级(中)	4级(较低)	5级(低)
			>40.0	30.0~40.0	20.0~30.0	10.0~20.0	≤10.0	>2.50	1.50~2.50	1.00~1.50	0.50~1.00	≤0.50
扎兰屯市	面积 (hm^2)	238 519.96	180 932.04	55 227.01	2 250.85	110.07	—	48 782.26	188 230.89	—	—	—
	比例 (%)	100.00	75.86	23.15	0.94	0.05	—	20.45	78.92	—	—	—
柴河镇	面积 (hm^2)	10 752.29	10 752.29	—	—	—	—	421.94	10 330.36	—	—	—
	比例 (%)	100.00	100.00	—	—	—	—	3.92	96.08	—	—	—
成吉思汗镇	面积 (hm^2)	30 940.57	15 959.97	14 044.76	935.84	—	—	4 055.94	26 501.80	382.82	—	—
	比例 (%)	100.00	51.58	45.39	3.02	—	—	13.11	85.65	1.24	—	—
达斡尔民族乡	面积 (hm^2)	12 436.14	12 209.74	226.40	—	—	—	5 027.33	7 408.81	—	—	—
	比例 (%)	100.00	98.18	1.82	—	—	—	40.43	59.57	—	—	—
大河湾农场	面积 (hm^2)	8 666.06	8 390.54	275.53	—	—	—	3 879.07	4 786.99	—	—	—
	比例 (%)	100.00	96.82	3.18	—	—	—	44.76	55.24	—	—	—
大河湾镇	面积 (hm^2)	27 364.67	18 888.18	7 543.41	854.83	78.24	—	8 086.70	19 016.00	261.97	—	—
	比例 (%)	100.00	69.02	27.57	3.12	0.29	—	29.55	69.49	0.96	—	—
高台子街道	面积 (hm^2)	4 102.11	2 880.11	1 222.00	—	—	—	304.29	3 797.82	—	—	—
	比例 (%)	100.00	70.21	29.79	—	—	—	7.42	92.58	—	—	—
哈多河镇	面积 (hm^2)	9 189.09	9 094.78	94.31	—	—	—	2 827.22	6 341.88	19.99	—	—
	比例 (%)	100.00	98.97	1.03	—	—	—	30.77	69.02	0.22	—	—
浩饶山镇	面积 (hm^2)	6 861.91	6 429.58	326.62	105.71	—	—	603.49	6 258.42	—	—	—
	比例 (%)	100.00	93.70	4.76	1.54	—	—	8.79	91.21	—	—	—
河西街道	面积 (hm^2)	947.36	364.67	582.69	—	—	—	11.20	936.15	—	—	—
	比例 (%)	100.00	38.49	61.51	—	—	—	1.18	98.82	—	—	—
蘑菇气镇	面积 (hm^2)	25 282.29	13 715.63	11 359.33	207.33	—	—	1 133.65	23 722.79	425.85	—	—
	比例 (%)	100.00	54.25	44.93	0.82	—	—	4.48	93.83	1.68	—	—
南木鄂伦春民族乡	面积 (hm^2)	9 656.10	9 577.08	79.01	—	—	—	3 034.18	6 471.41	150.51	—	—
	比例 (%)	100.00	99.18	0.82	—	—	—	31.42	67.02	1.56	—	—
萨马街乡	面积 (hm^2)	14 544.42	13 310.58	1 233.83	—	—	—	840.07	13 704.34	—	—	—
	比例 (%)	100.00	91.52	8.48	—	—	—	5.78	94.22	—	—	—
铁东街道	面积 (hm^2)	1 099.51	1 099.51	—	—	—	—	—	1 099.51	—	—	—
	比例 (%)	100.00	100.00	—	—	—	—	—	100.00	—	—	—
洼堤乡	面积 (hm^2)	9 625.27	9 147.52	320.10	125.84	31.82	—	3 736.60	5 775.90	112.77	—	—
	比例 (%)	100.00	95.04	3.33	1.31	0.33	—	38.82	60.01	1.17	—	—
卧牛河镇	面积 (hm^2)	22 185.18	22 185.18	—	—	—	—	8 689.50	13 495.68	—	—	—
	比例 (%)	100.00	100.00	—	—	—	—	39.17	60.83	—	—	—
向阳街道	面积 (hm^2)	291.48	291.48	—	—	—	—	64.32	227.16	—	—	—
	比例 (%)	100.00	100.00	—	—	—	—	22.07	77.93	—	—	—
兴华街道	面积 (hm^2)	242.05	242.05	—	—	—	—	—	242.05	—	—	—
	比例 (%)	100.00	100.00	—	—	—	—	—	100.00	—	—	—
扎兰屯城区	面积 (hm^2)	7 951.95	3 322.31	4 617.15	12.50	—	—	272.56	7 679.39	—	—	—
	比例 (%)	100.00	41.78	58.06	0.16	—	—	3.43	96.57	—	—	—
扎兰屯马场	面积 (hm^2)	4 289.31	4 289.31	—	—	—	—	1 575.15	2 714.16	—	—	—
	比例 (%)	100.00	100.00	—	—	—	—	36.72	63.28	—	—	—
扎兰屯市林业局	面积 (hm^2)	885.72	885.72	—	—	—	—	564.32	321.40	—	—	—
	比例 (%)	100.00	100.00	—	—	—	—	63.71	36.29	—	—	—
中和镇	面积 (hm^2)	31 206.48	17 895.81	13 301.88	8.79	—	—	3 654.72	27 398.87	152.90	—	—
	比例 (%)	100.00	57.35	42.63	0.03	—	—	11.71	87.80	0.49	—	—

养分分级面积统计表

有效磷（mg/kg）					速效钾（mg/kg）				
1级（高）	2级（较高）	3级（中）	4级（较低）	5级（低）	1级（高）	2级（较高）	3级（中）	4级（较低）	5级（低）
>40.0	30.0~40.0	20.0~30.0	10.0~20.0	≤10.0	>200	150~200	100~150	50~100	≤50
79 570.09	67 301.38	42 903.95	45 096.32	3 648.22	228 995.94	8 664.15	849.26	10.60	—
33.36	28.22	17.99	18.91	1.53	96.01	3.63	0.36	0.00	—
7 737.88	1 816.34	568.28	507.35	122.43	8 591.35	2 055.90	104.94	0.10	—
71.96	16.89	5.29	4.72	1.14	79.90	19.12	0.98	0.00	—
17 407.75	9 781.83	3 206.75	544.24	—	29 886.57	958.02	95.98	—	—
56.26	31.61	10.36	1.76	—	96.59	3.10	0.31	—	—
4 576.37	3 518.56	2 512.95	1 797.34	30.92	11 809.84	562.67	63.63	—	—
36.80	28.29	20.21	14.45	0.25	94.96	4.52	0.51	—	—
1 301.84	521.69	335.90	5 699.17	807.46	8 587.82	78.24	173.19	—	—
15.02	6.02	3.88	65.76	9.32	99.10	0.90	2.00	—	—
10 389.20	8 584.55	7 703.77	687.15	—	26 228.47	952.51	—	10.50	—
37.97	31.37	28.15	2.51	—	95.85	3.48	—	0.04	—
1 797.06	1 385.60	702.93	173.95	42.58	3 986.33	100.22	15.57	—	—
43.81	33.78	17.14	4.24	1.04	97.18	2.44	0.38	—	—
3 390.33	2 274.06	1 866.99	1 656.67	1.04	8 724.20	407.76	57.13	—	—
36.90	24.75	20.32	18.03	0.01	94.94	4.44	0.62	—	—
821.42	471.58	305.25	4 799.09	464.57	6 650.31	208.26	3.34	—	—
11.97	6.87	4.45	69.94	6.77	96.92	3.04	0.05	—	—
294.15	246.89	213.70	192.61	—	947.36	—	—	—	—
31.05	26.06	22.56	20.33	—	100.00	—	—	—	—
6 457.78	5 496.52	5 674.69	7 282.04	371.25	23 999.55	1 099.29	183.45	—	—
25.54	21.74	22.45	28.80	1.47	94.93	4.35	0.73	—	—
2 868.57	3 490.98	2 854.83	441.72	—	9 402.38	252.76	0.95	—	—
29.71	36.15	29.57	4.57	—	97.37	2.62	0.01	—	—
1 498.80	884.65	548.08	10 756.86	856.02	14 400.01	144.08	0.33	—	—
10.31	6.08	3.77	73.96	5.89	99.01	0.99	0.00	—	—
572.70	332.72	107.64	86.45	—	1 039.67	59.84	—	—	—
52.09	30.26	9.79	7.86	—	94.56	5.44	—	—	—
1 585.08	2 917.62	2 702.48	2 420.10	—	9 251.34	335.08	38.86	—	—
16.47	30.31	28.08	25.14	—	96.12	3.48	0.40	—	—
3 723.60	9 743.70	6 534.86	2 066.17	116.85	21 233.26	906.19	45.73	—	—
16.78	43.92	29.46	9.31	0.53	95.71	4.08	0.21	—	—
109.54	88.76	80.66	12.52	—	290.94	0.53	—	—	—
37.58	30.45	27.67	4.29	—	99.82	0.18	—	—	—
127.60	77.33	32.62	4.50	—	242.05	—	—	—	—
52.72	31.95	13.48	1.86	—	100.00	—	—	—	—
945.24	951.09	707.23	4 521.98	826.42	7 816.30	135.66	—	—	—
11.89	11.96	8.89	56.87	10.39	98.29	1.71	—	—	—
802.49	1 882.84	741.52	854.35	8.10	4 021.76	218.96	48.60	—	—
18.71	43.90	17.29	19.92	0.19	93.76	5.10	1.13	—	—
134.42	350.28	250.43	150.01	0.59	851.51	26.90	7.31	—	—
15.18	39.55	28.27	16.94	0.07	96.14	3.04	0.83	—	—
13 028.25	12 483.79	5 252.38	442.07	—	31 034.94	161.28	10.27	—	—
41.75	40.00	16.83	1.42	—	99.45	0.52	0.03	—	—

旗县	项目	合计	缓效钾 (mg/kg)					有效硫 (mg/kg)				
			1级 (高)	2级 (较高)	3级 (中)	4级 (较低)	5级 (低)	1级 (高)	2级 (较高)	3级 (中)	4级 (较低)	5级 (低)
			>1 000	800~1000	500~800	200~500	≤200	>40.0	30.0~40.0	20.0~30.0	10.0~20.0	≤10.0
扎兰屯市	面积 (hm^2)	238 519.96	174.00	25 534.35	206 374.53	6 437.08	—	94 316.44	91 485.09	49 998.63	2 719.80	—
	比例 (%)	100.00	0.07	10.71	86.52	2.70	—	39.54	38.36	20.96	1.14	—
柴河镇	面积 (hm^2)	10 752.29	—	0.42	10 751.87	—	—	8 985.43	1 750.10	16.76	—	—
	比例 (%)	100.00	—	0.00	100.00	—	—	83.57	16.28	0.16	—	—
成吉思汗镇	面积 (hm^2)	30 940.57	—	3 315.90	21 955.30	5 669.37	—	18 653.01	11 617.20	670.36	—	—
	比例 (%)	100.00	—	10.72	70.96	18.32	—	60.29	37.55	2.17	—	—
达斡尔民族乡	面积 (hm^2)	12 436.14	—	3 761.59	8 674.55	—	—	2 436.76	4 426.61	3 891.61	1 681.16	—
	比例 (%)	100.00	—	30.25	69.75	—	—	19.59	35.59	31.29	13.52	—
大河湾农场	面积 (hm^2)	8 666.06	—	—	8 666.06	—	—	3 015.45	4 460.41	1 190.21	—	—
	比例 (%)	100.00	—	—	100.00	—	—	34.80	51.47	13.73	—	—
大河湾镇	面积 (hm^2)	27 364.67	—	307.12	27 057.55	—	—	6 772.74	10 919.91	9 404.89	267.13	—
	比例 (%)	100.00	—	1.12	98.88	—	—	24.75	39.91	34.37	0.98	—
高台子街道	面积 (hm^2)	4 102.11	—	265.39	3 836.73	—	—	3 504.29	597.82	—	—	—
	比例 (%)	100.00	—	6.47	93.53	—	—	85.43	14.57	—	—	—
哈多河镇	面积 (hm^2)	9 189.09	—	2 429.93	6 759.16	—	—	6 285.45	2 358.51	413.26	131.87	—
	比例 (%)	100.00	—	26.44	73.56	—	—	68.40	25.67	4.50	1.44	—
浩饶山镇	面积 (hm^2)	6 861.91	—	417.06	6 444.85	—	—	6 382.53	244.33	235.04	—	—
	比例 (%)	100.00	—	6.08	93.92	—	—	93.01	3.56	3.43	—	—
河西街道	面积 (hm^2)	947.36	—	—	947.36	—	—	387.09	560.26	—	—	—
	比例 (%)	100.00	—	—	100.00	—	—	40.86	59.14	—	—	—
蘑菇气镇	面积 (hm^2)	25 282.29	—	112.56	25 148.56	21.17	—	8 393.13	10 134.89	6 647.83	106.43	—
	比例 (%)	100.00	—	0.45	99.47	0.08	—	33.20	40.09	26.29	0.42	—
南木鄂伦春民族乡	面积 (hm^2)	9 656.10	—	1 454.72	8 125.67	75.71	—	158.42	4 235.96	5 057.49	204.22	—
	比例 (%)	100.00	—	15.07	84.15	0.78	—	1.64	43.87	52.38	2.11	—
萨马街乡	面积 (hm^2)	14 544.42	—	483.74	14 022.84	37.84	—	562.75	8 706.59	5 275.07	—	—
	比例 (%)	100.00	—	3.33	96.41	0.26	—	3.87	59.86	36.27	—	—
铁东街道	面积 (hm^2)	1 099.51	—	3.10	1 096.41	—	—	1 066.27	33.24	—	—	—
	比例 (%)	100.00	—	0.28	99.72	—	—	96.98	3.02	—	—	—
洼堤乡	面积 (hm^2)	9 625.27	28.22	3 181.37	6 415.68	—	—	2 614.47	5 085.89	1 914.57	10.35	—
	比例 (%)	100.00	0.29	33.05	66.65	—	—	27.16	52.84	19.89	0.11	—
卧牛河镇	面积 (hm^2)	22 185.18	—	1 398.72	20 390.44	396.03	—	3 246.56	9 048.84	9 629.27	260.51	—
	比例 (%)	100.00	—	6.30	91.91	1.79	—	14.63	40.79	43.40	1.17	—
向阳街道	面积 (hm^2)	291.48	—	30.62	260.85	—	—	291.48	—	—	—	—
	比例 (%)	100.00	—	10.51	89.49	—	—	100.00	—	—	—	—
兴华街道	面积 (hm^2)	242.05	—	9.72	232.33	—	—	242.05	—	—	—	—
	比例 (%)	100.00	—	4.01	95.99	—	—	100.00	—	—	—	—
扎兰屯城区	面积 (hm^2)	7 951.95	—	—	7 845.04	106.91	—	3 279.63	4 623.02	49.30	—	—
	比例 (%)	100.00	—	—	98.66	1.34	—	41.24	58.14	0.62	—	—
扎兰屯马场	面积 (hm^2)	4 289.31	—	—	4 289.31	—	—	387.87	2 077.75	1 823.69	—	—
	比例 (%)	100.00	—	—	100.00	—	—	9.04	48.44	42.52	—	—
扎兰屯市林业局	面积 (hm^2)	885.72	—	147.48	738.24	—	—	—	—	827.60	58.12	—
	比例 (%)	100.00	—	16.65	83.35	—	—	—	—	93.44	6.56	—
中和镇	面积 (hm^2)	31 206.48	145.78	8 214.91	22 715.73	130.06	—	17 651.05	10 603.75	2 951.68	—	—
	比例 (%)	100.00	0.47	26.32	72.79	0.42	—	56.56	33.98	9.46	—	—

（续表）

有效硅 (mg/kg)					有效铁 (mg/kg)				
1级 (高)	2级 (较高)	3级 (中)	4级 (较低)	5级 (低)	1级 (高)	2级 (较高)	3级 (中)	4级 (较低)	5级 (低)
>250	200~250	100~200	50~100	≤50	>20.0	10.0~20.0	4.5~10.0	2.5~4.5	≤2.5
8 744.08	31 006.59	184 764.31	14 004.99	—	238 519.96	—	—	—	—
3.67	13.00	77.46	5.87	—	100.00	—	—	—	—
20.94	406.56	10 324.79	—	—	10 752.29	—	—	—	—
0.19	3.78	96.02	—	—	100.00	—	—	—	—
11.20	15.17	25 174.85	5 739.35	—	30 940.57	—	—	—	—
0.04	0.05	81.37	18.55	—	100.00	—	—	—	—
5 304.75	2 262.14	4 869.25	—	—	12 436.14	—	—	—	—
42.66	18.19	39.15	—	—	100.00	—	—	—	—
176.72	4 902.74	3 586.60	—	—	8 666.06	—	—	—	—
2.04	56.57	41.39	—	—	100.00	—	—	—	—
1 777.76	13 611.83	11 975.08	—	—	27 364.67	—	—	—	—
6.50	49.74	43.76	—	—	100.00	—	—	—	—
568.06	302.34	3 123.62	108.10	—	4 102.11	—	—	—	—
13.85	7.37	76.15	2.64	—	100.00	—	—	—	—
—	642.73	8 339.27	207.08	—	9 189.09	—	—	—	—
—	6.99	90.75	2.25	—	100.00	—	—	—	—
—	251.83	6 610.08	—	—	6 861.91	—	—	—	—
—	3.67	96.33	—	—	100.00	—	—	—	—
—	—	858.73	88.62	—	947.36	—	—	—	—
—	—	90.65	9.35	—	100.00	—	—	—	—
61.77	1 870.49	23 105.54	244.50	—	25 282.29	—	—	—	—
0.24	7.40	91.39	0.97	—	100.00	—	—	—	—
15.13	630.56	8 756.06	254.35	—	9 656.10	—	—	—	—
0.16	6.53	90.68	2.63	—	100.00	—	—	—	—
—	1 074.33	13 470.08	—	—	14 544.42	—	—	—	—
—	7.39	92.61	—	—	100.00	—	—	—	—
—	—	1 051.04	48.47	—	1 099.51	—	—	—	—
—	—	95.59	4.41	—	100.00	—	—	—	—
—	146.37	9 413.11	65.79	—	9 625.27	—	—	—	—
—	1.52	97.80	0.68	—	100.00	—	—	—	—
368.74	107.33	15 815.57	5 893.55	—	22 185.18	—	—	—	—
1.66	0.48	71.29	26.57	—	100.00	—	—	—	—
—	—	291.48	—	—	291.48	—	—	—	—
—	—	100.00	—	—	100.00	—	—	—	—
—	—	223.12	18.93	—	242.05	—	—	—	—
—	—	92.18	7.82	—	100.00	—	—	—	—
1.43	1 993.89	5 719.03	237.61	—	7 951.95	—	—	—	—
0.02	25.07	71.92	2.99	—	100.00	—	—	—	—
—	—	3 238.87	1 050.44	—	4 289.31	—	—	—	—
—	—	75.51	24.49	—	100.00	—	—	—	—
148.00	122.79	614.92	—	—	885.72	—	—	—	—
16.71	13.86	69.43	—	—	100.00	—	—	—	—
289.59	2 665.48	28 203.22	48.19	—	31 206.48	—	—	—	—
0.93	8.54	90.38	0.15	—	100.00	—	—	—	—

旗县	项目	合计	有效锰（mg/kg）					有效铜（mg/kg）				
			1级（高）	2级（较高）	3级（中）	4级（较低）	5级（低）	1级（高）	2级（较高）	3级（中）	4级（较低）	5级（低）
			>20.0	10.0~20.0	5.0~10.0	1.0~5.0	≤1.0	>2.00	1.00~2.00	0.50~1.00	0.20~0.50	≤0.20
扎兰屯市	面积（hm^2）	238 519.96	238 457.74	62.22	—	—	—	44 216.77	193 274.71	1 028.48	—	—
	比例（%）	100.00	99.97	0.03	—	—	—	18.54	81.03	0.43	—	—
柴河镇	面积（hm^2）	10 752.29	10 752.29	—	—	—	—	10 613.82	138.47	—	—	—
	比例（%）	100.00	100.00	—	—	—	—	98.71	1.29	—	—	—
成吉思汗镇	面积（hm^2）	30 940.57	30 940.57	—	—	—	—	1 136.41	29 438.67	365.49	—	—
	比例（%）	100.00	100.00	—	—	—	—	3.67	95.15	1.18	—	—
达斡尔民族乡	面积（hm^2）	12 436.14	12 436.14	—	—	—	—	2 096.62	10 339.51	—	—	—
	比例（%）	100.00	100.00	—	—	—	—	16.86	83.14	—	—	—
大河湾农场	面积（hm^2）	8 666.06	8 666.06	—	—	—	—	1 242.95	7 423.12	—	—	—
	比例（%）	100.00	100.00	—	—	—	—	14.34	85.66	—	—	—
大河湾镇	面积（hm^2）	27 364.67	27 364.67	—	—	—	—	3 998.96	23 365.71	—	—	—
	比例（%）	100.00	100.00	—	—	—	—	14.61	85.39	—	—	—
高台子街道	面积（hm^2）	4 102.11	4 102.11	—	—	—	—	96.91	4 005.20	—	—	—
	比例（%）	100.00	100.00	—	—	—	—	2.36	97.64	—	—	—
哈多河镇	面积（hm^2）	9 189.09	9 189.09	—	—	—	—	1 725.05	7 464.04	—	—	—
	比例（%）	100.00	100.00	—	—	—	—	18.77	81.23	—	—	—
浩饶山镇	面积（hm^2）	6 861.91	6 861.91	—	—	—	—	5 428.56	1 433.35	—	—	—
	比例（%）	100.00	100.00	—	—	—	—	79.11	20.89	—	—	—
河西街道	面积（hm^2）	947.36	947.36	—	—	—	—	14.22	933.13	—	—	—
	比例（%）	100.00	100.00	—	—	—	—	1.50	98.50	—	—	—
蘑菇气镇	面积（hm^2）	25 282.29	25 282.29	—	—	—	—	542.23	24 740.06	—	—	—
	比例（%）	100.00	100.00	—	—	—	—	2.14	97.86	—	—	—
南木鄂伦春民族乡	面积（hm^2）	9 656.10	9 656.10	—	—	—	—	—	9 376.54	279.56	—	—
	比例（%）	100.00	100.00	—	—	—	—	0.00	97.10	2.90	—	—
萨马街乡	面积（hm^2）	14 544.42	14 544.42	—	—	—	—	261.76	14 282.65	—	—	—
	比例（%）	100.00	100.00	—	—	—	—	1.80	98.20	—	—	—
铁东街道	面积（hm^2）	1 099.51	1 099.51	—	—	—	—	547.07	552.44	—	—	—
	比例（%）	100.00	100.00	—	—	—	—	49.76	50.24	—	—	—
洼堤乡	面积（hm^2）	9 625.27	9 625.27	—	—	—	—	914.83	8 710.45	—	—	—
	比例（%）	100.00	100.00	—	—	—	—	9.50	90.50	—	—	—
卧牛河镇	面积（hm^2）	22 185.18	22 185.18	—	—	—	—	10 037.46	12 147.72	—	—	—
	比例（%）	100.00	100.00	—	—	—	—	45.24	54.76	—	—	—
向阳街道	面积（hm^2）	291.48	291.48	—	—	—	—	291.48	—	—	—	—
	比例（%）	100.00	100.00	—	—	—	—	100.00	0.00	—	—	—
兴华街道	面积（hm^2）	242.05	242.05	—	—	—	—	17.99	224.06	—	—	—
	比例（%）	100.00	100.00	—	—	—	—	7.43	92.57	—	—	—
扎兰屯城区	面积（hm^2）	7 951.95	7 951.95	—	—	—	—	305.06	7 646.89	—	—	—
	比例（%）	100.00	100.00	—	—	—	—	3.84	96.16	—	—	—
扎兰屯马场	面积（hm^2）	4 289.31	4 289.31	—	—	—	—	2 347.97	1 941.34	—	—	—
	比例（%）	100.00	100.00	—	—	—	—	54.74	45.26	—	—	—
扎兰屯市林业局	面积（hm^2）	885.72	885.72	—	—	—	—	—	885.72	—	—	—
	比例（%）	100.00	100.00	—	—	—	—	0.00	100.00	—	—	—
中和镇	面积（hm^2）	31 206.48	31 144.27	62.22	—	—	—	2 597.41	28 225.64	383.44	—	—
	比例（%）	100.00	99.80	0.20	—	—	—	8.32	90.45	1.23	—	—

（续表）

有效锌（mg/kg）					有效硼（mg/kg）				
1级 (高)	2级 (较高)	3级 (中)	4级 (较低)	5级 (低)	1级 (高)	2级 (较高)	3级 (中)	4级 (较低)	5级 (低)
>2.00	1.50~2.00	1.00~1.50	0.50~1.00	≤0.50	>1.00	0.80~1.00	0.50~0.80	0.20~0.50	≤0.20
61 717.35	94 772.80	81 178.79	851.02	—	3 754.02	14 949.81	139 972.12	79 844.01	—
25.88	39.73	34.03	0.36	—	1.57	6.27	58.68	33.47	—
9 298.27	1 454.03	—	—	—	1 025.73	7 741.52	1 985.04	—	—
86.48	13.52	—	—	—	9.54	72.00	18.46	—	—
6 586.31	16 073.83	8 280.43	—	—	—	—	14 687.17	16 253.40	—
21.29	51.95	26.76	—	—	—	—	47.47	52.53	—
983.20	3 133.58	7 894.99	424.37	—	—	—	4 767.06	7 669.08	—
7.91	25.20	63.48	3.41	—	—	—	38.33	61.67	—
—	325.73	8 162.82	177.51	—	—	—	8 276.64	389.42	—
—	3.76	94.19	2.05	—	—	—	95.51	4.49	—
767.22	3 330.86	23 266.59	—	—	—	—	22 103.32	5 261.35	—
2.80	12.17	85.02	—	—	—	—	80.77	19.23	—
2 708.45	1 354.94	38.73	—	—	—	290.68	3 777.65	33.78	—
66.03	33.03	0.94	—	—	—	7.09	92.09	0.82	—
4 325.05	2 612.73	2 249.66	1.65	—	891.19	1 441.62	5 269.04	1 587.23	—
47.07	28.43	24.48	0.02	—	9.70	15.69	57.34	17.27	—
4 815.58	1 543.39	502.94	—	—	—	2 461.40	4 400.51	—	—
70.18	22.49	7.33	—	—	—	35.87	64.13	—	—
947.36	—	—	—	—	—	—	176.29	771.06	—
100.00	—	—	—	—	—	—	18.61	81.39	—
1 912.98	14 395.88	8 969.83	3.60	—	—	—	5 966.34	19 315.95	—
7.57	56.94	35.48	0.01	—	—	—	23.60	76.40	—
7 630.26	1 997.64	28.20	—	—	—	12.52	8 369.68	1 273.90	—
79.02	20.69	0.29	—	—	—	0.13	86.68	13.19	—
1 786.96	11 362.98	1 394.47	—	—	—	380.90	10 815.19	3 348.32	—
12.29	78.13	9.59	—	—	—	2.62	74.36	23.02	—
1 047.01	52.50	—	—	—	—	—	868.31	231.19	—
95.23	4.77	—	—	—	—	—	78.97	21.03	—
2 756.88	5 258.39	1 610.01	—	—	763.74	673.83	4 550.30	3 637.41	—
28.64	54.63	16.73	—	—	7.93	7.00	47.27	37.79	—
8 455.11	11 031.84	2 698.23	—	—	209.04	1 277.83	20 467.34	230.97	—
38.11	49.73	12.16	—	—	0.94	5.76	92.26	1.04	—
291.48	—	—	—	—	—	30.62	260.85	—	—
100.00	—	—	—	—	—	10.51	89.49	—	—
211.16	30.89	—	—	—	—	—	158.43	83.62	—
87.24	12.76	—	—	—	—	—	65.45	34.55	—
353.47	2 828.51	4 769.97	—	—	—	—	6 607.62	1 344.34	—
4.45	35.57	59.98	—	—	—	—	83.09	16.91	—
1 175.05	2 846.33	267.94	—	—	—	159.93	4 129.38	—	—
27.39	66.36	6.25	—	—	—	3.73	96.27	—	—
—	738.24	147.48	—	—	—	—	738.24	147.48	—
—	83.35	16.65	—	—	—	—	83.35	16.65	—
5 665.56	14 400.53	10 896.51	243.88	—	864.32	478.96	11 597.71	18 265.49	—
18.16	46.15	34.92	0.78	—	2.77	1.53	37.16	58.53	—

旗县	项目	合计	有效钼 (mg/kg)					pH值							
			1级 (高)	2级 (较高)	3级 (中)	4级 (较低)	5级 (低)	1级 (高)	2级 (较高)	3级 (中)		4级 (较低)		5级 (低)	
			>0.20	0.15~0.20	0.10~0.15	0.05~0.10	≤0.05	6.0~7.5	5.5~6.0	7.5~8.0	5.0~5.5	8.0~8.5	4.5~5.0	>8.5	≤4.5
扎兰屯市	面积 (hm^2)	238 519.96	0.21	243.65	4 386.37	215 975.08	17 914.65	75 588.48	154 352.43	34.99	8 543.97	0.09	—	—	—
	比例 (%)	100.00	0.00	0.10	1.84	90.55	7.51	31.69	64.71	0.01	3.58	0.00	—	—	—
柴河镇	面积 (hm^2)	10 752.29	—	—	—	10 752.29	—	2 099.61	7 906.20	—	746.48	—	—	—	—
	比例 (%)	100.00	—	—	—	100.00	—	19.53	73.53	—	6.94	—	—	—	—
成吉思汗镇	面积 (hm^2)	30 940.57	—	—	1 135.11	29 805.46	—	6 345.76	21 648.44	1.51	2 944.77	0.09	—	—	—
	比例 (%)	100.00	—	—	3.67	96.33	—	20.51	69.97	0.00	9.52	0.00	—	—	—
达斡尔民族乡	面积 (hm^2)	12 436.14	—	—	1 102.12	11 143.82	190.21	4 595.95	7 516.31	—	323.88	—	—	—	—
	比例 (%)	100.00	—	—	8.86	89.61	1.53	36.96	60.44	—	2.60	—	—	—	—
大河湾农场	面积 (hm^2)	8 666.06	—	—	—	8 666.06	458.54	6 947.08	1 647.48	—	71.50	—	—	—	—
	比例 (%)	100.00	—	—	—	100.00	5.29	80.16	19.01	—	0.83	—	—	—	—
大河湾镇	面积 (hm^2)	27 364.67	—	—	—	26 906.13	—	3 224.49	22 948.19	—	1 191.99	—	—	—	—
	比例 (%)	100.00	—	—	—	98.32	—	11.78	83.86	—	4.36	—	—	—	—
高台子街道	面积 (hm^2)	4 102.11	—	—	928.26	3 138.87	34.99	1 146.56	2 745.10	—	210.45	—	—	—	—
	比例 (%)	100.00	—	—	22.63	76.52	0.85	27.95	66.92	—	5.13	—	—	—	—
哈多河镇	面积 (hm^2)	9 189.09	—	—	—	8 777.99	411.10	4 386.00	4 743.46	—	59.62	—	—	—	—
	比例 (%)	100.00	—	—	—	95.53	4.47	47.73	51.62	—	0.65	—	—	—	—
浩饶山镇	面积 (hm^2)	6 861.91	—	—	16.88	6 632.85	212.17	5 699.86	980.06	—	181.99	—	—	—	—
	比例 (%)	100.00	—	—	0.25	96.66	3.09	83.07	14.28	—	2.65	—	—	—	—
河西街道	面积 (hm^2)	947.36	—	—	—	388.60	558.76	394.56	545.23	—	7.56	—	—	—	—
	比例 (%)	100.00	—	—	—	41.02	58.98	41.65	57.55	—	0.80	—	—	—	—
蘑菇气镇	面积 (hm^2)	25 282.29	—	—	—	16 706.65	8 575.64	10 954.38	14 120.97	3.12	203.83	—	—	—	—
	比例 (%)	100.00	—	—	—	66.08	33.92	43.33	55.85	0.01	0.81	—	—	—	—
南木鄂伦春民族乡	面积 (hm^2)	9 656.10	0.21	239.38	500.79	8 861.82	53.89	1 406.55	7 917.25	—	332.30	—	—	—	—
	比例 (%)	100.00	0.00	2.48	5.19	91.77	0.56	14.57	81.99	—	3.44	—	—	—	—
萨马街乡	面积 (hm^2)	14 544.42	—	—	66.34	14 394.18	83.90	12 609.77	1 870.39	—	64.26	—	—	—	—
	比例 (%)	100.00	—	—	0.46	98.97	0.58	86.70	12.86	—	0.44	—	—	—	—
铁东街道	面积 (hm^2)	1 099.51	—	—	—	1 099.51	—	213.06	844.01	—	42.43	—	—	—	—
	比例 (%)	100.00	—	—	—	100.00	—	19.38	76.76	—	3.86	—	—	—	—
洼堤乡	面积 (hm^2)	9 625.27	—	—	—	6 041.09	3 584.19	3 180.21	6 421.79	3.73	19.54	—	—	—	—
	比例 (%)	100.00	—	—	—	62.76	37.24	33.04	66.72	0.04	0.20	—	—	—	—
卧牛河镇	面积 (hm^2)	22 185.18	—	4.27	387.28	21 701.48	92.15	2 949.35	19 082.79	26.64	126.40	—	—	—	—
	比例 (%)	100.00	—	0.02	1.75	97.82	0.42	13.29	86.02	0.12	0.57	—	—	—	—
向阳街道	面积 (hm^2)	291.48	—	—	—	291.48	—	81.29	210.19	—	—	—	—	—	—
	比例 (%)	100.00	—	—	—	100.00	—	27.89	72.11	—	—	—	—	—	—
兴华街道	面积 (hm^2)	242.05	—	—	—	242.05	—	18.28	213.01	—	10.76	—	—	—	—
	比例 (%)	100.00	—	—	—	100.00	—	7.55	88.00	—	4.44	—	—	—	—
扎兰屯城区	面积 (hm^2)	7 951.95	—	—	—	7 951.95	—	6 271.46	1 675.01	—	5.49	—	—	—	—
	比例 (%)	100.00	—	—	—	100.00	—	78.87	21.06	—	0.07	—	—	—	—
扎兰屯马场	面积 (hm^2)	4 289.31	—	—	—	4 289.31	—	875.98	3 413.33	—	—	—	—	—	—
	比例 (%)	100.00	—	—	—	100.00	—	20.42	79.58	—	—	—	—	—	—
扎兰屯市林业局	面积 (hm^2)	885.72	—	—	158.47	727.25	—	183.75	699.24	—	2.73	—	—	—	—
	比例 (%)	100.00	—	—	17.89	82.11	—	20.75	78.95	—	0.31	—	—	—	—
中和镇	面积 (hm^2)	31 206.48	—	—	91.12	27 456.22	3 659.13	2 004.52	27 203.97	—	1 997.99	—	—	—	—
	比例 (%)	100.00	—	—	0.29	87.98	11.73	6.42	87.17	—	6.40	—	—	—	—

（续表）

耕层厚度（cm）					土壤容重（g/cm^3）							
1级（高）	2级（较高）	3级（中）	4级（较低）	5级（低）	1级（高）	2级（较高）	3级（中）		4级（较低）		5级（低）	
>30.0	25.0~30.0	20.0~25.0	15.0~20.0	≤15.0	1.10~1.30	1.30~1.40	1.40~1.50	1.00~1.10	1.50~1.60	0.90~1.00	>1.60	≤0.90
—	2 518.69	11 395.50	224 605.78	—	190 181.82	44 283.07	4 055.07	—	—	—	—	—
—	1.06	4.78	94.17	—	79.73	18.57	1.70	—	—	—	—	—
—	200.14	—	10 552.15	—	6 664.62	35.60	4 052.07	—	—	—	—	—
—	1.86	—	98.14	—	61.98	0.33	37.69	—	—	—	—	—
—	—	—	30 940.57	—	23 612.56	7 328.01	—	—	—	—	—	—
—	—	—	100.00	—	76.32	23.68	—	—	—	—	—	—
—	1 419.87	—	11 016.27	—	9 613.52	2 822.62	—	—	—	—	—	—
—	11.42	—	88.58	—	77.30	22.70	—	—	—	—	—	—
—	—	—	8 666.06	—	8 233.87	432.19	—	—	—	—	—	—
—	—	—	100.00	—	95.01	4.99	—	—	—	—	—	—
—	10.69	—	27 353.97	—	23 857.02	3 507.65	—	—	—	—	—	—
—	0.04	—	99.96	—	87.18	12.82	—	—	—	—	—	—
—	—	—	4 102.11	—	3 007.65	1 094.46	—	—	—	—	—	—
—	—	—	100.00	—	73.32	26.68	—	—	—	—	—	—
—	—	—	9 189.09	—	8 265.69	923.40	—	—	—	—	—	—
—	—	—	100.00	—	89.95	10.05	—	—	—	—	—	—
—	—	—	6 861.91	—	6 858.91	—	3.00	—	—	—	—	—
—	—	—	100.00	—	99.96	—	0.04	—	—	—	—	—
—	—	—	947.36	—	844.43	102.92	—	—	—	—	—	—
—	—	—	100.00	—	89.14	10.86	—	—	—	—	—	—
—	—	50.33	25 231.96	—	18 140.03	7 142.26	—	—	—	—	—	—
—	—	0.20	99.80	—	71.75	28.25	—	—	—	—	—	—
—	26.88	712.44	8 916.77	—	7 975.99	1 680.10	—	—	—	—	—	—
—	0.28	7.38	92.34	—	82.60	17.40	—	—	—	—	—	—
—	—	6 495.76	8 048.65	—	13 635.07	909.35	—	—	—	—	—	—
—	—	44.66	55.34	—	93.75	6.25	—	—	—	—	—	—
—	—	—	1 099.51	—	763.41	336.10	—	—	—	—	—	—
—	—	—	100.00	—	69.43	30.57	—	—	—	—	—	—
—	—	—	9 625.27	—	8 118.46	1 506.81	—	—	—	—	—	—
—	—	—	100.00	—	84.35	15.65	—	—	—	—	—	—
—	351.22	2 576.00	19 257.97	—	15 977.52	6 207.66	—	—	—	—	—	—
—	1.58	11.61	86.81	—	72.02	27.98	—	—	—	—	—	—
—	—	—	291.48	—	291.48	—	—	—	—	—	—	—
—	—	—	100.00	—	100.00	—	—	—	—	—	—	—
—	—	—	242.05	—	206.01	36.04	—	—	—	—	—	—
—	—	—	100.00	—	85.11	14.89	—	—	—	—	—	—
—	—	—	7 951.95	—	5 661.86	2 290.09	—	—	—	—	—	—
—	—	—	100.00	—	71.20	28.80	—	—	—	—	—	—
—	—	380.26	3 909.05	—	3 747.70	541.61	—	—	—	—	—	—
—	—	8.87	91.13	—	87.37	12.63	—	—	—	—	—	—
—	509.89	—	375.83	—	820.69	65.03	—	—	—	—	—	—
—	57.57	—	42.43	—	92.66	7.34	—	—	—	—	—	—
—	—	1 180.71	30 025.78	—	23 885.33	7 321.16	—	—	—	—	—	—
—	—	3.78	96.22	—	76.54	23.46	—	—	—	—	—	—

附表 7　根河市 2017 年度土壤

旗县	项目	合计	有机质（g/kg）					全氮（g/kg）				
			1 级（高）	2 级（较高）	3 级（中）	4 级（较低）	5 级（低）	1 级（高）	2 级（较高）	3 级（中）	4 级（较低）	5 级（低）
			>40.0	30.0~40.0	20.0~30.0	10.0~20.0	≤10.0	>2.50	1.50~2.50	1.00~1.50	0.50~1.00	≤0.50
根河市	面积（hm^2）	2 200.48	2 200.48	—	—	—	—	2 200.48	—	—	—	—
	比例（%）	100.00	100.00	—	—	—	—	100.00	—	—	—	—
敖鲁古雅乡	面积（hm^2）	1 531.09	1 531.09	—	—	—	—	1 531.09	—	—	—	—
	比例（%）	100.00	100.00	—	—	—	—	100.00	—	—	—	—
得耳布尔镇	面积（hm^2）	266.56	266.56	—	—	—	—	266.56	—	—	—	—
	比例（%）	100.00	100.00	—	—	—	—	100.00	—	—	—	—
河东街道办事处	面积（hm^2）	398.31	398.31	—	—	—	—	398.31	—	—	—	—
	比例（%）	100.00	100.00	—	—	—	—	100.00	—	—	—	—
满归镇	面积（hm^2）	4.51	4.51	—	—	—	—	4.51	—	—	—	—
	比例（%）	100.00	100.00	—	—	—	—	100.00	—	—	—	—

旗县	项目	合计	有效磷（mg/kg）					速效钾（mg/kg）				
			1 级（高）	2 级（较高）	3 级（中）	4 级（较低）	5 级（低）	1 级（高）	2 级（较高）	3 级（中）	4 级（较低）	5 级（低）
			>40.0	30.0~40.0	20.0~30.0	10.0~20.0	≤10.0	>200	150~200	100~150	50~100	≤50
根河市	面积（hm^2）	2 200.48	—	1 201.98	937.04	61.47	—	1 818.59	381.88	—	—	—
	比例（%）	100.00	—	54.62	42.58	2.79	—	82.65	17.35	—	—	—
敖鲁古雅乡	面积（hm^2）	1 531.09	—	852.13	634.47	44.49	—	1 202.95	328.14	—	—	—
	比例（%）	100.00	—	55.65	41.44	2.91	—	78.57	21.43	—	—	—
得耳布尔镇	面积（hm^2）	266.56	—	95.69	163.01	7.85	—	239.47	27.09	—	—	—
	比例（%）	100.00	—	35.90	61.15	2.95	—	89.84	10.16	—	—	—
河东街道办事处	面积（hm^2）	398.31	—	254.15	135.04	9.12	—	371.65	26.66	—	—	—
	比例（%）	100.00	—	63.81	33.90	2.29	—	93.31	6.69	—	—	—
满归镇	面积（hm^2）	4.51	—	—	4.51	—	—	4.51	—	—	—	—
	比例（%）	100.00	—	—	100.00	—	—	100.00	—	—	—	—

旗县	项目	合计	缓效钾（mg/kg）					有效硫（mg/kg）				
			1 级（高）	2 级（较高）	3 级（中）	4 级（较低）	5 级（低）	1 级（高）	2 级（较高）	3 级（中）	4 级（较低）	5 级（低）
			>1 000	800~1 000	500~800	200~500	≤200	>40.0	30.0~40.0	20.0~30.0	10.0~20.0	≤10.0
根河市	面积（hm^2）	2 200.48	219.40	634.38	1 346.69	—	—	—	266.56	1 538.02	395.89	—
	比例（%）	100.00	9.97	28.83	61.20	—	—	—	12.11	69.89	17.99	—
敖鲁古雅乡	面积（hm^2）	1 531.09	—	575.81	955.28	—	—	—	—	1 260.93	270.16	—
	比例（%）	100.00	—	37.61	62.39	—	—	—	—	82.36	17.64	—
得耳布尔镇	面积（hm^2）	266.56	219.40	47.16	—	—	—	—	266.56	—	—	—
	比例（%）	100.00	82.31	17.69	—	—	—	—	100.00	—	—	—
河东街道办事处	面积（hm^2）	398.31	—	6.90	391.41	—	—	—	—	272.58	125.73	—
	比例（%）	100.00	—	1.73	98.27	—	—	—	—	68.43	31.57	—
满归镇	面积（hm^2）	4.51	—	4.51	—	—	—	—	—	4.51	—	—
	比例（%）	100.00	—	100.00	—	—	—	—	—	100.00	—	—

养分分级面积统计表

有效硅（mg/kg）					有效铁（mg/kg）				
1级（高）	2级（较高）	3级（中）	4级（较低）	5级（低）	1级（高）	2级（较高）	3级（中）	4级（较低）	5级（低）
>250	200~250	100~200	50~100	≤50	>20.0	10.0~20.0	4.5~10.0	2.5~4.5	≤2.5
2 195.96	4.51	—	—	—	2 200.48	—	—	—	—
99.79	0.21	—	—	—	100.00	—	—	—	—
1 531.09	—	—	—	—	1 531.09	—	—	—	—
100.00	—	—	—	—	100.00	—	—	—	—
266.56	—	—	—	—	266.56	—	—	—	—
100.00	—	—	—	—	100.00	—	—	—	—
398.31	—	—	—	—	398.31	—	—	—	—
100.00	—	—	—	—	100.00	—	—	—	—
—	4.51	—	—	—	4.51	—	—	—	—
—	100.00	—	—	—	100.00	—	—	—	—

有效锰（mg/kg）					有效铜（mg/kg）				
1级（高）	2级（较高）	3级（中）	4级（较低）	5级（低）	1级（高）	2级（较高）	3级（中）	4级（较低）	5级（低）
>20.0	10.0~20.0	5.0~10.0	1.0~5.0	≤1.0	>2.00	1.00~2.00	0.50~1.00	0.20~0.50	≤0.20
2 200.48	—	—	—	—	1 925.83	274.65	—	—	—
100.00	—	—	—	—	87.52	12.48	—	—	—
1 531.09	—	—	—	—	1 260.96	270.14	—	—	—
100.00	—	—	—	—	82.36	17.64	—	—	—
266.56	—	—	—	—	266.56	—	—	—	—
100.00	—	—	—	—	100.00	—	—	—	—
398.31	—	—	—	—	398.31	—	—	—	—
100.00	—	—	—	—	100.00	—	—	—	—
4.51	—	—	—	—	—	4.51	—	—	—
100.00	—	—	—	—	—	100.00	—	—	—

有效锌（mg/kg）					有效硼（mg/kg）				
1级（高）	2级（较高）	3级（中）	4级（较低）	5级（低）	1级（高）	2级（较高）	3级（中）	4级（较低）	5级（低）
>2.00	1.50~2.00	1.00~1.50	0.50~1.00	≤0.50	>1.00	0.80~1.00	0.50~0.80	0.20~0.50	≤0.20
1 845.50	96.46	258.52	—	—	1 683.62	178.58	338.27	—	—
83.87	4.38	11.75	—	—	76.51	8.12	15.37	—	—
1 442.68	88.42	—	—	—	1 280.80	97.45	152.84	—	—
94.23	5.77	—	—	—	83.65	6.36	9.98	—	—
—	8.05	258.52	—	—	—	81.13	185.43	—	—
—	3.02	96.98	—	—	—	30.44	69.56	—	—
398.31	—	—	—	—	398.31	—	—	—	—
100.00	—	—	—	—	100.00	—	—	—	—
4.51	—	—	—	—	4.51	—	—	—	—
100.00	—	—	—	—	100.00	—	—	—	—

旗县	项目	合计	有效钼（mg/kg）					pH值								
			1级（高）	2级（较高）	3级（中）	4级（较低）	5级（低）	1级（高）	2级（较高）	3级（中）		4级（较低）		5级（低）	
			>0.20	0.15~0.20	0.10~0.15	0.05~0.10	≤0.05	6.0~7.5	5.5~6.0	7.5~8.0	5.0~5.5	8.0~8.5	4.5~5.0	>8.5	≤4.5
根河市	面积（hm^2）	2 200.48	—	—	1 692.35	508.13	—	—	1 509.93	—	690.54	—	—	—	—
	比例（%）	100.00	—	—	76.91	23.09	—	—	68.62	—	31.38	—	—	—	—
敖鲁古雅乡	面积（hm^2）	1 531.09	—	—	1 022.99	508.11	—	—	1 014.89	—	516.21	—	—	—	—
	比例（%）	100.00	—	—	66.81	33.19	—	—	66.29	—	33.71	—	—	—	—
得耳布尔镇	面积（hm^2）	266.56	—	—	266.56	—	—	—	195.35	—	71.21	—	—	—	—
	比例（%）	100.00	—	—	100.00	—	—	—	73.28	—	26.72	—	—	—	—
河东街道办事处	面积（hm^2）	398.31	—	—	398.28	0.02	—	—	295.19	—	103.12	—	—	—	—
	比例（%）	100.00	—	—	99.99	0.01	—	—	74.11	—	25.89	—	—	—	—
满归镇	面积（hm^2）	4.51	—	—	4.51	—	—	—	4.51	—	—	—	—	—	—
	比例（%）	100.00	—	—	100.00	—	—	—	100.00	—	—	—	—	—	—

旗县	项目	合计	耕层厚度（cm）					土壤容重（g/cm^3）							
			1级（高）	2级（较高）	3级（中）	4级（较低）	5级（低）	1级（高）	2级（较高）	3级（中）		4级（较低）		5级（低）	
			>30.0	25.0~30.0	20.0~25.0	15.0~20.0	≤15.0	1.10~1.30	1.30~1.40	1.40~1.50	1.00~1.10	1.50~1.60	0.90~1.00	>1.60	≤0.90
根河市	面积（hm^2）	2 200.48	—	2 200.48	—	—	—	1 503.65	696.83	—	—	—	—	—	—
	比例（%）	100.00	—	100.00	—	—	—	68.33	31.67	—	—	—	—	—	—
敖鲁古雅乡	面积（hm^2）	1 531.09	—	1 531.09	—	—	—	1 201.16	329.93	—	—	—	—	—	—
	比例（%）	100.00	—	100.00	—	—	—	78.45	21.55	—	—	—	—	—	—
得耳布尔镇	面积（hm^2）	266.56	—	266.56	—	—	—	42.06	224.50	—	—	—	—	—	—
	比例（%）	100.00	—	100.00	—	—	—	15.78	84.22	—	—	—	—	—	—
河东街道办事处	面积（hm^2）	398.31	—	398.31	—	—	—	255.91	142.39	—	—	—	—	—	—
	比例（%）	100.00	—	100.00	—	—	—	64.25	35.75	—	—	—	—	—	—
满归镇	面积（hm^2）	4.51	—	4.51	—	—	—	4.51	—	—	—	—	—	—	—
	比例（%）	100.00	—	100.00	—	—	—	100.00	—	—	—	—	—	—	—

附表 8　陈巴尔虎旗 2017 年度土壤

旗县	项目	合计	有机质（g/kg）					全氮（g/kg）				
			1级（高）	2级（较高）	3级（中）	4级（较低）	5级（低）	1级（高）	2级（较高）	3级（中）	4级（较低）	5级（低）
			>30.0	25.0~30.0	15.0~25.0	10.0~15.0	≤10.0	>2.00	1.50~2.00	1.00~1.50	0.50~1.00	≤0.50
陈巴尔虎旗	面积（hm²）	83 273.59	68 595.49	96.07	7 261.73	5 944.47	1 375.85	80 117.16	3 142.62	13.81	—	—
	比例（%）	100.00	82.37	0.12	8.72	7.14	1.65	96.21	3.77	0.02	—	—
巴彦哈达苏木	面积（hm²）	9 202.81	8 622.46	—	580.35	—	—	8 053.17	1 149.63	—	—	—
	比例（%）	100.00	93.69	—	6.31	—	—	87.51	12.49	—	—	—
巴彦库仁镇	面积（hm²）	5 440.22	3 560.69	—	928.10	951.43	—	3 857.50	1 582.72	—	—	—
	比例（%）	100.00	65.45	—	17.06	17.49	—	70.91	29.09	—	—	—
宝日希勒镇	面积（hm²）	11 303.69	8 602.23	—	1 352.75	535.69	813.02	10 879.61	410.27	13.81	—	—
	比例（%）	100.00	76.10	—	11.97	4.74	7.19	96.25	3.63	0.12	—	—
鄂温克苏木	面积（hm²）	57 326.88	47 810.11	96.07	4 400.54	4 457.34	562.83	57 326.88	—	—	—	—
	比例（%）	100.00	83.40	0.17	7.68	7.78	0.98	100.00	—	—	—	—

旗县	项目	合计	有效磷（mg/kg）					速效钾（mg/kg）				
			1级（高）	2级（较高）	3级（中）	4级（较低）	5级（低）	1级（高）	2级（较高）	3级（中）	4级（较低）	5级（低）
			>30.0	20.0~30.0	10.0~20.0	5.0~10.0	≤5.0	>200	150~200	100~150	60~100	≤60
陈巴尔虎旗	面积（hm²）	83 273.59	4 548.70	35 792.48	40 699.50	2 232.92	—	27 282.64	35 160.88	16 600.54	4 024.22	205.32
	比例（%）	100.00	5.46	42.98	48.87	2.68	—	32.76	42.22	19.93	4.83	0.25
巴彦哈达苏木	面积（hm²）	9 202.81	1 518.61	3 472.33	4 211.87	—	—	3 005.59	6 077.95	119.27	—	—
	比例（%）	100.00	16.50	37.73	45.77	—	—	32.66	66.04	1.30	—	—
巴彦库仁镇	面积（hm²）	5 440.22	816.45	3 173.54	1 450.24	—	—	1 055.14	2 869.36	1 409.76	105.96	—
	比例（%）	100.00	15.01	58.33	26.66	—	—	19.40	52.74	25.91	1.95	—
宝日希勒镇	面积（hm²）	11 303.69	428.31	7 470.78	2 886.94	517.66	—	3 010.38	5 278.71	2 347.30	641.67	25.64
	比例（%）	100.00	3.79	66.09	25.54	4.58	—	26.63	46.70	20.77	5.68	0.23
鄂温克苏木	面积（hm²）	57 326.88	1 785.34	21 675.83	32 150.45	1 715.26	—	20 211.53	20 934.87	12 724.21	3 276.58	179.69
	比例（%）	100.00	3.11	37.81	56.08	2.99	—	35.26	36.52	22.20	5.72	0.31

旗县	项目	合计	缓效钾（mg/kg）					有效硫（mg/kg）				
			1级（高）	2级（较高）	3级（中）	4级（较低）	5级（低）	1级（高）	2级（较高）	3级（中）	4级（较低）	5级（低）
			>1 200	1 000~1 200	800~1 000	600~800	≤600	>40.0	30.0~40.0	20.0~30.0	15.0~20.0	≤15.0
陈巴尔虎旗	面积（hm²）	83 273.59	273.71	15 647.09	62 426.10	4 581.36	345.33	—	10 322.28	55 354.04	14 410.71	3 186.56
	比例（%）	100.00	0.33	18.79	74.97	5.50	0.41	—	12.40	66.47	17.31	3.83
巴彦哈达苏木	面积（hm²）	9 202.81	—	1 181.74	6 055.64	1 854.59	110.84	—	1 915.77	5 159.85	1 389.99	737.20
	比例（%）	100.00	—	12.84	65.80	20.15	1.20	—	20.82	56.07	15.10	8.01
巴彦库仁镇	面积（hm²）	5 440.22	—	—	5 162.66	277.56	—	—	1 975.29	3 464.93	—	—
	比例（%）	100.00	—	—	94.90	5.10	—	—	36.31	63.69	—	—
宝日希勒镇	面积（hm²）	11 303.69	—	—	10 478.24	825.45	—	—	1 631.66	7 072.87	1 755.59	843.56
	比例（%）	100.00	—	—	92.70	7.30	—	—	14.43	62.57	15.53	7.46
鄂温克苏木	面积（hm²）	57 326.88	273.71	14 465.35	40 729.56	1 623.76	234.50	—	4 799.57	39 656.38	11 265.13	1 605.79
	比例（%）	100.00	0.48	25.23	71.05	2.83	0.41	—	8.37	69.18	19.65	2.80

养分分级面积统计表

有效硅 (mg/kg)					有效铁 (mg/kg)				
1级 (高)	2级 (较高)	3级 (中)	4级 (较低)	5级 (低)	1级 (高)	2级 (较高)	3级 (中)	4级 (较低)	5级 (低)
>250	150~250	100~150	50~100	≤50	>20.0	10.0~20.0	5.0~10.0	2.5~5.0	≤2.5
83 101.13	172.46	—	—	—	80 289.20	2 742.23	40.01	202.15	—
99.79	0.21	—	—	—	96.42	3.29	0.05	0.24	—
9 202.81	—	—	—	—	9 202.81	—	—	—	—
100.00	—	—	—	—	100.00	—	—	—	—
5 427.38	12.84	—	—	—	3 387.58	2 039.80	12.84	—	—
99.76	0.24	—	—	—	62.27	37.49	0.24	—	—
11 289.88	13.81	—	—	—	11 074.36	—	27.18	202.15	—
99.88	0.12	—	—	—	97.97	—	0.24	1.79	—
57 181.07	145.81	—	—	—	56 624.46	702.42	—	—	—
99.75	0.25	—	—	—	98.77	1.23	—	—	—

有效锰 (mg/kg)					有效铜 (mg/kg)				
1级 (高)	2级 (较高)	3级 (中)	4级 (较低)	5级 (低)	1级 (高)	2级 (较高)	3级 (中)	4级 (较低)	5级 (低)
>25.0	10.0~25.0	5.0~10.0	1.0~5.0	≤1.0	>2.00	1.00~2.00	0.50~1.00	0.10~0.50	≤0.10
50 502.23	29 483.36	2 858.98	429.02	—	2 190.26	80 002.09	1 081.24	—	—
60.65	35.41	3.43	0.52	—	2.63	96.07	1.30	—	—
1 818.63	7 384.18	—	—	—	—	8 148.89	543.26	—	—
19.76	80.24	—	—	—	—	88.55	5.90	—	—
—	2 910.04	2 330.49	199.69	—	1 359.58	4 080.64	—	—	—
—	53.49	42.84	3.67	—	24.99	75.01	—	—	—
5 846.00	5 228.36	—	229.33	—	229.33	11 074.36	—	—	—
51.72	46.25	—	2.03	—	2.03	97.97	—	—	—
42 837.61	13 960.78	528.49	—	—	601.35	56 698.20	3 779.88	—	—
74.73	24.35	0.92	—	—	1.05	98.90	6.59	—	—

有效锌 (mg/kg)					有效硼 (mg/kg)				
1级 (高)	2级 (较高)	3级 (中)	4级 (较低)	5级 (低)	1级 (高)	2级 (较高)	3级 (中)	4级 (较低)	5级 (低)
>3.00	1.50~3.00	0.70~1.50	0.30~0.70	≤0.30	>2.00	1.50~2.00	0.70~1.50	0.20~0.70	≤0.20
157.78	5 875.44	74 624.84	2 615.53	—	—	13 168.40	69 870.58	234.61	—
0.19	7.06	89.61	3.14	—	—	15.81	83.90	0.28	—
—	—	9 005.11	197.70	—	—	75.99	9 126.82	—	—
—	—	97.85	2.15	—	—	0.83	99.17	—	—
143.97	3 499.03	1 797.22	—	—	—	176.82	5 263.40	—	—
2.65	64.32	33.04	—	—	—	3.25	96.75	—	—
13.81	215.52	10 803.94	270.42	—	—	4 827.12	6 462.75	13.81	—
0.12	1.91	95.58	2.39	—	—	42.70	57.17	0.12	—
—	2 160.89	53 018.57	2 147.41	—	—	8 088.47	49 017.62	220.80	—
—	3.77	92.48	3.75	—	—	14.11	85.51	0.39	—

（续表）

旗县	项目	合计	有效钼 (mg/kg)					pH值					
			1级 (高)	2级 (较高)	3级 (中)	4级 (较低)	5级 (低)	1级 (高)	2级 (较高)	3级 (中)		4级 (较低)	5级 (低)
			>0.20	0.15~0.20	0.10~0.15	0.05~0.10	≤0.05	6.5~7.5	6.0~6.5	7.5~8.0	5.5~6.0	8.0~8.5	>8.5，≤5.5
陈巴尔虎旗	面积 (hm^2)	83 273.59	1 786.28	980.08	26 720.45	52 700.86	1 085.93	62 257.61	10 903.94	4 060.34	4 095.61	1 956.09	—
	比例 (%)	100.00	2.15	1.18	32.09	63.29	1.30	74.76	13.09	4.88	4.92	2.35	—
巴彦哈达苏木	面积 (hm^2)	9 202.81	—	—	3 906.02	5 296.79	—	7 938.79	325.76	510.85	—	427.40	—
	比例 (%)	100.00	—	—	42.44	57.56	—	86.26	3.54	5.55	—	4.64	—
巴彦库仁镇	面积 (hm^2)	5 440.22	1 556.96	277.66	2 953.65	651.96	—	3 823.22	—	1 173.87	—	443.14	—
	比例 (%)	100.00	28.62	5.10	54.29	11.98	—	70.28	—	21.58	—	8.15	—
宝日希勒镇	面积 (hm^2)	11 303.69	229.33	—	4 283.19	6 699.06	92.11	6 880.11	2 842.00	262.26	943.13	376.18	—
	比例 (%)	100.00	2.03	—	37.89	59.26	0.81	60.87	25.14	2.32	8.34	3.33	—
鄂温克苏木	面积 (hm^2)	57 326.88	—	702.42	15 577.59	40 053.05	993.82	43 615.50	7 736.18	2 113.35	3 152.48	709.37	—
	比例 (%)	100.00	—	1.23	27.17	69.87	1.73	76.08	13.49	3.69	5.50	1.24	—

旗县	项目	合计	耕层厚度 (cm)					土壤容重 (g/cm^3)						
			1级 (高)	2级 (较高)	3级 (中)	4级 (较低)	5级 (低)	1级 (高)	2级 (较高)	3级 (中)		4级 (较低)	5级 (低)	
			>30.0	25.0~30.0	20.0~25.0	10.0~20.0	≤10.0	1.10~1.25	1.25~1.35	1.35~1.45	1.00~1.10	1.45~1.55	>1.55	≤1.00
陈巴尔虎旗	面积 (hm^2)	83 273.59	—	83 273.59	—	—	—	62 131.19	10 527.92	8 167.71	—	2 446.78	—	—
	比例 (%)	100.00	—	100.00	—	—	—	74.61	12.64	9.81	—	2.94	—	—
巴彦哈达苏木	面积 (hm^2)	9 202.81	—	9 202.81	—	—	—	7 507.54	1 114.92	534.30	—	46.05	—	—
	比例 (%)	100.00	—	100.00	—	—	—	81.58	12.11	5.81	—	0.50	—	—
巴彦库仁镇	面积 (hm^2)	5 440.22	—	5 440.22	—	—	—	2 003.74	1 556.96	1 235.09	—	644.44	—	—
	比例 (%)	100.00	—	100.00	—	—	—	36.83	28.62	22.70	—	11.85	—	—
宝日希勒镇	面积 (hm^2)	11 303.69	—	11 303.69	—	—	—	9 262.62	1 078.20	806.30	—	156.58	—	—
	比例 (%)	100.00	—	100.00	—	—	—	81.94	9.54	7.13	—	1.39	—	—
鄂温克苏木	面积 (hm^2)	57 326.88	—	57 326.88	—	—	—	43 357.29	6 777.85	5 592.03	—	1 599.71	—	—
	比例 (%)	100.00	—	100.00	—	—	—	75.63	11.82	9.75	—	2.79	—	—

附表 9　鄂温克族自治旗 2017 年度

旗县	项目	合计	有机质（g/kg）					全氮（g/kg）				
			1 级（高）	2 级（较高）	3 级（中）	4 级（较低）	5 级（低）	1 级（高）	2 级（较高）	3 级（中）	4 级（较低）	5 级（低）
			>30.0	25.0~30.0	15.0~25.0	10.0~15.0	≤10.0	>2.00	1.50~2.00	1.00~1.50	0.50~1.00	≤0.50
鄂温克旗	面积（hm^2）	12 093.05	11 828.32	4.36	85.17	175.20	—	11 028.62	1 064.43	—	—	—
	比例（%）	100.00	97.81	0.04	0.70	1.45	—	91.20	8.80	—	—	—
巴彦查岗苏木	面积（hm^2）	3 204.96	3 029.76	—	—	175.20	—	3 204.96	—	—	—	—
	比例（%）	100.00	94.53	—	—	5.47	—	100.00	—	—	—	—
大雁镇	面积（hm^2）	3 194.74	3 188.47	—	6.27	—	—	2 134.67	1 060.08	—	—	—
	比例（%）	100.00	99.80	—	0.20	—	—	66.82	33.18	—	—	—
锡尼河东苏木	面积（hm^2）	5 693.34	5 610.09	4.36	78.89	—	—	5 688.98	4.36	—	—	—
	比例（%）	100.00	98.54	0.08	1.39	—	—	99.92	0.08	—	—	—

旗县	项目	合计	有效磷（mg/kg）					速效钾（mg/kg）				
			1 级（高）	2 级（较高）	3 级（中）	4 级（较低）	5 级（低）	1 级（高）	2 级（较高）	3 级（中）	4 级（较低）	5 级（低）
			>30.0	20.0~30.0	10.0~20.0	5.0~10.0	≤5.0	>200	150~200	100~150	60~100	≤60
鄂温克旗	面积（hm^2）	12 093.05	3 580.27	6 064.13	2 412.82	35.83	—	8 879.96	2 393.42	815.95	3.72	—
	比例（%）	100.00	29.61	50.15	19.95	0.30	—	73.43	19.79	6.75	0.03	—
巴彦查岗苏木	面积（hm^2）	3 204.96	229.50	1 556.89	1 382.74	35.83	—	2 410.44	193.53	600.99	—	—
	比例（%）	100.00	7.16	48.58	43.14	1.12	—	75.21	6.04	18.75	—	—
大雁镇	面积（hm^2）	3 194.74	694.73	1 843.16	656.86	—	—	3 184.75	3.72	6.27	—	—
	比例（%）	100.00	21.75	57.69	20.56	—	—	99.69	0.12	0.20	—	—
锡尼河东苏木	面积（hm^2）	5 693.34	2 656.04	2 664.08	373.22	—	—	3 284.77	2 196.16	208.69	3.72	—
	比例（%）	100.00	46.65	46.79	6.56	—	—	57.69	38.57	3.67	0.07	—

旗县	项目	合计	缓效钾（mg/kg）					有效硫（mg/kg）				
			1 级（高）	2 级（较高）	3 级（中）	4 级（较低）	5 级（低）	1 级（高）	2 级（较高）	3 级（中）	4 级（较低）	5 级（低）
			>1 200	1 000~1 200	800~1 000	600~800	≤600	>40.0	30.0~40.0	20.0~30.0	15.0~20.0	≤15.0
鄂温克旗	面积（hm^2）	12 093.05	—	—	4 368.14	7 012.59	712.32	479.98	177.28	7 613.95	2 938.55	883.30
	比例（%）	100.00	—	—	36.12	57.99	5.89	3.97	1.47	62.96	24.30	7.30
巴彦查岗苏木	面积（hm^2）	3 204.96	—	—	2 314.99	889.97	—	—	—	2 470.54	734.43	—
	比例（%）	100.00	—	—	72.23	27.77	—	—	—	77.08	22.92	—
大雁镇	面积（hm^2）	3 194.74	—	—	529.85	1 952.58	712.32	—	—	1 713.44	598.00	883.30
	比例（%）	100.00	—	—	16.59	61.12	22.30	—	—	53.63	18.72	27.65
锡尼河东苏木	面积（hm^2）	5 693.34	—	—	1 523.31	4 170.03	—	479.98	177.28	3 429.97	1 606.12	—
	比例（%）	100.00	—	—	26.76	73.24	—	8.43	3.11	60.25	28.21	—

旗县	项目	合计	有效硅（mg/kg）					有效铁（mg/kg）				
			1 级（高）	2 级（较高）	3 级（中）	4 级（较低）	5 级（低）	1 级（高）	2 级（较高）	3 级（中）	4 级（较低）	5 级（低）
			>250	150~250	100~150	50~100	≤50	>20.0	10.0~20.0	5.0~10.0	2.5~5.0	≤2.5
鄂温克旗	面积（hm^2）	12 093.05	12 088.69	—	4.36	—	—	12 088.69	—	4.36	—	—
	比例（%）	100.00	99.96	—	0.04	—	—	99.96	—	0.04	—	—
巴彦查岗苏木	面积（hm^2）	3 204.96	3 204.96	—	—	—	—	3 204.96	—	—	—	—
	比例（%）	100.00	100.00	—	—	—	—	100.00	—	—	—	—
大雁镇	面积（hm^2）	3 194.74	3 194.74	—	—	—	—	3 194.74	—	—	—	—
	比例（%）	100.00	100.00	—	—	—	—	100.00	—	—	—	—
锡尼河东苏木	面积（hm^2）	5 693.34	5 688.98	—	4.36	—	—	5 688.98	—	4.36	—	—
	比例（%）	100.00	99.92	—	0.08	—	—	99.92	—	0.08	—	—

土壤养分分级面积统计表

有效锰（mg/kg）					有效铜（mg/kg）				
1级 （高）	2级 （较高）	3级 （中）	4级 （较低）	5级 （低）	1级 （高）	2级 （较高）	3级 （中）	4级 （较低）	5级 （低）
>25.0	10.0~25.0	5.0~10.0	1.0~5.0	≤1.0	>2.00	1.00~2.00	0.50~1.00	0.10~0.50	≤0.10
4 080.86	8 007.83	4.36	—	—	4.36	5 427.81	6 660.88	—	—
33.75	66.22	0.04	—	—	0.04	44.88	55.08	—	—
1 885.25	1 319.71	—	—	—	—	588.82	39.25	—	—
58.82	41.18	—	—	—	—	18.37	1.22	—	—
1 411.23	1 783.52	—	—	—	—	2 020.72	134.71	—	—
44.17	55.83	—	—	—	—	63.25	4.22	—	—
784.38	4 904.60	4.36	—	—	4.36	2 818.27	187.88	—	—
13.78	86.15	0.08	—	—	0.08	49.50	3.30	—	—

有效锌（mg/kg）					有效硼（mg/kg）				
1级 （高）	2级 （较高）	3级 （中）	4级 （较低）	5级 （低）	1级 （高）	2级 （较高）	3级 （中）	4级 （较低）	5级 （低）
>3.00	1.50~3.00	0.70~1.50	0.30~0.70	≤0.30	>2.00	1.50~2.00	0.70~1.50	0.20~0.70	≤0.20
4.36	2 016.68	10 072.01	—	—	—	1 171.46	10 917.23	4.36	—
0.04	16.68	83.29	—	—	—	9.69	90.28	0.04	—
—	243.24	2 961.73	—	—	—	231.08	2 973.89	—	—
—	7.59	92.41	—	—	—	7.21	92.79	—	—
—	855.09	2 339.66	—	—	—	68.69	3 126.05	—	—
—	26.77	73.23	—	—	—	2.15	97.85	—	—
4.36	918.35	4 770.63	—	—	—	871.69	4 817.29	4.36	—
0.08	16.13	83.79		—	—	15.31	84.61	0.08	—

有效钼（mg/kg）					pH值					
1级 （高）	2级 （较高）	3级 （中）	4级 （较低）	5级 （低）	1级 （高）	2级 （较高）	3级 （中）		4级 （较低）	5级 （低）
>0.20	0.15~0.20	0.10~0.15	0.05~0.10	≤0.05	6.5~7.5	6.0~6.5	7.5~8.0	5.5~6.0	8.0~8.5	>8.5，≤5.5
4.36	—	2 029.29	9 895.69	163.71	1 355.29	8 727.76	—	1 718.08	—	291.92
0.04	—	16.78	81.83	1.35	11.21	72.17	—	14.21	—	2.41
—	—	389.07	2 652.18	163.71	—	2 220.52	—	984.45	—	—
—	—	12.14	82.75	5.11	—	69.28	—	30.72	—	—
—	—	138.48	3 056.27	—	298.00	1 871.19	—	733.63	—	291.92
—	—	4.33	95.67	—	9.33	58.57	—	22.96	—	9.14
4.36	—	1 501.74	4 187.24	—	1 057.28	4 636.06	—	—	—	—
0.08	—	26.38	73.55	—	18.57	81.43	—	—	—	—

耕层厚度（cm）					土壤容重（g/cm^3）						
1级 （高）	2级 （较高）	3级 （中）	4级 （较低）	5级 （低）	1级 （高）	2级 （较高）	3级 （中）		4级 （较低）	5级 （低）	
>30.0	25.0~30.0	20.0~25.0	10.0~20.0	≤10.0	1.10~1.25	1.25~1.35	1.35~1.45	1.00~1.10	1.45~1.55	>1.55	≤1.00
—	12 093.05	—	—	—	6 490.70	5 301.79	264.73	—	35.83	—	—
—	100.00	—	—	—	53.67	43.84	2.19	—	0.30	—	—
—	3 204.96	—	—	—	1 882.24	1 111.69	175.20	—	35.83	—	—
—	100.00	—	—	—	58.73	34.69	5.47	—	1.12	—	—
—	3 194.74	—	—	—	2 016.43	1 172.04	6.27	—	—	—	—
—	100.00	—	—	—	63.12	36.69	0.20	—	—	—	—
—	5 693.34	—	—	—	2 592.03	3 018.06	83.25	—	—	—	—
—	100.00	—	—	—	45.53	53.01	1.46	—	—	—	—

附表 10　海拉尔区 2017 年度土壤

旗县	项目	合计	有机质 (g/kg)					全氮 (g/kg)				
			1级 (高)	2级 (较高)	3级 (中)	4级 (较低)	5级 (低)	1级 (高)	2级 (较高)	3级 (中)	4级 (较低)	5级 (低)
			>30.0	25.0~30.0	15.0~25.0	10.0~15.0	≤10.0	>2.00	1.50~2.00	1.00~1.50	0.50~1.00	≤0.50
海拉尔区	面积 (hm²)	28 776.01	20 670.24	916.27	4 752.81	2 356.54	80.15	17 733.22	5 651.81	5 390.98	—	—
	比例 (%)	100.00	71.83	3.18	16.52	8.19	0.28	61.62	19.64	18.73	—	—
奋斗镇	面积 (hm²)	4 770.89	1 570.27	916.27	1 178.37	1 105.99	—	—	1 548.42	3 222.47	—	—
	比例 (%)	100.00	32.91	19.21	24.70	23.18	—	—	32.46	67.54	—	—
哈克镇	面积 (hm²)	21 283.22	17 958.11	—	1 994.40	1 250.56	80.15	17 733.22	2 846.99	703.01	—	—
	比例 (%)	100.00	84.38	—	9.37	5.88	0.38	83.32	13.38	3.30	—	—
建设街道办事处	面积 (hm²)	2 398.46	818.42	—	1 580.04	—	—	—	1 230.19	1 168.27	—	—
	比例 (%)	100.00	34.12	—	65.88	—	—	—	51.29	48.71	—	—
原市辖区	面积 (hm²)	323.44	323.44	—	—	—	—	—	26.21	297.23	—	—
	比例 (%)	100.00	100.00	—	—	—	—	—	8.10	91.90	—	—

旗县	项目	合计	有效磷 (mg/kg)					速效钾 (mg/kg)				
			1级 (高)	2级 (较高)	3级 (中)	4级 (较低)	5级 (低)	1级 (高)	2级 (较高)	3级 (中)	4级 (较低)	5级 (低)
			>30.0	20.0~30.0	10.0~20.0	5.0~10.0	≤5.0	>200	150~200	100~150	60~100	≤60
海拉尔区	面积 (hm²)	28 776.01	8 826.47	10 553.64	9 395.90	—	—	6 798.64	14 166.60	5 739.84	2 002.46	68.47
	比例 (%)	100.00	30.67	36.68	32.65	—	—	23.63	49.23	19.95	6.96	0.24
奋斗镇	面积 (hm²)	4 770.89	2 414.22	1 395.36	961.31	—	—	853.24	3 751.94	165.72	—	—
	比例 (%)	100.00	50.60	29.25	20.15	—	—	17.88	78.64	3.47	—	—
哈克镇	面积 (hm²)	21 283.22	5 068.56	8 707.26	7 507.40	—	—	5 514.27	9 457.70	4 240.32	2 002.46	68.47
	比例 (%)	100.00	23.81	40.91	35.27	—	—	25.91	44.44	19.92	9.41	0.32
建设街道办事处	面积 (hm²)	2 398.46	1 040.76	430.50	927.19	—	—	430.25	929.85	1 038.36	—	—
	比例 (%)	100.00	43.39	17.95	38.66	—	—	17.94	38.77	43.29	—	—
原市辖区	面积 (hm²)	323.44	302.93	20.51	—	—	—	0.88	27.11	295.45	—	—
	比例 (%)	100.00	93.66	6.34	—	—	—	0.27	8.38	91.34	—	—

旗县	项目	合计	缓效钾 (mg/kg)					有效硫 (mg/kg)				
			1级 (高)	2级 (较高)	3级 (中)	4级 (较低)	5级 (低)	1级 (高)	2级 (较高)	3级 (中)	4级 (较低)	5级 (低)
			>1 200	1 000~1 200	800~1 000	600~800	≤600	>40.0	30.0~40.0	20.0~30.0	15.0~20.0	≤15.0
海拉尔区	面积 (hm²)	28 776.01	—	110.16	17 247.58	9 019.39	2 398.87	5 264.28	18 271.03	5 240.70	—	—
	比例 (%)	100.00	—	0.38	59.94	31.34	8.34	18.29	63.49	18.21	—	—
奋斗镇	面积 (hm²)	4 770.89	—	—	—	3 056.42	1 714.47	195.61	3 039.66	1 535.62	—	—
	比例 (%)	100.00	—	—	—	64.06	35.94	4.10	63.71	32.19	—	—
哈克镇	面积 (hm²)	21 283.22	—	110.16	17 247.58	3 568.06	357.42	4 202.06	13 535.58	3 545.59	—	—
	比例 (%)	100.00	—	0.52	81.04	16.76	1.68	19.74	63.60	16.66	—	—
建设街道办事处	面积 (hm²)	2 398.46	—	—	—	2 072.36	326.11	866.61	1 372.85	159.00	—	—
	比例 (%)	100.00	—	—	—	86.40	13.60	36.13	57.24	6.63	—	—
原市辖区	面积 (hm²)	323.44	—	—	—	322.56	0.88	—	322.94	0.50	—	—
	比例 (%)	100.00	—	—	—	99.73	0.27	—	99.85	0.15	—	—

养分分级面积统计表

有效硅 (mg/kg)					有效铁 (mg/kg)				
1级 (高)	2级 (较高)	3级 (中)	4级 (较低)	5级 (低)	1级 (高)	2级 (较高)	3级 (中)	4级 (较低)	5级 (低)
>250	150~250	100~150	50~100	≤50	>20.0	10.0~20.0	5.0~10.0	2.5~5.0	≤2.5
14 479.46	6 615.98	7 452.53	228.04	—	1 377.84	9 911.57	6 318.34	10 624.96	543.30
50.32	22.99	25.90	0.79	—	4.79	34.44	21.96	36.92	1.89
—	17.77	4 574.04	179.07	—	—	—	—	4 227.59	543.30
—	0.37	95.87	3.75	—	—	—	—	88.61	11.39
14 183.60	6 465.77	633.85	—	—	1 377.84	9 911.57	6 273.88	3 719.93	—
66.64	30.38	2.98	—	—	6.47	46.57	29.48	17.48	—
—	106.23	2 243.26	48.97	—	—	—	44.46	2 354.00	—
—	4.43	93.53	2.04	—	—	—	1.85	98.15	—
295.85	26.21	1.38	—	—	—	—	—	323.44	—
91.47	8.10	0.43	—	—	—	—	—	100.00	—

有效锰 (mg/kg)					有效铜 (mg/kg)				
1级 (高)	2级 (较高)	3级 (中)	4级 (较低)	5级 (低)	1级 (高)	2级 (较高)	3级 (中)	4级 (较低)	5级 (低)
>25.0	10.0~25.0	5.0~10.0	1.0~5.0	≤1.0	>2.00	1.00~2.00	0.50~1.00	0.10~0.50	≤0.10
110.16	3 454.62	10 643.37	14 567.86	—	11 519.09	17 195.68	61.24	—	—
0.38	12.01	36.99	50.63	—	40.03	59.76	0.21	—	—
—	—	1 694.61	3 076.28	—	3 056.69	1 714.20	—	—	—
—	—	35.52	64.48	—	64.07	35.93	—	—	—
110.16	3 454.62	8 521.91	9 196.52	—	7 629.42	13 592.56	61.24	—	—
0.52	16.23	40.04	43.21	—	35.85	63.87	0.29	—	—
—	—	426.85	1 971.61	—	509.54	1 888.92	—	—	—
—	—	17.80	82.20	—	21.24	78.76	—	—	—
—	—	—	323.44	—	323.44	—	—	—	—
—	—	—	100.00	—	100.00	—	—	—	—

有效锌 (mg/kg)					有效钼 (mg/kg)				
1级 (高)	2级 (较高)	3级 (中)	4级 (较低)	5级 (低)	1级 (高)	2级 (较高)	3级 (中)	4级 (较低)	5级 (低)
>3.00	1.50~3.00	0.70~1.50	0.30~0.70	≤0.30	>0.20	0.15~0.20	0.10~0.15	0.05~0.10	≤0.05
16 557.18	11 969.84	249.00	—	—	11 806.04	13 807.90	3 155.12	6.95	—
57.54	41.60	0.87	—	—	41.03	47.98	10.96	0.02	—
4 546.92	223.97	—	—	—	4 076.98	462.86	231.05	—	—
95.31	4.69	—	—	—	85.46	9.70	4.84	—	—
10 168.92	10 865.30	249.00	—	—	5 957.07	12 450.64	2 868.56	6.95	—
47.78	51.05	1.17	—	—	27.99	58.50	13.48	0.03	—
1 839.96	558.50	—	—	—	1 448.55	894.40	55.51	—	—
76.71	23.29	—	—	—	60.40	37.29	2.31	—	—
1.38	322.06	—	—	—	323.44	—	—	—	—
0.43	99.57	—	—	—	100.00	—	—	—	—

（续表）

旗县	项目	合计	有效硼（mg/kg）					pH 值					
			1级（高）	2级（较高）	3级（中）	4级（较低）	5级（低）	1级（高）	2级（较高）	3级（中）		4级（较低）	5级（低）
			>2.00	1.50~2.00	0.70~1.50	0.20~0.70	≤0.20	6.5~7.5	6.0~6.5	7.5~8.0	5.5~6.0	8.0~8.5	>8.5，≤5.5
海拉尔区	面积（hm^2）	28 776.01	—	—	20 175.71	8 600.30	—	14 220.21	7 138.40	2 156.37	5 046.60	97.69	116.75
	比例（%）	100.00	—	—	70.11	29.89	—	49.42	24.81	7.49	17.54	0.34	0.41
奋斗镇	面积（hm^2）	4 770.89	—	—	1.22	4 769.66	—	—	293.43	—	4 360.72	—	116.75
	比例（%）	100.00	—	—	0.03	99.97	—	—	6.15	—	91.40	—	2.45
哈克镇	面积（hm^2）	21 283.22	—	—	19 852.43	1 430.80	—	13 741.06	5 288.11	2 156.37	—	97.69	—
	比例（%）	100.00	—	—	93.28	6.72	—	64.56	24.85	10.13	—	0.46	—
建设街道办事处	面积（hm^2）	2 398.46	—	—	—	2 398.46	—	156.59	1 556.87	—	685.01	—	—
	比例（%）	100.00	—	—	—	100.00	—	6.53	64.91	—	28.56	—	—
原市辖区	面积（hm^2）	323.44	—	—	322.06	1.38	—	322.56	—	—	0.88	—	—
	比例（%）	100.00	—	—	99.57	0.43	—	99.73	—	—	0.27	—	—

旗县	项目	合计	耕层厚度（cm）					土壤容重（g/cm^3）						
			1级（高）	2级（较高）	3级（中）	4级（较低）	5级（低）	1级（高）	2级（较高）	3级（中）		4级（较低）	5级（低）	
			>30.0	25.0~30.0	20.0~25.0	10.0~20.0	≤10.0	1.10~1.25	1.25~1.35	1.35~1.45	1.00~1.10	1.45~1.55	>1.55	≤1.00
海拉尔区	面积（hm^2）	28 776.01	—	28 776.01	—	—	—	13 382.76	7 191.54	6 416.29	—	1 785.43	—	—
	比例（%）	100.00	—	100.00	—	—	—	46.51	24.99	22.30	—	6.20	—	—
奋斗镇	面积（hm^2）	4 770.89	—	4 770.89	—	—	—	1 395.36	174.91	1 994.32	—	1 206.30	—	—
	比例（%）	100.00	—	100.00	—	—	—	29.25	3.67	41.80	—	25.28	—	—
哈克镇	面积（hm^2）	21 283.22	—	21 283.22	—	—	—	11 713.52	6 148.65	2 841.92	—	579.13	—	—
	比例（%）	100.00	—	100.00	—	—	—	55.04	28.89	13.35	—	2.72	—	—
建设街道办事处	面积（hm^2）	2 398.46	—	2 398.46	—	—	—	272.99	545.43	1 580.04	—	—	—	—
	比例（%）	100.00	—	100.00	—	—	—	11.38	22.74	65.88	—	—	—	—
原市辖区	面积（hm^2）	323.44	—	323.44	—	—	—	0.88	322.56	—	—	—	—	—
	比例（%）	100.00	—	100.00	—	—	—	0.27	99.73	—	—	—	—	—

附表 11　满洲里市 2017 年度土壤

旗县	项目	合计	有机质（g/kg）					全氮（g/kg）				
			1级（高）	2级（较高）	3级（中）	4级（较低）	5级（低）	1级（高）	2级（较高）	3级（中）	4级（较低）	5级（低）
			>30.0	25.0~30.0	15.0~25.0	10.0~15.0	≤10.0	>2.00	1.50~2.00	1.00~1.50	0.50~1.00	≤0.50
满洲里市	面积（hm^2）	1 371.86	3.93	—	301.61	583.51	482.81	314.75	135.77	601.70	319.63	0.00
	比例（%）	100.00	0.29	—	21.99	42.53	35.19	22.94	9.90	43.86	23.30	0.00
道南街道办事处	面积（hm^2）	21.92	—	—	—	—	21.92	—	21.92	—	—	—
	比例（%）	100.00	—	—	—	—	100.00	—	100.00	—	—	—
东山街道办事处	面积（hm^2）	20.51	—	—	—	—	20.51	20.51	—	—	—	—
	比例（%）	100.00	—	—	—	—	100.00	100.00	—	—	—	—
新开河镇	面积（hm^2）	1 311.33	3.93	—	301.61	583.51	422.28	294.24	95.75	601.70	319.63	—
	比例（%）	100.00	0.30	—	23.00	44.50	32.20	22.44	7.30	45.89	24.37	—
兴华街道办事处	面积（hm^2）	18.10	—	—	—	—	18.10	—	18.10	—	—	—
	比例（%）	100.00	—	—	—	—	100.00	—	100.00	—	—	—

旗县	项目	合计	有效磷（mg/kg）					速效钾（mg/kg）				
			1级（高）	2级（较高）	3级（中）	4级（较低）	5级（低）	1级（高）	2级（较高）	3级（中）	4级（较低）	5级（低）
			>30.0	20.0~30.0	10.0~20.0	5.0~10.0	≤5.0	>200	150~200	100~150	60~100	≤60
满洲里市	面积（hm^2）	1 371.86	301.61	3.93	—	1 066.32	—	237.06	68.48	770.02	296.30	—
	比例（%）	100.00	21.99	0.29	—	77.73	—	17.28	4.99	56.13	21.60	—
道南街道办事处	面积（hm^2）	21.92	—	—	—	21.92	—	—	—	21.92	—	—
	比例（%）	100.00	—	—	—	100.00	—	—	—	100.00	—	—
东山街道办事处	面积（hm^2）	20.51	—	—	—	20.51	—	—	—	20.51	—	—
	比例（%）	100.00	—	—	—	100.00	—	—	—	100.00	—	—
新开河镇	面积（hm^2）	1 311.33	301.61	3.93	—	1 005.79	—	237.06	68.48	709.49	296.30	—
	比例（%）	100.00	23.00	0.30	—	76.70	—	18.08	5.22	54.10	22.60	—
兴华街道办事处	面积（hm^2）	18.10	—	—	—	18.10	—	—	—	18.10	—	—
	比例（%）	100.00	—	—	—	100.00	—	—	—	100.00	—	—

旗县	项目	合计	缓效钾（mg/kg）					有效硫（mg/kg）				
			1级（高）	2级（较高）	3级（中）	4级（较低）	5级（低）	1级（高）	2级（较高）	3级（中）	4级（较低）	5级（低）
			>1 200	1 000~1 200	800~1 000	600~800	≤600	>40.0	30.0~40.0	20.0~30.0	15.0~20.0	≤15.0
满洲里市	面积（hm^2）	1 371.86	—	—	—	417.11	954.75	—	355.44	287.39	729.03	—
	比例（%）	100.00	—	—	—	30.40	69.60	—	25.91	20.95	53.14	—
道南街道办事处	面积（hm^2）	21.92	—	—	—	21.92	—	—	11.48	10.44	—	—
	比例（%）	100.00	—	—	—	100.00	—	—	52.36	47.64	—	—
东山街道办事处	面积（hm^2）	20.51	—	—	—	20.51	—	—	20.51	—	—	—
	比例（%）	100.00	—	—	—	100.00	—	—	100.00	—	—	—
新开河镇	面积（hm^2）	1 311.33	—	—	—	356.58	954.75	—	305.35	276.95	729.03	—
	比例（%）	100.00	—	—	—	27.19	72.81	—	23.29	21.12	55.59	—
兴华街道办事处	面积（hm^2）	18.10	—	—	—	18.10	—	—	18.10	—	—	—
	比例（%）	100.00	—	—	—	100.00	—	—	100.00	—	—	—

养分分级面积统计表

有效硅（mg/kg）					有效铁（mg/kg）				
1级 (高)	2级 (较高)	3级 (中)	4级 (较低)	5级 (低)	1级 (高)	2级 (较高)	3级 (中)	4级 (较低)	5级 (低)
>250	150~250	100~150	50~100	≤50	>20.0	10.0~20.0	5.0~10.0	2.5~5.0	≤2.5
1 371.86	—	—	—	—	992.20	379.66	—	—	—
100.00	—	—	—	—	72.33	27.67	—	—	—
21.92	—	—	—	—	21.92	—	—	—	—
100.00	—	—	—	—	100.00	—	—	—	—
20.51	—	—	—	—	20.51	—	—	—	—
100.00	—	—	—	—	100.00	—	—	—	—
1 311.33	—	—	—	—	931.67	379.66	—	—	—
100.00	—	—	—	—	71.05	28.95	—	—	—
18.10	—	—	—	—	18.10	—	—	—	—
100.00	—	—	—	—	100.00	—	—	—	—

有效锰（mg/kg）					有效铜（mg/kg）				
1级 (高)	2级 (较高)	3级 (中)	4级 (较低)	5级 (低)	1级 (高)	2级 (较高)	3级 (中)	4级 (较低)	5级 (低)
>25.0	10.0~25.0	5.0~10.0	1.0~5.0	≤1.0	>2.00	1.00~2.00	0.50~1.00	0.10~0.50	≤0.10
—	504.05	867.81	—	—	673.91	697.95	—	—	—
—	36.74	63.26	—	—	49.12	50.88	—	—	—
—	21.92	—	—	—	21.92	—	—	—	—
—	100.00	—	—	—	100.00	—	—	—	—
—	20.51	—	—	—	20.51	—	—	—	—
—	100.00	—	—	—	100.00	—	—	—	—
—	443.52	867.81	—	—	613.37	697.95	—	—	—
—	33.82	66.18	—	—	46.78	53.22	—	—	—
—	18.10	—	—	—	18.10	—	—	—	—
—	100.00	—	—	—	100.00	—	—	—	—

有效锌（mg/kg）					有效硼（mg/kg）				
1级 (高)	2级 (较高)	3级 (中)	4级 (较低)	5级 (低)	1级 (高)	2级 (较高)	3级 (中)	4级 (较低)	5级 (低)
>3.00	1.50~3.00	0.70~1.50	0.30~0.70	≤0.30	>2.00	1.50~2.00	0.70~1.50	0.20~0.70	≤0.20
366.78	221.23	783.85	—	—	—	—	501.71	870.15	—
26.74	16.13	57.14	—	—	—	—	36.57	63.43	—
21.92	—	—	—	—	—	—	21.92	—	—
100.00	—	—	—	—	—	—	100.00	—	—
20.51	—	—	—	—	—	—	20.51	—	—
100.00	—	—	—	—	—	—	100.00	—	—
306.25	221.23	783.85	—	—	—	—	441.18	870.15	—
23.35	16.87	59.78	—	—	—	—	33.64	66.36	—
18.10	—	—	—	—	—	—	18.10	—	—
100.00	—	—	—	—	—	—	100.00	—	—

（续表）

旗县	项目	合计	有效钼（mg/kg）					pH值					
			1级（高）	2级（较高）	3级（中）	4级（较低）	5级（低）	1级（高）	2级（较高）	3级（中）		4级（较低）	5级（低）
			>0.20	0.15~0.20	0.10~0.15	0.05~0.10	≤0.05	6.5~7.5	6.0~6.5	7.5~8.0	5.5~6.0	8.0~8.5	>8.5，≤5.5
满洲里市	面积（hm^2）	1 371.86	—	—	781.79	590.07	—	301.61	—	3.93	—	583.51	482.81
	比例（%）	100.00	—	—	56.99	43.01	—	21.99	—	0.29	—	42.53	35.19
道南街道办事处	面积（hm^2）	21.92	—	—	21.92	—	—	—	—	—	—	—	21.92
	比例（%）	100.00	—	—	100.00	—	—	—	—	—	—	—	100.00
东山街道办事处	面积（hm^2）	20.51	—	—	—	20.51	—	—	—	—	—	—	20.51
	比例（%）	100.00	—	—	—	100.00	—	—	—	—	—	—	100.00
新开河镇	面积（hm^2）	1 311.33	—	—	741.76	569.56	—	301.61	—	3.93	—	583.51	422.28
	比例（%）	100.00	—	—	56.57	43.43	—	23.00	—	0.30	—	44.50	32.20
兴华街道办事处	面积（hm^2）	18.10	—	—	18.10	—	—	—	—	—	—	—	18.10
	比例（%）	100.00	—	—	100.00	—	—	—	—	—	—	—	100.00

旗县	项目	合计	耕层厚度（cm）					土壤容重（g/cm^3）						
			1级（高）	2级（较高）	3级（中）	4级（较低）	5级（低）	1级（高）	2级（较高）	3级（中）		4级（较低）	5级（低）	
			>30.0	25.0~30.0	20.0~25.0	10.0~20.0	≤10.0	1.10~1.25	1.25~1.35	1.35~1.45	1.00~1.10	1.45~1.55	>1.55	≤1.00
满洲里市	面积（hm^2）	1 371.86	—	1 371.86	—	—	—	486.74	583.51	301.61	—	—	—	—
	比例（%）	100.00	—	100.00	—	—	—	35.48	42.53	21.99	—	—	—	—
道南街道办事处	面积（hm^2）	21.92	—	21.92	—	—	—	21.92	—	—	—	—	—	—
	比例（%）	100.00	—	100.00	—	—	—	100.00	—	—	—	—	—	—
东山街道办事处	面积（hm^2）	20.51	—	20.51	—	—	—	20.51	—	—	—	—	—	—
	比例（%）	100.00	—	100.00	—	—	—	100.00	—	—	—	—	—	—
新开河镇	面积（hm^2）	1 311.33	—	1 311.33	—	—	—	426.21	583.51	301.61	—	—	—	—
	比例（%）	100.00	—	100.00	—	—	—	32.50	44.50	23.00	—	—	—	—
兴华街道办事处	面积（hm^2）	18.10	—	18.10	—	—	—	18.10	—	—	—	—	—	—
	比例（%）	100.00	—	100.00	—	—	—	100.00	—	—	—	—	—	—

附表 12　新巴尔虎右旗 2017 年度

旗县	项目	合计	有机质（g/kg）					全氮（g/kg）				
			1级 (高)	2级 (较高)	3级 (中)	4级 (较低)	5级 (低)	1级 (高)	2级 (较高)	3级 (中)	4级 (较低)	5级 (低)
			>30.0	25.0~30.0	15.0~25.0	10.0~15.0	≤10.0	>2.00	1.50~2.00	1.00~1.50	0.50~1.00	≤0.50
新巴尔虎右旗	面积（hm^2）	320.70	—	—	318.89	—	1.81	109.41	108.68	102.61	—	—
	比例（%）	100.00	—	—	99.43	—	0.57	34.12	33.89	32.00	—	—
阿拉坦额莫勒镇	面积（hm^2）	318.89	—	—	318.89	—	1.81	109.41	106.86	102.61	—	—
	比例（%）	100.00	—	—	100.00	—	0.57	34.31	33.51	32.18	—	—
贝尔苏木	面积（hm^2）	1.81	—	—	—	—	—	—	1.81	—	—	—
	比例（%）	100.00	—	—	—	—	—	—	100.00	—	—	—

旗县	项目	合计	有效磷（mg/kg）					速效钾（mg/kg）				
			1级 (高)	2级 (较高)	3级 (中)	4级 (较低)	5级 (低)	1级 (高)	2级 (较高)	3级 (中)	4级 (较低)	5级 (低)
			>30.0	20.0~30.0	10.0~20.0	5.0~10.0	≤5.0	>200	150~200	100~150	60~100	≤60
新巴尔虎右旗	面积（hm^2）	320.70	318.89	—	1.81	—	—	318.89	—	1.81	—	—
	比例（%）	100.00	99.43	—	0.57	—	—	99.43	—	0.57	—	—
阿拉坦额莫勒镇	面积（hm^2）	318.89	318.89	—	—	—	—	318.89	—	—	—	—
	比例（%）	100.00	100.00	—	—	—	—	100.00	—	—	—	—
贝尔苏木	面积（hm^2）	1.81	—	—	—	—	—	—	—	1.81	—	—
	比例（%）	100.00	—	—	—	—	—	—	—	100.00	—	—

旗县	项目	合计	缓效钾（mg/kg）					有效硫（mg/kg）				
			1级 (高)	2级 (较高)	3级 (中)	4级 (较低)	5级 (低)	1级 (高)	2级 (较高)	3级 (中)	4级 (较低)	5级 (低)
			>1 200	1 000~1 200	800~1000	600~800	≤600	>40.0	30.0~40.0	20.0~30.0	15.0~20.0	≤15.0
新巴尔虎右旗	面积（hm^2）	320.70	—	47.92	249.56	23.22	—	—	—	1.81	187.32	131.57
	比例（%）	100.00	—	14.94	77.82	7.24	—	—	—	0.57	58.41	41.02
阿拉坦额莫勒镇	面积（hm^2）	318.89	—	47.92	249.56	21.40	—	—	—	—	187.32	131.57
	比例（%）	100.00	—	15.03	78.26	6.71	—	—	—	—	58.74	41.26
贝尔苏木	面积（hm^2）	1.81	—	—	—	1.81	—	—	—	1.81	—	—
	比例（%）	100.00	—	—	—	100.00	—	—	—	100.00	—	—

旗县	项目	合计	有效硅（mg/kg）					有效铁（mg/kg）				
			1级 (高)	2级 (较高)	3级 (中)	4级 (较低)	5级 (低)	1级 (高)	2级 (较高)	3级 (中)	4级 (较低)	5级 (低)
			>250	150~250	100~150	50~100	≤50	>20.0	10.0~20.0	5.0~10.0	2.5~5.0	≤2.5
新巴尔虎右旗	面积（hm^2）	320.70	320.70	—	—	—	—	—	218.09	102.61	—	—
	比例（%）	100.00	100.00	—	—	—	—	—	68.00	32.00	—	—
阿拉坦额莫勒镇	面积（hm^2）	318.89	318.89	—	—	—	—	—	216.28	102.61	—	—
	比例（%）	100.00	100.00	—	—	—	—	—	67.82	32.18	—	—
贝尔苏木	面积（hm^2）	1.81	1.81	—	—	—	—	—	1.81	—	—	—
	比例（%）	100.00	100.00	—	—	—	—	—	100.00	—	—	—

土壤养分分级面积统计表

有效锰（mg/kg）					有效铜（mg/kg）				
1级 （高）	2级 （较高）	3级 （中）	4级 （较低）	5级 （低）	1级 （高）	2级 （较高）	3级 （中）	4级 （较低）	5级 （低）
>25.0	10.0~25.0	5.0~10.0	1.0~5.0	≤1.0	>2.00	1.00~2.00	0.50~1.00	0.10~0.50	≤0.10
—	320.70	—	—	—	—	320.70	—	—	—
—	100.00	—	—	—	—	100.00	—	—	—
—	318.89	—	—	—	—	318.89	—	—	—
—	100.00	—	—	—	—	100.00	—	—	—
—	1.81	—	—	—	—	1.81	—	—	—
—	100.00	—	—	—	—	100.00	—	—	—

有效锌（mg/kg）					有效硼（mg/kg）				
1级 （高）	2级 （较高）	3级 （中）	4级 （较低）	5级 （低）	1级 （高）	2级 （较高）	3级 （中）	4级 （较低）	5级 （低）
>3.00	1.50~3.00	0.70~1.50	0.30~0.70	≤0.30	>2.00	1.50~2.00	0.70~1.50	0.20~0.70	≤0.20
104.43	192.24	24.04	—	—	—	—	320.70	—	—
32.56	59.94	7.50	—	—	—	—	100.00	—	—
102.61	192.24	24.04	—	—	—	—	318.89	—	—
32.18	60.28	7.54	—	—	—	—	100.00	—	—
1.81	—	—	—	—	—	—	1.81	—	—
100.00	—	—	—	—	—	—	100.00	—	—

有效钼（mg/kg）					pH值					
1级 （高）	2级 （较高）	3级 （中）	4级 （较低）	5级 （低）	1级 （高）	2级 （较高）	3级 （中）		4级 （较低）	5级 （低）
>0.20	0.15~0.20	0.10~0.15	0.05~0.10	≤0.05	6.5~7.5	6.0~6.5	7.5~8.0	5.5~6.0	8.0~8.5	>8.5，≤5.5
—	—	77.91	242.79	—	1.81	—	—	—	69.65	249.24
—	—	24.29	75.71	—	0.57	—	—	—	21.72	77.72
—	—	76.10	242.79	—	—	—	—	—	69.65	249.24
—	—	23.86	76.14	—	—	—	—	—	21.84	78.16
—	—	1.81	—	—	1.81	—	—	—	—	—
—	—	100.00	—	—	100.00	—	—	—	—	—

耕层厚度（cm）					土壤容重（g/cm³）						
1级 （高）	2级 （较高）	3级 （中）	4级 （较低）	5级 （低）	1级 （高）	2级 （较高）	3级 （中）		4级 （较低）	5级 （低）	
>30.0	25.0~30.0	20.0~25.0	10.0~20.0	≤10.0	1.10~1.25	1.25~1.35	1.35~1.45	1.00~1.10	1.45~1.55	>1.55	≤1.00
—	320.70	—	—	—	1.81	—	318.89	—	—	—	—
—	100.00	—	—	—	0.57	—	99.43	—	—	—	—
—	318.89	—	—	—	—	—	318.89	—	—	—	—
—	100.00	—	—	—	—	—	100.00	—	—	—	—
—	1.81	—	—	—	1.81	—	—	—	—	—	—
—	100.00	—	—	—	100.00	—	—	—	—	—	—

附表 13　新巴尔虎左旗 2017 年度土壤

旗县	项目	合计	有机质 (g/kg)					全氮 (g/kg)				
			1 级 (高)	2 级 (较高)	3 级 (中)	4 级 (较低)	5 级 (低)	1 级 (高)	2 级 (较高)	3 级 (中)	4 级 (较低)	5 级 (低)
			>30.0	25.0~30.0	15.0~25.0	10.0~15.0	≤10.0	>2.00	1.50~2.00	1.00~1.50	0.50~1.00	≤0.50
新巴尔虎左旗	面积 (hm^2)	26 793.12	23 478.89	580.31	1 198.32	1 030.65	504.94	26 358.22	434.90	—	—	—
	比例 (%)	100.00	87.63	2.17	4.47	3.85	1.88	98.38	1.62	—	—	—
阿木古郎镇	面积 (hm^2)	287.41	—	—	—	—	287.41	287.41	—	—	—	—
	比例 (%)	100.00	—	—	—	—	100.00	100.00	—	—	—	—
甘珠尔苏木	面积 (hm^2)	217.54	—	—	—	—	217.54	217.54	—	—	—	—
	比例 (%)	100.00	—	—	—	—	100.00	100.00	—	—	—	—
罕达盖苏木	面积 (hm^2)	18 686.81	16 292.15	580.31	783.69	1 030.65	—	18 251.91	434.90	—	—	—
	比例 (%)	100.00	87.19	3.11	4.19	5.52	—	97.67	2.33	—	—	—
乌布尔宝力格苏木	面积 (hm^2)	7 601.37	7 186.74	—	414.63	—	—	7 601.37	—	—	—	—
	比例 (%)	100.00	94.55	—	5.45	—	—	100.00	—	—	—	—

旗县	项目	合计	有效磷 (mg/kg)					速效钾 (mg/kg)				
			1 级 (高)	2 级 (较高)	3 级 (中)	4 级 (较低)	5 级 (低)	1 级 (高)	2 级 (较高)	3 级 (中)	4 级 (较低)	5 级 (低)
			>30.0	20.0~30.0	10.0~20.0	5.0~10.0	≤5.0	>200	150~200	100~150	60~100	≤60
新巴尔虎左旗	面积 (hm^2)	26 793.12	4 658.28	16 845.03	4 370.25	919.57	—	22 286.49	1 715.90	1 679.94	1 021.37	89.43
	比例 (%)	100.00	17.39	62.87	16.31	3.43	—	83.18	6.40	6.27	3.81	0.33
阿木古郎镇	面积 (hm^2)	287.41	—	—	—	287.41	—	—	—	—	287.41	—
	比例 (%)	100.00	—	—	—	100.00	—	—	—	—	100.00	—
甘珠尔苏木	面积 (hm^2)	217.54	—	—	—	217.54	—	—	—	—	217.54	—
	比例 (%)	100.00	—	—	—	100.00	—	—	—	—	100.00	—
罕达盖苏木	面积 (hm^2)	18 686.81	3 491.02	11 333.12	3 862.67	—	—	15 140.35	1 675.29	1 349.65	432.09	89.43
	比例 (%)	100.00	18.68	60.65	20.67	—	—	81.02	8.97	7.22	2.31	0.48
乌布尔宝力格苏木	面积 (hm^2)	7 601.37	1 167.25	5 511.91	507.58	414.63	—	7 146.13	40.61	330.28	84.34	—
	比例 (%)	100.00	15.36	72.51	6.68	5.45	—	94.01	0.53	4.35	1.11	—

旗县	项目	合计	缓效钾 (mg/kg)					有效硫 (mg/kg)				
			1 级 (高)	2 级 (较高)	3 级 (中)	4 级 (较低)	5 级 (低)	1 级 (高)	2 级 (较高)	3 级 (中)	4 级 (较低)	5 级 (低)
			>1 200	1 000~1 200	800~1 000	600~800	≤600	>40.0	30.0~40.0	20.0~30.0	15.0~20.0	≤15.0
新巴尔虎左旗	面积 (hm^2)	26 793.12	506.15	12 323.42	10 055.28	3 889.68	18.60	345.56	2 259.27	9 358.41	14 681.36	148.51
	比例 (%)	100.00	1.89	45.99	37.53	14.52	0.07	1.29	8.43	34.93	54.80	0.55
阿木古郎镇	面积 (hm^2)	287.41	—	—	—	287.41	—	—	287.41	—	—	—
	比例 (%)	100.00	—	—	—	100.00	—	—	100.00	—	—	—
甘珠尔苏木	面积 (hm^2)	217.54	—	—	—	217.54	—	—	217.54	—	—	—
	比例 (%)	100.00	—	—	—	100.00	—	—	100.00	—	—	—
罕达盖苏木	面积 (hm^2)	18 686.81	506.15	7 231.32	7 546.02	3 384.73	18.60	345.56	1 754.33	9 246.31	7 192.09	148.51
	比例 (%)	100.00	2.71	38.70	40.38	18.11	0.10	1.85	9.39	49.48	38.49	0.79
乌布尔宝力格苏木	面积 (hm^2)	7 601.37	—	5 092.10	2 509.27	—	—	—	—	112.10	7 489.27	—
	比例 (%)	100.00	—	66.99	33.01	—	—	—	—	1.47	98.53	—

养分分级面积统计表

有效硅 (mg/kg)					有效铁 (mg/kg)				
1级(高)	2级(较高)	3级(中)	4级(较低)	5级(低)	1级(高)	2级(较高)	3级(中)	4级(较低)	5级(低)
>250	150~250	100~150	50~100	≤50	>20.0	10.0~20.0	5.0~10.0	2.5~5.0	≤2.5
26 793.12	—	—	—	—	26 793.12	—	—	—	—
100.00	—	—	—	—	100.00	—	—	—	—
287.41	—	—	—	—	287.41	—	—	—	—
100.00	—	—	—	—	100.00	—	—	—	—
217.54	—	—	—	—	217.54	—	—	—	—
100.00	—	—	—	—	100.00	—	—	—	—
18 686.81	—	—	—	—	18 686.81	—	—	—	—
100.00	—	—	—	—	100.00	—	—	—	—
7 601.37	—	—	—	—	7 601.37	—	—	—	—
100.00	—	—	—	—	100.00	—	—	—	—

有效锰 (mg/kg)					有效铜 (mg/kg)				
1级(高)	2级(较高)	3级(中)	4级(较低)	5级(低)	1级(高)	2级(较高)	3级(中)	4级(较低)	5级(低)
>25.0	10.0~25.0	5.0~10.0	1.0~5.0	≤1.0	>2.00	1.00~2.00	0.50~1.00	0.10~0.50	≤0.10
21 806.43	4 986.69	—	—	—	198.07	25 331.40	1 263.65	—	—
81.39	18.61	—	—	—	0.74	94.54	4.72	—	—
—	287.41	—	—	—	—	287.41	—	—	—
—	100.00	—	—	—	—	100.00	—	—	—
—	217.54	—	—	—	—	217.54	—	—	—
—	100.00	—	—	—	—	100.00	—	—	—
14 398.35	4 288.46	—	—	—	198.07	17 365.66	1 157.71	—	—
77.05	22.95	—	—	—	1.06	92.93	6.20	—	—
7 408.07	193.29	—	—	—	—	7 460.79	497.39	—	—
97.46	2.54	—	—	—	—	98.15	6.54	—	—

有效锌 (mg/kg)					有效硼 (mg/kg)				
1级(高)	2级(较高)	3级(中)	4级(较低)	5级(低)	1级(高)	2级(较高)	3级(中)	4级(较低)	5级(低)
>3.00	1.50~3.00	0.70~1.50	0.30~0.70	≤0.30	>2.00	1.50~2.00	0.70~1.50	0.20~0.70	≤0.20
889.76	7 108.07	18 795.28	—	—	17.68	17 104.64	9 670.80	—	—
3.32	26.53	70.15	—	—	0.07	63.84	36.09	—	—
31.65	255.75	—	—	—	17.68	269.72	—	—	—
11.01	88.99	—	—	—	6.15	93.85	—	—	—
217.54	—	—	—	—	—	217.54	—	—	—
100.00	—	—	—	—	—	100.00	—	—	—
640.57	5 106.57	12 939.67	—	—	—	9 016.01	9 670.80	—	—
3.43	27.33	69.24	—	—	—	48.25	51.75	—	—
—	1 745.75	5 855.62	—	—	—	7 601.37	—	—	—
—	22.97	77.03	—	—	—	100.00	—	—	—

（续表）

旗县	项目	合计	有效钼 (mg/kg)					pH 值					
			1级(高)	2级(较高)	3级(中)	4级(较低)	5级(低)	1级(高)	2级(较高)	3级(中)		4级(较低)	5级(低)
			>0.20	0.15~0.20	0.10~0.15	0.05~0.10	≤0.05	6.5~7.5	6.0~6.5	7.5~8.0	5.5~6.0	8.0~8.5	>8.5，≤5.5
新巴尔虎左旗	面积 (hm^2)	26 793.12	—	—	8 261.71	18 531.41	—	5 312.99	16 854.33	679.16	2 343.76	1 602.88	—
	比例 (%)	100.00	—	—	30.84	69.16	—	19.83	62.91	2.53	8.75	5.98	—
阿木古郎镇	面积 (hm^2)	287.41	—	—	287.41	—	—	—	—	287.41	—	—	—
	比例 (%)	100.00	—	—	100.00	—	—	—	—	100.00	—	—	—
甘珠尔苏木	面积 (hm^2)	217.54	—	—	217.54	—	—	217.54	—	—	—	—	—
	比例 (%)	100.00	—	—	100.00	—	—	100.00	—	—	—	—	—
罕达盖苏木	面积 (hm^2)	18 686.81	—	—	7 038.73	11 648.08	—	4 920.29	10 352.75	391.76	2 136.48	885.53	—
	比例 (%)	100.00	—	—	37.67	62.33	—	26.33	55.40	2.10	11.43	4.74	—
乌布尔宝力格苏木	面积 (hm^2)	7 601.37	—	—	718.04	6 883.33	—	175.16	6 501.58	—	207.28	717.34	—
	比例 (%)	100.00	—	—	9.45	90.55	—	2.30	85.53	—	2.73	9.44	—

旗县	项目	合计	耕层厚度 (cm)					土壤容重 (g/cm^3)						
			1级(高)	2级(较高)	3级(中)	4级(较低)	5级(低)	1级(高)	2级(较高)	3级(中)		4级(较低)	5级(低)	
			>30.0	25.0~30.0	20.0~25.0	10.0~20.0	≤10.0	1.10~1.25	1.25~1.35	1.35~1.45	1.00~1.10	1.45~1.55	>1.55	≤1.00
新巴尔虎左旗	面积 (hm^2)	26 793.12	—	26 793.12	—	—	—	14 363.40	10 423.83	1 422.98	—	582.90	—	—
	比例 (%)	100.00	—	100.00	—	—	—	53.61	38.90	5.31	—	2.18	—	—
阿木古郎镇	面积 (hm^2)	287.41	—	287.41	—	—	—	287.41	—	—	—	—	—	—
	比例 (%)	100.00	—	100.00	—	—	—	100.00	—	—	—	—	—	—
甘珠尔苏木	面积 (hm^2)	217.54	—	217.54	—	—	—	217.54	—	—	—	—	—	—
	比例 (%)	100.00	—	100.00	—	—	—	100.00	—	—	—	—	—	—
罕达盖苏木	面积 (hm^2)	18 686.81	—	18 686.81	—	—	—	9 668.29	7 236.18	1 199.44	—	582.90	—	—
	比例 (%)	100.00	—	100.00	—	—	—	51.74	38.72	6.42	—	3.12	—	—
乌布尔宝力格苏木	面积 (hm^2)	7 601.37	—	7 601.37	—	—	—	4 190.17	3 187.65	223.54	—	—	—	—
	比例 (%)	100.00	—	100.00	—	—	—	55.12	41.94	2.94	—	—	—	—

附表 14　扎赉诺尔区 2017 年度土壤

旗县	项目	合计	有机质（g/kg）					全氮（g/kg）				
			1级（高）	2级（较高）	3级（中）	4级（较低）	5级（低）	1级（高）	2级（较高）	3级（中）	4级（较低）	5级（低）
			>30.0	25.0~30.0	15.0~25.0	10.0~15.0	≤10.0	>2.00	1.50~2.00	1.00~1.50	0.50~1.00	≤0.50
扎赉诺尔区	面积（hm^2）	440.19	—	—	—	23.84	416.35	149.96	106.08	184.15	—	—
	比例（%）	100.00	—	—	—	5.41	94.59	34.07	24.10	41.83	—	—
第二办事处	面积（hm^2）	101.56	—	—	—	23.84	77.72	72.11	29.45	—	—	—
	比例（%）	100.00	—	—	—	23.47	76.53	71.00	29.00	—	—	—
第三办事处	面积（hm^2）	21.60	—	—	—	—	21.60	21.60	—	—	—	—
	比例（%）	100.00	—	—	—	—	100.00	100.00	—	—	—	—
第四办事处	面积（hm^2）	59.86	—	—	—	—	59.86	56.25	3.60	—	—	—
	比例（%）	100.00	—	—	—	—	100.00	93.98	6.02	—	—	—
第五办事处	面积（hm^2）	1.08	—	—	—	—	1.08	—	1.08	—	—	—
	比例（%）	100.00	—	—	—	—	100.00	—	100.00	—	—	—
灵泉镇	面积（hm^2）	256.10	—	—	—	—	256.10	—	71.95	184.15	—	—
	比例（%）	100.00	—	—	—	—	100.00	—	28.09	71.91	—	—

旗县	项目	合计	有效磷（mg/kg）					速效钾（mg/kg）				
			1级（高）	2级（较高）	3级（中）	4级（较低）	5级（低）	1级（高）	2级（较高）	3级（中）	4级（较低）	5级（低）
			>30.0	20.0~30.0	10.0~20.0	5.0~10.0	≤5.0	>200	150~200	100~150	60~100	≤60
扎赉诺尔区	面积（hm^2）	440.19	—	—	—	440.19	—	—	—	420.46	19.73	—
	比例（%）	100.00	—	—	—	100.00	—	—	—	95.52	4.48	—
第二办事处	面积（hm^2）	101.56	—	—	—	101.56	—	—	—	101.56	—	—
	比例（%）	100.00	—	—	—	100.00	—	—	—	100.00	—	—
第三办事处	面积（hm^2）	21.60	—	—	—	21.60	—	—	—	21.60	—	—
	比例（%）	100.00	—	—	—	100.00	—	—	—	100.00	—	—
第四办事处	面积（hm^2）	59.86	—	—	—	59.86	—	—	—	59.86	—	—
	比例（%）	100.00	—	—	—	100.00	—	—	—	100.00	—	—
第五办事处	面积（hm^2）	1.08	—	—	—	1.08	—	—	—	1.08	—	—
	比例（%）	100.00	—	—	—	100.00	—	—	—	100.00	—	—
灵泉镇	面积（hm^2）	256.10	—	—	—	256.10	—	—	—	236.37	19.73	—
	比例（%）	100.00	—	—	—	100.00	—	—	—	92.30	7.70	—

旗县	项目	合计	缓效钾（mg/kg）					有效硫（mg/kg）				
			1级（高）	2级（较高）	3级（中）	4级（较低）	5级（低）	1级（高）	2级（较高）	3级（中）	4级（较低）	5级（低）
			>1 200	1 000~1 200	800~1 000	600~800	≤600	>40.0	30.0~40.0	20.0~30.0	15.0~20.0	≤15.0
扎赉诺尔区	面积（hm^2）	440.19	—	—	—	186.54	253.65	—	152.18	287.28	0.73	—
	比例（%）	100.00	—	—	—	42.38	57.62	—	34.57	65.26	0.17	—
第二办事处	面积（hm^2）	101.56	—	—	—	101.56	—	—	74.33	27.23	—	—
	比例（%）	100.00	—	—	—	100.00	—	—	73.19	26.81	—	—
第三办事处	面积（hm^2）	21.60	—	—	—	21.60	—	—	21.60	—	—	—
	比例（%）	100.00	—	—	—	100.00	—	—	100.00	—	—	—
第四办事处	面积（hm^2）	59.86	—	—	—	59.86	—	—	56.25	3.60	—	—
	比例（%）	100.00	—	—	—	100.00	—	—	93.98	6.02	—	—
第五办事处	面积（hm^2）	1.08	—	—	—	1.08	—	—	—	1.08	—	—
	比例（%）	100.00	—	—	—	100.00	—	—	—	100.00	—	—
灵泉镇	面积（hm^2）	256.10	—	—	—	2.45	253.65	—	—	255.36	0.73	—
	比例（%）	100.00	—	—	—	0.96	99.04	—	—	99.71	0.29	—

养分分级面积统计表

有效硅 (mg/kg)					有效铁 (mg/kg)				
1级 (高)	2级 (较高)	3级 (中)	4级 (较低)	5级 (低)	1级 (高)	2级 (较高)	3级 (中)	4级 (较低)	5级 (低)
>250	150~250	100~150	50~100	≤50	>20.0	10.0~20.0	5.0~10.0	2.5~5.0	≤2.5
440.19	—	—	—	—	403.53	36.66	—	—	—
100.00	—	—	—	—	91.67	8.33	—	—	—
101.56	—	—	—	—	98.25	3.30	—	—	—
100.00	—	—	—	—	96.75	3.25	—	—	—
21.60	—	—	—	—	—	21.60	—	—	—
100.00	—	—	—	—	—	100.00	—	—	—
59.86	—	—	—	—	48.10	11.75	—	—	—
100.00	—	—	—	—	80.36	19.64	—	—	—
1.08	—	—	—	—	1.08	—	—	—	—
100.00	—	—	—	—	100.00	—	—	—	—
256.10	—	—	—	—	256.10	—	—	—	—
100.00	—	—	—	—	100.00	—	—	—	—

有效锰 (mg/kg)					有效铜 (mg/kg)				
1级 (高)	2级 (较高)	3级 (中)	4级 (较低)	5级 (低)	1级 (高)	2级 (较高)	3级 (中)	4级 (较低)	5级 (低)
>25.0	10.0~25.0	5.0~10.0	1.0~5.0	≤1.0	>2.00	1.00~2.00	0.50~1.00	0.10~0.50	≤0.10
—	323.13	117.06	—	—	315.93	124.26	—	—	—
—	73.41	26.59	—	—	71.77	28.23	—	—	—
—	101.56	—	—	—	101.56	—	—	—	—
—	100.00	—	—	—	100.00			—	—
—	21.60	—	—	—	21.60	—	—	—	—
—	100.00	—	—	—	100.00	—	—	—	—
—	59.86	—	—	—	59.86	—	—	—	—
—	100.00	—	—	—	100.00	—	—	—	—
—	1.08	—	—	—	1.08	—	—	—	—
—	100.00	—	—	—	100.00	—	—	—	—
—	139.04	117.06	—	—	131.84	124.26	—	—	—
—	54.29	45.71	—	—	51.48	48.52	—	—	—

有效锌 (mg/kg)					有效硼 (mg/kg)				
1级 (高)	2级 (较高)	3级 (中)	4级 (较低)	5级 (低)	1级 (高)	2级 (较高)	3级 (中)	4级 (较低)	5级 (低)
>3.00	1.50~3.00	0.70~1.50	0.30~0.70	≤0.30	>2.00	1.50~2.00	0.70~1.50	0.20~0.70	≤0.20
157.42	282.04	0.73	—	—	—	—	315.93	124.26	—
35.76	64.07	0.17	—	—	—	—	71.77	28.23	—
74.89	26.67	—	—	—	—	—	101.56	—	—
73.74	26.26	—	—	—	—	—	100.00	—	—
21.60	—	—	—	—	—	—	21.60	—	—
100.00	—	—	—	—	—	—	100.00	—	—
59.86	—	—	—	—	—	—	59.86	—	—
100.00	—	—	—	—	—	—	100.00	—	—
1.08	—	—	—	—	—	—	1.08	—	—
100.00	—	—	—	—	—	—	100.00	—	—
—	255.36	0.73	—	—	—	—	131.84	124.26	—
—	99.71	0.29	—	—	—	—	51.48	48.52	—

（续表）

旗县	项目	合计	有效钼（mg/kg）					pH值					
			1级（高）	2级（较高）	3级（中）	4级（较低）	5级（低）	1级（高）	2级（较高）	3级（中）		4级（较低）	5级（低）
			>0.20	0.15~0.20	0.10~0.15	0.05~0.10	≤0.05	6.5~7.5	6.0~6.5	7.5~8.0	5.5~6.0	8.0~8.5	>8.5，≤5.5
扎赉诺尔区	面积（hm^2）	440.19	—	—	295.20	144.99	—	—	—	—	—	23.84	416.35
	比例（%）	100.00	—	—	67.06	32.94	—	—	—	—	—	5.41	94.59
第二办事处	面积（hm^2）	101.56	—	—	34.88	66.68	—	—	—	—	—	23.84	77.72
	比例（%）	100.00	—	—	34.35	65.65	—	—	—	—	—	23.47	76.53
第三办事处	面积（hm^2）	21.60	—	—	—	21.60	—	—	—	—	—	—	21.60
	比例（%）	100.00	—	—	—	100.00	—	—	—	—	—	—	100.00
第四办事处	面积（hm^2）	59.86	—	—	3.60	56.25	—	—	—	—	—	—	59.86
	比例（%）	100.00	—	—	6.02	93.98	—	—	—	—	—	—	100.00
第五办事处	面积（hm^2）	1.08	—	—	1.08	—	—	—	—	—	—	—	1.08
	比例（%）	100.00	—	—	100.00	—	—	—	—	—	—	—	100.00
灵泉镇	面积（hm^2）	256.10	—	—	255.63	0.47	—	—	—	—	—	—	256.10
	比例（%）	100.00	—	—	99.82	0.18	—	—	—	—	—	—	100.00

旗县	项目	合计	耕层厚度（cm）					土壤容重（g/cm^3）						
			1级（高）	2级（较高）	3级（中）	4级（较低）	5级（低）	1级（高）	2级（较高）	3级（中）		4级（较低）	5级（低）	
			>30.0	25.0~30.0	20.0~25.0	10.0~20.0	≤10.0	1.10~1.25	1.25~1.35	1.35~1.45	1.00~1.10	1.45~1.55	>1.55	≤1.00
扎赉诺尔区	面积（hm^2）	440.19	—	440.19	—	—	—	416.35	23.84	—	—	—	—	—
	比例（%）	100.00	—	100.00	—	—	—	94.59	5.41	—	—	—	—	—
第二办事处	面积（hm^2）	101.56	—	101.56	—	—	—	77.72	23.84	—	—	—	—	—
	比例（%）	100.00	—	100.00	—	—	—	76.53	23.47	—	—	—	—	—
第三办事处	面积（hm^2）	21.60	—	21.60	—	—	—	21.60	—	—	—	—	—	—
	比例（%）	100.00	—	100.00	—	—	—	100.00	—	—	—	—	—	—
第四办事处	面积（hm^2）	59.86	—	59.86	—	—	—	59.86	—	—	—	—	—	—
	比例（%）	100.00	—	100.00	—	—	—	100.00	—	—	—	—	—	—
第五办事处	面积（hm^2）	1.08	—	1.08	—	—	—	1.08	—	—	—	—	—	—
	比例（%）	100.00	—	100.00	—	—	—	100.00	—	—	—	—	—	—
灵泉镇	面积（hm^2）	256.10	—	256.10	—	—	—	256.10	—	—	—	—	—	—
	比例（%）	100.00	—	100.00	—	—	—	100.00	—	—	—	—	—	—